Meinen Söhnen

Hans Kramer

ELCHWALD

Land – Leute – Jagd

Der Elchwald als Quell und Hort ostpreußischer Jagd

mit 203 Fotos, 16 Künstlerbildern, davon 4 farbig
und einer farbigen topographischen Landkarte
über den Elchwald

2. verbesserte Auflage

1985

Jagd- und Kulturverlag, Sulzberg / Allgäu

ISBN 3-925456-00-7

Druck:
Dieter Krammer, Radolfzell, Öschlestraße 118, 7760 Radolfzell
Graphische Gestaltung des Titels:
Detlev Magnus, Elsa-Brandström-Straße 10, 8972 Sonthofen

Hans Kramer, am 13. Juli 1896 in Voigtshof bei Seeburg in Ostpreußen geboren, stammt aus einer alten ostpreußischen Familie. Sein Ahnherr Christian Andreas Krahmer, Sattlermeister und Ratsherr in Mohrungen, der als Geburtsort Johann Gotfried Herders bekannten ostpreußischen Kleinstadt, gehörte zu den salzburgischen Einwandern, die Anfang des 18. Jahrhunderts von König Friedrich Wilhelm I. aufgenommen wurden und in dieser Provinz ihre neue Heimat fanden. Schon als Schuljunge wurde Hans Kramer von seinem natur- und jagdliebenden Vater, dem Domänenpächter und Amtmann Richard Kramer an Pflanze und Tier, an Jagd und Fischerei herangeführt. Nach Besuch des humanistischen Gymnasiums Fridericianum in Königsberg Pr. trat er zu Beginn des ersten Weltkrieges in das 1. Masurische Feldartillerie-Regiment Nr. 73 ein. Nach dem Kriegsende begann er das forstwissenschaftliche Studium in Eberswalde und verbrachte einige Semester an der Albertus-Universität in Königsberg und an der Forstlichen Hochschule in Hann. Münden. 1924 legte er die Große Staatsprüfung ab und war anschließend Rektoratsassistent an der Forstlichen Hochschule in Eberswalde. Bereits im Jahre 1925 übernahm Hans Kramer die Leitung der Oberförsterei (später Forstamt) Pfeil im Kreis Labiau. Bis zur Vertreibung im Jahre 1945 wirkte er hier in verschiedenen Positionen. 1937 wurde er zum Elchjägermeister ernannt und wurde damit für die Hege des deutschen Elchwildes verantwortlich. Er konnte entscheidend dazu beitragen, daß diese Wildart, die schon mehrfach vom Aussterben bedroht war, bis 1939 wieder auf einen Stand von 1 400 Stück angehoben wurde. 1938 übernahm er als Oberforstmeister die Leitung des neu geschaffenen Oberforstamtes Elchwald. Über 20 Jahre war es ihm vergönnt, eine große forstliche und jagdliche Aufbauarbeit zu leisten.

Nach dem Krieg war er in der Niedersächsischen Landesforstverwaltung als Lehrer an einer Forstschule, als Forstamtsleiter im Solling und als Forstinspektionsbeamter und Dezernent in Hannover und Braunschweig tätig. Hierbei setzte er sich u. a. intensiv dafür ein, daß der Wildbestand in den Wäldern den dortigen Äsungsverhältnissen entsprechend niedrig gehalten wurde. Nach seiner Pensionierung beteiligte sich Hans Kramer maßgebend am Aufbau des Ostpreußischen Jagdmuseums in Lüneburg. Bis zu seinem Tode im Januar 1982 hat er als Jagdschriftsteller die Erinnerung an seine Ostpreußische Heimat wachgehalten.

Vorwort

»Elchwald« – kein Begriff für die meisten Deutschen, ja, nicht einmal für Jäger und Forstleute. Trakehnen und Rominten waren nicht nur in Deutschland weithin bekannt, sie hatten als Stätten von Pferdezucht und Rotwildhege Weltruf. Generationen von Züchtern haben dem Trakehner Pferd zu seinem Ruhm verholfen, Generationen von hervorragenden Jägern der Grünen Farbe haben den Rominter Hirsch herangehegt.

Die Geschichte des »Elchwaldes« ist kurz:

1937 wurde er »aus der Taufe gehoben«, im Januar 1945 mußten wir ihn verlassen. Und doch soll nach dem Wunsche vieler ostpreußischer Jäger und des Verlages die Erinnerung an ihn in Wort und Bild festgehalten werden. Wenn etwas diesen Wunsch gerechtfertigt erscheinen läßt, so ist es die Tatsache, daß der Elchwald in seinen nördlichen Revieren Haupteinstands- und Hegegebiet des Elches war, und daß er mit seinen jungfräulichen, von den Naturgewalten der letzten Vereisung und der Folgezeit geschaffenen und geprägten Böden ein Waldgebiet von einmaliger Urwüchsigkeit, Mannigfaltigkeit und Schönheit darstellte.

Der Verfasser

Vorwort zur zweiten Auflage

Das 1963 im BLV-Verlag erschienene Buch Elchwald war in wenigen Jahren vergriffen. Trotz großer Nachfrage kam es zu Lebzeiten meines 1982 verstorbenen Vaters Hans Kramer nicht mehr zu einer Neuauflage dieses Werkes. Mit dem Entschluß, den Elchwald nunmehr neu herauszugeben, entspricht der Jagd- und Kulturverlag dem Wunsch zahlreicher Jäger und aller Freunde Ostpreußens.

Bei dieser Neuauflage konnte ich einige noch mit meinem Vater abgestimmte Berichtigungen und Ergänzungen vornehmen.

Der Besuch des im nördlichen Ostpreußen liegenden Elchwaldes ist uns nach wie vor verwehrt. Das Erscheinen dieses Erinnerungsbandes 40 Jahre nach dem Verlust der ostpreußischen Heimat hat daher einen hohen dokumentarischen Wert.

Dem Jagd- und Kulturverlag danke ich für die Herausgabe und die gute Ausstattung dieses Buches, sowie für das stets gezeigte große Entgegenkommen sehr herzlich.

Göttingen, Sommer 1985 Horst Kramer

Inhaltsverzeichnis

Der Elchwald

Der Name »Elchwald« als Bezeichnung für ein großes zusammenhängendes Waldgebiet wurde zum ersten Mal 1937 in der Öffentlichkeit gebraucht, als durch Verordnung vom 12.9.1937 ein 46 550 ha großes Gebiet im Bereich von neun Forstämtern östlich und südöstlich des Kurischen Haffs unter der Bezeichnung »Deutscher Elchwald« zum Reichsnaturschutzgebiet erklärt wurde. Der Name ging dann auf die am 1. April 1938 aus den Forstämtern Ibenhorst und Tawellningken (Tawellenbruch) im Regierungsbezirk Gumbinnen und Pfeil, Klein Naujock (Erlenwald), Neu-Sternberg, Alt-Sternberg, Gertlauken und Drusken im Regierungsbezirk Königsberg gebildete Forstinspektion über. 1939 wurden dann noch die Oberförsterbezirke Rossitten und Schwarzort auf der Kurischen Nehrung, die vom 1. April 1940 ab das wiedererrrichtete Forstamt Rossitten bildeten, und 1941 die Forstämer Leipen und Papuschienen (Grauden) dem Elchwald zugelegt. Am 1. Juli 1941 schied der Bezirk als Oberforstamt aus der Forstverwaltung der Provinz aus und wurde dem Reichsforst- und Reichsjagdamt unmittelbar unterstellt. Mit rd. 75 000 ha Staatsforstbesitz und über 25 000 ha angepachteter Schutzjagden umfaßte der Elchwald ein größtenteils zusammenhängendes Jagdgebiet von über 100 000 ha (Karte).

Der Zusammenschluß der elf Forstämter zum Staatsjagdgebiet und einheitlich geleiteten Oberforstamt, einem Novum in der Geschichte der preußischen Forstverwaltung, ergab sich im Zusammenhang mit Jagd und Hege des Elches. Der Reichsjägermeister und in- und ausländische Gäste hatten in den Elchrevieren, besonders in Tawellningken, gejagt. Auch der damalige Oberjägermeister Scherping, als Leiter des Jagdamtes, war nach Ostpreußen gekommen. Es wurde von dem starken Rotwild in den südlich an Tawellningken grenzenden Sternberger Revieren gesprochen. Forstmeister Geißel hatte hier in seinem Forstamt Alt-Sternberg 1928 einen kapitalen Hirsch erlegt, dessen Geweih auf der Internationalen Jagdausstellung in Leipzig mit einer Goldmedaille ausgezeichnet worden war. Geweih und Revier wurden besichtigt. Man war begeistert von der Schönheit der Wälder, der Vielfalt der Tierwelt und den einzigartigen Jagdmöglichkeiten. Bald stand der

Entschluß fest, diese Reviere, den sogenannten »Baumwald«, ebenso wie Tawellningken und Ibenhorst jagdlich dem Reichsjägermeister vorzubehalten. Das geschah dann auch sogleich. Namen und Gestalt als Staatsjagdrevier, Forstinspektion und schließlich Oberforstamt gewann der Elchwald aber erst im Verlauf mehrerer Jahre.

Es waren Reviere von großem landschaftlichen Reiz, diese Forstämter um das Kurische Haff. Naturgewalten hatten die Landschaft geschaffen und geprägt: die Gletscher der letzten Eiszeit, die gewaltige Massen von skandinavischem Gestein nach Süden befördert und im Gletscherbett zerrieben hatten, die Urströme in ihrem Gefolge, die Flüsse mit ihrer Fracht an Schlick und Sand, Stürme und Meeresbrandung, Landsenkung, und schließlich Verlandung und Moorbildung durch Tier- und Pflanzenwelt.

Landschaften von außerordentlicher Vielfalt und Gegensätzlichkeit vereinte der Elchwald: parkartig anmutende Wälder mit bunter Mischung fast aller deutschen Baumarten und von großer Wuchskraft, feuchte und nasse Bruchwälder, Kiefernbestände auf trockenen Sanddünen und auf wassergesättigten Mooren, lichte Birkenwaldungen und düstere Fichtenreinbestände, riesige unbewaldete Hochmoorflächen von melancholischer Herbheit, die majestätischen Wanderdünen der Kurischen Nehrung und ihre durch ein großartiges Aufforstungswerk festgelegten Geschwister, die Vielzahl großer und kleiner Wasserläufe in ihrer sanften Lieblichkeit und in ihrer wilden Kraft, wenn sie Hochwasser führten, das Haff und seine Ufer mit den oft fast undurchdringlichen Schilfbreiten – wahrlich ein Gebiet von einmaliger Schönheit und ungezähmter Urwüchsigkeit. Weit konnte der Blick wandern die endlos erscheinenden Gestelle entlang, über Moore und Wiesenflächen, über das Wasser der Ostsee, des Haffs und der Flüsse, und von hohen Dünen über das lange Band der Kurischen Nehrung.

Die Landschaftsgebiete des Elchwaldes

Vier sehr unterschiedliche Landschaftsgebiete umfaßte der Elchwald: den Südteil mit seinen reichen Grundmoränenböden nahmen die *Lehmreviere* des »Großen Baumwaldes« ein; nördlich von ihnen am Ostufer des Kurischen Haffs und von ihnen geschieden durch den Westteil des *Großen Moosbruches,* eines der größten Hochmoore Deutschlands, lagen die *Erlenbruchwaldreviere* des Memeldeltas, und schließlich zwischen Haff und Ostsee die »deutsche Wüste«, die *Kurische Nehrung.*

Die Lehmreviere

Fast zwei Drittel seiner Gesamtgröße, nämlich eine Fläche von 46000 ha, nahmen die acht südlichen Forstämter des Elchwaldes ein. Es waren Klein-Naujock (Erlenwald), Pfeil, Gertlauken, Neu-Sternberg, Alt-Sternberg, Drusken, Leipen und Papuschienen (Grauden).

Boden und Klima

Diese Lehmreviere gehörten zu der Geschiebemergelplatte der Grundmoräne, also dem einstigen Bett des mächtigen Inlandeises, das während der letzten Eiszeit unsere Heimatprovinz bedeckte. Nach dem Ausgangsmaterial und der »Bearbeitung« durch den Eisstrom blieben beim Abschmelzen sehr verschiedenartige »Geschiebe« zurück: Mergel in unterschiedlicher, oft sehr geringer Korngröße, aber auch Kiese und Sande sowie große Granitbrocken, die der Gletscher auf seinem Rücken und in seinem Inneren transportiert und als Findlinge zurückgelassen hatte. Durch Verwitterungsvorgänge war aus dem grauen bis dunklen Mergel oben ein brauner Geschiebelehm entstanden, der je nach dem Ursprungsgestein und der Korngröße bald mehr tonig, bald mehr sandig war. Der Tonanteil bestimmte die wasserhaltende Kraft der Böden, die im allgemeinen recht hoch war. Die Entkalkung des an Nährstoffen reichen Geschiebelehmes war noch nicht allzu weit fortgeschritten. Bei der Bindigkeit der Lehmböden und der flachen Ausformung des Geländes neigten viele Böden zur Vernässung. Die flachen Becken und Mulden der ursprünglichen Grundmoräne waren, besonders im nördlichen Teil des Gebietes, durch Verlandung zu Mooren geworden, so daß die Höhenunterschiede fast verschwunden waren und nur selten ein Hügel das tischeben wirkende Land unterbrach. Durchschnittlich etwa 15 Meter über Meereshöhe liegend, senkte sich das Gelände von Süden nach Norden; die an das Kurische Haff grenzenden Forstämter Klein-Naujock und Pfeil erhoben sich durchschnittlich nur drei bis vier Meter über den Meeresspiegel.

Ihrer Entstehung entsprechend, wechselten die Böden sehr stark. Der »Höhenboden« zeigte alle Übergänge von schwerem Lehm bis zu lehmigem Sande. Auch die Moorböden waren in allen Stadien vom Flachmoor bis zum Hochmoor vertreten. Das aus Sumpfmoosen erwachsene Hochmoor hieß sehr anschaulich »Moosbruch«, das Zwischenmoor »Torfbruch«. Das »Moorbruch« genannte Niederungsmoor wies je nach Mächtigkeit, Zersetzungsgrad und Wasserführung verschieden wertvolle Waldböden auf. Als »Lehmbruch« schließlich wurden die durch ihre tiefe Lage bruchartigen Lehmböden mit schwacher Moor- oder Humusdecke bezeichnet. Bei häufigem Wechsel der Standorte herrschte in ihrer Anordnung jedoch eine sich aus der Höhenlage des Mineralbodens ergebende Gesetzmäßigkeit vor: Zonenweise gelangte man vom Höhenboden über das Lehmbruch, das Moorbruch und das Torfbruch zum Moosbruch. Zur Bildung dieser letzten Stufe der Vermoorung war es allerdings nur in den tieferen, undurchlässigen und abflußlosen Senken der Grundmoräne gekommen.

Das kontinentale Klima hatte durch die Nähe von Ostsee und Haff einen leicht maritimen Einschlag. Lange kalte Winter gingen nach kurzem Frühling mit geradezu stürmischer Entwicklung der Vegetation in einen heißen Sommer über; Spät- und Frühfröste waren häufig und »reichten sich die Hand«, so daß bisweilen kein Monat völlig frostfrei war. Die durchschnittliche Jahrestemperatur betrug +6,3°, die durchschnittliche Jahreshöchsttemperatur 32,8°, die Jahresniedrigsttemperatur i.D. –22°. – Die mittlere jährliche Niederschlagsmenge von 700 mm wurde durch die in den haffnahen Revieren recht hohe Luftfeuchtigkeit ergänzt. Winde waren häufig. Stürme richteten oft, namentlich auf den nassen Standorten, große Verheerungen an.

Die Landschaft

Die Landschaft erhielt ihr Gepräge durch die große Weite, die sich am eindrucksvollsten am Rande der eingestreuten Hochmoore und großen Wiesenflächen, besonders aber an den breiten, geradlinigen Gestellen darbot (Abb. 2 und 7). Verkehrs- und Abfuhrwege bildeten fast ausschließlich die »Dämme«, also die Gestelle der alten, ursprünglich quadratischen Jagen. Zunächst dienten diese, als »Stellstätten« schon zu Ordenszeiten angelegt und unterhalten, jagdlichen Zwecken, später der, Ende des 18. Jahrhunderts durchgeführten, Waldeinteilung. Die Jagen waren, wo es das Gelände erlaubte, 1000 Schritt im Quadrat groß; in den siebziger Jahren des vorigen Jahrhunderts wurden sie durch die Zwischengestelle in der Richtung von N nach S unterteilt. Als ich Pfeil übernahm, gab es im ganzen Forstamt nur einen befestigten Weg, der, als Abfuhrweg am Rande eines Moores ausgebaut, nicht geradlinig verlief: er hieß »der krumme Weg«. Die »Geradlinigkeit« des Einteilungs- und Wegenetzes gab der Landschaft einen eigenen Akzent und betonte ihre Großräumigkeit. Der Anteil der Wiesen und Weiden betrug über 5%, der der Äcker 3%, und die »nicht nutzbaren« Hochmoore, Gestelle usw. nahmen 9% der Gesamtfläche der acht Lehm-Forstämter ein. Dieser hohe Anteil des »Nichtholzbodens« sowie die Vielgestaltigkeit der Böden ergaben den dauernden Wechsel und die großen Gegensätze in Bewaldung und Pflanzendecke, in Farbe und Stimmung. Flüßchen, Bäche und Gräben, oft von lieblichen Wiesentälern begleitet, unterbrachen den Wald, der durch seinen üppigen Wuchs und seine bunte Mischung das Auge entzückte. Stellenweise hatte man den Eindruck, in einem riesigen Park zu sein.

Die Waldbäume

Trotz des harten Klimas wuchsen und gediehen im Elchwald fast alle deutschen Baumarten. Lediglich die Rotbuche, die Traubeneiche und der Bergahorn haben bereits weiter südwestlich die Grenze ihrer natürlichen Verbreitung. Einige Holzarten fanden in den Lehmrevieren sogar ihr deutsches Optimum, so die Birke, die Erle, die Aspe und die Hainbuche, die Höhen und Wuchsleistungen erzielten, wie sie in Deutschland westlich der Weichsel auch nicht annähernd erreicht werden. So wurde die Birke bei uns bis 40 m hoch, bildete herrliche, vollholzige Stämme und war als Furnierholz außerordentlich begehrt. Die wertvollsten Stämme, als »Wertbirken« bezeichnet, pflegte vor dem Kriege ein großes Furnierwerk zu kaufen (Abb. 5 und 9). Gesundheit, gleichmäßiger Holzaufbau, innere Astreinheit und Vollholzigkeit waren die Anforderungen an diese Birkenstämme. Die aus ihnen hergestellten Flugzeugsperrplatten bildeten ein wichtiges Ausfuhrgut. Es waren bestimmte Standorte, vor allem die Lehmbrüche, die die besten Birken trugen. Die weitaus meisten Wertstämme lieferte die gemeine Birke (Betula verrucosa), die hier aber in ihrem Äußeren sehr der Moorbirke (B. pubescens) ähnelte: glatte, im unteren Stammteil graue, oft rötlich angehauchte Rinde, also kaum Borkebildung, häufig aufrechte Beastung. Moorbirken waren selten unter den Wertstämmen.

Erle und Aspe blieben auf Höhenboden und Lehmbruch im Längenwachstum nicht viel hinter der Birke zurück, erreichten z. T. aber noch größere Stammstärken. So kannte ich 100jährige Erlen mit einem Stammdurchmesser von über 80 cm in Brusthöhe (Abb. 3). Gutes Erlenstammholz war sehr begehrt. Ertragsprobeflächen der Pr. Forstlichen Versuchsanstalt ergaben bei mäßiger (durch Kriegseinwirkungen leider etwas unsachgemäß ausgeführter) Durchforstung im Alter von etwa 80 Jahren einen Vorrat von 365 fm je ha. Derartige Leistungen wurden natürlich nur auf Lehmbruch und besten Moorbrüchen erzielt. Die Nutzholzausbeute betrug bis zu 80%. Leider zeigten sich bei der Erle, die wie die Fichte viel künstlich durch Pflanzung verjüngt wurde, große Schäden durch Verwendung von Saatgut ungeeigneter Herkunft. Statt den Samen der eigenen hochwertigen Erlenbestände zu ernten, hatte man in Unkenntnis der Bedeutung der Provenienz bis etwa 1920 den bequemeren Weg des Ankaufes billigen Samens von westdeutschen Samenhandlungen gewählt. Hunderte von Hektaren junger Erlenbestände waren daraus entstanden und boten im Optimum des deutschen Erlenvorkommens ein trauriges Bild. Forstmeister Bansi und ich haben über diese Schäden berichtet. Die jungen Erlen wuchsen zunächst bis zu einem Alter von etwa zehn Jahren recht gut, dann begannen die Wipfel abzusterben, die Kronen wurden ästig und knickig, und Stockausschläge ließen sie vielfach zu Kollerbüschen werden. Typisch war frühes und üppiges Samentragen. Sie auszumerzen war schwierig, da die geschlagenen Büsche sehr kräftig aus dem Stocke ausschlugen und die neu gepflanzten Erlenlohden (eigener Herkunft) bedrängten. Schnellste Beseitigung dieser fremdrassigen »Appelbaum«-Bestände, wie wir sie ironisch nannten, war aber wegen der Gefahr der Bestäubung autochthoner Saatgutbestände sehr dringend. Sie ist uns auch mit viel Mühe und großen Kosten gelungen. Im Forstamt Pfeil waren es allein mehrere 100 ha. Die Herkunft dieser Erlen ist geklärt worden: Der Samen war in einem westlichen Nachbarlande von sehr stark fruktifizierenden und leicht zu beerntenden Straucherlen gewonnen worden. Die starken Aspen reckten ihre Wipfel gleichfalls bis 36 m hoch (Abb. 4). Aus Wurzelbrut hervorgegangen, waren sie leider meist stammfaul. Wir waren daher mit Erfolg bemüht, Aspenkernwüchse durch natürliche Verjüngung (Forstmeister Graumann in Papuschienen hatte ein recht erfolgreiches Verfahren mit Verbrennen von Reisig unter den Aspenschirmbäumen entwickelt) oder Heranzucht aus Samen im Kamp zu erzielen.

Die Hainbuche erwuchs zu 25 m hohen vollholzigen Stämmen. Auch Esche, Winterlinde, Rüster und Spitzahorn gediehen vorzüglich, und die Stieleiche (die früher einen viel höheren Anteil an der Bestockung gehabt hatte) wuchs zu starken 30 bis 40 m hohen Stämmen heran, die, ebenso wie die wertvolle Esche, sehr gesucht waren. Bei der künstlichen Nachzucht der Eiche, wie sie seit Beginn der 70er Jahre durch die Oberforstmeister Müller und Mortzfeldt vorangetrieben wurde, ist viel fremdes Saatgut verwandt worden. In den sog. Mortzfeldt-Löchern, etwa 0,10 ha großen kreisrunden Horsten, in denen die Eiche nach Einzäunung durch Pflanzung verjüngt worden war, zeigte sich das deutlich: Abgesehen von dem vereinzelten Vorkommen von Zerreichen, fanden sich bisweilen die nicht bodenständige Traubeneiche sowie verschiedene Standortsrassen vor. Ich stellte Unterschiede im Laubausbruch von bis zu drei Wochen fest (Abb. 6). Selbstverständlich kamen auch die verschiedenen Baumweiden vor. Auch die Eberesche fehlte nicht an Waldrändern und in jungen Beständen. Die Weißerle, künstlich als Treibholz für die Eiche eingebracht, erreichte eine Höhe von 20 m und beachtliche Stammstärke.

Die heimische Fichte zeichnete sich durch schlanke Krone, große Vollholzigkeit, eine mehr graugrüne Rinde und Baumhöhen von bis zu 40 m aus. Die Untersuchung einigermaßen gesicherter autochthoner Bestände der Fichte in Ostpreußen hat auf Grund der Zapfenschuppe ergeben, daß sie dem sibirischen Formenkreis nahesteht. Unveröffentlicht gebliebene pollenanalytische Untersuchungen von Dr. Lackner, wie auch Untersuchungen von Zapfenresten in Mooren haben eine Einwanderung der Fichte aus dem östlichen Raum wahrscheinlich gemacht. Leider war nach dem Nonnenfraß Ende der 50er Jahre des vorigen Jahrhunderts und dem Bau der Ostbahn viel Fichtensaatgut aus Mittel- und Süddeutschland eingeführt worden, und das aus ihm erzogene Pflanzenmaterial hatte viele minderwertige Bestände mit breitkronigen, ästigen Stämmen ergeben, die unter Schneebruch litten und mäßiges Bauholz lieferten (Abb. 7). Die Bestände, die aus »im Reich« gekauftem Saatgut entstanden waren, zeigten neben ihrer großen Ästigkeit eine außerordentliche Vielfalt in der Form der Beastung, der Benadelung und der Farbe; hier konnte man wirklich sagen: »Jede Fichte hat ein anderes Gesichte.« Man war versucht zu glauben, Saatgut der verschiedensten Herkünfte wäre in einer großen Rührtrommel durcheinander gemischt und dann in den Handel gebracht worden. Immerhin gestattete dieser Formenreichtum, bei der Durchforstung noch einiges wieder gutzumachen.

Die Kiefer, die außer auf den wenigen Sandböden nur auf Übergangs- und Hochmooren, hier auch im Reinbestande, stockte, erreichte im allgemeinen nicht die Güte der südostpreußischen (Abb. 8).

Von Nadelhölzern fanden sich noch hier und da einige Eiben, letzte Vertreter einer Baumart, die zur Ordenszeit noch recht reichlich in unserem Gebiet wuchs und als Werkstoff für Bogen und Armbrüste hohen Nutzwert besaß. Größere Vorkommen sind belegt für die Gegend »hinter Labiau«, im Gebiet um Laukischken und im nördlichen Teil des späteren Forstamtes Alt-Sternberg. Bei der Anlage des Timberkanals waren dort noch zahlreiche starke Eibenstöcke zu finden. Der Name des nördlich an Pfeil grenzenden Dorfes Juwendt und der gleichnamigen Försterei deutet auf die Eibe hin, die altpreußisch juwis hieß. Fraglich ist es jedoch, ob Ibenhorst seinen Namen der Eibe verdankt: Fritz Bley führt ihn jedenfalls auf Iwa, eine slawische Bezeichnung für Weide, zurück. Die zahlreichen Weiden waren ja für den Ibenhorster Bruchwald besonders kennzeichnend, während ein früheres Vorkommen der Eibe nach den Bodenverhältnissen zweifelhaft erscheint. Jedenfalls brauchte Ibenhorst nicht »umgetauft« zu werden, als die klangvoll-typischen Ortsnamen litauischen Ursprungs oder Anklanges zu unserem Leidwesen »verdeutscht« wurden.

Der Kaddig (Wacholder) kam bei uns nur selten vor. Anbauversuche waren mit Weißtanne und Lärche gemacht worden. Die Edeltanne kränkelte nach den starken Wintern der 20er Jahre und fiel fast überall aus. Dagegen zeigte die Lärche z. T., d. h. dort, wo sie in »richtiger« Herkunft auf geeignetem Boden stand, hervorragende Wuchsleistung. Mit der Douglasie hatte ich mit Unterstützung von Professor Dr. Wiedemann einen Anbauversuch unternommen. Er mag sieben Jahre alt gewesen sein, als wir Ostpreußen verlassen mußten. Von den angebauten elf Herkünften war eine vorzüglich gediehen, eine zweite mittelmäßig und eine dritte kümmerlich; alle übrigen Herkünfte waren eingegangen: ein lehrreicher Beitrag zur Herkunftsfrage bei der Douglasie. Im Forstamt Leipen fielen gutwüchsige, etwa 20jährige Douglasien dem harten Winter 1941/42 zum Opfer.

Von den Hauptholzarten waren am Waldaufbau der acht Lehmreviere des Elchwaldes beteiligt: die Eiche mit 8, die Hainbuche mit 3,

2 *Der Urban-Damm im Forstamt Pfeil zur Zeit der Schneeschmelze*

3

Starke Erle am Kleinen Birkengraben im Forstamt Pfeil, Revierförsterei Lucknojen

4

Bestand alter Aspen im Forstamt Pfeil, Jagen 88

5

Starke Wertbirke im Lehmbruch im Forstamt Pfeil, Jagen 61, links im Bilde eine weniger wertvolle Birke mit Borkebildung

6

Mortzfeldtsche Eichenhorste am Försterdamm im Forstamt Pfeil, Jagen 75/76, Unterschiede im Laubausbruch

7

Fichtenstangenhölzer ungeeigneter Herkunft, begründet nach der letzten Nonnenkalamität, Forstamt Pfeil, am Pflanzgestell, Jagen 72/98

8

Kiefernbestände mit unterständiger Fichte auf Übergangsmoor (Torfbruch) im Forstamt Pfeil, Revierförsterei Schweizut, Jagen 92/93

11

Das Lederblatt (Chamaedaphne calyculata) auf dem Pfeiler Moosbruch

12

Blühender Kienporst in lichtem Kiefernwald am Hochmoorrande, Forstamt Pfeil, Jagen 230

9

Birkenbestand auf Lehmbruch mit Unterholz, Forstamt Pfeil, Jagen 146

10

Üppige Krautflora am Iltisgraben, im Hintergrund Erlenreinbestand auf Lehmbruch, Forstamt Pfeil Revierförsterei Lucknojen, Jagen 225

11

12

13

Versumpfung durch Staunässe, Forstamt Erlenwald (Kl. Naujock)

14

Nacharbeit am neu ausgebauten Hauptvorfluter (Birkengraben). Befestigung der unteren Böschungskante mit Faschinen und Rasenplaggen, Forstamt Pfeil, Revierförsterei Lucknojen

15

Mischwald vieler Holzarten. Im Vordergrund Erlenbesamung einer aufgegebenen Wiesenfläche, Forstamt Pfeil, Jagen 41

16

Erlenbestand auf Moorbruch, Forstamt Pfeil, Jagen 189

17

Birkenmischwald auf Torfbruch Forstamt Pfeil

18

Fichtenanflug unter Birkenschirm Forstamt Papuschienen

die Esche mit 6, die Birke mit 15, die Erle mit 20 und die Aspe mit 5, die Fichte mit 37 und die Kiefer mit 6%; das Laubholz hatte trotz zeitweiser Begünstigung des Fichtenanbaues mit 57% der Bestockung noch immer das Übergewicht.

Alle genannten Holzarten kamen meistens gemischt vor. Reinbestände nur einer Baumart waren selten und meist künstlich begründet, wie manche Fichten- und Erlenpflanzbestände, oder sie wuchsen auf extremen Böden, wie Kiefer auf Moosbruch und Erle auf Sumpfmoor.

Den auf engem Raum wechselnden Bodenverhältnissen und der Güte der Böden entsprach von Natur der Mischwald, und die Natur war hier fast immer stärker gewesen als der wirtschaftende Mensch.

An Unterholz, insbesondere an zahlreichen Sträuchern, waren unsere Bestände reich (Abb. 9). Hasel, Pulverholz, Traubenkirsche, Spindelstrauch, die verschiedensten Weiden und viele andere verwehrten zusammen mit dem schon in beträchtlichem Schatten ankommenden Jungwuchs dem Auge das tiefere Eindringen in das Bestandsinnere.

Die Bodenflora

Aber auch die üppige Kraut- und Grasflora erreichte, namentlich auf den feuchten Böden, oft Mannshöhe (Abb. 10). Die Gestelle, die, soweit sie nicht als Wege dienten und mit Kies oder Steinpflaster (aus den Findlingen) befestigt waren, trugen selbst eine reiche Vegetation von Gras, Klee und Wiesenkräutern; sie waren von Gräben eingefaßt, in denen Sumpf- und Wasserpflanzen, an deren Rande Feuchtigkeit liebende Kräuter gediehen, wie etwa der hanfblättrige Wasserdost, auch Kunigundenkraut genannt. Mit Bodenart und -feuchtigkeit wechselte die Flora. Auf den Höhenböden fanden sich unter geschlossenen Beständen viele Frühlingsblüher, wie Leberblümchen, Anemonen, Haselwurz, Maiglöckchen, Salomonssiegel, Lärchensporn, Wunderveilchen und viele andere; auch der Bärlauch verbreitete seine nicht sehr beliebten Knoblauchdüfte. Springkraut, Hexenkraut, Platterbsen, die großen Kreuzkräuter (Senecioarten), Mädesüß und viele andere Blütenpflanzen erfreuten das Auge. Große Doldenblütler wie Bärenklau, Engelwurz, Waldkerbel sowie die übermannshohen Sumpf- und Speerdisteln wucherten an Bestandesrändern und in lichten Partien. In den Lehm- und Moorbrüchen wand sich würgend der wilde Hopfen um junge Bäumchen, der Seidelbast blühte zur Zeit des Schnepfenstriches, und zahlreiche Gräser, Seggen und Simsen begrünten den Boden. Je feuchter der Standort, desto üppiger die Pflanzenwelt. Eine Vielzahl hoher

Gräser wie Riesen- und Rohrschwingel, Binsen, Schwertlilien und Kräuter, Blutweiderich, Beinwell und andere, waren hier zu finden. In Gräben und Wasserlöchern gediehen die großen Ampferarten, der breitblättrige Merk, Schierling, Pfeilkraut, Schilfkolben, in Sumpfmooren die Kalla, das Sumpfblutauge und viele andere. Besonders interessant war die Flora der Hochmoore mit dem Eiszeitrelikt, dem schon im April mit weißen Glöckchen wunderhübsch blühenden Lederblatt (Chamaedaphne calyculata) (Abb. 11), dem in großen Massen vorkommenden Kienporst (Abb. 12), der Rosmarinheide, der Trunkel- und der Moosbeere, den drei Sonnentauarten, der Krähenbeere, dem Wollgras und dem Heidekraut; sie alle eingebettet in die schwellenden Polster der Sumpfmoose. Auch die Strauchbirke und die in Skandinavien als Marmeladenfrucht so beliebte Moltebeere kamen in unseren Mooren vor. Das ist nur ein kleiner »Blumenstrauß« aus der Fülle der Pflanzenwelt unserer Lehmreviere.

Der Wasserhaushalt und seine Verbesserung

Einen Nachteil hatten die Lehmreviere, besonders die nördlich der Bahnstrecke Labiau–Tilsit gelegenen, in forstlicher und jagdlicher Hinsicht: sie waren vielfach sehr naß. Die meist flache Oberflächengestaltung, die Undurchlässigkeit der schweren Lehmböden, wachsende Moore, aber sehr wahrscheinlich auch der Ausbau der Dämme und Zwischengestelle hinderten den natürlichen Wasserabfluß und führten vielfach zu Staunässe (Abb. 13). Auch nicht ordnungsmäßig geräumte Wasserläufe und Gräben trugen zu der Vernässung bei. In milden Wintern konnten in den nassen Beständen nicht einmal die trocken gewordenen Stämme (der Sammelhieb) aufgearbeitet werden. Auch die Holzerzeugung war hier trotz kräftiger Böden vollkommen unzureichend.

Als ich im Jahre 1925 die Oberförsterei Pfeil übernahm, das nördlichste der Lehmreviere, das bereits ins Große Moosbruch hineinreichte und mit einer Försterei (Laukwargen) schon zu dem Bruchwaldkomplex des Memeldeltas gehörte, war in den nassen Revierteilen infolge mehrerer milder Winter schon einige Jahre kein Sammelhieb durchgeführt worden, und die Kronen der abgestorbenen Bäume ragten wie Totenhände in den Himmel.

Mein Vorgänger riet mir dringend, doch nie die grünen Gestelle zu fahren, da sie stellenweise Pferd und Wagen nicht trügen. Nun, ich war damals 29 Jahre alt, und Jugend ist ja immer unvernünftig: Ich bin auch die unbefestigten Gestelle gefahren und habe reichlich Lehrgeld zahlen müssen. Wie oft brachen die Pferde im trügerischen, üppig begrünten Moorboden ein! Dann hieß es: ausspannen, Pferde einzeln mit Zureden, Ziehen und Peitsche aus dem Moorboden herausholen und auf festen Grund führen, Wagen hinüberschieben und – weiterfahren. Von Glück mußte man sagen, wenn wenigstens die Deichsel nicht brach. Die Wege, auch die befestigten, ja sogar die öffentlichen, waren in einem trostlosen Zustand und im Frühjahr nach dem Auftauen mit fast bis an die Achsen einsinkendem Wagen nur in langsamem Schritt zu befahren. Das Wegeplanum war von den Gräben und den angrenzenden Beständen her völlig durchweicht. Man mußte an den Napoleon zugeschriebenen Ausspruch über Ostpreußens Straßen denken: »Die Wege bestehen aus drei Gräben, von denen der mittlere der tiefste ist.«

Die Brüche standen bis in den Sommer hinein unter Wasser. Der Abgang in den schon sehr raumen Bruchbeständen, aber auch auf vielen Höhenböden, durch Trocknis und Windwurf war ungewöhnlich hoch. Die Bäume waren infolge des hohen Wasserstandes nur flach bewurzelt und schon deshalb besonders windgefährdet. Fast alljährlich gab es einige tausend Festmeter Windwurf. Der Sammelhieb bildete daher in manchen Jahren einen großen Teil des Einschlages. Die Holzabfuhr war schwierig und nur in strengen Wintern verhältnismäßig gut durchführbar. Dann war das Holz aber meist noch nicht fertig geschlagen und verkaufsbereit. Die schlechte Abfuhrmöglichkeit drückte auf die Holzpreise. An Naturverjüngung war bei der Staunässe nicht zu denken. Künstliche Pflanzungen hatten so starke Abgänge, daß sie unwirtschaftlich wurden. Das vorhandene alte Grabennetz war verfallen und durch Weidevieh – es gab im und nach dem Weltkrieg noch Waldweide – zugetreten; es war auch nicht sehr sachgemäß angelegt. So kam ich zu der Ansicht, daß hier nur eine großzügige Sanierung der Vorflut vernünftige forstliche Verhältnisse schaffen könne. Nicht eine »Entwässerung« schwebte mir vor, sondern eine Vorflutregelung zur Abführung des stagnierenden Oberflächenwassers; das Grundwasser sollte möglichst nicht gesenkt werden.

Meine Gedanken und Vorschläge fanden bei meinem Inspektionsbeamten und dem Leiter der Forstabteilung ein offenes Ohr. Zunächst erhielt das Kulturbauamt den Auftrag, ein Nivellement des ganzen Forstamtes aufzunehmen und danach einen Vorflutplan auszuarbeiten. Das war bei der niedrigen Lage (von 2–4 m über Meereshöhe, höchste Hügel 5 und 6,9 m!) und der flachen Ausformung des Geländes gar nicht einfach. Man mußte schon mit ganz schwachem Gefälle (0,25 pro Mille, d. h. 25 cm auf tausend Meter!) auskommen. Dafür mußte der Grabenquerschnitt entsprechend groß gewählt werden. Die Zusammenarbeit mit dem Bauingenieur, der Nivellement und Planung durchführte, war hervorragend. Nach zwei Jahren hatte ich den vorzüglich ausgearbeiteten Vorflutplan auf meinem Tisch. Da ich keine großen Sondermittel erhielt, ging der Ausbau des Grabennetzes zunächst nur langsam voran. Mit Hilfe der sogenannten »wertschaffenden Arbeitslosenfürsorge« und durch Einsatz des Freiwilligen Arbeitsdienstes konnten die Planmittel dann aber sehr wirksam aufgestockt werden. 1935 war das Hauptvorflutnetz des Forstamtes bei einem Aufwande von über 600 000 Mark planmäßig ausgebaut; kaum die Hälfte dieser Summe war zu Lasten des Forstetats gegangen (Abb. 14). Großen Wert legte ich auf Standfestigkeit der Grabenböschungen, die in einem möglichst flachen Winkel (1:1,5) angelegt und, wo erforderlich, mit Faschinen, Rasenplaggen und Rasenansaat befestigt wurden. Auch auf Moorboden wurden flache Böschungen bevorzugt, schon um die Gräben nicht zu gefährlichen Wildfallen werden zu lassen. Bei Gräben mit steiler oder gar senkrechter Böschung, wie ich sie auf vorentwässerten Hochmoorflächen vorfand, ließ ich mit gutem Erfolg etwa alle hundert Meter zwei bis drei Meter breite Stücke flach abböschen und mit Knüppeln oder Faschinen befestigen: als »Ausstiegrampen« für verunglücktes Wild. Die sorgfältig mit Hilfe des Nivellierinstruments angelegte Grabensohle erhielt zur dauernden Festlegung alle hundert Meter einen eichenen Sohlpfahl (am Grabenrand mit Stationspfahl bezeichnet). Häufige Durchstiche durch den Grabenaushubswall sorgten für den Abfluß zu den Gräben. Die großen Vorfluter blieben auf beiden Seiten mindestens drei Meter breit holzleer und wurden mit Kleegrasgemenge angesät. Führten sie durch Bestände, so wurde eine Seite als Fahrweg eingerichtet. Durch die geschilderten Maßnahmen wurde ein Auffrieren und Nachrutschen der Böschungen verhindert, die Kontrolle und Pflege des Grabennetzes erleichtert und verbilligt und außerdem zusätzlich Äsung geschaffen.

Die Erfolge dieser großen Waldmelioration waren beträchtlich. Abgesehen von kleinen Flächen, war das Oberflächenwasser überall in Fluß gebracht. Der Boden konnte sich setzen und wurde wärmer und tätiger, die Bedingungen für das Gedeihen fast aller Holzarten besserten sich zusehends. Die natürliche Verjüngung nahm gegenüber der künstlichen in erstaunlichem Maße zu. Ja, selbst ältere Bestände paßten sich wider Erwarten den veränderten Wasserverhältnissen an und zeigten nach wenigen Jahren vermehrten Zuwachs. Windwurfschäden hörten fast ganz auf: Die Bäume hatten sich mit ihren Wurzeln fester verankern können. Großen Nutzen zog auch das Wegenetz aus der Regelung des

Wasserhaushaltes. Es gab kaum noch Gestelle, die unbefahrbar waren. Mit Hilfe einiger Kiesgruben und des meist in der Nähe der zu befestigenden Wege reichlich vorhandenen Steinmaterials gelang es leicht, hervorragende Wegeverhältnisse zu schaffen. Das kam wieder den Einnahmen zugute: Die bessere Abfuhr, der geringere Anteil von Sammelhiebsholz am Einschlag ließen die Holzpreise stetig steigen, so daß bereits dadurch schnell ein großer Teil der aufgewandten Mittel hereinkam. Auch die großen Grünland- und Ackerflächen des Forstamtes von fast 500 ha stiegen erheblich in ihrem Ertrag und brachten höhere Einnahmen. Erstaunliche Erfolge zeigten sich beim Wildstande. Die jährliche Hasenstrecke stieg von früher 20 bis 30 Stück auf 100 bis 200. Rotwild, Damwild, Sauen wanderten zu, und die parasitären Erkrankungen beim Rehwilde gingen zurück. Eine recht erfreuliche Nebenwirkung der »Entsumpfung« war der spürbare Rückgang der Insekten- und Mückenplage. Vor der Verbesserung der Vorflut war das gesamte Graben- und Einteilungsnetz des Reviers im Sommer noch einmal am Himmel aufgezeichnet: Dunkel standen ohne Unterbrechung die Mückenwolken über den Gräben und Gestellen. An heißen Sommertagen war es nicht möglich, etwa ab 7 Uhr früh mit Pferden in den Wald zu fahren. Die Bremsenplage war so stark, daß die Pferde sich hinwarfen und zu wälzen begannen. Diese Plage ließ wesentlich nach, so daß wir »Einheimischen«, die wir im Laufe der Jahre gegen das Mückengift völlig immun geworden waren, uns kaum noch »belästigt« fühlten. Besucher und Jagdgäste litten allerdings noch immer sehr unter dem blutgierigen Geschmeiß – ohne jedoch fortzubleiben! Pfeil war das niedrigst gelegene und nasseste der acht Forstämter, und deshalb waren die Erfolge der Vorflutregelung hier am augenfälligsten. Aber auch in den anderen Revieren wurde an die Verbesserung der Abflußverhältnisse herangegangen. Auch hier wirkten sie sich günstig aus, nicht nur für Wiesen, Äcker und Wegenetz, sondern für die gesamten forstlichen und jagdlichen Belange.

Die forstlichen Verhältnisse

Forstlich waren die Lehmreviere ganz besonders interessant. Sie waren ein beliebtes Reiseziel von Forstreferendaren. Wiederholt besuchte der Deutsche Forstverein dieses herrliche Waldgebiet. Auch die Forstliche Hochschule Eberswalde kam auf ihren Ostpreußen-Lehrfahrten mehrmals zu uns.

Nach den Forschungen von H. Müller und F. Mager hat der »Baumwald« als Teil der großen »Wildnis« in seinem ursprünglichen, vielfach völlig unzugänglichen Zustande einen Schutzgürtel für das Land des Ritterordens gebildet. Der urwüchsige Mischwald wies, wenn auch in anderer Verteilung, sämtliche heute noch vorkommenden Baumarten auf.

Bis es zu einer geregelten Forstwirtschaft kam, mußte der Wald viel über sich ergehen lassen. Mit der Besiedlung des Landes in Nachbarschaft und im Bereich des »Großen Baumwaldes«, die wegen der schwierigen Boden- und Vorflutverhältnisse sehr viel langsamer als im südlichen Ostpreußen vorankam und erst nach der Ordenszeit unter Herzog Albrecht größere Fortschritte machte, setzte eine ungeregelte Nutzung des Waldes ein. Sie wurde mit zunehmender Bevölkerung zur Raubwirtschaft. Kriege und Seuchen brachten Zeiten der Entvölkerung, in denen sich der Wald erholen konnte. Neubesiedlung und Wiederaufbau stellten dann wieder übermäßige Anforderungen an die Forsten. Während vor und in der ersten Zeit der Ordensherrschaft die Waldnutzung auf das Sammeln von Walderzeugnissen (Früchten usw.), die Jagd, die Fischerei und die Beutnerei (Waldbienenzucht) beschränkt blieb, wurde sie später durch das sogenannte »Budenwerk«, die Herrichtung marktgängiger Holzhalbfabrikate[1] im Walde, Aschenbrennerei, Köhlerei, Teer- und Pechgewinnung schon sehr viel rücksichtsloser. Mit fortschreitender Besiedlung traten verschwenderische Holznutzung, Waldweide und Rodung hinzu und schädigten den Wald schwer. Dazu kamen große Katastrophen durch Stürme, Waldbrände und Insektenfraß. Starke Nutzholzeinschläge für die Siedlung (den »litauischen Bau« und das »Retablissement« im 18. Jahrhundert) sowie der ungeheure Bedarf an Brennholz für die Städte (Königsberg allein hatte um 1700 einen Jahresbedarf von 300 000 rm) und das flache Land führten zu völliger Übernutzung. Diese Eingriffe verschonten kaum eine Baumart. Die wertvollsten, so zum Beispiel die Eiche, wurden dabei am stärksten betroffen.

Eine geregelte Forstwirtschaft begann erst recht spät, in der zweiten Hälfte des 18. Jahrhunderts. Die forstlichen Reformen vollzogen sich aber nur langsam, und der Wiederaufbau des Waldes erlitt schwere Rückschläge: Im Januar 1818 richtete ein gewaltiger Sturm ungeheure Verwüstungen, auch im Großen Baumwalde, an. 1854–1857 vernichtete die Nonne große Teile der, damals noch autochthonen, älteren Fichtenbestockung, und einer erneuten Nonnenkalamität, im nördlichen Ost-

[1] Für den Markt, hauptsächlich den holländischen, wurden Planken, Dielen, Klappholz und »Wagenschoß« (feinstes Eichentischlerholz in Halb- und Viertelblöcken) im Walde hergestellt. Zu Brettern wurde auch Linde, als Ruderholz Esche verarbeitet.

preußen hauptsächlich von 1908 bis 1910 wütend, fiel wiederum der größte Teil der älteren Fichten auch in den Mischbeständen zum Opfer. Das hatte – abgesehen von der Störung des Bestandes- und Altersaufbaues – noch sehr viel weiter gehende waldbauliche Folgen. So hat die Natur immer wieder die forstlichen Planungen stark beeinflußt und oft durchkreuzt. Die Waldbilder der Lehmreviere waren hauptsächlich ihr Werk.

Wie schon gesagt: Die meisten Bestände wiesen ein buntes Holzartengemisch auf (Abb. 15). Fast unmerklich wechselte die Baumart, so daß es oft nicht leicht war, allein mit dem Auge die vorherrschende zu bestimmen.

Der *Höhenboden,* dank seiner Mineralkraft und seiner günstigen Humus- und Feuchtigkeitsverhältnisse ein hervorragender Waldboden, trug alle in diesem Gebiet vorkommenden Baumarten in wechselnder Mischung.

Drei Mischungsformen hoben sich aus der Vielfalt hervor:

1. Fichte als Hauptholzart gemischt mit Birke, Erle, Aspe, Esche, Eiche (oft Überhältern), Linde und Hainbuche.
2. Hainbuche mit allen anderen Laubhölzern und wenig Fichte.
3. Eiche gemischt mit Fichte, Birke, Linde und anderen Weichhölzern.

Auf den *Lehmbrüchen* herrschte die Erle vor (Abb. 9 u. 10), ihr waren Fichte in Zwischen- und Unterstand, sowie Birke und Esche beigemischt. Nach dem Ausfall eines großen Teiles der Fichtenbeimischung durch den Nonnenfraß breitete sich die Esche durch Naturverjüngung stark aus.

Die *Moorbrüche* waren hauptsächlich mit Erle bestanden (Abb. 16). Birke und Fichte waren ihr beigemischt.

Auf den *Torfbrüchen* war die Birke die Hauptholzart (Abb. 17). Kiefer und unterständige Fichte gesellten sich ihr bei. Doch auch Kiefern-Fichten-Mischbestände waren auf diesen Zwischenmoorböden nicht selten (Abb. 8).

Die *Moosbrüche* (Abb. 12) endlich trugen bei nur geringer Mächtigkeit, also an ihrem Rande, noch Baumbestand, meist reine Kiefer. Auf den besseren Partien stockten noch geschlossene Bestände von leidlichem Wuchs, nach der Mitte des Moores zu lösten sie sich auf, gingen in Krüppelwuchs über und überließen schließlich der Hochmoorflora das Feld (Abb. 11).

Die Bewirtschaftung

Die Wälder der Lehmreviere in ihrer Urwüchsigkeit und Vielgestaltigkeit widersetzten sich geradezu der Regel und einengender Planung. Und es war nicht einfach, ein Betriebswerk[1] aufzustellen, doch noch viel schwerer, streng nach ihm zu wirtschaften. Die Mischbestände boten fast überall plänterwaldähnliche Bilder. Die Versuchung, sie als Plänterwald[2] zu bewirtschaften, war groß. Das hätte aber zu einer allmählichen Verdrängung der wertvollen Lichthölzer, vor allen Dingen der Birke und der Eiche, geführt; auch die Fichte vertrug keine allzu lange Beschirmung. Deshalb wurden die Mischbestände in einem räumlich geordneten Femelschlag mit langem, etwa 40jährigem Verjüngungszeitraum bewirtschaftet. Die Umtriebszeiten[3] betrugen im allgemeinen bei der Eiche: 160 Jahre, beim übrigen Laubholz auf Höhenböden und im Lehmbruch: 120 Jahre, bei Fichte und Fichtenmischbeständen: 100 Jahre, bei Erlen- und Birkenbeständen auf Moor-, Torf- und Moosbruch: 80 Jahre. In Anbetracht der hohen Produktionskraft der Böden waren durch eine intensive Bestandspflege die Zeiträume bis zur Erreichung der Haubarkeit aber sicherlich noch abzukürzen. Kahlschläge waren möglichst zu vermeiden, da die Freilegung des Bodens zu üppigstem Kraut- und Graswuchs führte und die Verjüngung außerordentlich erschwerte. Unter dem Schirm des Altholzes verjüngten sich fast alle Holzarten natürlich, und zur Pflanzung wurde hier nur gegriffen, um kleine Lücken zu schließen oder das Mischungsverhältnis zu verbessern. Lichtung und Räumung paßten sich den Bedürfnissen des Jungwuchses an und nahmen darauf Bedacht, durch räumliche Ordnung Fällungs- und Rückeschäden auf ein Mindestmaß zu beschränken. Deshalb wurde auch sämtliches Holz auf Rechnung der Forstverwaltung an die Gestelle gerückt. Das stammweise Auszeichnen in den Verjüngungsbeständen erforderte sehr großes waldbauliches Verständnis und reiche Erfahrung.

Kahlschlag mit nachfolgender künstlicher Verjüngung spielte im letzten Jahrzehnt nur bei reinen oder fast reinen Fichten-, Kiefern- oder Erlenbeständen eine Rolle. Nach den Nonnenkalamitäten waren durch Aufforstung von Kahlfraßflächen, auf denen sich keine Laubholzverjüngung eingefunden hatte, zahlreiche Bestände reiner Fichte entstanden. Die dazwischen angeflogene Birke hatte man, der damaligen waldbaulichen Anschauung entsprechend, als »forstliches Unkraut« sorg-

[1] Bestandsaufnahme und Vorausplanung für einen Zeitraum von 20 Jahren.

[2] Mischung aller Altersstufen auf kleiner Fläche.

[3] Durchschnittliches Erntealter.

19

Hochwasser im Moosbruchdorf

20

Altes Wohnhaus im Moosbruch ohne Schornstein

21

Kartoffelfelder im Moosbruch, im Hintergrund das Dorf Alt-Sussemilken mit Holzkirche (Stiftung der Kaiserin Auguste Viktoria)

22

Nach der frühen Kartoffelernte wurden die Beete oft noch mit (Stoppel-)Rüben bepflanzt

23

Wagen mit Rollenrädern für den Hochmooracker

24

Moosbruchwagen mit Puffrädern

25

Zur Arbeit auf dem Hochmooracker trugen die Pferde Holzschuhe

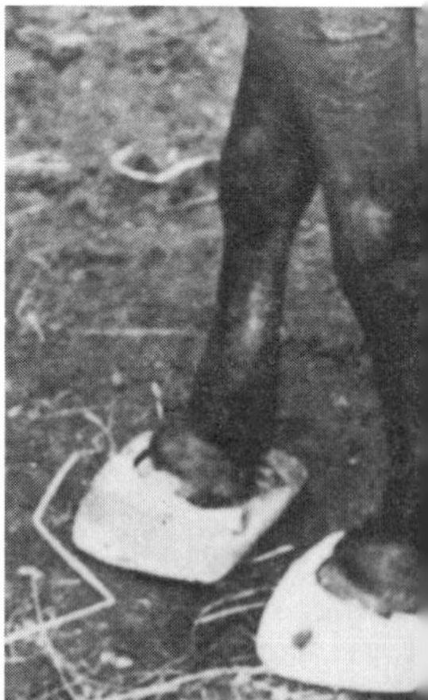

26 *Moosbruch-Dorfstraße mit Heu-Vorratshaufen*

27

Waldrand an den Transvaalwiesen

28

Hohe Kanzel am Rande des Pfeiler Moosbruches

29 *Luftaufnahme des Pfeiler Moosbruches zwischen Laukwargen und Schweizut; im Hintergrund die Transvaalwiesen mit Sussemilker Damm* 30 *Moosbruchblänke*

31 Fähre in Nemonien
32 In Juwendt am Großen Friedrichsgraben

33 *Vorlaubenhaus am Großen Friedrichsgraben*

34 *Storchennest auf Telefonmast am Großen Friedrichsgraben; zwischen Wiesen und Kanal der Treidelweg*

35 *Von Hochwasser und Treibeis eingeschlossenes Bauerngehöft*

36

Fährboot an der Kreuzung vom Großen Friedrichsgraben bzw. Seckenburger Kanal und Nemonienstrom

37

Statt der Gestelle dienten meistens Gräben der Einteilung und dem Verkehr; an Kreuzungen wurden sie durch Kletterstege überbrückt. Hier standen bisweilen auch Beobachtungskanzeln

38

Der Dienstkahn, Forstamt Tawellningken

fältig herausgehauen; noch bis zum Anfang unseres Jahrhunderts lieferte die Birke nur Brennholz. Es war aber, namentlich durch die Auswirkungen des ersten Weltkrieges, längst nicht überall gelungen, die Kahlflächen sogleich aufzuforsten. Insbesondere dort, wo im Altbestande noch Laubholz, vor allen Dingen Birke, beigemischt gewesen war, hatte man die Neukultur zurückgestellt. Hier war meist die Birke auf dem nach Fichte nicht allzu schnell verunkrautenden Boden reichlich angeflogen. Sie bildete einen hervorragenden Schirmbestand für die Fichte, die von erhalten gebliebenen Nachbarbeständen und Einzelbäumen anflog oder künstlich gepflanzt wurde (Abb. 18). Das ergab herrliche Waldbilder, die bei der Güte und günstigen Verwertbarkeit der Birke auch wirtschaftlich viel versprachen. Frühzeitige Durchforstung und Regelung der Mischung (etwa 0,7 Fichte, 0,3 Birke) war hier besonders wichtig. Leider spielte die Birke nicht in allen Forstämtern die nützliche Rolle als »Zwischenfrucht« und Schirmbaum. Die höher gelegenen Reviere, vor allen Dingen Gertlauken, aber auch Drusken, Leipen und Papuschienen, zeigten anfangs der 20er Jahre, namentlich da, wo in der Kriegs- und Nachkriegszeit die Waldweide vorübergehend ausgeübt wurde, sehr unbefriedigende Bilder. Dort, wo den von der Nonne vernichteten Fichten nur wenig Laubholz beigemischt war, hatte das Vieh den Anflug nicht hochkommen lassen; der geringe Schirmbestand war zopftrocken geworden, und die hochwertigen Böden zeigten eine völlig ungenügende Produktion. Hier galt es nach Abschaffung der Waldweide die Verjüngung nicht allein der Natur zu überlassen, die meist nur Aspenwurzelbrut und Birkenanflug hochkommen ließ, sondern nach Abräumung des wertlosen Schirmes und Läuterung des vorhandenen Jungwuchses große Flächen wieder mit Fichte und Erle zu durchpflanzen. Das ist in besonders großem Umfange im Forstamt Gertlauken geschehen und hat sehr erfreuliche Jungbestände ergeben.

In Laubholzmischbeständen, in denen die eingesprengte Fichte infolge Nonnenfraß ausgefallen war, hatte sich vielfach die Esche sehr üppig verjüngt. Diese Lichtholzart verträgt in der Jugend sehr viel Schatten. Wegen ihrer Frostempfindlichkeit hatte man sie früher erst sehr spät freigestellt. Es galt als Regel, daß die Eschenverjüngung in den Kronenraum des Schirmbestandes hineinwachsen müsse, ehe dieser geräumt werden könne. Danach ist in den Lehmrevieren lange verfahren worden, und der Erfolg waren reine Eschenbestände; denn keine andere Holzart vertrug eine so lange Beschirmung. Eine dicht geschlossene Eschenverjüngung macht einen bestechenden Eindruck. Aber so wertvoll die Esche als Mischholz ist, im Reinbestand hat sie versagt. Krebs, Eschenzwieselmotte und der Elch bestimmten die Durchforstung. Die

Bestände stellten sich bald licht, verwilderten und vernäßten. Wirkliche Zukunftsstämme waren selten. Wir haben deshalb die Eschenverjüngung wesentlich früher gelichtet und freigestellt, um Mischhölzer zu erhalten oder einzubringen. In Pfeil wurden die umfangreichen reinen Eschenstangenhölzer besonders durch das Schälen des Elchwildes schwer geschädigt. Hier mußte ich mich zu dem rechtzeitigen Schutz einer Anzahl von Zukunftsstämmen durch Anstreichen mit einem Gemisch von Teer, Soda und Rinderblut (sog. Mortzfeldtsche Mischung) entschließen. Die nicht geschützten Eschen wurden dem Elch zur »Durchforstung« überlassen. Und diese Stangenhölzer wurden dann im weiten Verbande mit Erle und Fichte unterbaut; Birke flog meist noch dazwischen an. Wir sind dem Elch später für die Schälschäden in den jungen Eschenreinbeständen dankbar gewesen, hat er doch dafür gesorgt, daß durch den erfolgreichen Unterbau sehr schöne Mischbestände entstanden.

Sehr schwierig war bei dem verhältnismäßig hohen Wildbestande die Nachzucht der Eiche; sie mußte da, wo auf besten Standorten ihre Nachzucht lohnend war, durch Gatter geschützt werden. Die aus den letzten Jahrzehnten übernommenen jüngeren Eichenbestände stammten aus Pflanzungen. Oberforstmeister Müller hatte Eichenstarkheister im 4 m-Quadrat-Verbande auf Kahlflächen pflanzen lassen. Vielfach war Weißerle als Treibholz benutzt worden. Die aus diesem Verjüngungsverfahren hervorgegangenen Bestände befriedigten nicht; durch den zu weiten Verband waren die Stämme oft ästig, und bei Ausfall einzelner Heister waren die Bestände auch lückig.

Besser bewährte sich das Verfahren des Oberforstmeisters Mortzfeldt, die Eiche in 10 a großen kreisförmigen Hiebslücken durch Lohdenpflanzung nachzuziehen. Diese Voranbauhorste sollten die Kristallisationspunkte für eine femelschlagartige Weiterverjüngung der Altholzbestände sein. Sie krankten unter vielfach zu schematischer, den Boden nicht berücksichtigender Anlage, mangelnder Pflege und ausbleibender Umrändelung. Ich fand diese Horste vielfach im nicht weiter verjüngten Altbestande, wie »in einer Röhre steckend« vor; die Axt hatten die damals mindestens 40jährigen Horste noch nicht gesehen. Durch alsbaldige Umrändelung und mehrfache Durchforstung gelang es, die Mehrzahl dieser in die Hunderte gehenden Horste zu retten und zu vielversprechenden Bestandesgliedern zu machen. In den feuchten Lehmrevieren erwies sich, im Gegensatz zu der sonst geltenden Regel, die Fichte als eine durchaus günstige Beimischung zur Eiche. Sie war auch unter den Eichen der »Mortzfeldtlöcher« vielfach, und zwar sehr dicht, angeflogen. Durch Selbstwerber wurden die Fichten stark verdünnt. Der verbliebene lichte Unterstand diente als Bodenschutzholz. Wo die Fichte fehlte, wurden die Horste mit Linde und Hainbuche unterbaut.

Dem Kahlschlag mit nachfolgender künstlicher Verjüngung blieben nur die meisten Erlenbestände vorbehalten. Reine Fichtenbestände in hiebsreifem Alter gab es nach den wiederholten Nonnenkalamitäten kaum. Die Erle wurde als dreijährige verschulte Lohde[1] im 2-Meter-Quadratverband gepflanzt. Der Samen für die Kämpe wurde in den hochwertigen Altbeständen des eigenen Reviers geerntet. Zwischen den Erlen pflegten noch genügend Birken, bisweilen auch Fichten, anzufliegen. Die Erle wuchs auf gutem Standort sehr schnell und trotz des weiten Verbandes recht astrein heran, so daß viele Jungbestände, die zu Anfang meiner Revierverwaltertätigkeit begründet waren, schon zwei Durchforstungen hinter sich hatten, als ich Pfeil verlassen mußte. Auch mit Naturverjüngung und Streifensaat unter Schirm waren nach der Vorflutregelung in früher versumpften Beständen erste Erfolge erzielt.

Kahlschläge wären dringend notwendig geworden bei den jüngeren reinen Fichtenbeständen, die aus westdeutschem Saatgut hervorgegangen waren. Hier war, insbesondere bei den schlechtwüchsigen Aufforstungsbeständen, die nach der letzten Nonnenkalamität entstanden, geplant, durch intensive Durchforstung frühe Haubarkeit zu erreichen und die fremdrassigen Bestände (etwa mit 60 Jahren) kahl abzutreiben und durch Pflanzung heimischer Fichte zu verjüngen. Durch den üblichen weiten Pflanzverband von 2 × 2 Meter erreichten wir, daß zwischen den Fichten noch reichlich Birke und andere Laubhölzer (besonders Aspen) anflogen. Das Vermeiden von Fichtenreinbeständen sollte auch den schweren, sich alle 50 bis 60 Jahre wiederholenden Schäden durch die Nonne vorbeugen oder sie wenigstens mildern.

Die vielfach ohne Zutun des Wirtschafters sich einstellende Naturverjüngung, die zahlreichen einzelstammweise auszuzeichnenden Lichtungshiebe, Aushiebe und Freistellungen, die sich über das ganze Revier verteilten, bargen die Gefahr der Zersplitterung und des planlosen Umherhauens in sich. Da war dann schon eine vorausschauende Planung, die auch die räumliche Ordnung beachtete, dringend notwendig. Sehr günstig erwies sich dabei die von dem damaligen Generalforstmeister von Keudell eingeführte Pflegeblockeinteilung. Die Reviere wurden in drei Blöcke eingeteilt, deren jedem eine Fläche mit gleich hohem Einschlag zugeteilt wurde. So kehrten die Ernte- und Pflegehiebe und die Durchforstungen alle drei Jahre zu den gleichen Beständen zurück. Das war bei der außerordentlichen Wuchskraft unserer Lehmreviere eine durch-

[1] Lohde = junge Laubbaumpflanze i. Höhe von 0,50 bis 1,50 m.

aus annehmbare Umlaufzeit. Fast alle Betriebsarbeiten konzentrierten sich auf ein Drittel der Fläche. Das hatte manche Vorteile. Durchführung und Aufsicht waren erleichtert. Die übrigen Revierteile hatten Ruhe, das Wegenetz wurde geschont und konnte in den arbeitsarmen Jahren instandgesetzt werden. Auch jagdlich wirkte sich die Pflegeblockeinteilung günstig aus.

Die intensive Bestandespflege, die »Verjüngung mit der Axt«, aber auch die große Zahl der Holzarten mit ihren vielen Sorten, die für den Verkauf ausgehalten wurden, forderten von den Forstbeamten ein hohes Maß an Fleiß und Können. Und diese forstliche Arbeit durfte hinter der Jagd, die in den Staatsjagdrevieren natürlich eine große Rolle spielte, nicht zurückstehen. Das war unser Ehrgeiz, und ich glaube, wir haben dieses Ziel erreicht.

Das Große Moosbruch

Im Norden schob sich zwischen die Lehmreviere und die Bruchwaldforstämter des Elchwaldes das Große Moosbruch. Dieses größte deutsche Moor, dessen reine Hochmoorflächen fast 10 000 ha groß waren, hatte bereits Friedrich der Große zu kultivieren begonnen. In der zweiten Hälfte des 18. Jahrhunderts entstanden Erbpachtkolonien, wie Alt-Heidlauken (1756), Schenkendorf (1781), Alt-Sussemilken (1782), Timber (1786), Alt-Heidendorf und andere. 1830 wurde die Erbpacht in freies Eigentum umgewandelt. Von 1838 ab wurden von der Forstverwaltung, der das Moosbruch unterstand, zahlreiche Zeitpachtkolonien gegründet. Sie sollten die Hochmoorkultivierung vorantreiben und auch dem Mangel an Arbeitskräften abhelfen. Es wurden vor allem ausgediente Soldaten, aber auch ehemalige Gefangene angesiedelt, die in harter Arbeit das Moor urbar machten. Da die Wasserläufe die zunächst einzigen Verkehrswege waren und an ihrem Rande auch das wertvollste, wenn auch hochwassergefährdete Moor lag, entstanden die Kolonien als Reihendörfer an den Flüssen entlang. Jedes Kolonat mußte am Wasser liegen und brauchte eine genügend große Fläche hochwasserfreien Hochmoores als Ackerland (Abb. 19). So lagen die einzelnen Gehöfte in langer Reihe dicht nebeneinander; das dazugehörige Land bildete bis zu 800 m lange »Handtücher« und hatte eine Breite von oft nur 20 m. Die Kolonisten waren Zeitpächter der Forstverwaltung; die Pachtdauer betrug 12 bis 24, meistens 18 Jahre. Die Häuser mußten wegen des schwankenden Baugrundes leicht sein und waren aus Holz erbaut, in neuerer Zeit durchweg auf Pfahlrosten. Erlenpfähle wurden auf den Grundrißlinien des Hauses bis auf den Mineralboden in das Moor getrieben und auf ihnen Fundament und Grundschwelle verankert und das Haus errichtet. Rammpfähle in 2 bis 6 Meter Länge wurden von den benachbarten Forstämtern auf Bestellung ausgehalten und bei Brennholzversteigerungen an die Interessenten verkauft. Alte Häuser ohne Roste oder mit mangelhafter Sicherung durch Rammpfähle sah man allmählich immer tiefer im Moor versinken. Früher hatten die Wohnhäuser keine Schornsteine. Der Rauch zog frei durch das Rohr- oder Strohdach ab (Abb. 20). Ich habe solche Häuser noch gekannt.

Die Wirtschaft der Moosbruchkolonisten war recht eigenartig. Ihr Haupterzeugnis war die Kartoffel, die sogenannte Moosbruch-»Blanke«, die sich wegen ihrer Güte besonderer Beliebtheit erfreute und auch höhere Preise als die Kartoffeln vom Mineralboden erzielte. Zwei große deutsche Reedereien bezogen für ihre Fahrgastschiffe Moosbruchkartoffeln.

Der Kartoffelbau im Moosbruch (Abb. 21 u. 22), der ununterbrochen auf der gleichen Fläche betrieben wurde, hatte seine Besonderheiten. Wegen der geringen Tragfähigkeit des Moores war er zwangsläufig reine Handarbeit. Im Frühjahr wurden die Beete abgesteckt und die Beetfläche mit Stallmist bedeckt. Die Saatkartoffeln wurden direkt auf den Dung gelegt und aus der zukünftigen Beetfurche mit Moor bedeckt. Das Häufeln wurde durch das »Beschmeißen«, also das Bedecken der Kartoffeln aus der Furche, ersetzt. Es wurde besonders auch vor mutmaßlichen Frostnächten zur Verhütung von Schäden vorgenommen. Hacken war weder üblich noch angebracht, da es den Boden leicht »puffig« werden ließ. Die Beete wurden bis zum letzten Bewerfen immer höher, die Furchen immer tiefer; das brachte die erwünschte bessere Durchlüftung, Dränung und Erwärmung des Moorbodens mit sich. Nach der Ernte wurden die Furchen wieder eingeebnet und im nächsten Jahr waren sie Beetmitte. Die Ernteerträge waren, zumal höchst selten Kunstdung angewendet wurde, nicht besonders hoch und lagen zwischen 60 und 120 Zentner je Morgen. Die Moor-»Blanke« mit ihrer glatten, apfelähnlichen Schale, ihrer Gesundheit und Güte machte, zumal sie auf dem dunklen, warmen Moor auch früh reifte und auf den Markt kam, den geringeren Ertrag durch ihren höheren Preis wett. Leider war der Kartoffelbau durch die auf Hochmoor häufigen Spätfröste gefährdet.

Zu dieser Wirtschaft wurde viel Stalldung benötigt. Das erforderte natürlich Viehhaltung. Weiden, namentlich in der Nähe des Hofes, waren in früheren Jahren nicht vorhanden. So war dauernde Stallhaltung des Rindviehs die Regel. Das notwendige Heu und Gras wurde auf den großen staatlichen Meliorationswiesen gewonnen, deren Schnitt alljährlich auf Versteigerungen an die Zeitpächter verkauft wurde. Als Streu wurde Gras von Überschwemmungswiesen, aber auch, zum Schaden von Holzerzeugung und Jagd, die üppige Bodenflora älterer Erlenbestände geworben, meist hochwasserfrei auf Vorratshaufen gebracht und im Winter bei Eis abgefahren. Auf dem flußnahen Lande, das aus schlickhaltigem Niederungsmoor bestand, wurde in der Regel Gemüse (Möhren, Zwiebel, auch Rüben als Viehfutter) gebaut. Die Erträge waren gut, aber durch Sommerhochwasser gefährdet. Da hatten viele Moosbrüchler sich ihre eigene kleine »Eindeichung« durch Aufwerfen von Wällen gebaut, und eine an einem Dreibein aufgehängte große Holzschaufel, von Hand bedient, war das »Schöpfwerk«. Im allgemeinen wurden die Fahrten zum Markt, zur Ablieferungsstelle oder zu bisweilen zugepachteten entfernteren Äckern rudernd oder im Treidelzuge mit dem Kahne zurückgelegt. Aber auch kleine, drahtige Pferde wurden gehalten; sie waren für die Heuernte und für die Holzabfuhr vonnöten. Einige Kolonisten erleichterten sich auch die schwere Arbeit des Düngerfahrens, die im allgemeinen mit der Holzkarre von Hand durchgeführt wurde, durch das Pferd; damit die Pferdchen auf dem weichen Moor nicht einbrachen, wurden ihnen breite halbkreisförmige Holzschuhe an den Hufen befestigt (Abb. 24 u. 25). Die niedrigen Wagen hatten breite Rollenräder (Abb. 23). Der Arbeit an den Kartoffelbeeten, insbesondere dem Abstechen der Beetränder, dienten besondere hölzerne, mit Eisen beschlagene Spaten. Bei der Heuernte wurden zum Befahren der oft recht weichen Wiesen die sog. »Puffräder« mit besonders breiten Felgen (Abb. 24) aufgezogen. Scheunen waren im Moosbruch, zumal Getreide nicht angebaut wurde, nicht üblich. Heu und Streu wurden in Vorratshaufen auf Holzgerüsten meist über den Gräben aufgesetzt. Diese großen »Köpsen« waren richtige Kunstwerke und ihre endlose Zeile an der Dorfstraße ein schöner Anblick (Abb. 26). Das Setzen der Vorratshaufen wollte gelernt und verstanden sein. Oft sah man dabei alte Mütterchen hoch oben thronen und diese schwierige Arbeit verrichten. Um ein Einregnen zu verhüten, wurde das jeweils gebrauchte Heu durch Zupfen von unten entnommen, so daß die Haufen schließlich die Form von Pilzen annahmen. So bot die Landwirtschaft auf dem Moosbruch ihre Besonderheiten, sie erforderte viele fleißige Hände. Der Kinderreichtum war daher nur erwünscht. Leider war die Arbeit aber doch sehr saisongebunden. Nach der Ernte und während des langen Winters mangelte es an Arbeit. Viele Zeitpächter verdienten dann als besonders tüchtige Holzschläger, als Holzrücker oder bei Meliorationsarbeiten das so sehr notwendige Bargeld.

Was hatten diese Moosbruchkolonien aber mit dem Elchwald zu tun? Nun, bis 1928 unterstanden das Große Moosbruch und die zahlreichen Kolonien der Forstverwaltung und gehörten zu den Oberförstereien (Forstämtern) Nemonien, Schnecken, Mehlauken und Pfeil. Das 1928 aufgelöste Forstamt Nemonien bestand nur zu einem Drittel aus Wald, drei Zehntel seiner Bodenfläche nahmen Äcker, Wiesen und Weiden ein, und der Rest war unkultiviertes Hochmoor. Dementsprechend betrugen auch die Gelderträge aus landwirtschaftlicher Nutzung rd. 70% seiner Gesamteinnahmen. Ich selbst bin in Pfeil noch Gutsvorsteher für vier große Moosbruchkolonien gewesen und habe Sorgen, Nöte und Freuden dieser fleißigen und anspruchslosen Siedler kennengelernt. Sie waren als Käufer von Holz und Gras, als Waldarbeiter und Fuhrleute auch sonst aufs engste mit den benachbarten Forstämtern verbunden. Sie gehörten »mit dazu«.

Bei der großen Ausdehnung des Moores waren natürlich längst nicht alle Flächen kultiviert. Schon wenige hundert Meter hinter den Dörfern begann das ursprüngliche Moor in seiner weiten und schwermütigen Schönheit (Abb. 28, 29). Hier fühlte sich der Naturfreund und Jäger mehr zu Hause. Auch das Wild liebte das Moosbruch, namentlich zur Winterszeit, da es an seinen Rändern durch Kusseln, Büsche und Polster von Porst- und Heidekraut die Schneedecke durchbrach und bei guter Äsung Windschutz und Wärme bot. Ich hatte an der Nordspitze der am weitesten in das Moor hineinragenden Mineralbodenzunge am Schweizuthügel eine hohe Kanzel (Abb. 28) errichten lassen, von der man das ganze Pfeiler Moor bis hinüber zu der schon der Bruchwaldzone angehörenden Försterei Laukwargen und bis zum Haff übersehen konnte. Dort bot sich dem Beschauer eigentlich zu jeder Jahreszeit ein herrliches Bild. Im Frühjahr, wenn das Lederblatt blühte, Kiefern- und Birkenkusseln ihr Frühlingskleid trugen, der Birkhahn kollerte und »Herden« von Kranichen das Moor bevölkerten und die vorjährigen Moosbeeren abweideten; im Frühsommer, wenn der Kienporst mit seiner weißen Blütenpracht große Flächen wie mit weißem Schaum bedeckte (Abb. 12), die Blüten der Rosmarinheide rosa schimmerten und die Samenstände des Wollgrases einen weißen Schleier über die feuchten Moorschlenken breiteten; in der brütenden Hitze des Hochsommertages, wenn die Luft über dem Moor flimmerte, in der Ferne die Segel der Haff-Fischer herübergrüßten und der rote Bock die Ricke durch die Kiefernkusseln trieb; im Herbst, wenn sich die leuchtenden Farben der Sumpfmoose und Hochmoorpflanzen zu der herrlichsten Matte verwoben, und im Winter, wenn der Schnee die niedrige Pflanzenwelt zugedeckt hatte und nur Kusseln und Sträucher aus ihr hervorragten und bläuliche Schatten warfen; wenn der Elch in den Kiefern und Birkenkusseln stand und das Rehwild in kleineren und größeren Sprüngen umherzog, äste und ruhte.

Den fesselndsten Anblick aber genoß ich aus der Luft, als ich im »Fieseler Storch« langsam über den Elchwald flog und sich das Moor in schimmernden Farben zwischen Weiß und Smaragdgrün, allen erdenklichen Nuancen von Rot und Braun und dem Himmelblau der Blänken (Abb. 29 u. 30) als ein bunter Teppich unter mir ausbreitete.

Schön waren auch die (in Pfeil allein über 400 ha großen) Grünlandflächen, die zur Versorgung der Kolonisten und Bauern zu Anfang unseres Jahrhunderts, hauptsächlich auf Zwischenmoorflächen, angelegt worden waren. In Pfeil zur Zeit des Burenkrieges kultiviert, führten sie den Namen »Transvaalwiesen« (Abb. 27 u. 29). Auf ihnen balzten in den 20er Jahren noch über 100 Birkhähne, und auf das Rehwild übten sie eine große Anziehungskraft aus. Natürlich gingen sie trotz Pflege allmählich im Ertrage zurück und bedurften dringend der Neuansaat. Die wurde dann auch zusammen mit der Kultivierung weiterer Hochmoorflächen von der 1928 gegründeten Moor-Administration Lauknen in Angriff genommen. Diese der Domänenverwaltung unterstehende Behörde trat die Nachfolge der Forstverwaltung im Großen Moosbruch an. Sie hat bei der Hochmoorkultur und der Verbesserung der wirtschaftlichen Lage der Zeitpächter große Erfolge erzielt. Die Zeitpacht sollte allmählich in Eigentum übergeführt werden. Ich habe den Verlust der Moosbruchflächen bedauert, zumal die intensiven Kultivierungsmaßnahmen der Landschaft das Urwüchsige nahmen und der freilebenden Tierwelt und der Jagd manchen Schaden zufügten. Sehr froh war ich daher, als große Moorflächen, die vorderhand – auch aus wirtschaftlichen Gründen – nicht melioriert werden konnten, wieder an die Forstverwaltung zurückfielen.

Die Bruchwaldreviere

Durch das Große Moosbruch oder am Großen Friedrichsgraben entlang mußte ich fahren, um zu den Haupt-Elchrevieren, den Bruchwaldforstämtern des Memeldeltas, zu gelangen. Die Landschaft zwischen Wald, dem Nordrand von Pfeil und Klein-Naujock, und Haff war sehr reizvoll. Mittellinie und Lebensader bildete der Kanal, den bereits der Ritterorden geplant und begonnen, aber nicht vollendet hatte, und der dann zwischen 1688 und 1699 von der Gräfin Amalie Truchseß zu Waldburg, der Besitzerin der Grafschaft Rautenburg, zu einer leistungsfähigen Binnenwasserstraße ausgebaut wurde. Er stellte zusammen mit dem Kleinen Friedrichsgraben (später dem Seckenburger Kanal) die Verbindung zwischen Deime und Gilge her und erlaubte es, den wegen seiner Untiefen und Sturmgefährdung ungünstigen und gefahrvollen Weg über das Haff zu umgehen. Auch für die Verbesserung der Vorflut waren die Kanäle von großer Bedeutung. Bei Agilla mußte man mit der von Hand betriebenen Fähre übersetzen, um dann auf der neben dem Graben laufenden Straße nordostwärts nach Nemonien zu gelangen (Abb. 31). Da die Straße gleichzeitig (und ursprünglich) dem Treideln[1] diente, trennten kein Geländer, keine Prellsteine den Weg vom Wasser. Das ist manchem Fahrzeug, dessen Lenker zu gut (naß!) gefrühstückt hatte, zum Verhängnis geworden. Kraftwagen mußten deshalb auch den Pferdewagen, wegen der Gefahr des Scheuens, stets grabenseits ausweichen. Der Friedrichsgraben, früher eine sehr bedeutende Wasserstraße für den Transport von Holz aus Rußland (Abb. 32), war auch zu unserer Zeit noch recht belebt: von Lastkähnen mit Erzeugnissen des Großen Moosbruches oder Holz aus den angrenzenden Forstämtern, von Dampfern, die den Waren- und Personenverkehr zwischen Moosbruch und Haffdörfern und der Kreisstadt Labiau vermittelten, ab und an auch noch von einigen Holzflößen und — nicht zuletzt — von Kähnen, die die Wirtschaftsfuhren der Anlieger besorgten. Oft sah man das patriarchalische Bild, daß der »Wirt« oder »Besitzer« gemütlich Pfeife rauchend das Steuer führte, während seine Frau auf dem Treidelpfad, das Schleppseil über der Schulter, den mit Dung, Kartoffeln oder anderen Wirtschaftsgütern beladenen Kahn im Schweiße ihres Angesichtes vorwärts zog. Das Land zu beiden Seiten des Friedrichsgrabens war zum großen Teil in den 20er Jahren eingedeicht worden. Hier waren ertragreiche Grünländereien und auch Ackerflächen entstanden. Die Dörfer am Friedrichsgraben, Agilla, Juwendt, Ludendorff und Heidendorf, an denen die Fahrt entlang führte, boten einen freundlichen Anblick (Abb. 33). Auf den Wiesen stolzierten Störche, die hier ein wahres Dorado fanden. Zwei Kuriosa gab es hier: ein Storchenpaar brütete Jahr für Jahr auf einem Telefonmast unmittelbar an der Straße (und die tierfreundliche Post hatte seinetwegen die Leitungen tiefer unterhalb des Nestes verlegt, Abb. 34), und ein Bauerngehöft in Ludendorff beherbergte auf Wohnhaus, Stallgebäude und Scheune nicht weniger als sieben Storchennester, von denen alljährlich fünf bis sechs bezogen wurden. Auch in dem Dorf Nemonien wies ein Hof vier Storchennester auf. Die

[1] Ziehen der Kähne vom Lande aus

Wiesen nordöstlich der Försterei Laukwargen, zwischen Ludendorff und Nemonien, waren nicht eingedeicht und im Winter und Frühjahr überschwemmt. Bei tragfähiger Eisdecke wurden dann mit Schlitten die großen Heuhaufen abgefahren, die bei der Ernte auf einem hochwasserfreien Gestell aus Pfählen und Stangen aufgesetzt waren. Im Frühjahr aber rasteten die Scharen von durchziehenden Wasservögeln auf den großen Wasserflächen, unter ihnen auch zahlreiche Singschwäne. Dann wurde die Fahrt unterbrochen, um den Anblick der Entenschwärme mit den prächtig gefärbten Erpeln und die eigenartig melodischen Rufe der Schwäne zu genießen. Schön war es hier auch zur Zeit der Heuernte, wenn die »austenden« Frauen und Männer das Heu wendeten und zusammenbrachten, auf die Erntewagen luden oder, was die Regel war, kunstvoll zu hohen Vorratskegeln türmten.

In Nemonien, im großen Gasthaus an der Kreuzung von Nemonien-Strom und Kanal, konnte man die zahmen Kraniche des Wirtes bewundern, die den Fremden oft mit ihrem Trompetenruf empfingen. – In dem Fischer- und Bauerndorf wurde übrigens auch ein beliebter Schnupftabak hergestellt.

In Nemonien war man nun auch schon im Gebiete des Memeldeltas mit seinen Strömen und Wasserläufen, seinen Bruchwäldern und seinen großen Poldern (Abb. 36). An Staatswald gehörten die Forstämter Ibenhorst, Tawellningken und die Revierförsterei Laukwargen meines eigenen Forstamtes zu diesem großen Erlenniederwaldgebiet; an Privatwald der Forst der Grafschaft Rautenburg, im Winkel zwischen Gilge und Tawelle. Das Element, das diese Niederungslandschaft geschaffen hat und das sie noch beherrschte, war das Wasser. Der Urstrom und die damit verglichen jetzt »zahme« Memel haben das riesige Delta aus Schlick und Moor gebildet, das fächerförmig von zahlreichen Mündungsarmen und Altwässern durchzogen wird. Die fruchtbaren Böden waren und sind zum Teil noch immer alljährlichen Überflutungen ausgesetzt. Und diese durch die Schneeschmelze im Einzugsgebiet der Memel erzeugten und oft durch Eisverschluß der Mündungen oder stauende Stürme vom Haff her gesteigerten Hochwasser konnten gewaltige Ausmaße annehmen (Abb. 19 u. 35). Sie brachten den Einwohnern der eingeschlossenen Gehöfte schwere Not. Oft drang das Wasser in die Häuser ein. Dann erlosch das Feuer des Herdes. Mit Kisten und Brettern wurde das eingedrungene Wasser überbrückt; oft war die Flucht auf die Dachböden für Mensch und Vieh die letzte Rettung. Kam dann noch der gefürchtete »Schacktarp«, die Bildung einer nicht tragfähigen Eisdecke, hinzu, so waren die Siedlungen von der Außenwelt abgeschnitten und Mensch und Tier in höchster Gefahr; kein Arzt erreichte die

Kranken, Tote blieben unbeerdigt (Abb. 35). Durch die im vorigen Jahrhundert begonnene und bis zuletzt fortgesetzte Eindeichung der landwirtschaftlich sehr wertvollen Niederung wurde das Ausbreitungsgebiet für das Hochwasser ständig verkleinert, und seine Höhe in den Außendeichflächen stieg. Hatte der Wasserstand nach Abfluß des Hochwassers seine normale Sommerhöhe erreicht, dann wandelte sich das »Drama« in ein »Idyll«. Es grünte und sproßte und blühte, und aus den Weidenbüschen an den Flußläufen erklang das Lied des Sprossers. Die Viehweiden in den Poldern belebten sich mit den schwarz-bunten Rindern des ostpreußischen Herdbuchviehs. Die Fischer in den Haffdörfern fuhren wieder zum Fischfang aus. Überall in Wald und Flur war fast explosiv der Frühling ausgebrochen. Der weite Erlenniederwald wurde wieder begehbar. Das Wild kehrte in seine Sommereinstände zurück.

Außer den wenigen festen Straßen, den »Dämmen«, die meist die Landverbindung zu den Haffdörfern herstellten, gab es kaum Waldwege. Statt der Hauptgestelle der Lehmreviere vervollständigten hier vielfach breite Gräben das Wegenetz (Abb. 37). Neben diesen Wasserwegen führten schmale Begangs- und Treidelsteige entlang, und hölzerne Kletterstege, unter denen ein beladener Kahn hindurchfahren konnte, überquerten sie an den Kreuzungen (Abb. 37). Zu jeder Forstdienststelle gehörten natürlich ein oder mehrere Dienstkähne (Abb. 38), mit denen, fast immer im Treidelzuge, das Revier befahren werden konnte. Selbstverständlich waren auch Gestelle und Schneisen vorhanden, die aber kaum dem Verkehr, sondern mehr der Waldeinteilung und der Jagdausübung dienten. Der gewöhnlich ziemlich schüttere Erlenwald (Abb. 39 u. 40) war reichlich mit Weidenbüschen und einer üppigen, oft übermannshohen Sumpfflora bedeckt (Abb. 43). Sie setzte sich ähnlich zusammen, wie ich sie für die nassen Standorte der Lehmreviere beschrieben habe. Reizvoll unterbrochen wurden die dschungelartigen Bestände durch zahlreiche Flüsse und Altwässer, Teiche (»Eszer«) und üppiges Grünland: außendeichs entlang den Flußläufen und am Haffufer Überschwemmungswiesen, in den Poldern hochwertige, oft dreischürige Meliorationswiesen. Undurchdringlich fast war das Haffufer mit seinen Schilf- und Weidendickichten. Eine Fahrt im Kahn durch diese grüne, urwüchsige Wildnis war immer ein Erlebnis. Auch die Kahn- und Motorbootfahrten auf den Strömen und Flüssen zu den Fischerdörfern am Haff werden mir unvergeßlich bleiben. Nemonienstrom, Worgel (Abb. 41), Gilge, Tawelle (Abb. 42), Paitfluß, Griebe, Loyefluß, Karkelstrom, Ackminge und Skirwieth, um nur die größten zu nennen, durchzogen den grünen Dschungel zum Haff hin und bildeten die Hauptverkehrswege für die Bevölkerung der Dörfer Nemonien,

Gilge, Tawe, Inse, Loye und Karkeln. In den letzten Jahrzehnten wurden allerdings auch feste, jedoch nicht durchweg hochwasserfreie Landwege zu diesen Orten geschaffen. Betrieb von Landwirtschaft (Grünland- und Viehwirtschaft sowie Gemüsebau) ergänzte den früher fast allein auf die Fischerei begründeten Broterwerb der Bevölkerung. Die Dörfer, deren »Dorfstraße« ja ursprünglich der Fluß bildete (Abb. 45), waren auf ihn ausgerichtet und boten, besonders vom Wasser aus, einen eigenartig reizvollen Anblick. Am Ufer schaukelten, wenn sie nicht auf dem Haff zum Fischen waren, die Kurenkähne mit ihren originellen Wimpeln (Abb. 44); die Häuser, überwiegend aus Holz gebaut (Abb. 46), waren in lebhaften Farben gehalten. Daneben standen die großen Heudiemen. Und das Ufer wurde von Kindern und Geflügel bevölkert.

Fuhr man dann im Kahn auf das Haff hinaus, so tat sich eine neue Landschaft auf: Die weite Fläche des Haffs wurde durch Schilfgürtel vom Lande geschieden, verhältnismäßig schmal bei gestrecktem Uferverlauf, breit und mit einer Fülle von Wasserpflanzen durchsetzt in den verlandenden Buchten. Schwimmende Inseln und das zähe Stengelgewirr der Seerosen, Mummeln und Seekannen erschwerten das Eindringen in die Wasserwildnis. Schilfrohr und Binsen, Rohr- und Igelkolben, Pfeilkraut und Schwanenblume, Froschlöffel, Krebsschere und viele andere wetteiferten im Wachsen, Blühen und Fruchten (Abb. 47). Eine reiche Vogelwelt war hier zu Hause und gab der Stille Leben und Klang. Langgestreckte Schilfinseln, die »Reffe«, waren bisweilen dem Ufer vorgelagert. An den Mündungen mancher Wasserläufe, besonders im Bereich des Rußdeltas, waren durch Schlickablagerungen Inseln entstanden, die Werder, die in ihrer Unberührtheit einen besonderen Reiz ausübten. Wiesen, Weidengestrüpp, bis zu 4 m hohe Rohrdickichte und auf dem rd. 250 ha großen Helena-Werder auch Niederwald von Weiß- und Roterle und verschiedenen Baumweiden bedeckten diese sich nur 1,50 m über den Haffspiegel erhebenden Inseln. Sie waren bei normalem Wasserstande vom Frühjahr bis zum Herbst ein wahres Dorado für das Elchwild. Vor dem nahenden Hochwasser pflegten die Elche die Inseln zu verlassen. Sie zogen sich wie das übrige Wild der Bruchwaldzone Ibenhorsts hautpsächlich auf das Bredszuller Moor zurück, ein etwa 800 ha großes Hochmoor, auf dem sie Schutz vor dem Hochwasser und Äsung fanden. Hier konnte man im Winterhalbjahr von der am Ostrande entlang führenden Straße Kaukehmen-Ruß fast immer Elchwild beobachten (Abb. 48). Das Moor war größtenteils kahl, d. h. frei von Baumwuchs; nur an den Rändern war es locker mit Kiefern und Birken bestanden. So konnte der Blick weit darüber hinwandern und sich an der herben Schönheit erfreuen, die sich in den Jahreszeiten wechselnd dem

Auge bot. Rehe, Birkwild und Kraniche belebten das Bild, und im Frühjahr rasteten hier riesige Scharen von Wildgänsen auf ihrem Zuge nach Norden.

Südlich an Bredszull grenzte der einzige Hochwald von Ibenhorst an. Auf den Sanddünen der Försterei Ackmenischken (Dünen), die ihre Entstehung dem Rußstrom verdanken, stockte recht guter Kiefernwald.

Hier fiel Bauholz und anderes Nutzholz an. Die Althölzer wurden nach Kahlabtrieb künstlich verjüngt. Kulturen und Dickungen mußten zur Verhütung von Verbiß- und Schälschäden des Elches eingegattert werden.

Im Erlenbruchwald war die Forstwirtschaft verhältnismäßig einfach. Die Erle wurde als Niederwald, also im Stockausschlagbetriebe, in 60jährigem Umtriebe bewirtschaftet (Abb. 39 u. 40). Diese lange Umtriebszeit erschöpfte die Ausschlagskraft erheblich. Die wegen Überalterung nicht mehr austreibenden Stöcke wurden mit starken Kernlohden ergänzt. Zum Schutz gegen Eisschaden mußten sie dicht an die alten ausfallenden Stubben gepflanzt oder durch Pfähle geschützt werden. Vielfach war Hügelpflanzung notwendig.

Holzeinschlag, Verkauf und Abfuhr konnten nur in Winterperioden mit starkem Frost und tragfähiger Eisdecke durchgeführt werden, da das Holz mit Schlitten auf den vereisten Gräben abgefahren werden mußte. Da galt es, schnell zu arbeiten: Binnen kurzer Zeit waren Einschlag, Aufarbeitung, Verbuchung, Verkauf und Abfuhr erledigt. Nur in den eingedeichten Waldteilen war man weniger auf den Winter angewiesen. Massenertrag und Nutzholzausbeute waren verhältnismäßig gering; der Einschlag lieferte vorwiegend Brennholz, nur wenige Prozent betrug der Nutzholzanteil (Erlennutzrollen und etwas Nutzknüppel für Pfahlroste). Die Nutzrollen wurden von örtlichen Handwerkern zur Herstellung von Mulden, Schaufeln und Holzschuhen, den sog. »Gänserümpfen« gekauft. Auch eine pommersche Holzwarenfabrik kaufte in den letzten Jahren hier ein.

Dort, wo der Wald eingedeicht war, konnte man durchaus mit wertvollen Mischbeständen und guten Erträgen rechnen. Die Umstellung auf Hochwaldbetrieb war in Angriff genommen.

Vom Haffufer im Forstamt Ibenhorst, vom schönen Helena-Werder und vom »Rags« in der Revierförsterei Wentaine sah man bei klarer Sicht die Wanderdünen der Kurischen Nehrung zum Festlande herübergrüßen.

Die Kurische Nehrung

Zum Forstamt Rossitten, das sich über 8/10 der Länge der Kurischen Nehrung hinzog, gelangte ich entweder auf dem Wasserwege mit dem von Labiau aus verkehrenden Dampfer oder mit dem Wagen über Cranz die Poststraße entlang. Und jedesmal, wenn ich die Nehrung betrat, fühlte ich mich in eine andere Welt versetzt.

Als schmales Band schwingt sich die Kurische Nehrung von der Mergelplatte des Samlandes beim Ostseebad Cranz in nordöstlicher, auf Norden einschwenkender Richtung bogenförmig zur Küstenstadt Memel und trennt Ostsee und Haff, die im Memeler Tief ihre einzige Verbindung haben. 98 Kilometer mißt ihre Küstenlinie an der Ostsee von Cranz bis zur Nordspitze; ihre Breite schwankt zwischen einem halben an der schmalsten Stelle, nördlich Sarkau, und fast vier Kilometer an der breitesten nördlich Nidden; sie beträgt im Durchschnitt etwa 1750 Meter (s. Karte).

Entstehung und Entwicklung der Nehrung und ihrer Bewaldung

Vor Tausenden von Jahren ist die Nehrung im Widerspiel der Ostsee und der Memelmündung entstanden. Die Geschiebemassen, von der nördlichen Samlandsteilküste durch Sturmfluten abgebrochen, vom Wasser zu Sand ausgewaschen und von Strömung und Wellen getragen, lagerten sich auf bei Sarkau flach anstehenden und im Anschluß an die bei Rossitten zutage tretenden Mergelinseln ab, erzeugten Sandbänke und wuchsen über den Meeresspiegel hinaus. Der Wind setzte die dem Meere entstiegenen Sandmassen in Bewegung und türmte sie zu Dünen auf, die sich dank klimatisch günstiger Verhältnisse bewaldeten. Wenn dem Boden auch die feinen Teilchen, insbesondere eine Tonbeimengung fehlen, so sind die Nehrungssande doch recht mineralkräftig und erzeugten im Verein mit ausreichenden Niederschlägen und hoher Luftfeuchtigkeit wüchsige Bestände, denen auch Laubholz, insbesondere die Eiche, beigemischt war. Typisch für die ursprünglichen Walddünen ist ihre sichelartige Form quer zum Zuge der Nehrung. Von diesen »Parabeldünen« mit ihrer Bewaldung sind nur kleine Flächen bei Schwarzort und Nidden erhalten. Auch die heutigen Wanderdünen zeigen oft Sichelform, die dadurch zustande kommt, daß geringe Sandanhäufungen, also niedrigere Dünenwälle an den Seiten schneller wandern als die Hauptmassen in der Mitte.

Bis weit ins 15. Jahrhundert hinein war die Nehrung von Wald bedeckt. Zäh hielt der westliche Waldrand, der sich wohl in der Hauptsache aus niedrigen Laubhölzern und Büschen, vornehmlich der Eiche, zusammensetzte, dem Sturm und den von der See ausgeworfenen Sandmassen stand; Sturmfluten brachen die großen Anhäufungen wieder ab. So erhielt die Natur für Jahrtausende das Gleichgewicht. Erst der Mensch sollte es stören.

Raubwirtschaft, Teerschwelerei (zu der auch die Stöcke verwandt wurden), Heidebrennen, Waldbrände, unbedachte Holznutzung am westlichen Bestandesrande, Waldweide, übermäßige Wildstände, Durchhieb der Stellstätten bis zum Ostseerande gaben dem Wind allmählich Angriffsmöglichkeiten. Zunächst kleine Einbruchstellen vergrößerten sich. Sandpflanzen, Birken und Weiden, die die Sandschellen noch hätten binden können, wurden vom Weidevieh am Aufkommen gehindert. Die Sandflächen wuchsen, vereinigten sich, und der vom Winde zugeführte Sand häufte sich zu Dünen, die nach Osten wandernd ihr mörderisches Werk beginnen konnten. 40, ja 60 Meter hoch türmten sich die gewaltigen Dünen, die in fast ununterbrochener Kette jährlich 5 bis 6 Meter nach Osten wanderten und Wald und Dörfer unter sich begruben. 600 bis 800 Meter beträgt die Fußbreite dieser gewaltigen Sandwälle, deren Westhang flach, in einem Winkel von etwa 8 Grad, ansteigt, um steil, mit etwa 30 Grad, nach Osten abzustürzen.

Der Orden hatte dem Nehrungswalde noch große Holzmengen für Eigenbedarf und Handel entnehmen können. Mit zunehmender Besiedlung nahm der Holzbedarf gewaltig zu. Nicht nur die Nehrungsorte waren mit Bau- und Brennholz zu versorgen, auch die Dörfer der Ostküste des Haffs und der Niederung bis Tilsit hin und die Stadt Memel wurden von der Nehrung beliefert. Schwere Waldverwüstungen richteten die Russen im Siebenjährigen Kriege an, und der unglückliche Krieg 1806—1807 brachte weitere Schäden.

Mit der allmählichen Auflösung des Nehrungswaldes gewannen die Naturgewalten fast auf ganzer Länge der Nehrung freie Bahn. Hilflos sah man zu, wie der wandernde Sand die Wälder verschüttete und die Nehrungsdörfer verschlang. An anderer Stelle neu aufgebaut, wurden die meisten Siedlungen später auch dort überweht. Die Nehrungsstraße wurde überwandert, und Fuhrwerke und Reiter, die den Landverkehr auf der Nehrung versahen, mußten sich ständig neue, nicht immer gefahrlose Wege suchen. Auf ihrer Wanderung zum Haff gab die Düne die Nehrungsplatte frei, die sog. Palwe. Sie war unterbrochen von Kuppen und Hügeln, die, den alten Walddünen entstammend, mit ihrem Humusgehalt und Wurzelgeflecht dem Abbau durch den Wind Widerstand leisteten. Abgesehen von Arbeiten zur Verhütung eines Meeresdurchbruches nördlich Sarkau ist vor dem 19. Jahrhundert zum Schutze der Nehrung nichts Ernstliches getan worden. Örtliche Versuche, der Verschüttung der Dörfer Einhalt zu gebieten, blieben wegen der ungenügenden Mittel ergebnislos. 1797 wurde schließlich nach eingehender örtlicher Besichtigung durch eine staatliche Kommission der Entschluß gefaßt, auf Staatskosten Vorkehrungen gegen die zunehmende Versandung zu treffen. Von höchster Stelle kam die Anordnung, dem Untergang von Sarkau, Kunzen und Rossitten »mit möglichster Anstrengung aller Kräfte entgegenzuarbeiten«. Mit der Leitung der Arbeiten wurde Sören Björn betraut, der in Westpreußen und auf der Frischen Nehrung bereits Erfahrungen gesammelt hatte. Die Waldweide wurde verboten, die Ausrottung des Wildes angeordnet. Zum Schutze der Nehrungsstraße wurde die Aufforstung der Palwe zunächst bei Cranz und Sarkau in Angriff genommen. Sie konnte aber erst Erfolg bringen, als es gelang, die aus dem Meere nachdrängenden Sandmassen als Schutzdüne festzulegen (Abb. 49). 1805 wurde hiermit begonnen. Als Sandfänge wurden Flechtzäune gezogen, in ihrem Schutze Strandhafer gepflanzt, der mit seinen Ausläufern und unterstützt von neuen Zäunen den Sand festhielt und die Vordüne aufbaute (Abb. 50). Bis 1829 war die Anlage dieses Schutzwalles von Cranz bis einen Kilometer nördlich Sarkau durchgeführt, bis 1869 war die Vordüne auf dem größten Teil der südlichen Nehrungshälfte, im Gebiet von Schwarzort und bei Memel fertiggestellt, und bis zum Ende des 19. Jahrhunderts wurden die letzten Lücken geschlossen. Die Schaffung und sorgsame Unterhaltung der Vordüne verhinderten das Entstehen neuer Wanderdünen, und erst in ihrem Schutze hatte die Bepflanzung der Palwe guten Erfolg. Zunächst entstand die sog. »Plantage« zwischen Cranz und Sarkau. Später wurde die nördliche Nehrung durch die Kaufmannschaft der Stadt Memel aufgeforstet. Die 9½ Kilometer lange Rossittener Plantage wurde von dem Plantageninspektor Senftleben zum Schutze des Dorfes angelegt; er betrieb auch bereits die Festlegung der Wanderdüne mit Strandhafer.

In Nidden begann um 1825 der damalige Postmeister Gottlieb David Kuwert zur Sicherung seiner durch Versandung gefährdeten Poststation die Plantage anzulegen. Er verbesserte das Land mit dem Dung seiner Pferde und pflanzte Kiefern und Pappeln an. Diese Arbeit wurde später von seinem Sohn und dem Staat fortgesetzt. Kuwert wurde in dem von ihm begründeten Walde beigesetzt. Sein Grabmal trägt die lateinische Inschrift: »Primus incepit Niddensem tristem solitudinem his silvae arboribus« (»Er begann als Erster die traurige Niddener Einöde mit den Bäumen dieses Waldes zu bepflanzen.«) Die die Aufforstung erschwerende Waldweide wurde abgestellt. Die Wirte der Nehrungs-

39 *Erlenbestand im Forstamt Tawellningken. Niederwaldschlag mit geringem Überhalt; im Vordergrund Elchtier*

40 *Erlenstockausschlag mit starkem Elchhirschkalb, Forstamt Tawellningken, aufgenommen am 10. 11. 1934*

41

Die Worgel

42

Am Tawellefluß, im Vordergrund Förster Weber

43

Sumpfflora im Erlenbruch

44

Kurenkähne am Flußufer (Gilge)

45

Haffdorf Gilge, der Strom ist die ursprüngliche »Dorfstraße«

46

Dorfstraße im Fischerdorf Gilge mit sauberen Holzhäusern der Fischer

47

Im Schilfgürtel des Kurischen Haffes bei Nemonien

48 *Elchtier mit starken Kälbern auf dem Bredzuller Moor südlich Skirwieth, Forstamt Ibenhorst*

49 *Strandhafer bindet den wandernden Sand*

50 *Befestigte Vordüne mit quadratischen Bestecken für die Strandhaferpflanzung*

51 *Düneninspektor Epha*

52 *Blick von der Palwe auf mit Hakenkiefer befestigte Wanderdüne*

53 *Die Wanderdüne hat alte Walddünen freigegeben; sie halten dem Winde länger stand*

54

Über die Poststraße ziehender Elchschaufler

55

Blick von der Palwe auf die Wanderdüne

56

Palwe mit trollendem Elchschaufler; vorne Weidengestrüpp

dörfer durften nur das für den eigenen Bedarf notwendige Vieh halten und kein Pensionsvieh aufnehmen; den Losleuten war die Viehhaltung gänzlich untersagt. Weiden war nur auf den von der Forstverwaltung ausgewiesenen Flächen gestattet.

Um die noch vorhandenen schwer gefährdeten Dörfer zu retten, entschloß sich der preußische Staat, auch die sie bedrohenden Wanderdünen festzulegen. 1870 wurde der Düneninspektor Epha mit der Leitung der Sicherungsarbeiten betraut. Fast vier Jahrzehnte hat dieser hervorragende Mann dem Schutze der Nehrung gedient (Abb. 51). Zunächst wurde versucht, die Wanderdünen in gleicher Weise wie die Vordünen mit Sandgräsern festzulegen, um später die Aufforstung folgen zu lassen. Als sich diese Methode als untauglich erwies, ging man zur unmittelbaren Aufforstung über: In kleinen quadratischen Feldern, gebildet aus sich rechtwinkelig schneidenden Rohr- und Strauchbestecken, wurden in mühevoller Handarbeit unter Zugabe von in Körben herangetragenem Geschiebelehm oder Haffmergel Kiefern gepflanzt und der Boden mit Tang oder Reisig gedeckt. Auf den dem Wind besonders ausgesetzten Hängen wurde die Spirke oder Hakenkiefer (Pinus montana uncinata), eine Form der Bergkiefer, die bereits in Dänemark bei der Dünenbefestigung gute Dienste geleistet hatte, in geschützten Lagen auch die gemeine Kiefer, verwandt. Besonders bewährte sich hierbei die von Oberforstmeister Müller in Königsberg eingeführte und von den Forsträten Bock und Gerhard verbesserte Ballenpflanzung. Das zwar mühsame und kostspielige Verfahren führte zu schnellem Fußfassen der Pflanzen und zur raschen Festlegung der Düne. In dieser Weise wurden unter Ephas Leitung 1877 bis 1882 die Bruchberge bei Rossitten, 1875 bis 1885 die bis zu 50 Meter hohen Dünen Urbo Kalns und Angiu Kalns westlich Nidden, von 1887 bis 1892 der Petschberg bei Pillkoppen und von 1897 an die die Dörfer Preil und Perwelk bedrohenden Wanderdünen aufgeforstet. Die Festlegung des Wanderdünenzuges von Sandkrug bis Schwarzort wurde von 1881 bis 1900 durchgeführt. Die zur Dünenaufforstung hauptsächlich verwandte Hakenkiefer, die sich wie die Latsche des Gebirges besonders in die Breite entwickelt und den Boden deckt, war als Pionierholzart bestimmt, ihr sollte später die gemeine Kiefer folgen (Abb. 52).

Inzwischen hatte auch die Aufforstung der Palwe, in der Hauptsache mit Kiefer, auf geeignetem Boden aber auch mit verschiedenen Laubhölzern wie Erle, Birke und Aspe, auf kleineren Flächen, insbesondere als Windschutz für die Poststraße, sogar mit Fichte, gute Fortschritte gemacht. Wo die künstliche Bepflanzung noch zurückgestellt war, namentlich westlich der unbefestigten Wanderdünen, hatte sich die

Nehrungsplatte meist mit Birke, aber auch mit Kiefer natürlich besamt, erst trupp- und horstweise, später sich mehr und mehr schließend. So war der größte Teil der Palwe wieder lockerer Wald, der Rest stand im Begriff, es in kurzer Zeit zu werden (Abb. 52, 53 u. 56).

Den bedrohlichen Erdabbrüchen am Meeresstrande zwischen Cranz und Sarkau war durch den Bau von Steinmolen Einhalt geboten worden. Landverlusten am Haffufer, besonders bei Rossitten, begegnete man gleichfalls durch Molenbau, vor allem aber durch Begründung von Schilf- und Binsengürteln.

Die Dünenfestlegung war sehr teuer: Ein Hektar kostete unter einfacheren Verhältnissen 500 Mark, an schwierigeren Stellen bis 1500 Mark, und das, obgleich man durch Einsatz von Strafgefangenen die Arbeit möglichst zu verbilligen suchte. Nach den heutigen Löhnen würde man diese Zahlen wohl mehr als verzehnfachen müssen, betrug doch der Tagelohnsatz für Männer damals 1,20 Mark, für Frauen 0,80 Mark. Der arme und sparsame preußische Staat war daher bestrebt, nur dort zu der teueren Dünenfestlegung zu greifen, wo die Gefahr der Verschüttung von Dörfern bestand. Bei den kleinen Orten Preil und Perwelk wurde sogar die als billiger erachtete Umsiedlung der Bewohner erwogen. Nur deren starres Festhalten an der heimatlichen Scholle erzwang in letzter Minute die Aufforstung auch dieses Dünenzuges, des Wetzkekrug-, Preilschen-, Karwaitenschen- und Kirbste-Berges. An Stellen, wo keine Ortschaften gefährdet waren, zwischen den Weißen Bergen nördlich Sarkau und dem Schiefen Berg südlich Rossitten, zwischen Rossitten und Pillkoppen (Predin- und Altdorfer Berg), zwischen Pillkoppen und Nidden (Lepas Kalns, Caspalege-, Hirschbuden-, Roterwald- und Parniddener Berg) sowie zwischen Perwelk und Schwarzort (Negelnscher Berg, Wingkap und Schafenberg) sollten die Dünen ins Haff abwandern; das war fast die Hälfte des ganzen 79 Kilometer langen Wanderdünenzuges. Hier können die Naturkräfte noch ungehemmt wirken; und das grandiose Bild der wandernden Berge bleibt noch für Jahrzehnte erhalten.

Die Landschaft der Kurischen Nehrung in ihrer Erhabenheit, Eigenart und Schönheit zu schildern, dazu bedarf es schon dichterischer Ausdruckskraft. Auf die Gefahr hin, dem Leser nur einen sehr matten Begriff von ihr zu vermitteln, will ich dennoch versuchen, die Eindrücke einer Wanderfahrt von Cranz zur Süderspitze gegenüber Memel zu beschreiben.

Den Verkehrsweg bildete die »Poststraße« (Abb. 54). Als durchlaufend befestigte Straße und in ihrem jetzigen Zuge wurde sie erst 1909 fertiggestellt. Vorher hatte sie ihren Verlauf häufig gewechselt, ja, von einer richtigen Straße konnte früher eigentlich keine Rede sein. Fuhrwerke und Reiter suchten sich ihren Weg, wo Sand, Dünen und Wind ein Durchkommen erlaubten: am Haffufer in der Schälung, am Seestrande bei nicht zu windigem Wetter, auf der Palwe und in Dünentälern.

Durch viele Jahrhunderte bis 1833 war die Nehrung die wichtigste Landverbindung für den Post- und Kurierverkehr zwischen Königsberg und den nordostpreußischen Städten Memel, Tilsit und Ragnit. Darüber hinaus bildete sie vom Ende des 17. Jahrhunderts fast eineinhalb Jahrhunderte lang die einzige Postverbindung zwischen Deutschland und Rußland. Der Deutsche Ritterorden, die Herzöge und Könige unterhielten hierfür Reit- und Fahrposten. Posthalter waren die Ortsschulzen und Krüger. Auch als Handelsstraße, Heerstraße und Reiseweg hat die Nehrung trotz schlechter Wegeverhältnisse eine bedeutende Rolle gespielt. Hochmeister, Bischöfe und Ordensgebietiger mußten den Weg über die Nehrung nehmen, um zu den livländischen Besitzungen des Ordens zu gelangen. Viele Fürstlichkeiten, Gesandtschaften und bedeutende Persönlichkeiten haben ihn benutzt; Zaren und Großfürsten und preußische Könige, wie Friedrich I., Friedrich Wilhelm II., und Königin Luise mit ihren Söhnen, haben die beschwerliche Fahrt über die Kurische Nehrung unternommen. An die denkwürdige Flucht der Königin über die Nehrung nach Tilsit (8. bis 10. Januar 1807) erinnerte am Beginn des Sarkauer Waldes der »Luisenpfahl«, einer der wenigen noch erhalten gebliebenen Meilenanzeiger. Mit der Einrichtung der Postroute über Tilsit waren nur noch die Nehrungsorte mit Post zu versorgen, und es folgten stille Zeiten für die damals noch unentdeckte Nehrung.

Landschaft, Dörfer und Menschen

Doch nun endlich zu unserer Wanderfahrt. Bald hinter Cranz sperrte ein Schlagbaum die Nehrungsstraße; sie war für Kraftfahrzeuge im allgemeinen gesperrt. Nur bei Dienstfahrten durfte sie mit Ausweis auch im Auto befahren werden. Der Weg durch die Plantage und die weiteren ziemlich einförmigen Nadelholzbestände bot wenig Besonderes. Lohnend war ein Blick auf das Schwendlunder Moor mit seiner interessanten Flora. Dieses große und bis zu 12 Meter mächtige Moor stellt die Verlandung des einstigen Cranzer Tiefs dar, das Haff und Ostsee vor der Entstehung des Memeler Tiefs verband; es reicht denn auch in erheblicher Breite bis zur See und ist in der nördlichen Hälfte, durch die die Nehrungsstraße führt, nur an der Oberfläche von angelandeten Sanden überdeckt und zusammengepreßt.

Der Weg führte durch das alte Fischerdorf Sarkau, bekannt durch seine »Flundern«, die, meist noch auf primitive Art in Erdgruben geräuchert, ebenso wie der Rauchaal in Königsberg und dem nahen Cranz als beliebte Delikatesse verkauft wurden. Auch in Sarkau war oft mit Sandverwehungen gekämpft worden. Zur Wanderdünenbildung ist es aber in diesem südlichen Teil der Nehrung nie gekommen. Dagegen hatte an der noch heute schmalsten Stelle der Nehrung bei Kilometer 85 oft und erbittert gegen die Überflutung der See und drohende Durchbrüche gerungen werden müssen. Das sogenannte Kaalland war dann aufgeforstet worden, hauptsächlich mit Erle; die »Ellern-Plantage« dürfte die älteste derartige Aufforstung auf der Nehrung sein.

Durch den Wald schimmerten bereits die »Weißen Berge«; hier begann der südliche Teil der »Deutschen Wüste«, jene 12 Kilometer lange Wanderdünenkette, die einst die Dörfer Lattenwalde und Kunzen unter sich begrub. Bis zu 50 Meter Höhe erheben sich die leuchtenden Sandberge (Abb. 55), die der Wind aufgetürmt hat und vor sich hertreibt: ein überwältigender, fast schaudererregender Anblick. Die Straße führte durch das Gebiet der »Palwe«. Bruchartige Senken mit Weidengebüsch, kleine Erhebungen um und über alten Waldboden- und Baumresten, die »Kupsten«, Kriechweiden, Gruppen von Birken- und Kiefernanflug, dazu eine Flora eigener Art gaben der Palwe ihr Gepräge (Abb. 56). Und dann erhob sich vor uns gewaltig die Düne, an ihrem Fuße oft nicht ganz ungefährliche Triebsandstellen. Aus dem verhältnismäßig flach, etwa im Winkel von 8 Grad, ansteigenden Westhang ragten noch Reste der alten Walddüne, die durch Wurzeln, Humus und Orterde zusammengehalten, dem Winde länger Widerstand leisteten, bald als dunkle Bänder und Kuppen, bald als bizarr geformte und lebhaft gefärbte felsenähnliche Hügel hervor (Abb. 53). Reste der alten Bewaldung, der zerstörten Ortschaften, Skeletteile am Ort einstiger Friedhöfe wurden von der Düne freigegeben und zeigten dem Wanderer die Gewalt des Naturgeschehens, das sich hier abspielte. Herrlich war der Blick vom Dünenkamme, nach Westen auf das Meer, nach Osten über den steilen Absturz auf das Haff und nach Norden und Süden den schier endlosen Zug der Sandberge entlang. Mit der Tageszeit wechselte die Beleuchtung, wechselten die Farben und Schatten. Der Wind hatte ein feines Muster von Furchen in die Oberfläche gezeichnet, sie »gerippelt«. Der Kamm schnitt scharf in die Luft, wie eine vor dem Überkippen erstarrte Woge (Abb. 57). Unten am Haffufer war der Haffmergel von dem gewaltigen Gewicht der Sandmassen hochgedrückt. Bäume und Sträucher rangen vergeblich gegen die Versandung. Wenn sich dann abends im Westen die Wolkengebirge türmten und die sinkende Sonne die Dünen in rötliche, lila und blaue Tinten tauchte, so stand man überwältigt vor diesem Naturschauspiel. Großartig war es, wenn der Wind den Sand vor sich hertrieb und wie Rauch über den Kamm blies. Dann konnte man ein feines silbernes Klingen vernehmen, das die sich reibenden Sandkörner erzeugten.

Groß und schön war diese Wüstenlandschaft, aber auch bedrückend, und der empfindsame Wanderer mochte aufatmen, wenn ihn bei Rossitten wieder der Wald aufnahm, die Rossittener Plantage. In ihrem Vorfeld, wo die Natur durch Anflug von Pionierholzarten, namentlich Birken, ohne menschliches Zutun neuen Wald entstehen ließ, stand in einem Gehölz etwa 200 Meter nordwestlich der Poststraße Ulmenhorst, die Beobachtungsstation der Vogelwarte.

In Rossitten gab es eine Überraschung: »Wüste« und Wald verlassend, betrat man plötzlich eine Kulturlandschaft mit Wiesen und Weiden, mit fruchtbaren Äckern und Bauernhöfen. Hier trat die diluviale Geschiebelehm-Insel zutage, die im Südwesten, Westen und Nordwesten von Dünen überlagert und im Südosten durch Landabbrüche am Haffufer verkleinert war. Sie erstreckte sich in etwa 7 Kilometer Länge vom Meer bis zum Haff und hat einst die Entstehung der Nehrung begünstigt.

Von weitem schon hörte man im Frühjahr den schrillen Schrei zahlloser Möwen, die einen großen Teich, das Möwenbruch, als Brutraum erkoren hatten und hier zusammen mit anderen Wasservögeln Schutz genossen (Abb. 190). Rossitten ist eine Gründung des Ritterordens, der dort einen Krug, später eine Burg und ein Gestüt errichtete. Eine Ziegelei lieferte die notwendigen Bausteine. Erwähnt wird der Ort zuerst im Jahre 1379. Später spielte er als Verwaltungszentrum der Nehrung eine bedeutende Rolle. Hier hatte auch das zum Elchwald gehörende Forstamt Rossitten seinen Sitz. Neben der Landwirtschaft war die Fischerei von Bedeutung; in den letzten Jahrzehnten war Rossitten auch ein gern besuchter Badeort geworden. Sehr günstig für das Dorf erwies sich die ursprünglich zur Verhinderung von weiteren Landabbrüchen errichtete Steinmole, die den Dampfern das Anlegen ermöglichte.

Die Umgebung Rossittens war abwechslungsreich und reizvoll. Am Haffrande entlang, vorbei am Weißen und am erst 1906 bis 1907 aufgeforsteten Schwarzen Berge gelangte man zur sehr nassen Vogelwiese, dem Weideland Rossittens. Schon vorher konnte man bei günstigem Wetter Segelflugzeuge bewundern, die lautlos und anmutig ihre Bahn am Himmel zogen. Die Dünen des Predin- und des Pawelberges mit der anschließenden Vogelwiese boten ein ideales Gelände für Versuchsflüge. So herrschte denn hier im Fliegerlager am Runden Berge und an den Dünen im Sommer reges Leben. Viele Segelflugrekorde sind hier aufgestellt worden.

Zur See führten von Rossitten zahlreiche Wege durch die recht umfangreiche Plantage, die aber nur in der Nähe Rossittens alten Bestand aufwies. Mitten in ihr erheben sich in einer Länge von fast zwei Kilometern und einer Breite von durchschnittlich 400 Metern die bis zum Jahre 1890 aufgeforsteten Bruchberge, ein bis zu 48 Meter hoher Dünenzug, der die Rossittener Feldmark bedrohte. Um ihre Festlegung hat sich der Königsberger Oberforstmeister Müller besondere Verdienste erworben, und ein Findling auf »Müllers Höh« hielt das Gedenken an ihn wach. Der Blick von der Höhe der Bruchberge war besonders schön: Bei klarer Sicht sah man im Südwesten die Umrisse der Samlandküste, nach Süden überblickte man die Lattenwalder Dünenkette, im Westen breitete sich die Ostsee zu Füßen des Beschauers aus, und nach Osten wanderte der Blick über die Rossittener Oase, das sich nach Osten erstreckende Möwenbruch, Wiesen und Felder und das Dorf auf das weite Haff. Nach Nordosten schließlich konnte das Auge das lange Band der Nehrung bis nach Schwarzort hin verfolgen. – Auch wir wollen nun die Poststraße weiter nach Nordosten entlang fahren. Mit dem Predin-Berg, genannt nach dem bereits um 1700 von der Düne verschütteten Dörfchen Preeden, begann eine Kette von hohen Dünen, u. a. dem Skielwieth- und dem Altdorfer Berg; sie endete westlich des Dorfes Pillkoppen mit dem Petschberg, der das Dorf, das schon viermal der Düne hatte weichen müssen, schwer bedrohte. Trotz hoher Kosten entschloß sich der Staat auf Bitten der Pillkoppener zur Festlegung der Düne, die unter Ephas Leitung bis 1892 bewältigt wurde.

Auf »Ephas Höhe«, dem 61 Meter hohen Gipfel des Petschberges, hielt ein Gedenkstein die Erinnerung an den unermüdlichen Bezwinger der Düne fest. Zwischen Petschberg und der nächsten Düne Lepas Kalns öffnete sich ein Tor, das dem Dorfe günstigen Zugang gewährte. Pillkoppen (kurisch Pilkupa) bedeutet Burgberg. Tatsächlich hat der Orden hier eine Burg Neuhaus gegen räuberische Einfälle der Szamaiten unterhalten; es ist möglich, daß hier auch vor der Ordenszeit eine prussische Kultstätte bestand. Burg und Dorf haben auf dem jetzigen Altdorfer Berg, dem früheren Burgberg, gestanden. Ihre Reste dürften in absehbarer Zeit von der Düne freigegeben werden. Pillkoppen hatte wohl die wechselvollste Geschichte aller Nehrungsdörfer. Mit seinen alten, hübschen Fischerhäusern, den geschnitzten Pferdeköpfen am Giebel, seinen kleinen bunten Gärten und grünen Wiesen machte es einen besonders freundlichen Eindruck (Abb. 58). Durch das Dünentor hatte der Wind die vom Sande überdeckte Flur wieder freigelegt, so daß die Pillkoppener, deren Dorfstätte Neu-Pillkoppen (am Hirschbudenberg) in den 30er Jahren des vorigen Jahrhunderts verschüttet war, wieder an den Haffrand der zweiten Dorflage zurückkehren konnten. Jetzt liegt das Dörfchen im Schutze des aufgeforsteten Petschberges sicher und geschützt. Die Sandmassen, die einst die Dorfmark bedeckten, hatte der Caspalegehaken aufgefangen.

Gleich nördlich Pillkoppen beginnt die 8 km lange, besonders eindrucksvolle Wanderdünenkette, die mit die höchsten Erhebungen in sich vereinigt, den Lepas Kalns, den Caspalege-, den Hirschbuden- und den Rotenwald-Berg, die Hohe Düne und den Parniddener Berg. Nahe der höchsten Erhebung (von 63 Metern) querte von 1920 bis 1939 die unnatürliche Grenze zwischen dem Samland und dem künstlichen Gebilde des »Memellandes« (früher Regierungsbezirksgrenze Königsberg/Gumbinnen) die Kurische Nehrung.

Die Poststraße, durch Nadelholzstreifen zu beiden Seiten gegen Wind und Sandverwehungen geschützt, führte dann weiter durch die grüne Palwe. Am Westrande der Wanderdünen traten die Reste des alten einst verschütteten Urwaldes zutage, an der Hohen Düne Trümmer Altniddens (1385–1735) und Überbleibsel einer einstigen Begräbnisstätte, der sog. »Pestfriedhof«. Zwischen der Hohen Düne und dem Parniddener Berg lag ein besonders eindrucksvoller Dünendurchriß, das »Tal des Schweigens«. Westlich der Hohen Düne gabelte sich die Straße. Die Poststraße lief durch die große Niddener Plantage, die sich westlich der aufgeforsteten Wanderdünen in 15 Kilometer Länge erstreckte. Zwischen den beiden festgelegten Dünen Urbo Kalns (löchriger Berg) und Angiu Kalns (Schlangenberg) führte dann der Weg zum malerischen Dorf Nidden. – Geschützt durch einen Rest alter Walddünen, hatten sich hier die Bewohner des versandeten Altniddens angesiedelt. Später entstanden dann noch nördlich des bis ans Haff reichenden Walddünenrückens die Ortsteile Skrusdin (auch Neu-Italien genannt) und Purwin sowie in neuerer Zeit ein Ortsteil am Niddener Hafen. Von kleinen Gärten und bescheidenen Kartoffeläckern abgesehen, verfügte Nidden über kein nutzbares Land. Selbst das Viehfutter mußte auf der gegenüberliegenden Festlandseite, wo viele Niddener Wiesen besaßen oder gepachtet hatten, gewonnen und herübergeholt werden. Dürftige Weidemöglichkeit bot sich auf Teilen der Palwe. So war die Bevölkerung in der Hauptsache auf die Fischerei angewiesen. In den letzten Jahrzehnten hatte allerdings der Fremdenverkehr sehr zugenommen und bot nicht nur den Gasthöfen (wie »Königin Luise« und Hermann

Blode) und Fremdenheimen eine bedeutende Erwerbsquelle. Vermietung von Zimmern, Segelfahrten und vor allem die besonders beliebten Elchausflüge mit Pferd und Wagen brachten den Fischern gute Nebeneinnahmen (Abb. 60). Und Nidden bot so viel Schönes, daß der zunehmende Strom der Besucher schon erklärlich war. Das Dorf war noch nicht allzusehr durch moderne Bauten verunziert. Die malerischen Fischerhäuser, das Haffufer mit seinen wimpelgeschmückten Kähnen (Abb. 59) und dem lebhaften Verkehr des Fischereibetriebes, der alte Kiefernwald, der den Ort umrahmte, Dünen, Haff und See waren sehenswert. Mit der Farbigkeit der Häuser und der Landschaft harmonierte die bunte Tracht der stattlichen Frauen mit ihrem blonden Haarkranz. Auch die Umgebung Niddens war schön. Das hatten bereits vor dem Einsetzen des großen Fremdenverkehrs viele Künstler entdeckt. Zahlreiche Maler suchten Nidden regelmäßig auf oder hatten sich dort sogar niedergelassen. Die Gasträume von Hermann Blode glichen einer Gemäldegalerie. Auf der Altdüne am Haff hatte sich in herrlichster Lage Thomas Mann ein Haus erbaut. Wundervoll war der Blick vom Angiu Kalns oder auch von dem auf dem Urbo Kalns stehenden Leuchtturm. Schön waren die Wege durch die Plantage. Der nahe Seestrand lockte zum Baden. Da war es kein Wunder, daß Nidden sich zunehmender Beliebtheit als Ferienort erfreute.

So belebt wie Nidden und seine Umgebung, so einsam war die rund 25 Kilometer lange Strecke zwischen Nidden und Schwarzort. Gerade deshalb war mir auch dieser Nehrungsteil am meisten ans Herz gewachsen. Er war reizvoll und abwechslungsreich und hatte die Stille und Weite der von Menschen kaum berührten Natur. Nördlich von Nidden, beim Bullwikschen Haken, hatte die Nehrung mit annähernd vier Kilometer ihre größte Breite. Ins Haff abgewanderte Dünen haben diese Landzunge gebildet. Aus der großen Palwe ragten aufgeforstete Einzeldünen heraus. Dann begann mit dem 66 Meter hohen Wetzkekrugsberg, der höchsten Erhebung der Kurischen Nehrung, eine fast 20 Kilometer lange Dünenkette, die in ihrer südlichen Hälfte aufgeforstet war. Zwischen diesen ein wenig düster und einförmig wirkenden latschenbewachsenen Bergen und der Vordüne zieht sich der Nordteil der Niddener Plantage hin, insbesondere das mit Erlen bestandene »Elchbruch«. Feuchte Senken und Brüche, meist reichlich mit Weiden bestanden, und fast undurchdringliches Dickicht machten diesen Revierteil zu einem bevorzugten Elcheinstand.

Nur zwei kleine Fischerdörfer, Preil und Perwelk (6 und 11 Kilometer nördlich von Nidden), unterbrachen die Einsamkeit. Sie waren aber so klein und vom Fremdenstrom unberührt, daß man auch in ihrer Nähe selten einen Menschen traf. Den Schutzbezirk Perwelk betreute Fräulein Martha Schmidt, Tochter eines Haumeisters, die durch ihre Tüchtigkeit und Beherztheit sich so hervorragend bewährte, daß sie (wohl als einzige Frau) im Außendienst als Forstschutzgehilfin beschäftigt wurde (Abb. 61). Sie wußte sich in ihrem Dienst durchzusetzen, selbst männlichen Forstfrevlern gegenüber, und kannte auch das Wild ihres Bezirks, der einen besonders hohen Elchbestand aufwies, ausgezeichnet. In Perwelk hatte ich mir zwei Jagdzimmer eingerichtet und habe dort mit meiner Familie unvergeßlich schöne Tage verlebt. Auf dem Wege zum Ostseestrand traf man kaum je einen Menschen, sehr oft aber konnte man Elchwild aus nächster Nähe beobachten. An der See war man auf Kilometer der einzige Badegast. Im nahen Preil saß als Krugwirt, Posthalter und Fischaufkäufer Herr Pinkies, ein passionierter Jäger und vortrefflicher Kenner des Elchwildes. Mit ihm sind wir oft durch das Elchbruch und andere Elcheinstände gefahren und haben viele schöne Beobachtungen gemacht (Abb. 62). Nördlich Preil lag der 60 Meter hohe Karwaitensche Berg, der Ende des 18. Jahrhunderts das große, 1509 zum erstenmal genannte Kirchdorf Karwaiten verschlungen hatte und dann Ende des 19. Jahrhunderts zum Schutze von Preil aufgeforstet wurde. Anderthalb Kilometer nördlich von Perwelk begann mit dem Negelnschen Berg die über neun Kilometer lange gewaltige Wanderdünenkette, die fast auf ganzer Länge das Haffufer erreicht hatte und sich als Sturzdüne ins Haff wälzte. Sie hat Alt- und Neu-Negeln verschüttet: das alte, bereits Mitte des 15. Jahrhunderts genannte Dorf nördlich des Negelnschen Hakens Anfang des 18., den neuen an der Negelnschen Bucht aufgebauten Ort gegen Mitte des vorigen Jahrhunderts. Dieser mächtige Wanderdünenzug mit der breiten Palwe davor, in deren Mitte die Poststraße entlang führte, war besonders eindrucksvoll. Mit dem Schafenberg schloß die Kette der unbefestigten Dünen ab. Hier begann das bis zur Süderspitze fast völlig bewaldete nördliche Viertel der Nehrung.

Am Haffufer lang hingestreckt lag Schwarzort, das jüngste der Nehrungsdörfer. Erst im Jahre 1650 wurde hier auf Befehl des Großen Kurfürsten der Amtskrug errichtet. Dank seiner günstigen Lage im Schutze der hier noch auf großer Fläche erhaltenen bewaldeten Urdünen, seiner landschaftlichen Schönheit und der Gunst seines Klimas wurde es bereits frühzeitig, das heißt gegen Mitte des vorigen Jahrhunderts, als Bade- und Luftkurort entdeckt und in zunehmendem Maße von Memeler und Tilsiter Familien besucht. Bereits 1861 erhielt der Ort eine Badeordnung. Vergrößert wurde das Dorf durch die Ansiedlung von Bewohnern des verschütteten Karwaiten im Süden der Ortslage. Noch zu unserer Zeit hieß dieser Teil Schwarzorts im Volksmunde Karwaiten. Einen besonderen Auftrieb aber brachte Schwarzort die von der Firma Stantin & Becker 1860 bis 1890 betriebene Bernsteinbaggerei am Nordende des Dorfes. In diesen dreißig Jahren wurden zunächst mit primitiven Handbaggern, dann mit bis zu 22 Dampfbaggern und einer Belegschaft von 600 Mann durchschnittlich 750 Doppelzentner Bernstein im Jahre gewonnen. Dem preußischen Staate, der die Konzession zur Bernsteingewinnung erteilt hatte, erwuchsen aus dem Betriebe erhebliche Vorteile und Einnahmen. Die Firma zahlte einen beachtlichen Förderzins, der im Jahre 1880 mit 280 000 Mark seine größte Höhe erreichte. Außerdem war die Gesellschaft verpflichtet, die Fahrrinne zwischen Cranz und Memel unentgeltlich durch Baggern freizuhalten. Der Baggerschlamm mußte am Ufer abgelagert werden; das brachte einen beträchtlichen Gewinn an fruchtbarem Boden. Als die Ausbeute Mitte der achtziger Jahre stark nachzulassen begann, kündigte die Firma den Vertrag. 1891 wurde die Baggerei eingestellt; ein neuer Pächter fand sich nicht. Zuletzt erinnerten nur noch der Bernsteinhafen und einige Gebäude der einstigen Baggerkolonie, in denen Bedienstete der Forst- und der Fischereiverwaltung wohnten, an das blühende Unternehmen. In der Nähe des Hafens lag auch das Dienstgehöft des Schwarzorter Oberförsters.

Das Schönste in Schwarzorts reizvoller Umgebung war der alte Waldbestand auf den erhaltenen Urdünen mit ihren tief eingeschnittenen Tälern (Abb. 63 u. 64). Wenn auch die Kiefer vorherrschte, so war zumindest im Zwischen- und Unterstand auch das Laubholz und, so im »Tannental«, recht wüchsige Fichte vertreten. Unter der Jahrhunderte alten Grickin-Linde, am Beginn der malerischen Schlucht gleichen Namens, mögen vor Jahrhunderten noch verbotene heidnische Zusammenkünfte stattgefunden haben: der Name deutet darauf hin. Durch die Schlucht führte ein Weg zum 53 Meter hohen Blocksberg, einer aufgeforsteten, auf die Urdüne aufgewehten Sandkuppe. Von hier genoß man einen herrlichen Blick auf Haff und Meer.

Große Anziehungskraft auf den Naturfreund übte die mehrere hundert Horste umfassende Reiherkolonie auf dem Reiherberg, südwestlich von Schwarzort, aus. Auch Kormorane hatten hier einst gebrütet, waren aber verdrängt worden. Die mit ihren bogenförmigen Schwingen majestätisch durch die Luft rudernden oder auf den Netzstangen und im flachen Wasser nach Beute spähenden Altreiher boten einen schönen Anblick. In der Kolonie gab es in der Brut- und Aufzuchtzeit ein lebhaftes Kommen und Gehen (Abb. 65); man hörte das plärrende Betteln der Jungreiher oder sah sie kurz vor dem Flüggewerden auf den

Ästen der Horstbäume stehen. Boden und Stämme unter den Horsten waren von dem Geschmeiß der Reiher wie gekalkt, und eine reiche Flora, namentlich üppige Sträucher des Hirschholunders, zeigte die düngende Wirkung der Reiherabfälle.

Die Wanderdüne, die auch den Schwarzorter Urwald bedroht und ihn schon zur halben Breite verschüttet hatte, war Ende des vorigen Jahrhunderts aufgeforstet worden. So kam man auf dem Wege zur See durch alten Hochwald (Abb. 63), sah an seinem Westrande die Kampfzone mit teilweise versandeten Stämmen und gelangte durch die Latschen der festgelegten Wanderdünen und aufgeforsteten Palwe zur Vordüne und zum Badestrande. Zahlreiche Wege boten wechselnde Bilder und herrliche Ausblicke. Der Wald wurde plänterartig bewirtschaftet, jeder Kahlschlag vermieden. Oft konnte man Elchwild beobachten, und der sogenannte »Gästeelch« erschien sogar in den frühen Morgenstunden im Dorfe, um die Gärten zu plündern (Abb. 63).

So vereinigte Schwarzort in seiner Umgebung vielfältige und oft sehr gegensätzliche Naturschönheit, kleine Idylle und großartige Weite, Zeugen gewaltiger Naturkräfte und beharrlicher Menschenarbeit zu ihrer Bändigung.

Mit diesem Höhepunkt an landschaftlicher Schönheit und Vielfalt nähert sich unsere Nehrungswanderung dem Ende. Die weiteren 20 Kilometer der sich in ziemlich gleichbleibender Breite von etwa eineinhalb Kilometer hinziehenden Nehrungsstrecke bis zur Süderspitze boten keine besonderen Reize mehr. Die Palwe war schon frühzeitig aufgeforstet worden, und auch der gesamte nicht mehr so hohe Wanderdünenzug war in den achtziger und neunziger Jahren des vorigen Jahrhunderts zum Schutze des sich nordwärts immer stärker verschmälernden Haffes festgelegt worden. So war die Fahrt auf der zunächst am Haffrande und von der Bärenschlucht ab zwischen Plantage und Düne hinführenden Poststraße etwas einförmig. Von Sandkrug aus stellte dann eine Dampffähre über das Tief die Verbindung zu der mit ihren Türmen herübergrüßenden Hafen- und Handelsstadt Memel her.

Die Pflanzenwelt

Der Eigenart der Nehrungslandschaft, ihren besonderen Boden- und Klimaverhältnissen entsprach ihre sehr eigenständige Pflanzenwelt. Die Nährstoffarmut und geringe wasserhaltende Kraft des Dünensandes wurden, zumindest auf der Palwe, durch den hohen Grundwasserstand und die erhebliche Luftfeuchtigkeit zu einem gewissen Grade ausgeglichen. Jedoch zehrten die häufigen und starken Winde und die intensive Sonneneinstrahlung sehr am Wasserhaushalt. Auch der Salzgehalt der Luft und die Einwirkung des Flugsandes bestimmten die Zusammensetzung der Nehrungsvegetation. Gegen die Sandverwehungen waren am besten die schon erwähnten, Ausläufer treibenden Sandgräser gewappnet. Auch die Kriechweide wußte sich hier zu behaupten. Allerlei Vorrichtungen, wie dichte Behaarung, als Wasserspeicher dienende fleischige Blätter, lederartige Ausbildung oder wachsartige Überzüge der Blattoberfläche und andere, schützten vor zu starker Verdunstung. Die vegetative Vermehrung spielte bei den Nehrungspflanzen eine bedeutende Rolle.

Auf der Vordüne, aber auch auf den flachen Dünen der Palwe, fanden wir neben Strandhafer, blauem Helm, Binsenquecke, Sandsegge, baltischer Binse, die schöne silberblaue Stranddistel, ferner Strandmiere, Salzkraut, Strandplatterbse und Strandhuflattich.

Auf der Palwe gediehen außer den genannten Dünenpflanzen der Meersenf, der Mauerpfeffer, das Dünenhabichtskraut, der flockige Bocksbart, das Katzenpfötchen, Bergnelke, Wundklee, das duftende Leinkraut, Weidenröschen, Zwergwinde, ein besonders großblumiges Stiefmütterchen, der Thymian und anspruchslose Gräser, wie Schaf- und Rotschwingel. Auch der Sanddorn war nicht selten. Auf bewaldeten Dünen wuchs die zu den Orchideen gehörende Strandvanille, im Schwarzorter Walde als seltenes Eiszeitrelikt das zierliche Moosglöckchen, die »Nordische Linaea«. Das vor der Wanderdünenzeit reichlich vertretene Heidekraut war von der Nehrung fast verschwunden; häufig dagegen war die auch zu den Heidegewächsen gehörende Krähenbeere. Auch das einblütige Wintergrün und der Sandtragant waren in den Walddünen nicht selten. Hier unter den nicht so extremen Standortsverhältnissen fanden sich natürlich auch allbekannte Waldpflanzen: Farne, Bärlapp und Moose. In Brüchen und feuchten Senken fehlten nicht allerlei Sumpfpflanzen, darunter Wollgras und Sumpfmoose. An den Bäumen sah man oft die Bartflechte, am Boden auf armen trockenen Kiefernstandorten auch die Flechte »Isländisch Moos«, die sogar als »Elchfutter« an den Königsberger Tiergarten geliefert wurde.

Die Blütenpflanzen der Nehrung zeichneten sich fast durchweg durch kräftige Farben und starken Duft aus. Ihre Farbenpracht brachte in das etwas eintönige Gelb des Sandes Wärme und Abwechslung. So erfreuten im Frühling die weißen Blüten des Mauerpfeffers, des Hirtentäschels und des Hornkrautes und die farbigen Blüten des Stiefmütterchens das Auge. Auch Tausendgüldenkraut und das duftende Wintergrün blühten jetzt. — In voller Schönheit und Pracht prangte die Pflanzenwelt der Nehrung aber erst in den Sommermonaten, wenn die duftenden Thymianpolster ihre purpurroten Blüten öffneten, Bocksbart, Leinkraut, Platterbse, Tragant und viele andere blühten. – Und wenn dann im Herbst das Blühen ein Ende nahm, so sorgten das goldgelbe Laub der Birken und das kräftige Braungelb der Gräser für neue Farbwirkungen.

Die Forstwirtschaft

Über den Wald der Nehrung und seine Zusammensetzung habe ich bereits berichtet. Die Kiefer nahm rund sieben Zehntel, die Birke (und Erle) etwa ein Zehntel der Holzbodenfläche ein. Zwei Zehntel des Waldbodens bedeckten die Aufforstungen mit Bergkiefer.

Bei dem Schutzwaldcharakter des Nehrungswaldes und seinen zum großen Teil noch jungen Beständen waren die Holzerträge natürlich gering und entstammten hauptsächlich der Vornutzung. Darum mangelte es aber keineswegs an Aufgaben und Arbeit für die Beamten und Waldarbeiter des Forstamtes. Durchforstungen und Pflegehiebe waren durchzuführen, Aufforstungen zu ergänzen und weiterzuführen, Wege zu unterhalten und zu verbessern (auch die Poststraße unterstand der Forstverwaltung), und auch der Forstschutz spielte eine große Rolle.

Über die interessante Tierwelt der Kurischen Nehrung, die Geschichte ihres Wildbestandes und vor allem über den Vogelzug und die Vogelwarte soll später berichtet werden.

Zur Chronik der Elchwaldreviere

Die Entwicklung des Waldes

Ende des 13. Jahrhunderts war das Land zwischen Pregel, Deime, Kurischem Haff, Ruß, Memel und Inster fast völlig von Wald und Sümpfen bedeckt. Die preußischen Stämme der Nadrauer und Schalauer, die in der Vorordenszeit um Pregel und Inster saßen, mögen auch in diesem Gebiet einzelne Siedlungen gehabt haben; sie waren in Kriegen aufgerieben und vertrieben worden. Die Rodungen waren wieder Wald geworden, die sogenannten »Wüstungen«. Lediglich einige Stützpunkte und Vorratslager der Ordensheere sowie Naturwiesen zur Versorgung der Pferde unterbrachen die Wildnis, den Baumwald und den östlich anschließenden Graudenwald[1]. Besiedeltes Land östlich der Deime gab es lediglich zu beiden Seiten des Flüßchens Mauer bei Laukischken. Hier in Laukischken hat wohl schon der Orden eine Jagdbude unterhalten, bargen doch die Wälder östlich der Deime die als Jagdwild und für Geschenke begehrten Wisente und Elche. 1580 baute sich Markgraf Georg-Friedrich in Laukischken ein einfaches Jagdschloß und nannte es Friedrichsburg.

1427 wird zum ersten Mal das »Feld Mylau«, das spätere Mehlauken, erwähnt. Auf dem Wege von Labiau nach Ragnit gab es nur drei besiedelte Stützpunkte: Laukischken, Mehlauken und Thaurothenen. Ganz allmählich erst machten Rodung und Siedlung im Baum- und Graudenwalde Fortschritte. Um 1600 hat sich die Laukischker Rodung nach Osten und Norden erweitert. Im Süden des Gebietes sind Siedlungen zu beiden Seiten der Nehne (zwischen Taplacken und Gertlauken) und des Auergrabens (zwischen Norkitten und Schirrau) entstanden. Das Gebiet um Mehlauken und Popelken war bis auf die Ortschaft Mehlauken noch von Wald bedeckt. Auch die Täler der Droje im Südosten des späteren Papuschienen und der Parve, am Ostrande der späteren Oberförstereien Mehlauken und Nemonien, waren schon

[1] Grauden: meist sehr unzugängliche Wälder, in denen Wald- und Bodenfeuer gewütet hatten (»Schwelwälder«).

waldfrei. Trotz der vermehrten Rodung war der Wald noch vorherrschend, und die damaligen Ämter hießen noch »Wildnisämter«. Erst Friedrich Wilhelm I. verbot 1739 die Bezeichnung »Wildnis« für Preußisch-Litauen. Bis 1800 vergrößerten sich die Rodungen erheblich und drängten den Wald zurück. Auf der Schrötterschen Karte aus dieser Zeit sind bereits die Dörfer Kelladden, Szerszantinnen, Lucknojen und Szargillen (in dem Gebiet der späteren Oberförstereien Pfeil und Neu-Sternberg) aufgeführt. Der Laukischker Siedlungsraum hatte sich nach Osten und vor allen Dingen nach Süden erweitert. Auch zu Seiten des Auergrabens und der Droje war der Wald zurückgedrängt. Um Popelken und Mehlauken war der Wald gleichfalls gerodet. Weitere Waldverluste brachten die großen Meliorationen im Memeldelta und die Siedlung nach dem ersten Weltkriege. Immerhin wies das Gebiet des einstigen Baumwaldes noch einen hohen Waldanteil auf. Der Bruchwald des Memeldeltas war durch die großen Vorflutarbeiten und Eindeichungen auf eine im Durchschnitt etwa sieben Kilometer breite Zone am Haffrande zurückgedrängt. Über die Waldentwicklung auf der Kurischen Nehrung, die am schlimmsten durch die russische Besatzung während des Siebenjährigen Krieges geschädigt wurde, habe ich bereits früher berichtet. – Die Zusammensetzung der Bestände, die sich in den Revieren des Elchwaldes im Laufe der Jahrhunderte kaum geändert, nur zugunsten der Fichte und zuungunsten der Eiche verschoben hatte, ist bereits in großen Zügen geschildert.

Bis ins 18. Jahrhundert hinein diente der Wald vorwiegend den Bedürfnissen der Landwirtschaft und des Gewerbes. Die extensive bäuerliche Wirtschaft war auf Waldweide, Mast, Heu- und Streugewinnung sowie Waldfeldbau angewiesen. Selbstverständlich mußte der Wald auch das Bau- und Werkholz sowie das Brennmaterial liefern. Die Bauern betrieben Köhlerei, Pech- und Teerbrennen, Waldbienenzucht usw. als Nebengewerbe. Sie waren auch zum Waldscharwerk verpflichtet. Die Holznutzung war bis zum Eintreten von wirklicher Holznot völlig planlos. Der Wald wurde abwechselnd ausgeplündert und als »Hegewald« geschont. Das »Beständnisbuch« des Kammeramtes Ruß enthielt 1715 in bezug auf die zwischen Ackminge und Karkelfluß (Ibenhorst!) gelegene Wildnis »Lepas pusse« (= Lindenseite) folgende Eintragung: »Diese Wildnis, nachdem sie vor drei Jahren gänzlich ausgehauen, ist wiederum gehegt und voritzo nur klein Ellernstrauch darinne«, und über die südlich angrenzende Wildnis Wentaine und Löckerort: ». . . darinne jung Ellern- und etwas Birkenholz gewesen, vor zwei auch vorm Jahre aber darinnen geholzt und ausgehauen, itzo aber wiederum zugehegt wird.« Im Forstamt Pöppeln lagen das Morittsche und das Agillsche Revier, »so in vorigen Zeiten gänzlich abgeholzt worden waren und 1780 wieder in Schonung gelegt wurden«. Weichholzbestände (Erle, Birke, Aspe) wurden also, und zwar in sehr kurzem Umtriebe, zur Gewinnung von Brennholz kahl geschlagen; auch das Nadelholz fiel, wo es mit dem Laubholz »meliret war«, dieser schlagweisen Brennholznutzung zum Opfer. Nur reine Nadelholz- und Eichenbestände ließ man zur Gewinnung von Nutzholz älter werden. Die Entstehung neuen Waldes überließ man der Natur. Erst Friedrich der Große ordnete 1743 in einer Anweisung zur Holzkultur an, daß »alle leeren Flecke in den Forsten mit Holzsaat besät werden sollten«. Die Wahl derselben blieb den Oberforstmeistern und Forstbedienten überlassen. Dieser Anordnung ist aber nur zögernd und an den Rändern und Wegen Folge geleistet worden.

Daß die Art der Holznutzung sehr verschwenderisch war und Windwurf-, Kronen- und Astholz im Walde ungenutzt liegenblieben, geht aus einer an die Ostpreußische Kammer zu Königsberg gerichteten Kabinettsorder vom 2. September 1789 hervor, in der es heißt: Der König habe »mit äußerstem Mißfallen in Erfahrung gebracht, daß in den Sternberg-, Drusken- und Leipenschen Forsten eine so große Quantität von Lagerholz vorhanden ist, daß solche sehr viel tausend Fuhren ausmacht, und die umliegende Gegend auf lange Zeit ihren Brand davon erhalten könnte. So unverantwortlich es ist, daß die ... Kammer und insbesondere dero Oberforstmeister nebst den Forstbedienten der Reviere zeithero sorgloserweise zusehen können, daß dieses Lagerholz in den Forsten vermodert, ebenso pflichtvergessen ist es, daß dieselben nicht auf Mittel und Wege gedacht haben, dieses Lagerholz gehörig zum Nutzen zu bringen und darüber gehörige Vorschläge zu tun ...« Erst mit der Intensivierung der Landwirtschaft, mit der Verwendung von Steinkohle, mit dem Entstehen der Industrie und der Verbesserung der Verkehrsverhältnisse führten die Bemühungen um eine Reform der Forstwirtschaft zu größerem Erfolge. Die Laubbäume allerdings, die in den Revieren des späteren Elchwaldes noch einen sehr großen Anteil an der Bestockung hatten, lieferten bis in den Anfang unseres Jahrhunderts hinein fast ausschließlich Brennholz. Nur Eiche und Esche machten davon eine bescheidene Ausnahme. Erst die Begründung von Furnierwerken und Laubholz verarbeitenden Unternehmen in Ostpreußen kurz vor dem ersten Weltkriege brachten darin einen Wandel und machten die vorher verachteten Laubhölzer zu begehrtem Nutzholz. Die mangelnde Verwendungsmöglichkeit von Laubholz hat zu seiner Zurückdrängung durch das leicht künstlich anzubauende Nadelholz, insbesondere die Fichte, geführt.

57 *Dünenkamm*

58 Blick von der Wanderdüne auf Pillkoppen

59 Haffufer mit Fischerkähnen; im Hintergrund die durch Hakenkiefer festgelegten Dünen

60

Elchfahrten: mit dem Wagen kam man auf der Kurischen Nehrung sehr nahe an das Elchwild, Elchtier mit Kalb

61

Forstschutzgehilfin Martha Schmidt, eingerahmt von Forstamtmann Eschment-Rossitten und Oberförster Neuber-Schwarzort auf einer Revierfahrt

62

Wagenfahrt durch das Elchrevier bei Perwelk mit Herrn Pinkies aus Preil

63 Elchschaufler (»Gästeelch«) auf alter Walddüne bei Schwarzort

64 Alter Kiefernwald bei Schwarzort

65 Am Reiherberg bei Schwarzort

66 Oberforstamt Elchwald

67 Forstamt Pfeil

68 Forstamt Klein-Naujock (Erlenwald)

69 Forstamt Tawellningken (Tawellenbruch)

70 Jagdhaus Pait

71 Forstamt Ibenhorst

72 Forstamt Rossitten

73 *Forstamt Gertlauken*

74 *Forstamt Alt-Sternberg*

75 *Forstamt Neu-Sternberg*

76 *Forstamt Drusken*

77 *Forstamt Leipen*

78 *Forstamt Papuschienen (Grauden)*

79 Der Prophet

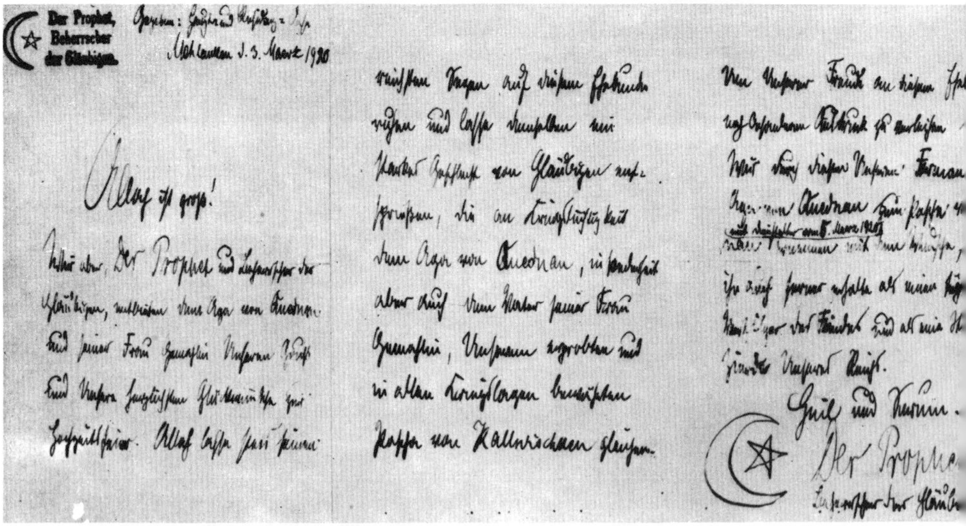

Der Prophet,
Beherrscher
der Gläubigen.

Allah ist groß!

Der Prophet

80 Ferman des Propheten

Waldungen, Wildnisse und Gewässer standen als »res nullius« im Eigentum des Landesherrn, also des Ordens, später der Herzöge und Könige. Auch die aufgegebenen Siedlungen, die »Wüstungen«, gingen in das Eigentum der Landesherrschaft über. Erst durch Schenkungen, Belehnungen, Verkauf und später durch Abfindung von Berechtigungen kam es zur Bildung von Privatwald. Die Wälder wurden durch Staatsbedienstete verwaltet. Bereits der Ritterorden hatte Wald- oder Jägermeister, ältere erfahrene Ordensritter, denen die Verwaltung der Waldungen unterstand. So gehörte zur Komturei Ragnit 1432 ein Jägermeister. Unter diesen Ordensbrüdern taten Forstknechte und Jäger den Dienst im Walde. Von einer Forstwirtschaft im eigentlichen Sinne konnte man damals aber noch nicht sprechen.

Als der letzte Hochmeister Markgraf Albrecht von Brandenburg-Ansbach im Jahre 1525 nach Auflösung des Ordens Herzog von Preußen wurde, verbesserte er die Verwaltung und führte auch bessere forstwirtschaftliche Methoden ein. Die Reviere wurden verkleinert; sie unterstanden den neugebildeten Kammerämtern. Im Kammeramt Tapiau, zu dem die südlichen Teile des späteren Elchwaldes gehörten, gab es fünf Reviere mit je einem »Waldknecht«, einer davon saß in Myguszen, nahe dem späteren Forstamt Leipen.

Im 17. Jahrhundert wurden die Forsten des Herzogtums unter einem nicht sehr selbständigen Forstmeister von zwei »Holzförstern« betreut, die seit etwa 1650 den Titel Oberförster und seit 1688 die Dienstbezeichnung Oberforstmeister führten. Die einheitliche forstliche Spitze für das Herzogtum wurde abgeschafft. Um 1700 war die vom Großen Kurfürsten betriebene Trennung der Forstverwaltung von der Ämterverwaltung abgeschlossen. Die beiden dirigierenden Oberforstmeister saßen in Königsberg. Die Verwalter der Reviere, »Wildnisbereiter« genannt, legten dem für jeden Kreis eingesetzten Holzschreiber Rechnung, diese dem Oberholzschreiber in Königsberg. Die Verselbständigung der Forstverwaltung bewährte sich nicht. Die Forstbedienten, auch die Oberforstmeister, hatten keine Fachausbildung. Diese waren meist ehemalige Stabsoffiziere; auch Wildnis- oder Forstbereiter entstammten oft dem Offiziersstande. Die Bereiterstellen waren gut dotiert und sehr begehrt. Abgesehen von mangelnden forstlichen Kenntnissen waren die Berittsleiter auch des Schreibens und Rechnens oft nur mangelhaft kundig. Die Kontrolle war wegen der Größe und Abgelegenheit der Reviere und häufiger Unfähigkeit der Oberforstbeamten ungenügend. So nahmen Eigenmächtigkeiten, nachlässige Dienstführung und Unredlichkeiten überhand. 1659 wird der Wildnisbereiter von Laukischken wegen Amtsmißbrauches und Unterschlagung seines Amtes enthoben. Erst Friedrich Wilhelm I. schaffte Ordnung und unterstellte die Forstbedienten 1717 wieder der Kontrolle der Ämter. – Als der König 1739 die Bezeichnung »Wildnis« verbot, erhielten die bisherigen Wildnisbereiter den Titel »Königliche Förster«, die Forstschutzbeamten wurden »Waldwarte« und später »Unterförster«. Am 29. November 1803 erhielten die Revierverwalter die Bezeichnung »Oberförster«, die bisherigen Unterförster wurden »Förster«. Die Reviere hießen fortan Oberförstereien, die Dienstbereiche der Förster »Schutzbezirke«.

Die mangelhafte Fachausbildung der preußischen Forstbeamten dauerte bis ins 19. Jahrhundert hinein an. Von 1770 ab erfuhren zwar die reitenden Feldjäger und junge Leute, die sich dem Forstfach widmen wollten, eine vollkommen unzureichende Ausbildung, die aus Vorlesungen über Forstbotanik und einigen Exkursionen bestand, aber über die »Holzzucht« nichts vermittelte. Erst G. L. Hartig intensivierte seit 1811 die forstliche Ausbildung. Die in Berlin gegründete Forstakademie wurde 1821 dem Oberforstrat Pfeil übertragen und 1830 nach Eberswalde verlegt. An ihr mußten die zukünftigen Forstverwaltungsbeamten das vorgeschriebene Studium ableisten. Die Fortsschutzbeamten besuchten Forstschulen. Mit der besseren Ausbildung der Forstbeamten machte auch die Intensivierung der Forstwirtschaft Fortschritte. Dazu war auch die Aufteilung der meistens viel zu großen Forstbezirke notwendig. 1671 bestand der Forstberitt Nemonien aus vier Wildnissen und umfaßte die Bruchwaldungen von der Deime bis zur Tilsiter und Memeler (Amts-)Grenze. Und der Beritt Sternberg umfaßte noch 1790 rund 42 000 ha. Die zu großen Oberförstereien wurden aufgeteilt. Im Jahre 1861 gab es in Ostpreußen bereits 51 Oberförstereien mit einer Durchschnittsgröße von 9000 ha; Ende der 70er Jahre wurde die Zahl der Reviere abermals vermehrt und erreichte die Zahl von 74 Oberförstereien mit durchschnittlich 6400 ha Größe. Auch später wurden noch einige Oberförstereien neu gegründet, so daß ihre Anzahl vor dem ersten Weltkriege 87 betrug.

Die sieben im Jahre 1865 bestehenden Oberförstereien des späteren Elchwaldes (ohne die Kurische Nehrung und das erst später gegründete Papuschienen) hatten eine mittlere Größe von 10 300 ha, die Förstereien waren durchschnittlich 1200 ha groß. 1893 bestanden im Bereich des Elchwaldes 11 Oberförstereien von durchschnittlich 6500 ha Größe mit 61 Forstschutzbezirken. Es waren: das verkleinerte, südlich nur noch bis zum Loyefluß reichende *Ibenhorst;* das im Jahre 1876 von Ibenhorst abgetrennte *Tawellningken; Nemonien,* zu dem der größte Teil des Großen Moosbruches gehörte; *Pfeil*, das 1878 aus Teilen der Oberförstereien Pöppeln und Neu-Sternberg gegründet war; das aus dem Rest von Pöppeln entstandene *Klein-Naujock*; das aus dem Nordteil Alt-Sternbergs gebildete *Mehlauken*; *Alt-Sternberg*; *Neu-Sternberg*; die 1878 aus Teilen von Leipen und Neu-Sternberg neu gegründete Oberförsterei *Gertlauken*; *Drusken* und *Leipen*. Die Oberförsterei *Papuschienen* wurde erst 1898 aus Teilen von Drusken und Padrojen gebildet; die Oberförsterei *Rossitten* entstand im Jahre 1903. Sie ging nach der Abtrennung des Memelgebietes von Ostpreußen 1924 als selbständiges Revier wieder ein, wurde aber nach Rückkehr des »Memellandes« zum Reich am 1. 4. 1940 aus den beiden Oberförsterbezirken Rossitten und Schwarzort als Forstamt wieder begründet (Abb. 66—78).

Der Übergang des Großen Moosbruches auf die Domänenverwaltung im Jahre 1927 brachte die Auflösung der Oberförsterei Nemonien, deren Waldflächen größtenteils Tawellningken zugelegt wurden; nur die Försterei Laukwargen kam zu Pfeil. Nachdem der Moorverwaltung in Lauknen außer den Hoch- und Zwischenmooren noch erhebliche Bruchwald- und Wiesenflächen der Oberförsterei Mehlauken zur Rodung und Melioration zugesprochen waren, wurde auch diese Oberförsterei im Jahre 1932 aufgelöst. Die Waldflächen wurden zwischen den Oberförstereien Alt-Sternberg und Wilhelmsbruch aufgeteilt. Alt-Sternberg gab dafür seine nördliche Försterei Schmallenberg an Neu-Sternberg, Neu-Sternberg die Försterei Lucknojen an Pfeil ab. Ende der 30er Jahre wurden dann wieder für Melioration und Siedlung nicht benötigte Flächen von der Mooradministration, die Revierförstereien Plicken und Escherwald vom Forstamt Wilhelmsbruch an den Elchwald zurückgegeben.

Die Organisation des Oberforstamtes

Seine letzte Einteilung und organisatorische Form ergibt sich aus der folgenden Aufstellung:

Oberforstamt Elchwald:	Gesamtgröße:	rd. 74 112 ha, davon
— Staatsjagdrevier —	Holzboden	rd. 61 415 ha
	angepachtete Schutzjagden über 25 000 ha	

Ab 1. 7. 1941 dem Reichsjägermeister (Leitung der Staatsjagdreviere) unmittelbar unterstellt. — (Rd.Erl. d. Rfm. u. Rjm. vom 11. 6. 1941 — 3 750.00 — 5 —.) Leiter der jeweilige Verwalter des Pr. Forstamtes Pfeil. (Vorher, vom 1. 4. 1938 ab, war die Dienstbezeichnung »Der Pr. Landforstmeister, Regierungsforstamt Königsberg [bzw. Gumbinnen], Oberforstmeisterbezirk Elchwald«).

Leiter: Oberforstmeister Kramer — Forstamt Pfeil.
(gleichzeitig Inspektionsbeamter der Forstämter Pfeil, Erlenwald, Rossitten, Ibenhorst, Tawellenbruch)

Vertreter: Oberforstmeister Scharffetter — Forstamt Gertlauken.
(Inspektionsbeamter der Forstämter Gertlauken, Alt-Sternberg, Neu-Sternberg, Drusken, Leipen, Grauden)

Assistent des Leiters: Forstassessor Zumbroich
i. V.: Forstassessor Frhr. v. Ulmenstein

Büroleiter: Oberförster Dirksen, 4 Büroangestellte

I. Inspektion des Leiters:

1. Forstamt Pfeil: Gesamtgröße 6622 ha, davon Holzboden: 4963 ha
Leiter: Oberforstmeister Kramer
Assistent: Forstassessor Tangermann, bis 15. 8. 1938
Forstmeister Coermann, 8. 8. 1941 gefallen
Forstassessor Robitzsch (später) 1945 vermißt
Büroleiter: Revierförster i. G. Binder
4 Büroangestellte
Revierförsterei Neuenrode (Lucknojen): Revierförster Spie gefallen
Revierförsterei Mauern (Permauern): Revierförster Beyer i. Gfgsch. †
Revierförsterei Wildhügel (Schweizut): Revierförster Sandmann
Revierförsterei Waldwinkel (Szerszantinnen): Revierförster Premper †
Revierförsterei Grabenwald (Juwendt): Revierförster Ringhardt
Revierförsterei Franzrode (Laukwargen): Oberförster Jacob †
Unterförsterstelle Ludendorff: Forstaufseher Petersdorff †
2. Forstamt Erlenwald (Kl. Naujock): Gesamtgröße 4830 ha, davon Holzboden 4066 ha
Leiter: Forstmeister Bansi †
von 1944 Forstmeister Zumbroich auftragsweise
Büroleiter: Revierförster i. G. Riemer †
2 Büroangestellte
Revierförsterei Kl. Pöppeln: Revierförster Schultz †
Revierförsterei Lenkhügel: Revierförster Scheffler
Revierförsterei Schönbruch: Revierförster Wende
Revierförsterei Hindenburg (Gr. Naujock): Revierförster Villain †
Forstwartbezirk Haffwerder (Agilla): Oberforstwart Sefzig
Forstwartbezirk Grünwalde: Oberforstwart Hoeppe †
3. Forstamt Tawellenbruch (Tawellningken):
Gesamtgröße 11 511 ha, davon Holzboden 9084 ha
Leiter: Forstmeister Gieseler (bis 1937 Forstmeister Orlowski †)
während des Krieges vertrw. Forstamtmann Weber †
Büroleiter: Revierförster i. G. Nass

2 Büroangestellte
Revierförsterei Elchwerder (Nemonien): Revierförster Dischinger
Revierförsterei Marienbruch: Revierförster Schulze
Revierförsterei Gilge: Revierförster Krieger gefallen
Oberförsterei Kastaunen: Forstamtmann Weber †
Oberförstergehilfe: Forstwart Kuhlins
Revierförsterei Quednau (Meyruhnen): Revierförster Neumann
(vorher und als Kriegsvertreter in Marienbruch:
Revierförster Quednau †)
Revierförsterei Tawe: Revierförster Schendel
Revierförsterei Inse: Revierförster Stoeckmann
Revierförsterei Kurrenberg (Matzgirren): Revierförster Kuhrke
Forstwartbezirk Siberien (Loye): Forstwart Warlies
Forstwartbezirk Wiepenheide (Schetricken): Forstwart Brandenburg
Forstwartbezirk Brandenburg (Smalupp): Forstwart Quassowski †
Jagdhaus Pait: Forstaufseher Siebenich

4. Forstamt Ibenhorst: Gesamtgröße 6521 ha, davon Holzboden 5264 ha
Leiter: Forstmeister Krause vermißt
Büroleiter: Revierförster i. G. Tabbert
3 Büroangestellte
Revierförsterei Dünen (Ackmenischken) Revierförster Sturies †
als Gehilfe: Forstaufseher Rohde
Revierförsterei Wittken (Wentaine): Revierförster Augustin
Revierförsterei Karkeln: Revierförster Zühlsdorff †
Revierförsterei Ibenstrom (Kerschkallen): Revierförster Seiffert †
Revierförsterei Skirwieth: Revierförster Goltz †

5. Forstamt Rossitten: Gesamtgröße 10 187 ha, davon Holzboden 8869 ha
Leiter: Oberförster Dirksen (ab 1. 10. 1944)
(bis 1941 Forstamtmann Eschment †,
vom 1. 10. 1941 bis 30. 9. 1944 Forstm. a. D. Hahn † als Kriegsvertr.)
Büroleiter: Revierförster Ziemer
1 Büroangestellter
Revierförsterei Rossitten: Revierförster Ziemer
Forstwart Engling (als Vertreter und Gehilfe)
Forstwartbezirk Pillkoppen: Forstwart Moeller
(beim Einmarsch der Russen erschossen)
Oberförsterbezirk Schwarzort: Oberförster Neuber †
Oberförstergehilfe Forstwart Zinser
Revierförsterei Nidden: apl. Revierförster Kurschus
(von 1942—1943 Revierförster a. D. Runge,
von 1943—1945 Revierförster a. D. Heyer als Kriegsvertreter)
Forstwartbezirk Preil-Perwelk: Forstschutzgehilfin Martha Schmidt

II. Inspektion des Oberforstmeisters Scharffetter-Gertlauken:

6. Forstamt Gertlauken: Gesamtgröße 4589 ha, davon Holzboden 3767 ha
Leiter: Oberforstmeister Scharffetter
Büroleiter: Revierförster i. G. Kippar 1944 vermißt
3 Büroangestellte
Oberförsterbezirk Groß-Gertlauken: Oberförster Appel, 1943 †
Oberförstergehilfe apl. Rf. Matull, an den Folgen einer Verw. †
Revierförsterei Schanzkrug (Kallweningken): Revierförster Herrnkind †
Revierförsterei Peremtienen: Revierförster Anders
Revierförsterei Klein-Gertlauken: Revierförster v. Kohs 1945 gefallen
Revierförsterei Klein-Fließ: Revierförster Söcknick
Revierförsterei Müllershorst: Revierförster Krause
Hilfsförsterei Steingrenz: Förster Krieger
Forstgut Preußenberg: Forstschutzgehilfe Jucknies

7. Forstamt Alt-Sternberg: Gesamtgröße 7113 ha, davon Holzboden 6725 ha
Leiter: Forstmeister Bluth 18. 2. 1942 gef.
(bis 31. 8. 1940 Forstmeister Geissel †)
Büroleiter: Revierförster a. D. Schöpe
(bis 1941 Revierförster Thiel gefallen)
2 Büroangestellte
Revierförsterei Habichtswalde (Pannaugen): Revierförster Wicht †
Revierförsterei Neuwiese (Schaltischledimmen): Revierförster Mende †
Revierförsterei Grotfeld (Alexen): Revierförster Tittel verschleppt
Revierförsterei Lindenhorst (Minchenwalde): Revierförster Graeber
Revierförsterei Auerwalde (Stumbragirren): Revierförster Woköck †
Revierförsterei Eiche (Domschin): Revierförster Petersdorff vermißt
Revierförsterei Plicken: Revierförster Vouillème †
Revierförsterei Escherwald: Forstwart Hoelker †
(bis 1943 Revierförster Roß †)

8. Forstamt Neu-Sternberg: Gesamtgröße 5644 ha, davon Holzboden 4826 ha
Leiter: Forstmeister Flechtner
(bis August 1938 Forstmeister Dr. Ulrich)
Büroleiter: Revierförster i. G. Kowalewski
2 Büroangestellte
Revierförsterei Groß-Baum: Revierförster Rasch †
Revierförsterei Ottergrund (Schwentoje): Revierförster Frömke †
Revierförsterei Wasgien: Revierförster Mann
Revierförsterei Schmallenberg: Revierförster Koch †
Revierförsterei Florweg: Revierförster Helm †
Oberförsterei Eichenrode (Szargillen): Oberförster Kaiser vermißt
Oberförster geh. apl. Revierförster Kriebel

9. Forstamt Drusken: Gesamtgröße 4968 ha, davon Holzboden 4411 ha
Leiter: Forstmeister Senff 1945 gefallen

Büroleiter: Revierförster Bank †
2 Büroangestellte
Revierförsterei Skaten (Skaticken):
Revierförster Schlefereit (beim Einm. d. Russen erschossen)
Revierförsterei Lindenhügel: Revierförster Strauch verschollen
Revierförsterei Mittenwald: Revierförster Grigull
Revierförsterei Eichenberg: Revierförster Pentzlin
Revierförsterei Espenhain: Revierförster Boehm 1944 †
Revierförsterei Reußwalde: Revierförster Heym

10. Forstamt Leipen: Gesamtgröße 4833 ha, davon Holzboden 4364 ha
Leiter: Forstmeister Amoneit
Büroleiter: Revierförster i. G. Neumann
2 Büroangestellte
Oberförsterbezirk Weißensee: Oberförster Schettat †
Grünlinde: Oberförstergehilfe Forstaufseher Meyer †
Revierförsterei Naukel: Revierförster Kayser †
Revierförsterei Nickelsdorf: Revierförster Kautz
Revierförsterei Keber: Revierförster Lemke 1944 gefallen
Revierförsterei Rathsgrenz: Revierförster Schroeder
Revierförsterei Baining: Revierförster Peterson
Forstaufsichtsbezirk Köthen: von Revierförster i. G. Neumann betreut

11. Forstamt Grauden (Papuschienen):
Gesamtgröße 7294 ha, davon Holzboden 5076 ha
Leiter: Forstmeister Graumann
Büroleiter: Revierförster i. G. Knopke †
3 Büroangestellte
a) Oberförsterbezirk Walddorf: Oberförster Sadowski verschollen
Seitenbach: Oberförstergehilfe Oberforstwart Padszior †
Revierförsterei Laschnicken (Lascheningken): Revierförster Aust
Revierförsterei Birkenhorst: Revierförster Stechert gefallen
Revierförsterei Lindenbusch: Revierförster Kramer
b) Hauptrevier:
Revierförsterei Laubhorst: Revierförster Splettstößer
Revierförsterei Rosenberg: Revierförster Bärschmidt
Revierförsterei Heiligenfließ: Revierförster Thimm 1943 gefallen
Revierförsterei Gutfließ (Escherningken): Revierförster Treutler gefallen

III. Kassen:

1. Forstkasse Liebenfelde (Zentralkasse)
Leiter: Forstoberrentmeister Simshäuser
5 Kassenangestellte
2. Forstkasse Kuckerneese
Leiter: Forstrentmeister Titel †
2 Kassenangestellte

Mit voller Absicht habe ich in diesem Organisationsplan des Oberforstamtes sämtliche Stelleninhaber mit Namen aufgeführt. Trotz der Kürze seines Bestehens war der Elchwald zu einer Einheit geworden; Beamte, Angestellte und Waldarbeiter bildeten eine große Familie. Ich denke voller Dankbarkeit an meine Mitarbeiter von damals zurück und bin stolz darauf, daß es in so kurzer Zeit und allen Erschwernissen durch den Krieg zum Trotz gelang, die dem Oberforstamt gesetzten Aufgaben zu erfüllen: Wildstand und Jagd auf eine beachtliche Höhe zu heben, ohne daß die Forstwirtschaft in den wertvollen Wäldern und die Ursprünglichkeit und Schönheit der Natur darunter zu leiden hatten.

Aber ohne das Vertrauen und die verständnisvolle Unterstützung der für die Staatsjagdreviere zuständigen Ministerialinstanz, des Reichsjagdamtes, des Oberstjägermeisters Scherping und des Referenten, Oberlandforstmeister Nüßlein, wären die erzielten Erfolge nicht möglich gewesen. Die »reichsunmittelbaren« Staatsjagdreviere waren den Behörden der Provinz, aus deren Zuständigkeit sie ausgeschieden waren, und vor allem dem selbstherrlichen Gauleiter und Oberpräsidenten ein Dorn im Auge. Ein großer Vorteil war es für das Oberforstamt, daß der Dienstweg sehr kurz war und die notwendigen Anordnungen ohne großen Schriftverkehr, oft bei gemeinsamen Dienstbesprechungen oder an Ort und Stelle, mündlich gegeben werden konnten.

Wenn ich die Beamten des Elchwaldes hier namentlich aufgeführt habe, so ist es Ehrenpflicht, auch wenigstens einiger zu ihrer Zeit besonders bekannter und verdienter Forstbeamten aus früherer Zeit zu gedenken.

In meinem Stammrevier hatten die Revierverwalter oft gewechselt. Pfeil galt wegen seiner Abgelegenheit, seiner Nässe, seiner schlechten Wegeverhältnisse und der recht mäßigen Dienstländereien als ausgesprochene »Anfangsstelle«. So hatte es mir der erste Revierverwalter, Fm. Schulze, der als alter Herr in Eberswalde im Ruhestand lebte, versichert. Nur mein Vorgänger, der Forstmeister Johannes Rehefeldt, hatte Pfeil 25 Jahre verwaltet. Von den alten Förstern, die ich 1925 vorfand, sei besonders des energischen und schneidigen Revierförsters Heisterhagen gedacht, der sich bei der Bekämpfung des Wildererunwesens große Verdienste erworben hatte; ferner des Försters Mäffert, eines Musters an Pflichtbewußtsein, Fleiß und Können.

Klein-Naujock hat vor dem Ersten Weltkriege mehrere Jahre der spätere Ministerialreferent für Ostpreußen, Oberlandforstmeister Dr. Gernlein, verwaltet. Sein Nachfolger, Oberförster Rohrbeck, fiel gleich zu Beginn des ersten Weltkrieges. Ein Gedenkstein im Walde hielt die Erinnerung an ihn wach.

Wisentstudien. Zeichnung von Wilhelm Kuhnert

Elchschaufler mit Tier auf ostpreußischem Hochmoor. Gouache von Richard Friese

Von den Revierverwaltern von Ibenhorst seien hier genannt: der Oberförster Ulrich, der von 1851 ab über 20 Jahre das damals noch ungeteilte Revier verwaltete, die Oberförster Axt (1873 bis 1884), Reisch (1884 bis 1890), Olberg (1890 bis 1899), Hackel, Struckmann und v. Tresckow (1919 bis 1934). Von den zahlreichen tüchtigen Betriebsbeamten erwähne ich hier nur den besonders originellen Kgl. Förster Ramonath.

In der 1876 begründeten Oberförsterei Tawellningken wirkten die Oberförster Schmidt (bis 1891), Schall (der 1897 starb und in Meyruhnen seine letzte Ruhestätte fand), Frey, Meyer (1904 bis 1914) und Orlowski (1919 bis 1937).

In Nemonien saß als »Gebieter des Moosbruches« von 1896 bis 1911 der Forstmeister Forstreuter. Einer seiner Nachfolger war (von 1911 bis 1919) der spätere Chef der Preußischen Landesforstverwaltung Borggreve. Letzter Oberförster der 1927 aufgelösten Oberförsterei war Schirmacher. — Fast alle genannten Beamten der letzten drei Reviere und viele hier nicht einzeln aufgeführte haben sich um die Erhaltung und Hege des Elchwildes große Verdienste erworben. Ich gedenke ihrer noch ausführlicher im Kapitel »Hege und Heger«.

Die 1903 errichtete Oberförsterei Rossitten leitete bis 1911 der Oberförster Mortzfeldt, ein Sohn des bereits genannten Oberforstmeisters. Ihm folgte Oberförster Schellig. 1919 bis 1922 saß in Rossitten Forstmeister Hahn, der nach dem Tode von Forstamtmann Eschment im Jahre 1942 als Kriegsvertreter das Forstamt nochmals verwaltete.

Aus der Reihe der Verwalter der Oberförsterei Mehlauken sei des Forstmeisters Zacher gedacht, der fast 30 Jahre, von 1884 bis 1914, dort »regierte«. Letzter Oberförster dieses 1932 aufgelösten Revieres war der außerordentlich passionierte Graf Finck v. Finckenstein.

Gertlaukens erster Revierverwalter war der Oberförster Surminski; ihm folgte 1896 Oberförster Zielaskowski (bis 1907). Nach dem späteren Landforstmeister Wesener verwaltete das Revier mit Unterbrechungen durch Krieg und dienstliche Abordnungen von 1910 bis 1921 der spätere Oberforstmeister in Gumbinnen und Hannover, Keck, der sich durch die Einbürgerung des Rotwildes im Elchwalde ein einmaliges Verdienst erworben hat. Er lebt heute als rüstiger 87jähriger in Hannover und hat mir gute Unterlagen über das Elchwald-Rotwild geben können.

Von den Alt-Sternberger Oberförstern seien der von 1899 bis 1909 dort tätige Forstmeister Wichmann und der »Waidmann Müller« genannt, der von 1919 bis 1924 das Revier leitete. Bei ihm war ich 1922 als »reisender« Forstreferendar und lernte die Lehmreviere kennen und lieben.

In Neu-Sternberg saß lange Jahre (bis 1924) der Forstmeister Mohnicke. Das Idealbild des tüchtigen Försters und Jägers war in meinen Augen der »alte Podlasly«, der annähernd 20 Jahre, bis zu seiner Pensionierung im Jahre 1932, die Förstereien Florweg und Gr. Baum betreute.

Bekannte Revierverwalter von Drusken waren Forstmeister Waldner und Oberförster Jacobi v. Wangelin. Des Letzten Nachfolger war der im Dezember 1931 allzufrüh verstorbene Oberförster Friese.

In Leipen saß in der zweiten Hälfte des vorigen Jahrhunderts bis 1895 der Oberförster Keber, ein weithin bekannter, tüchtiger und origineller Forstmann, dessen Name späterhin eine Försterei seines einstigen Reviers trug. Ein sehr bekannter und beliebter Verwalter von Leipen war (von 1902 bis 1924) der Junggeselle Forstmeister Mirtsch.

Papuschienen hat von seiner Begründung im Jahre 1898 bis 1907 der spätere Oberforstmeister Schilling verwaltet. Er wurde Professor an der Forstakademie Eberswalde und später Direktor der Akademie in Hann. Münden; als die Akademien in Hochschulen mit Rektoratsverfassung umgewandelt wurden, kehrte er als Professor nach Eberswalde zurück. Schilling erzählte voller Begeisterung von seinem einstigen Revier und sprach im Hinblick auf das gute Wirtschaftsland nur von der »Sektstelle«[1]!

Diese Aufzählung erhebt keinerlei Anspruch auf Vollständigkeit. Sicher haben in dem Jahrhundert, seit es voll ausgebildete Fachleute in der Fortsverwaltung gab, außer den Genannten noch viele bedeutende Forstleute in den Elchwaldrevieren gedient. Ich habe nur diejenigen aufgeführt, von denen man noch sprach, als ich 1925 mein Revier übernahm.

Von Regierungsforstbeamten sei noch der Oberforstmeister (Landforstmeister) Boy, v. Sydow und Pflanz in Königsberg, Dr. König und Kausch in Gumbinnen sowie der Forstinspektionsbeamten Zühlke und Schering gedacht, die sich um die Forstwirtschaft und Jagd unserer Reviere große Verdienste erworben haben. Vor ihnen waren in den Lehmrevieren der Forstrat Grotfeld und der Geheimrat Böhm langjährige Inspektionsbeamte. Ihr Gedächtnis hielten die Försterei Grotfeld und die Hilfsförsterstelle Böhmswalde wach.

[1] Als wirtschaftlich besonders gute Stellen galten auch Leipen und Drusken.

Der Forst- und Jagdschutz

Neben der rein forstlichen Arbeit war in den Elchrevieren auch die Ausübung des Forst- und Jagdschutzes nicht leicht. Die Bevölkerung lebte zum Teil, vor allen Dingen in den Walddörfern und den Moosbruchkolonien, in sehr ärmlichen Verhältnissen. Forst- und Jagdfrevel — aus früheren Zeiten wohl auch noch »im Blute liegend« — waren daher häufig. Viele Oberförstereien waren für Wilddieberei bekannt. Fast in jedem Revier standen Gedenksteine zu Ehren von in der Ausübung ihres schweren Dienstes von Wilderern erschossenen Forstbeamten. In Pfeil erinnerten allein zwei solche Male an junge Forstbeamte, die ihr Leben hatten lassen müssen: Kornmesser und Schlefereit; auch zwei Gestelle trugen ihren Namen.

Nach dem ersten Weltkriege nahm die Wilderei, besonders in der Nähe des Großen Moosbruches, so schlimme Formen an, daß ihr nur durch Einsatz von Militärkommandos gesteuert werden konnte. Einsam im Walde gelegene Forsthäuser wurden beschossen, und die Beamten durften Reviergänge nur zu mehreren unternehmen. Es kam zu richtigen Gefechten, bei denen sich besonders der schon erwähnte Revierförster Heisterhagen durch seinen Schneid auszeichnete. Ihm gelang es auch, einen berüchtigten Wilddieb zur Strecke zu bringen. Natürlich war er bei den Wilderern verhaßt. Heisterhagen, zu dessen Bezirk gerade die an das Moosbruch grenzenden Förstereien gehörten, mußte seinen Dienst mit dem Pferdewagen versehen. Ihm sollte wahrscheinlich auch der Anschlag gelten, den Wilddiebe im Sommer 1919 auf das Fuhrwerk des Sägewerksbesitzers Brenneisen aus Groß-Baum verübten. Forstmeister Amoneit, der als Forstreferendar im benachbarten Neu-Sternberg an der Fahrt teilnahm, schilderte mir den sehr dramatischen Hergang. Auf der Fahrt zur Pachtjagd Brenneisens wurde der Wagen bei der Überquerung eines Gestelles von einer Wildererbande unter Feuer genommen. Es fielen etwa zwölf Schüsse, und beide Pferde wurden schwer verletzt, während die Wageninsassen mit dem Schrecken davonkamen. Mit Mühe erreichten die Jäger noch die nächste Försterei. Die beiden Pferde, edle Ostpreußen, mußten getötet werden. Amoneit erstattete sogleich Bericht über den Vorgang. Es stellte sich heraus, daß es sich um eine Wildererbande von zwölf Mann handelte, die auch im Walde nächtigte. Auf die Meldung Amoneits hin wurde für das gefährdete Gebiet der Belagerungszustand erklärt, und es wurde ein militärisches Jagdkommando eingesetzt. Erst nach zahlreichen Schießereien, der Durchsuchung ganzer Dörfer und Beschlagnahme der reichlich vorgefundenen Militärgewehre ging die Wilderei zurück. Besonders stark wurde auch in den Elchrevieren Nemonien und Tawellningken gewildert. Hierüber berichte ich im Kapitel »Feinde des Elchwildes«.

Mit dem Eintritt von Ruhe und Ordnung nach der Revolution wurden die Forst- und Jagdfrevel seltener. Ganz aufgehört haben sie aber auch in den Friedensjahren nicht. 1943 und 1944 nahm die Wilderei wieder stark zu, und zahlreiche von feindlichen Flugzeugen durch Fallschirmabsprung abgesetzte Partisanen machten unsere Wälder unsicher.

Die Bevölkerung und der Lebens- und Wirkungskreis der Forstleute

Die Menschen, unter denen wir Forstleute der Elchwaldreviere wohnten und mit denen wir es dienstlich und außerdienstlich zu tun hatten, waren zumeist Bauern, Fischer, ländliche Handwerker und Arbeiter, die aber auch zumeist Haus und Garten, oft sogar etwas Acker besaßen. Die kleinen Bauern waren vielfach auf Nebenerwerb angewiesen. — Die ostpreußische Bevölkerung ging blutmäßig ja auf verschiedene Völker und Volksstämme zurück. Außer den alten Prussen, die der baltischen Völkergruppe der Indogermanen angehörten, fand der Orden im Raume des alten Preußen nur noch im Nordzipfel die Kuren, ein den Letten nahestehendes zahlenmäßig kleines Volk, vor. Während der Kämpfe des Ordens drangen von Osten auch litauische, von Süden polnische Volksteile in das Gebiet ein. Sie wurden ebenso wie die Urbevölkerung der Prussen befriedet, siedelten sich an und vermischten sich mit der deutschstämmigen Bevölkerung, die schon der Orden nach Ostpreußen gezogen und später dessen Nachfolger in der Herrschaft, die Herzöge, Kurfürsten und Könige aus Hohenzollerschem Hause, angesiedelt hatten: Westdeutsche, Holländer, Salzburger und andere. Verheerende Kriege und Seuchen hatten es immer wieder erfordert, neue Siedler seßhaft zu machen. Das Gebiet des Elchwaldes und seiner Umgebung wurde von einer in der Masse deutschblütigen Bevölkerung bewohnt, der im nordöstlichen Teile auch litauische, in den Fischerdörfern westlich und östlich des Kurischen Haffes kurische Volksteile beigemischt waren. Alle waren sie gute Preußen und mit der Landesherrschaft eng verbunden. Dabei war es belanglos, daß die Großeltern und Eltern dieser Mitbürger oft noch litauisch und kurisch besser als deutsch gesprochen hatten, und daß sie selbst diese Sprachen auch noch verstanden. Die preußischen Herrscher hatten sich die Anhänglichkeit auch dieser nicht deutschblütigen Volksteile zu erwerben gewußt. Das hat sich in und nach Kriegen und bei Volksabstimmungen immer wieder erwiesen.

Es waren arbeitsame und genügsame Menschen in den Nehrungs- und Haffdörfern, im Großen Moosbruch und in den Walddörfern. In der Elchniederung mit ihren guten Grünlandböden war die Rindviehzucht bei den Bauern hoch entwickelt; weiter südlich, im Osten des Kreises Labiau, im Nordwesten des Kreises Insterburg und im Norden des Kreises Wehlau überwogen Getreidebau und Pferdezucht. Allgemein herrschte das bäuerliche Element vor. Größere Güter waren selten und nennenswert nur in der Nachbarschaft der südlichen Lehmreviere vertreten. – Siedlung und große Meliorationen hatten zur Seßhaftmachung von Arbeitern und zur Verbesserung der wirtschaftlichen Lage kleinbäuerlicher Betriebe beigetragen. Die Verbindung der Bevölkerung mit dem Walde war eng. Viele kleine Bauern arbeiteten in den Forsten beim Einschlage, beim Rücken und bei der Abfuhr des Holzes, bei der Kiesanfuhr usw. Sie waren Pächter der großen Wiesenflächen und hatten, soweit sie in der Waldarbeit standen, auch Ackerland von der Forstverwaltung gepachtet. Abgesehen von Unstimmigkeiten, die in unruhigen Zeiten durch Übergriffe, Forst- und Jagdfrevel einzelner entstanden, war das Verhältnis zwischen Bevölkerung und der Grünen Farbe ausgezeichnet. Es war selbstverständlich, daß die Forstbeamten, die ja fast durchweg selbst Landwirtschaft zur Versorgung des Haushaltes in den meist sehr abgelegenen Dienststellen betrieben, mit der bäuerlichen Bevölkerung mitfühlten und sich ihrer Sorgen und Nöte annahmen. Die Forstleute gehörten den landwirtschaftlichen Vereinen an, die Forstmeister waren oft deren Vorsitzende. Manche gute Neuerung sahen sich die Bauern von den Forstleuten ab. So kam in der Umgebung von Pfeil das von mir betriebene Trocknen von Klee und Heu auf Reutern in Aufnahme. Meliorationen wurden im Verein mit der Forstverwaltung durchgeführt. Die Beschaffung von guten Zuchtbullen und Ebern wurde angeregt usw. – Auch sonst sah die Bevölkerung sehr auf die Lebensweise der Grünröcke. Die Forstmeister waren Vorsteher der fast durchweg bewohnten Gutsbezirke, übten häufig als Amtsvorsteher auch polizeiliche Funktionen aus. – So war der Aufgabenkreis der Forstbeamten bei uns weit gesteckt und von erheblicher kultureller Bedeutung. Daß sie meistens großes Ansehen in ihrem Lebenskreise genossen, ist ein Beweis dafür, daß sie ihre Aufgaben, auch die nicht dienstlich verlangten, ernst nahmen.

Natürlich bedurfte es für den frisch in eine Forstdienststelle versetzten Forstbeamten einer gewissen Zeit des Einlebens und Hineinwachsens in den neuen Aufgabenkreis, namentlich wenn er nicht Ostpreuße war. Und das war ja bei der Mehrzahl der ostpreußischen Forstmeister und bei vielen Revierförstern der Fall. Fast alle Nichtheimischen, die ein Forstamt oder eine Revierförsterei in Ostpreußen erhielten, gewannen Land und Leute, den herrlichen Wald und die Großräumigkeit der Landschaft lieb. Wenn dann, wie es bisweilen geschah, die Rückversetzung nach dem Westen kam, so fiel der Abschied schwer. Nicht umsonst sagte ein oft gebrauchtes Wort: »Man geht (als Beamter) mit einem weinenden Auge nach Ostpreußen und mit zwei weinenden Augen wieder fort.« Von den elf Revierverwaltern des Elchwaldes waren übrigens sechs gebürtige Ostpreußen. Unter den Revierförstern war die Zahl der aus anderen Teilen Preußens stammenden Beamten wesentlich geringer. Fast allen wurde Ostpreußen zur Wahlheimat. – Sehr rege war der nachbarliche Verkehr der Forstleute untereinander, eine sehr erklärliche und notwendige Folge der Abgelegenheit der meisten Forsthäuser. Pferd und Wagen bedeuteten zu der Zeit, da der Kraftwagen noch kaum eine Rolle spielte und im Walde auch etwas verpönt war, für die Dienststelleninhaber fast eine Selbstverständlichkeit. Die Forstmeister hatten Dienstgespann, bei den Revierförstern erleichterte und forderte das Wirtschaftsland die Haltung von ein oder zwei Pferden. Und den zähen ostpreußischen Pferden wurde eine Wagenfahrt selten zu lang. – In der seligen Zeit, als ich noch kein Auto hatte, dafür aber fünf Pferde, verkehrten wir mit nicht weniger als sechs Oberförstern und einigen Gutsbesitzern der Umgebung, bei einer Entfernung bis zu 30 Kilometer. Wagenfahrten bei strömendem Regen, Schlittentouren bei 40 Grad Kälte und bösen Schneeverwehungen haben uns dabei nicht verdrossen. Auch zu den Jagden in der Nachbarschaft wurde man selbstverständlich eingeladen. Es fanden »Grüne Abende« statt und gemeinsame Schlittenfahrten und Feste mit Nachbarn aus Land und Stadt. Dabei ist es merkwürdig: Solange ich auf das Pferdefuhrwerk angewiesen war, bis Ende 1930, hatte ich trotz großem Revier und eifrigem Dienst im Walde immer noch Zeit für allerlei Unternehmungen, für den recht umfangreichen Verkehr, für Teilnahme an zahlreichen Jagden und zum Lesen eines guten Buches. Erst das Auto, das ja doch Zeit sparen sollte, bewirkte, daß man »nie Zeit hatte«!

Unter den Männern der Grünen Farbe, den Landwirten, städtischen Beamten, Ärzten usw., mit denen man verkehrte, bei Jagden oder sonst am dritten Ort zusammentraf, gab es prächtige Menschen und viele Originale. – Aus der Vielzahl der Sonderlinge sei hier des bekanntesten gedacht, des »großen Propheten«. Von Beruf war er Amtsrichter in Mehlauken, ein kluger und gebildeter Mann mit einem goldenen Herzen. Er war Verbindungsstudent gewesen, hatte lebensfroh die schöne Studienzeit in Halle und an der Albertina in Königsberg genossen und manchen Studentenulk ausgeheckt und mitgemacht. Der Jurist kam als

Richter nach Mehlauken, einem Marktflecken, der an geistigen Anregungen nicht gerade viel zu bieten hatte. Junggeselle und in Mehlauken! Doch er war Jäger und fand bald einen Kreis lebenslustiger Männer unter den »Honoratioren« des Ortes und der Umgegend. Man saß fröhlich beisammen, nach Jagden und bei anderen Gelegenheiten. Der Amtsrichter Arthur Daehnke war ein guter Gesellschafter. Natürlich wurde in diesem Kreise auch wacker dem »ostpreußischen Maitranke«, dem Grog, und anderen »nördl. Getränken« zugesprochen. Unter dem Leitspruch: »Der größte Feind aber des Propheten ist der Alkohol. Darum sollst du ihn vertilgen allwo du ihn antriffst« gründete Dehnke als »Prophet, Beherrscher der Gläubigen«, einen »Orden zur Bekämpfung des Alkohols«. Um »gläubig« zu werden, mußte der »Aspirant« schon einen gehörigen Trunk tun. Im übrigen aber war das Ganze mehr ein ausgelassener Ulk, und das Zechen war wesentlich harmloser, als die Fama es darstellte. Aus der Schar der Gläubigen erwählte der Prophet seine Würdenträger und ernannte sie je nach Bewährung zum Bei, Aga, Pascha und Großwesir. Jeder Würdenträger wurde mit einer »Oase« beliehen. Nach dem Weltkriege wurde auf Antrag noch eine Kriegsoase zugeteilt. Mehlauken war die »Haupt- und Residenzoase«. Der tüchtige Arzt des Ortes, Dr. Schlemminger, war »der große Medizinmann«. Die Gemäße, mit denen gegen den Alkohol gekämpft wurde, waren: »feindliche Truppenkörper« mit über 1 Liter Inhalt, die »Oberüber-Kalabasse« mit 1 Liter Inhalt, die »Überkalabasse« mit 0,5 Liter, die »Kalabasse« mit 0,4 Liter, der »Tubus«, das übliche Bierglas, das »Tubikel«, ein großes und das »Tuberkel«, ein kleines Schnapsglas. Die »feindlichen Truppenkörper«, die nur bei der Aufnahme zur Anwendung kamen, waren an kein Format gebunden; in Ermangelung eines zünftigen Gefäßes mußte auch eine Blumenvase herhalten, vorausgesetzt, daß sie ein bis zwei Liter faßte. Wer gläubig werden wollte, mußte von dem höchsten der bei dem Umtrunk anwesenden Würdenträger vorgeschlagen werden. Nicht immer glückte das. Erst nach dem ersten Weltkrieg wurde der Prophet konzilianter in dieser Beziehung. Wenn der Würdenträger mit einem vollen Gemäß den Antrag stellte, mußte er seinen Schoppen austrinken, während der Prophet sagte: »Der Pascha X hat gesprochen. Er trinke seinen Rest.« Dann wurde ein beliebiges Gemäß von etwa zwei Liter Inhalt mit Bier gefüllt und dem Aspiranten überreicht. Er mußte es auf einen Zug leeren, während der Prophet die trostreichen Worte sprach: »Schwer und dornenvoll sind die Wege, die zum Reiche des Propheten führen. Dafür winken dem Gläubigen aber auch die Freuden des Paradieses.« (Die Freuden des Paradieses bestanden allerdings meist darin, daß der neue Gläubige schleunigst den Ort der

Tat verließ und später »erleichtert« wiederkehrte!) Bei jeder Tafelrunde, der er angehörte, gab der Prophet die »Auflassung« zum Trinken mit den Worten: »Allah gesegne ihn und lasse ihn uns lieblich eingehen! Heil und Serum!« Dazu erhob er die rechte Hand, beschrieb mit ihr einen Halbmond und spreizte darein die fünf Finger, die den fünfzackigen Stern darstellen sollten. Über sämtliche Gläubigen und Würdenträger mit den ihnen verliehenen Oasen führte der Prophet auf Bierfilzen Buch, die er in einer Kartei vereinte. Er hielt auch die Verbindung mit seinen Anhängern aufrecht. Die Ausbreitung des »Ordens« über Umkreis und Provinz hinaus brachte der erste Weltkrieg, den der Prophet als Rittmeister d. Res. beim Train mitmachte und der ihn als Führer einer Kolonne oder »Kohorte», wie er sagte, auf die östlichen Kriegsschauplätze brachte. Da hat er Gläubige aus allen Gegenden Deutschlands gewonnen. Es wird erzählt, daß er auf dem Marsche in ziemlich beschwingter Stimmung einem vorbeikommenden General seine Kolonne meldete: »Melde gehorsamst, der große Prophet mit hundert Gläubigen und zweihundert Kamelen auf dem Kriegspfad von der Oase X nach der Oase Y. Heil und Serum!«

Unter den Gläubigen waren viele Forstleute des späteren Elchwaldes, die es meist zu hohen Würden gebracht hatten. Ihnen allen war er ein lieber Freund, der auch als bescheidener Jagdgast gern gesehen war. Als ich nach Pfeil kam, konnte es nicht ausbleiben, daß ich den Propheten auf Jagden und im Hause von Nachbarn kennen- und schätzenlernte. Ich bin auch gläubig geworden und brachte es zum Bei von Szerszantinnen und Skierniewice.

Der köstlichen Geschichten um den »Beherrscher der Gläubigen« gab es Legion.

Die Prophetenfeste waren meist ganz harmlos, oft sogar mit Damen. Nur zum »Frühlingsfest« und zur »Sommerjagd« wurden keine Damen zugezogen. Zum Frühlingsfest hatten die Forstleute die Schnepfen zu liefern. Der Prophet besorgte große Mengen von Kiebitzeiern, und Frau Schlemminger, die Gattin des Medizinmannes, richtete alle Genüsse vortrefflich her. Dafür durfte sie auch im Hause bleiben. Der Alkohol floß bei dieser Gelegenheit reichlich. Einen tüchtigen Rausch aber holten sich meist nur die Gäste. Der Prophet pflegte so etwa um 9½ Uhr einzuschlafen und erst nach ein bis zwei Stunden ausgeruht und nüchtern wieder zu erwachen. Die alkoholische »Fruchtfolge« war für die Gäste nicht ungefährlich: zunächst Grog mit wenig Wasser, zum Essen »ostpreußisch hergerichteter« Weißwein und danach Bier; dieses fuhr die Wirtschafterin in einem Kinderwagen ins Zimmer.

Dann gab es noch die Sommerjagd. Auf der Pachtjagd des Propheten wurde ein kleiner Tümpel getrieben, auf dem wohl nie Enten »beheimatet« waren. Das Jagdergebnis war denn auch meist gleich null; nur der Durst nach dieser Wasserjagd war groß! Als der Großwesir, der damalige Oberförster von Alt-Sternberg, einmal mit einem getüpfelten Sumpfhuhn Jagdkönig wurde, stiftete der Prophet aus Freude den »Orden vom silbernen und vom goldenen Sumpfhuhn«.

Als der Landgerichtspräsident von dem außerdienstlichen »Wirken« des Amtsrichters von Mehlauken erfuhr, schickte er einen Assessor nach dort, der aber von dem Amtsrichter als Prüfer abgelehnt wurde. Dann erschien der Präsident selbst, stellte fest, daß die Sache ganz harmlos war und wurde selbst »gläubig«.

Als Richter war Herr D. von peinlichster Genauigkeit, ja fast pedantisch, so daß seine Freunde aus der Grünen Farbe, die als Forstamtsanwälte die Anklage bei Forstfreveln vertraten, oft verzweifelt waren.

In Lauknen, im Zentrum des Großen Moosbruches, hatte er monatlich einen Gerichtstag wahrzunehmen. Seine Freizeit benutzte er zum Botanisieren. Zu Hause besaß er einen mit Moorwasser gefüllten Behälter, in dem er seine »Schätze« sorgsam pflegte. Er las gerne gute Bücher, spielte Schach und war seinen »Anhängern« ein warmherziger und hilfsbereiter Freund. Als treuer Sohn Ostpreußens litt er sehr unter den damaligen politischen Zuständen. Er hatte keine Freude mehr am Leben. 1932 starb er, ohne eigentlich krank gewesen zu sein. Er verfügte in seinem Testament, daß er nach dem Tode eingeäschert und daß seine Asche ins Meer gestreut werden sollte. Dieser Wunsch konnte wohl nicht erfüllt werden !«

Viele Forstleute, die Ostpreußen und seine Lehmreviere, insbesondere Alt-Sternberg und Mehlauken, besucht haben, und die nicht kleine Zahl der »Gläubigen« werden sich mit Schmunzeln, aber auch mit Wehmut des originellen und gütigen Mannes erinnern. Sein Bild und die Kopie eines seiner »Fermane« seien hier wiedergegeben (Abb. 79 u. 80).

Noch viele Männer aus der Zeit meines Wirkens im Elchwalde stehen vor meinem geistigen Auge.

Der prächtige alte Administrator Wolle in Laukischken erzählte mir viel aus früheren Jahren und von meinen Vorgängern. Er war eine aufrechte Persönlichkeit und verfügte über einen kernigen Humor. Von den ländlichen Hausfrauen schienen ihm die Oberförstersfrauen mit ihrer Belastung durch die große Landwirtschaft auf der einen und gesellschaftlichen Verpflichtungen auf der anderen Seite das schwerste Los zu haben; »auf einem Fuß 'nen Lackschuh, auf dem anderen 'nen Klotzkork«, pflegte er dies zu versinnbildlichen.

Auf der Nehrung war wohl der »Vogelprofessor« Thienemann das größte Original. Er hatte im »Kentucky-Klub« einen Kreis Gleichgesinnter um sich geschart.

Ostpreußen und besonders der menschenarme Raum der großen Wälder, der Moore und der Dünenlandschaft prägte knorrige und eigenwillige Charaktere und ganze Männer. Manch einer von ihnen wird noch später erwähnt werden.

Landschaft, Wälder und Menschen des Elchwaldes habe ich versucht, dem Vergessen zu entreißen. In den Wäldern lebte, gehegt von ihren Betreuern, eine artenreiche Tierwelt. – Starke und seltene, vor wenigen Jahrhunderten im Großen Baumwald noch heimische Tiere freilich waren, der Besiedelung weichend, verschwunden. Nur Namen von Forstorten, Wegen, Gräben und Wiesen erinnerten noch an sie: die Försterei Stumbragirren (= Auerwalde) in Alt-Sternberg, der Auerochsenhügel in Leipen, der Auergraben in Papuschienen an den nach dem Aussterben des Urs so genannten Wisent; das Bärenkasten-Gestell in Leipen an den Bären; das Wolfskaulen-Gestell in Pfeil an den Wolf; das Lux-Gestell in Neu-Sternberg trotz der anderen Schreibweise wahrscheinlich an den Luchs; die Biberwiese in Leipen an den Biber. – Aber viele seltene Tierarten barg der Elchwald noch immer, unter ihnen als größte den Elch, der unserem Waldgebiet den Namen gegeben hat.

Der Elch

Zur Naturgeschichte

Wenn ich in diesem Buch auch vom Elchwalde und seiner gesamten Tier- und Pflanzenwelt berichte und im allgemeinen nähere naturgeschichtliche Ausführungen über die einzelnen Tierarten nicht mache, so nehme ich das Elchwild hiervon aus. Zwar: Gestalt und Erscheinung des Elches sind vielleicht bekannter, als die mancher noch viel häufiger bei uns vorkommenden Tiere. Dafür sorgten Darstellungen in Wort und Bild, seine Bedeutung als Sinnbild[1] und das Geheimnisvolle, das unser stärkstes Wild umgab. Über seine Lebensweise aber ist wenig bekannt, und auch die Fachzoologie hat sich mit dem größten frei lebenden deutschen Säugetier kaum befaßt. An neueren deutschen Arbeiten über das Elchwild liegt lediglich eine monographische Studie des an den Folgen einer Kriegsverletzung früh verstorbenen Zoologen Dr. Herbert Ullrich vor. Der junge Forscher, dessen Sondergebiet die Parasitologie war, untersuchte in den dreißiger Jahren im Auftrage des Reichsjagdamtes die Krankheiten des Elchwildes und hielt sich oft und lange im Elchwalde auf. Aus enger Zusammenarbeit entwickelte sich ein freundschaftliches Verhältnis zwischen uns. Als Dr. Ullrich dann seine Forschungsergebnisse, seine Studien und seine bei der praktischen Arbeit im Elchrevier gemachten Erfahrungen in einer monographischen Arbeit zusammenfaßte, habe ich ihn nach Kräften unterstützt.

In den folgenden naturgeschichtlichen Ausführungen über das Elchwild habe ich mich in vielem an diese gründliche Arbeit, die Dr. Ullrich

[1] Der Elch wurde bereits von den alten Preußen verehrt und als Symbol verwandt. Elchschaufler oder Elchschaufel führten im Wappen: der Landkreis Elchniederung und die Städte Allenburg und Heydekrug.
Die siebenendige Elchschaufel auf dem rechten Hinterschenkel war seit 1787 das Brandzeichen der im Hauptgestüt Trakehnen geborenen Pferde. Die Nachzucht der im ostpreuß. Stutbuch Trakehner Abstammung eingetragenen Stuten wurde auf den linken Schenkel mit der doppelten Elchschaufel gebrannt.
Der Landesverband Ostpreußen des Allgemeinen Deutschen Jagdschutzvereins führte als Vereinsabzeichen das Haupt eines Elchschauflers.
Die ostpr. Freikorps von 1919/20 trugen die silberne Elchschaufel am Uniformkragen.

mir kurz vor seinem Tode zu beliebiger Verwendung übergab, angelehnt. Leider war eine Veröffentlichung der Monographie bisher nicht möglich.

Erscheinung und Körperbau

Die äußere Erscheinung des Elches wird bestimmt durch seine Massigkeit. Wie ein Bild aus vergangenen Zeiten mutet er an (Abb. 81). Der fast plumpe, gedrungene Rumpf wird von ungewöhnlich langen und schlanken Läufen getragen. Vom hohen Widerrist fällt der Rücken zum Kreuze stark ab. Der kurze, gedrungene Hals steht fast waagrecht. Das Haupt ist langgestreckt. Die Stirn sinkt nach vorne ab, und es entsteht zum hohen Nasenrücken eine leichte Einbuchtung. Der vordere Teil des Gesichtes über der großen Nasenhöhle erscheint wie aufgeblasen und fällt zur Oberlippe steil ab. Die Nase ist breit und hat auffallend große nach der Seite und nach hinten erweiterte Öffnungen. Die sehr bewegliche Oberlippe ist fast viereckig, wulstig und bis auf einen kleinen dreieckigen Fleck in der Mitte behaart; sie hängt erheblich über die Unterlippe herab; sie wirkt rüsselartig. Die großen, verhältnismäßig schlanken Lauscher sind außerordentlich beweglich (Abb. 83). Bei Erregung werden sie nach hinten angelegt oder gleichsam »hängen gelassen«. Dies, die Größe des Elches und die Ausbildung der Oberlippe erinnern unwillkürlich an das Pferd. Die Lichter sind klein und treten stark aus den Augenhöhlen hervor. Die Tränengruben sind unauffällig. Rosenstöcke und Geweih des Hirsches sind seitwärts gerichtet. Auffallend ist auch der »Bart« des Elches, ein beim Hirsch stärker, beim weiblichen Wilde schwächer ausgebildeter kegelförmiger Hautsack an der Kehle, der mit langen spröden Haaren besetzt ist (Titelbild). (Der Elchbart am Hut des Jägers entstammt dem Schopf des Elches, dem langen Haar zwischen Nacken und Widerrist.) Bei der Feststellung des Geschlechtes in freier Wildbahn kann die Größe des Bartes einen guten Anhalt geben. Beim Hirsch ist der Bart meist recht groß. Im allgemeinen trägt der junge Hirsch einen langen schmalen Bart (Abb. 82); mit zunehmendem Alter pflegt er kürzer, mehr wammenartig zu werden (Titelbild). Größe und Länge des Kehlsackes sind aber individuell sehr verschieden und kein zuverlässiges Altersmerkmal. Übrigens ist der Bart oft von einer Milbe befallen und wird auch durch deren Einwirkung kürzer.

Der Körper des Elches ist verhältnismäßig kurz. Die Brust ist tief und breit, die Schalen der langen Läufe sind sehr weit spreizbar. Einige Zentimeter über den Ballen sitzen die sehr locker eingelenkten Oberrücken (Afterklauen), die fast stets den Boden berühren. Eine von allen Hirscharten nur beim Elch vorkommende Besonderheit ist eine etwa 7 cm lange Verbindungshaut zwischen dem Oberteil der Schalen. Diese »Schwimmhaut« in Verbindung mit der großen Spreizfähigkeit der Schalen erlaubt dem Elch das Überqueren von Sümpfen und schwer begehbaren Mooren. Auf festem Boden bleiben die Schalen geschlossen. Der Wedel des Elches ist (mit etwa 8 cm) kurz und tritt aus dem Haarkleid kaum hervor.

Die Widerristhöhe des ostpreußischen Elches schwankte beim Hirsch zwischen 180 und 200 cm (in seltenen Fällen bis 2,10 m). Der Höhenabfall von der »Schulter« zum »Kreuz« beträgt nach Messungen von Oberförster Ulrich, Ibenhorst, 5–8 cm. Die Körperlänge (von der Oberlippe bis zum Wedelende) 240–260 cm. Beim Tier waren die Maße geringer, die Widerristhöhe eines Alttieres 170 und 180 cm, die eines Schmaltieres zwischen 150 und 170 cm. Der Höhenunterschied zwischen Hirsch und Tier betrug im Durchschnitt 15 cm. Ein frisch gesetztes Elchkalb hatte eine Höhe von 70–80 cm, eine Länge von 80–100 cm und ein Gewicht von 7–12 kg. Das Kalb wächst außerordentlich schnell heran. Oberförster Ulrich hat an einem selbst aufgezogenen Hirschkalb folgende Widerristhöhe festgestellt:

Anfang Mai (gleich nach dem Setzen)	rd. 81 cm
Anfang Juni	98 cm
Anfang August	123 cm
Anfang Oktober	140 cm
Anfang Dezember	151 cm
Anfang Februar	157 cm

Der Elchhirsch erreichte in Ostpreußen Gewichte von 500 kg und mehr. Im Durchschnitt aber wog ein älterer Elchhirsch aufgebrochen und ohne Haupt 300 kg, was einem Lebendgewicht von 420 bis 440 kg entsprach[1]. Ein Alttier wog aufgebrochen 250 bis 300 kg. Auf der Kurischen Nehrung waren Maße und Gewicht sehr viel geringer.

Die Behaarung des Elchwildes besteht aus groben, harten und brüchigen Grannenhaaren und dem ziemlich kurzen und feinen Unterhaar. Das Sekret von Talgdrüsen sorgt für starke Einfettung. Der hohe Luftgehalt des Grannenhaares und sein Fettüberzug schützen vor Nässe und sind die Voraussetzung dafür, daß der Elch ein Liebhaber des

[1] Der schwerste Elchhirsch zu meiner Zeit war ein 1932 in Pfeil von Revierf. Ringhardt erlegter ungerader Sechser; er hatte ein Bahngewicht (aufgebrochen, ohne Haupt) von 402 kg; das entspricht einem Lebendgewicht von mindestens 560 kg, also über 11 Ztr. Revierf. Goltz berichtete mir, daß sein erster Elch in Ibenhorst, ein sehr alter Stangenhirsch, aufgebrochen (mit Haupt und Geweih) 465 kg wog, was einem Lebendgewicht von über 12 Ztr. entspricht.

Wassers und ein besonders guter und ausdauernder Schwimmer ist. Das (im Winter 5—8 cm lange) Oberhaar ist am Kopf und an den Läufen wesentlich kürzer und weicher. Vom Nacken bis über den Widerrist hin zieht sich eine Mähne (im Winter 13—18 cm) langen Kammhaares, der »Schopf«, der im allgemeinen anliegt und nur in der Erregung gesträubt wird. Die Farbe des erwachsenen Elches variiert stark, das Sommer- und das (längere und dichtere) Winterhaar unterscheiden sich nur durch eine etwas hellere Tönung des letzten. Vom Silbergraubraun der sog. »Schimmel« bis zum dunkelsten Graubraun der »Rappen« zeigt die Farbe alle Übergänge. Nach Beobachtungen von Quednau wurde helle Farbe bei Schmaltieren später dunkler. Auf der Unterseite geht sie in Rötlichgelb bis Grauweiß über; auch sehr dunkle Färbung der »Bauchseite« kommt vor. Die Läufe des ostpreußischen Elchwildes zeigten eine helle, silbergraue bis fast weiß wirkende Farbe. Zwischen den Hinterläufen zieht sich die helle Haarfarbe beim Tier bis zum Weidloch herauf und umgibt das Feuchtblatt ringförmig. Die Frühjahrsverfärbung begann im April, der Winterhaarwechsel im Oktober. Das Haarkleid des Kalbes ist (im Gegensatz zu den lebhaft gefleckten Kälbern der meisten anderen Hirscharten) von Anfang an einfarbig. Die Decke ist schmutzig rötlichbraun und wollig (Abb. 85). Bereits im Juli beginnt sie sich mit dem Hervorschieben der Grannenhaare zu verfärben, und im September gleicht die Decke der erwachsener Stücke; lediglich die »weißen Hosen« treten noch nicht so stark in Erscheinung (Abb. 84). Albinismus ist beim Elch selten; in Ostpreußen ist 1916 von Weber ein weißes Schmaltier in Tawellningken beobachtet worden.

Der Elch gehört zusammen mit Ren und Reh zu den telemetacarpalen (und langballigen) Hirschen, die als Fortsatz der Oberrücken (Afterklauen) des Vorderlaufes noch rückgebildete, aber ziemlich lange in Sehnen übergehende Mittelhandknochen (metacarpi) besitzen, während die Plesiometacarpalen (bei uns Rot- und Damwild) die verkümmerten Reste der Mittelhandknochen unterhalb der Rückseite des Handwurzelgelenks (Vorderknies) aufweisen. Bei Elch, Reh und Ren wird fast die ganze Schalensohle von den Ballen ausgefüllt, während diese beim Rot- und Damwild kurz und rundlich sind.

Der Schädelbau des Elches unterscheidet sich sehr wesentlich von dem der anderen Hirscharten. Die Stirn ist im Verhältnis breiter und kürzer und zwischen den Augenhöhlen stark vertieft (Abb. 87). Die Scheitelpartie ist dagegen lang und schmal und bildet mit der Stirn fast eine Ebene. Der Schädel des Elchhirsches weist noch eine Besonderheit auf. Oberhalb der Basis der Rosenstöcke auf ihrer dort sehr schmalen (fast scharfen) Kante befinden sich, gerade auf der Naht zwischen Stirnbein und Scheitel, etwa 5–10 mm hohe und 20–30 mm breite, flach bogenförmig ansteigende Höcker, die sich mit zunehmendem Alter abflachen und bisweilen auch ganz verschwinden (Abb. 88 u. 89). Schwedische Elchjäger sehen in diesem Höcker und seinem allmählichen Abflachen ein gutes Merkmal zur Beurteilung des Alters. Ich erfuhr davon erst 1954 gelegentlich der Internationalen Jagdausstellung in Düsseldorf und konnte keine eigenen Beobachtungen machen. Wahrscheinlich ist die Ausbildung des Höckers auch individuell verschieden.

Die Schädellänge ostpreußischer Elchhirsche betrug (gemessen von den Nackengliedknöpfen bis zur Spitze des Zwischenkieferknochens) 52 bis 54 cm; die eines Alttieres 49 bis 52 cm. Zwei Wochen alte Kälber hatten eine Schädellänge von 20 bis 22 cm; bis zum Januar verdoppelte sie sich etwa. Schädel und Kopf des jungen Kalbes sind im Verhältnis viel kürzer, wirken fast dreieckig. Diese Maße gelten übrigens nur für ostpreußische »Festland«-Elche. Der Nehrungselch zeigt nicht nur in der Schädellänge, sondern auch in der Stärke um etwa 30% geringere Werte: Anzeichen einer Inselform mit Zwergenwuchs.

Außerordentlich groß im Vergleich zu anderen Hirschen ist die Nasenöffnung des Schädels. Sie wird durch ein Knorpelgerüst ausgefüllt, das sich durch seine mächtige Ausdehnung und Größe auffallend von dem aller übrigen Huftiere unterscheidet. Das Knochengerüst der Nasenpartie ist dagegen auffallend klein. Die Nasenbeine sind im Gegensatz zum Schädel anderer Cerviden stark, breit und auffallend kurz; sie verschmälern sich erst gegen ihr freies Ende (Abb. 87). Mit dem Stirnbein sind sie durch einen fast senkrecht zur Mittellinie liegenden gezackten Rand, nicht wie z. B. beim Rothirsch keilförmig, verbunden. Ebenso wie das Knochengerüst ist auch die Muskulatur der Nase und der Oberlippe besonders stark ausgebildet. Das Gehirn sitzt sehr weit hinten im Schädel und erscheint im Vergleich zur Körpergröße klein.

Das Gebiß des Elches entspricht dem der übrigen Hirscharten. Ebenso wie beim Reh fehlen regelmäßig die Grandeln (obere Eckzähne). Nur in äußerst seltenen Fällen, noch seltener als beim Reh, kommen kleine Haken vor. Auch im Zahnwechsel steht das Elchwild dem Reh näher als dem Rotwild: Der Zahnwechsel ist mit 16 bis 18 Monaten (beim Reh mit 12 bis 14 Monaten) beendet; das Rotwild (und Damwild) hat erst mit 2½ Jahren das vollständige Dauergebiß.

Wie der Wechsel des Milchgebisses, so ähnelt auch die Abnutzung der Backenzähne beim Elchwilde, zumindest in den ersten Lebensjahren, sehr der des Rehwildes. Markierungen von Elchkälbern sollten zu einwandfreien Ergebnissen führen. Bei der Kürze des Versuchszeitraumes war erst ein Belegstück in meine Hände gekommen: der Unterkiefer eines dreijährigen Stückes. Die Abnutzung war kaum geringer als die bei einem dreijährigen Stück Rehwild.

Die bekannten Unterkiefer-»Leitern« zur Bestimmung des Alters waren »empirisch« nach der zunehmenden (im einzelnen natürlich schwankenden) Abnutzung zusammengestellt und enthielten kaum altersmäßig einwandfreie belegte Stücke (Abb. 90). In der Mitchellschen Methode zur Altersbestimmung der Hirscharten am Zahnzement des ersten unteren Backenzahns hat man in neuerer Zeit ein offenbar zuverlässiges Verfahren der Ermittlung des Alters erlegter Elche gefunden. Um die Zahnwurzeln legt sich ein allmählich stärker werdender Mantel von Zahnzement, an dem sich in geeigneten Schliffen »Jahrringe« abzeichnen, besonders deutlich in der Bucht zwischen den Wurzeln des ersten Molars.

Die Schneidezähne sind beim Elch besonders massiv gebaut, sie nutzen sich verhältnismäßig langsam ab, was wohl auch damit zusammenhängt, daß der Nervenhohlraum im Gegensatz zu den anderen Cerviden ganz mit Ersatzdentin ausgefüllt wird. Durch die Art seiner bevorzugten Äsung (Zweige und Rinde) nutzen sich die Schneidezähne übrigens auch an den Seiten ab, so daß die Zahnkronen mit zunehmendem Alter nicht nur kürzer, sondern auch wesentlich schmaler werden. Das bräunliche Ersatzdentin tritt nicht nur an der Schneide, sondern auch seitlich zutage.

Auch in seiner Geweihbildung zeigt der Elch wesentliche Abweichung von den anderen Hirschen. Nicht nur die Form und Variabilität, sondern auch die Stellung des Geweihs sind einzig dastehend. Die Rosenstöcke des Hirsches, die besonders an ihrer Basis stark abgeplattet sind, wachsen bereits im Herbst des ersten Lebensjahres fast waagrecht nach den Seiten aus dem Stirnbein heraus. Ähnlich wie beim Rehbock, nur seltener, ist beim Elchwild das »Kälbergeweih« festgestellt[1]. Es wird im 6. bis 8. Lebensmonat geschoben, später gefegt und im 12. Lebensmonat abgeworfen. In freier Wildbahn ist das Kälbergeweih am lebenden Stück nicht beobachtet worden; jedenfalls wird in der Literatur nicht darüber berichtet. Knöpfe von 2 cm Durchmesser und 1,5 cm Höhe wurden bei einem in Ostpreußen gefangenen Elchhirschkalb im Wildgehege Werbellinsee, kurze Spießchen bei einem kanadischen im Zoologischen Garten Berlin und in Schweden bei einem verendeten Kalb festgestellt. Auch der in Willkühnen aufgezogene Elchhirsch trug nach Mitteilung von Graf zu Dohna als Kalb kurze Spieße (Abb. 91 u. 92).

[1] Als »Kalb« wird der junge Elch bis Ende März des auf seine Geburt folgenden Kalenderjahres bezeichnet.

chnepfen im Balzflug. Temperaskizze von D. v. Prokofieff

Birkhahnbalz. Temperaskizze von D. v. Prokofieff

In der Regel bilden sich beim Elchhirschkalb im Verlaufe des Herbstes und Winters unter der Decke kurze, 2–3 cm lange Rosenstöcke (Abb. 84). Zwischen März und Mai beginnt dann die Entwicklung des Geweihs (vom »ersten Kopf«). Es wird im September gefegt und ist gewöhnlich ein Spieß-, Gabel- oder, seltener, ein Sechsergeweih. Bei »gut veranlagten« einjährigen Hirschen kann das Gabel- oder Sechsergeweih bereits Schaufelbildung andeuten (Abb. 91, 105, 129). Vom 3. Lebensjahre (also vom 2. Kopf) ab nimmt dann das Geweih des Zukunftshirsches schnell an Stärke, Schaufelbildung und Endenzahl zu. Die Geweihentwicklung ist aber durchaus unregelmäßig und Rückschlüsse etwa aus der Endenzahl auf das Alter sind beim Elchhirsch ebensowenig möglich wie beim Rothirsch.

Das körperliche Wachstum des Elches dürfte mit dem 5. Lebensjahr abgeschlossen sein. Offenbar hatte auch die Geweihstärke in Ostpreußen ihren Höhepunkt wesentlich früher als im allgemeinen angenommen wurde, wahrscheinlich schon zwischen dem 7. und 9. Lebensjahre. Mir war das Geweih eines dreijährigen Elchhirsches bekannt, das bereits großflächige, wenn auch nur dünne Schaufeln von 16 Enden aufwies. Die in der Schorfheide im Gatter gehaltenen Elchhirsche trugen übrigens meist bereits als vierjährige ihr stärkstes Geweih – sicherlich beeinflußt durch starke Fütterung auf der einen und sich später auswirkende ungeeignete Umweltverhältnisse, die ein Nachlassen ihrer Lebenskraft bewirkten, auf der anderen Seite (Abb. 93). Auch der von Graf Dohna-Willkühnen aufgezogene Elchhirsch Peter, der leider infolge Aufnahme eines Fremdkörpers im Futter im 6. Jahr sein Leben beendete, zeigte eine außergewöhnlich schnelle Geweihentwicklung (Abb. 94). Der vom Reichsjägermeister im Jahre 1941 erlegte Kapitalschaufler »Der Prächtige« war etwa siebenjährig und gegen die Abwurfschaufeln des Vorjahres bereits etwas zurückgesetzt (was natürlich auch vorübergehend sein konnte!) (Abb. 95 u. 96).

Auf der umweltmäßig ungünstigen Kurischen Nehrung gipfelte die Geweihentwicklung später. (Die gleiche Beobachtung kann man beim Rothirsch des Harzes machen.)

Für eine gute Geweihentwicklung ist zwar vor allem die Erbanlage maßgebend. Daneben spielen aber auch Äsung und Umweltverhältnisse eine sehr große Rolle: Ohne die nötigen Aufbaustoffe, vor allem phosphorsauren Kalk, kann auch der bestveranlagte Hirsch kein starkes Geweih schieben. Selbstverständlich beeinflussen auch andere die *Gesundheit* des Elches schädigende Faktoren (Notzeiten durch Hochwasser, Rachenbremsenbefall, Krankheiten usw.) das Geweihwachstum. Das weite Auseinandergehen der Meinungen über den Zeitpunkt des Höhepunktes der Geweihbildung und des (häufig übrigens sehr schnellen) Zurücksetzens sind schwer zu klären, solange es keine einwandfreie Altersbestimmung gibt und keine markierten Stücke sichere Unterlagen für die Altersfeststellung liefern.

Durch Beobachtung einzelner, durch besondere Merkmale bekannter, Elchhirsche wurde festgestellt, daß sie außerordentlich schnell in der Geweihbildung zurückgehen konnten. So beobachtete der Maler Kallmeyer, daß ein ihm genau bekannter Elchschaufler auf der Kurischen Nehrung binnen drei Jahren vom ungeraden 18-Ender zum Sechser zurücksetzte.

Wie bei allen Cerviden deuten niedrige Rosenstöcke auf hohes Alter hin. Bis zu einem gewissen Alter nehmen die Rosenstöcke auch an Stärke zu; ihre absolute Stärke ist aber individuell verschieden. Die Abwurfflächen des ersten Aufsatzes sind oval und nähern sich mit zunehmendem Alter der Kreisform. Bei jungen Elchhirschen stehen die Rosenstöcke noch etwas schräg nach oben (Abb. 88), um sich mit den Jahren der Waagrechten zu nähern (Abb. 89). Auch von dieser Regel gibt es Ausnahmen. So hatte der im September 1941 erlegte »Enge«, ein kapitaler Schaufler von fast 300 Punkten, der sicherlich auf der Höhe seiner Entwicklung stand, auf schräg nach oben gerichteten Rosenstöcken auffallend eng gestellte und nach vorn gedrehte Schaufeln. Erst in voller Seitenansicht erkannte man ihre Breite und Stärke (Abb. 97 u. 98).

Die Geweihbildung beim Elch ist so unregelmäßig wie bei keiner anderen Hirschart. Neben dem typischen Schaufler trat sehr häufig der bekannte Stangenhirsch auf. Elchhirsche, die es ihr Leben lang nicht über ein Sechser-, Gabel- oder gar Spießgeweih brachten, waren nicht selten (Abb. 99). Die beiden Geweihhälften zeigten oft auffallende Asymmetrie (Abb. 100). Auch die Form der Schaufel variierte stark.

In Ostpreußen unterschieden wir drei Grundformen: 1. die sehr gleichmäßige fächerförmige Rund- oder Korbschaufel mit oft verhältnismäßig kurzen Enden (Abb. 87); 2. die auf ganzer Länge ziemlich gleich breite Langschaufel mit geringerer Schaufelbreite und langen Enden (Abb. 101) und 3. das in Vorder- und Hinterschaufel geteilte Geweih (Abb. 103). Diese Schaufelformen gingen aber auch ineinander über und traten in den gleichen Revieren nebeneinander auf. Sie waren sicher vererblich, aber nicht etwa ein Merkmal besonderer Rassen. Daß die Stärke des Geweihs außer von der Erbanlage auch von den Umweltbedingungen, insbesondere der Ernährung abhängig war, bewiesen die als Kälber in Ostpreußen eingefangenen und in das Elchgehege der Schorfheide überführten Elchhirsche, ebenso wie der zahme Elch des

Grafen zu Dohna, die schnell außerordentlich starke Geweihe schoben und im 4. oder 5. Lebensjahr bereits die Höhe ihrer Geweihentwicklung erreichten. Wenn der Elch in Ostpreußen an Geweihstärke auch nicht mit dem Kanada-, Alaska- oder Kamtschatka-Schaufler konkurrieren konnte und auch hinter den Spitzentrophäen Skandinaviens zurückblieb, so sind hier doch kapitale Schaufler erlegt worden mit Geweihgewichten von 15 kg und mehr (Abb. 102). Welche Ausmaße ostpreußische Elchschaufeln zu Beginn des Alluviums erreichten, zeigen verschiedene Moorfunde (Abb. 104).

Neben dem Schaufelgeweih trat, übrigens fast im gesamten Verbreitungsgebiet des Elches, das sog. »Stangengeweih« auf, das in seiner reinen Form runde Stangen und meist weniger Enden als das Schaufelgeweih hatte (Abb. 105 u. 106).

Das Nebeneinander zweier verschiedener Geweihformen bei der gleichen Hirschart ist einmalig und hat bei Zoologen und Jägern erhebliches »Kopfzerbrechen« verursacht.

Vier Hypothesen heben sich aus der umfangreichen Diskussion in der Fachpresse besonders heraus:

Die *erste* sieht das Auftreten des Stangengeweihs als eine Folge ungünstiger Umweltbedingungen (Äsungsmangel, zu große Wilddichte, Erkrankung usw.) an;

die *zweite* hält den »Stangenelch« für eine besondere Rasse;

die *dritte* glaubt an eine Mutation; und die

vierte schließlich meint, daß sich der Elch vom Breitstirnelch über den Schaufler zum Stangler hin entwickle (zweckmäßig, da das Stangengeweih bei höherem Kampfwert weniger Aufbaustoffe benötige!).

Gegen die erste Annahme spricht, daß durch ungünstige Umwelteinflüsse wohl die Stärke, nicht aber die Grundform eines Geweihs beeinflußt wird. Allerdings konnte das Geweih eines Schauflers bei vorübergehendem oder endgültigem Zurücksetzen dem Stangengeweih ähnliche Formen annehmen. Es gab starke Stangenelche von höherem Wildpretgewicht, als es Schaufler aufwiesen, mit kapitalen Geweihen von hohem Kampfwert. Stangenelche kommen auch in Gebieten mit optimalen Verhältnissen (Kanada und Sibirien) (Abb. 108) und (besonders in Ostpreußen) zusammen mit starken Schauflern vor.

In Schaufler und Stangenelch verschiedene Rassen zu sehen, wird, schon im Hinblick auf die große Vielgestaltigkeit der Form des Elchgeweihs, von der Wissenschaft abgelehnt. Wenn das Stangengeweih als Mutation (also eine plötzliche Änderung des Erbgutes) zu erklären wäre, so müßte diese schon vor langer Zeit aufgetreten sein. Schon unter prähistorischen Funden gibt es ausgesprochene Stangengeweihe, so insbesondere (und fast ausschließlich) in der Steiermark. Aus Ostpreußen sind mir keine solchen Funde oder Nachrichten über früheres Auftreten von Stangengeweihen beim Elche bekannt. Die ersten Beweise für das Vorkommen von Stangenelchen lieferten hier vom Alten Dessauer in der ersten Hälfte des 18. Jahrhunderts erbeutete Stangengeweihe (Abb. 107).

Auch die vierte Hypothese einer »zweckmäßigen Fortentwicklung« des Elchgeweihes erscheint wenig glaubhaft. Gerade bei den Hirscharten hat sich das Geweih vielfach von der ursprünglich zweckmäßigen Waffe zu vielendigen Gebilden von geringem Kampfwert entwickelt. (Im Elchwald wurden gerade Rothirsche mit außergewöhnlich hoher Endenzahl geforkelt.) Sicherlich kann ein starkes Stangengeweih dem Schaufelgeweih als Waffe überlegen sein, wenn dieses auch durch seine Wucht und Masse manches ausgleicht, zumal das Geweih bei Brunftkämpfen nicht nur zum Stoß, sondern auch zu seitlichen Schlägen benutzt wird.

Mit größter Wahrscheinlichkeit handelt es sich bei Schaufel- und Stangengeweih um erbliche Formen. Man neigt zu der Annahme, daß die verschiedenen Geweihformen bei der erdgeschichtlich jungen Hirschart Elch darauf hindeuten, daß die Weiterentwicklung des Geweihs zur Schaufel- oder zur Stangenbildung noch offen ist. Die von vielen guten Elchkennern geäußerte Ansicht, daß die Erbanlage zur Schaufelbildung an die hellgraue Farbe der sog. Schimmel gekoppelt sei, erwies sich leider nicht als zutreffend. Immerhin haben Weber und andere erfahrene Elchjäger bei alten starken Stangenelchen meistens dunkle Färbung festgestellt. Auch seien die »Rappen« im allgemeinen schwerer gewesen als die helleren Hirsche, und bei diesen hätten die Schaufler überwogen (Abb. 115).

Wachstum, Fegen und Abwerfen des Geweihs zeigen beim Elch auch einige Besonderheiten. Nach dem Abwerfen werden die Rosenstöcke verhältnismäßig langsam (in 3 bis 4 Wochen) vom Bast überwallt. Das Wachstum der Kolben ruht lange oder ist ganz unbedeutend, um erst im Frühjahr (April/Mai) schnell fortzuschreiten. Im Juli kann das Geweih vereckt sein; Mitte bis Ende August (je nach Alter) ist es voll entwickelt und wird anschließend gefegt. Zu Beginn der Brunft Anfang September sah man öfter noch Hirsche mit Bastfetzen und hellen Schaufeln. In Ostpreußen warfen ältere Hirsche, im Gegensatz zu Skandinavien, Rußland und dem Baltikum, auffallend früh ab, meist schon Mitte bis Ende Oktober. Frühester mir bekannter Abwurftermin war der 5. Oktober. Abgesehen vom Alter war der Zeitpunkt des Abwerfens auch individuell verschieden. Jüngere Hirsche trugen ihr Geweih wesentlich länger, bis in den Dezember hinein, ausnahmsweise auch noch im Januar und Februar. Im übrigen ist das auffallend frühe Abwerfen besonders in den Hauptelchrevieren (Ibenhorst und Tawellenbruch) beobachtet worden. Oberförster Ulrich in Ibenhorst glaubte es in seinen 1872 in der Zeitschrift für Forst- und Jagdwesen erschienenen »Beiträgen zur Naturgeschichte des Elchwildes« durch starke Erschöpfung der Hirsche während der Brunft (ungünstiges Geschlechterverhältnis) erklären zu können. Nun war das Geschlechterverhältnis in letzter Zeit durchaus normal; der frühe Abwurftermin blieb. Abnormitäten in der Geweihbildung kommen beim Elchhirsch ziemlich selten vor. In Ibenhorst wurde ein »Mönch« (geweihloser Hirsch) beobachtet. Auch von Perükkengeweihen wird berichtet (Abb. 109).

Wie unsere anderen Hirscharten, besonders ausgeprägt das Reh, besitzt der Elch sog. Markierungsdrüsen, die Tarsaldrüsen, die sich unter und zwischen den Oberrücken des Hinterlaufes befinden und auf Druck einen Duftstoff absondern. Sie dienen dem Zusammenfinden von Muttertier und Kalb und spielen auch in der Brunft eine Rolle. Außer den Tarsaldrüsen hat der Elch auch, ziemlich unauffällige, Metatarsalbürsten mit den entsprechenden Drüsen.

Ökologie

Verbreitung

Wie bereits gesagt, gehört der Elch, wie Ren und Reh, zu den erdgeschichtlich jüngsten Hirscharten. Im Gegensatz zu den Cerviden der Gattung Cervus, deren Vertreter bereits aus dem Pliocän, der jüngsten Stufe des Tertiärs, bekannt sind, erscheinen die ersten der Gattung Elch (Alces) erst im Diluvium (Eiszeit). Die älteste Form bildet der gewaltige Breitstirnelch (von dem Geweih- und Schädelfunde im Altdiluvium von Moosbach bei Wiesbaden gemacht wurden). Der Breitstirnelch mit seinem durch lange Tragstangen gekennzeichneten Schaufelgeweih von bis zu 2,50 Meter Auslage war ein Bewohner von Steppe, Moor und Tundra. Neben ihm finden sich in altdiluvialen Schichten auch bereits Überreste der heute noch lebenden Elchform. Dieser Elch bewohnte im Gegensatz zu seinem riesigen Vetter mehr offene Wald- und bruchige Buschlandschaften. Während der Eiszeiten war der Elch in Mitteleuropa selten; die Funde häufen sich hier erst in der mittleren Steinzeit (Azilien). Groß ist die Zahl der fossilen Funde aus späteren Zeiten. Sie beweisen, daß vor Jahrtausenden der Elch in ganz Deutschland heimisch war. Daraus, daß die meisten Funde in Mooren gemacht werden, kann man schließen, daß der Elch auch damals schon Sumpf- und Bruchwälder als Standorte bevorzugte. Allerdings mied er auch nicht das Gebirge, wie Funde aus der Steiermark und dem Salzkammergut zeigen. Aus Funden in anderen europäischen Ländern ergibt sich, daß das fossile Verbreitungsgebiet England, Holland, Belgien, Nordfrankreich, Deutschland, Schweiz, Lombardei, Österreich, die Donauniederungen, Ungarn und Griechenland umfaßte und bis zur Türkei reichte. Die Südgrenze der Elchverbreitung dürfte damals um den 40. Grad nördlicher Breite gelegen haben.

Aus den Funden ergibt sich, daß der Typus des Waldelches sich in Körper- und Geweihform bei seiner dem Zurückweichen des Eises folgenden Wanderung nach Norden wenig geändert hat.

In der klassischen Literatur wird der Elch zum erstenmal bei Polybios (etwa 140 v. Chr) genannt. Bei Cäsar taucht 53 v. Chr. der heutige wissenschaftliche Name Alces zum ersten Male auf. Cäsar kannte ihn nur vom Hörensagen und ließ sich von seinen Gewährsmännern ein richtiges Jägerlatein aufbinden. Er schreibt: »Es gibt im hercynischen Walde alces, den Ziegen in Gestalt und Verschiedenheit der Färbung ähnliche Tiere, aber größer und ohne Hörner, die Füße ohne Gelenke. Sie legen sich auch nicht um zu ruhen, und können nicht aufstehen, wenn sie gefallen sind. Um zu schlafen, lehnen sie sich an Bäume; daher graben die Jäger diese aus und hauen sie so ab, daß sie leicht umfallen samt dem Tiere, wenn es sich daran lehnt.« Die Elchnachrichten aus dem historischen Altertum geben über die damalige Verbreitung wenig Aufschlüsse. Wahrscheinlich kamen schon damals in den von den Römern beherrschten Teilen Europas kaum noch Elche vor. – Ortsnamen, die einwandfrei vom Elch abgeleitet sind, können mit einiger Vorsicht als Hinweis auf das Vorkommen des Elches zwischen dem 5. und 11. Jahrhundert in Süddeutschland herangezogen werden. Im Mittelalter scheint der Elch bereits auf die östlichen Gebiete Deutschlands beschränkt gewesen zu sein. Albertus Magnus (1193 bis 1280) schreibt vom »Elent«: ». . . bei uns gibt es . . . eine große Menge dieser Tiere in den Wäldern von Preußen, Ungarn und Slawonien.« – Auch Sachsen und Schlesien dürften im Mittelalter bereits überwiegend elchfrei gewesen sein. Bei einzelnen erlegten Stücken wird es sich wohl um zugewechselte Elche gehandelt haben. – Hinterpommern hat nach einem Bericht von Kantzow Anfang des 16. Jahrhunderts noch Elche als Standwild gehabt. –

Die zahlreichsten und besten Nachrichten über das Vorkommen des Elchwildes besitzen wir aus West- und Ostpreußen, in deren Archiven die Urkunden und Rechnungen des Deutschen Ritterordens eine wahre Fundgrube waren. – Ende des 15. Jahrhunderts ist Westpreußen (Bistum Pomesanien) noch sehr elchreich gewesen. Auch 1700 war der Elch hier noch Standwild, um gegen Ende des 18. Jahrhunderts ganz zu verschwinden. Der etwa 1830 in der Gegend von Marienwerder erlegte »letzte Elch« Westpreußens ist wahrscheinlich aus Ostpreußen oder Polen zugewechselt gewesen. Über die Verbreitung und Entwicklung des Elchbestandes in Ostpreußen werde ich später berichten.

Rassenbildung

Systematiker und Forschungsreisende haben sich immer wieder bemüht, die Gattung Elch in verschiedene Arten aufzuspalten, den Alces americanus, den A. bedfordiae (Stangenelch) oder den Alaska- und den ostsibirischen Elch. Die aufgeführten Merkmale erwiesen sich aber für eine Unterscheidung verschiedener Arten als nicht ausreichend. Man ist jetzt wohl allgemein der Ansicht, daß das Elchwild der Erde nur eine Art darstellt. Daß sich keine besonderen Arten herausgebildet haben, mag mit dem zusammenhängenden Verbreitungsgebiet (Landbrücke zwischen Asien und Nordamerika: Wegener) und großen Wanderungen des Elchwildes zusammenhängen. Mit Sicherheit kann man aber annehmen, daß der Elch geographische Rassen gebildet hat, die durch Unterschiede des Standortes (Klima und Boden) und der Ernährung bedingt und sicherlich auch auf menschlichen Einfluß zurückzuführen sind. Aber nicht Formen des Geweihes (die ja beim Elch schon in der gleichen Population außerordentlich variieren), sondern andere Merkmale müssen für die Ausscheidung von Rassen herangezogen werden, so insbesondere Skelett- und Schädelmaße und erhebliche (und im Vorkommensgebiet einheitliche) Farbabweichungen.

Gut unterscheidbare Rassen in reiner Form können sich im allgemeinen nur in geographisch isolierten Gebieten ausbilden. Leider fehlt es uns noch an dem erforderlichen ausreichenden Material, das zur Ausscheidung von einwandfreien geographischen Rassen (Standortsmodifikationen) notwendig ist. Sicherlich wird man die riesenhaften Elche Nordostsibiriens und Alaskas mit ihren sehr abweichenden Skelett- und Schädelmaßen, ihrer weit dunkleren Färbung und den dunklen Läufen als Rasse bezeichnen können. Aber auch den Elch der Kurischen Nehrung könnte man vielleicht bereits als eine besondere Standortmodifikation (Inselform) ansprechen.

Lebensraum

Nach seiner Verbreitung ist der Elch ein Tier des Nordens. Zur eigentlichen Arktis gehört er allerdings nicht, da er als Baumäser die nördliche Baum- und Strauchgrenze nur zeitweilig überschreitet.

Sein Verbreitungsgebiet steht unter kontinentalem Einfluß, weist große Temperaturgegensätze, lange harte Winter und kurze warme Sommer auf. Als Standort liebt unser Wild Bruchgelände mit hoher Sommerfeuchtigkeit. Es kommt auch auf trockeneren Standorten vor, hat hier aber meist eine geringere Siedlungsdichte und Körperstärke. Auch das Gebirge (wie etwa die norwegischen Fjells) scheut das Elchwild nicht; hier findet es aber in Sumpfmooren, Seen und zahlreichen Wasserläufen die erwünschte Feuchtigkeit. – In Ostpreußen hatte der Elch in den von zahlreichen Flüssen und Altwässern durchzogenen Bruchwäldern am Kurischen Haff seine bevorzugten Einstände, fand günstige Lebensbedingungen vor und erreichte seine größte Stärke. Im Winter zog das Elchwild trockenere Einstände vor. Wie allgemein bei den frei lebenden Säugetieren gilt auch beim Elch die Bergmannsche Regel, daß innerhalb des Verbreitungsgebietes einer Tierart oder -rasse die Körperstärke im kühleren, härteren Klima steigt. Wir können im eurasischen Raum im allgemeinen eine Zunahme des Körpergewichtes von Süden nach Norden und von Westen nach Osten feststellen: geringe Gewichte in Ostpreußen, im südlichen Schweden, im Ussurigebiet, Zunahme der Körperstärke nach Norden und Osten und wahrhafte Riesen in Nordostsibirien. In den Kulturstaaten wird das Bild durch (meist ungünstige!) Einwirkung des Menschen verwischt. So war das Elchwild der baltischen Staaten durch übermäßigen und falschen Abschuß heruntergewirtschaftet. Auch in Ostpreußen und Schweden sind zeitweilig ähnliche Beobachtungen gemacht worden.

Lebensweise

Wie schon erwähnt, ist der Elch im Körperbau seiner Umwelt und Lebensweise gut angepaßt. Der kurze Hals, die starke Überhöhung der »Vorderhand« und der Bau des Geäses deuten darauf hin, daß er vorwiegend Baumäser ist (Abb. 110), während die hohe Spreizbarkeit der Schalen, die »Schwimmhäute« zwischen ihnen und das Haarkleid (hoher Luftgehalt, starker Fettüberzug) seine Vorliebe für Wasser und Sumpf verraten. Der Elch ist ein guter Schwimmer und hält sich lange im Wasser auf. Er durchrinnt Ströme und Seen. Auch eine Durchquerung des Kurischen Haffs ist öfter beobachtet worden, allerdings wohl niemals an seiner breitesten Stelle. Das Haff hat flache Ufer, so daß das hochläufige Wild weite Strecken ziehen konnte und, etwa im nördlichen Teile, nur wenige Kilometer zu schwimmen brauchte. Ein geringer Wechsel zwischen »Festland« und Nehrung über das Kurische Haff hat zweifellos stattgefunden. So tauchten bisweilen typische Nehrungs-

81 *In seiner Massigkeit und Urwüchsigkeit wirkt der Elch wie ein Bild aus vergangenen Zeiten*

82 *Junger Elchhirsch mit langem, schmalem Bart*

83 Sicherndes Elchtier; die beweglichen Lauscher sind nach vorne gerichtet

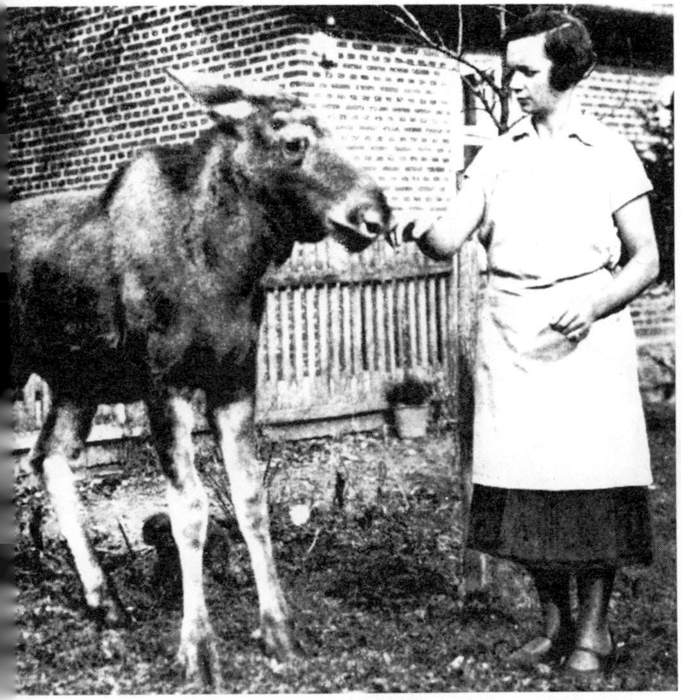

84 *Aufgezogenes Elchhirschkalb im August, fast fertig verfärbt. Die Rosenstöcke sind deutlich erkennbar*

85 *Zweijähriges Elchtier »Pauline« (1935 vom Verfasser im Forstamt Pfeil gefangen) mit frisch gesetztem Kalb, Gehege Werbellinsee 6. 5. 1937*

86 *Elka mit ihrem Spielgefährten*

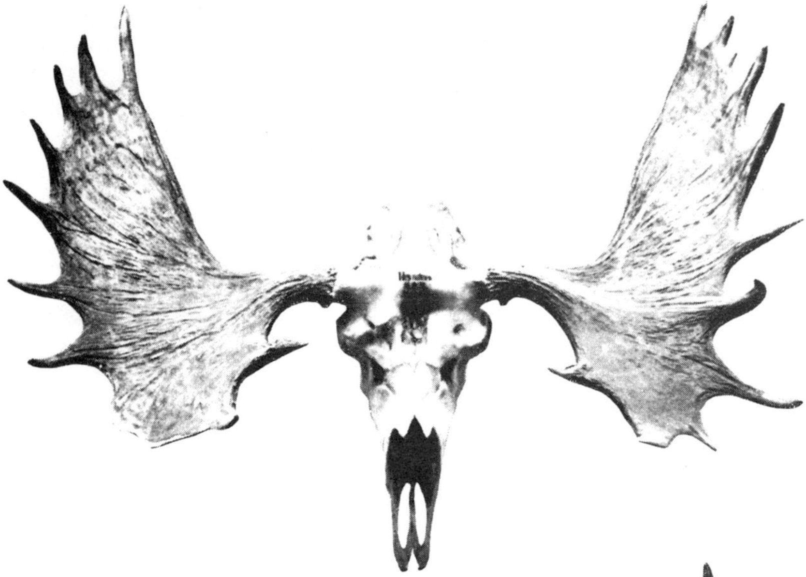

87

Starkes Elchschaufelgeweih (285 P.) mit geschlos sener, korbförmiger Schaufel. Besonderhe ten des Schädelbaus

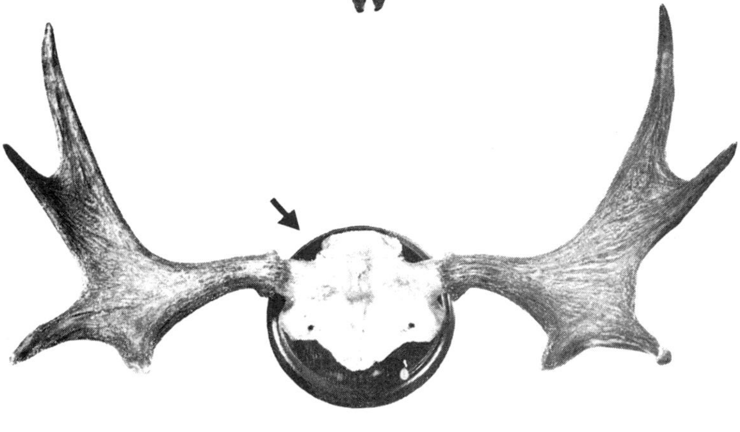

88

Geweih eines junge Schauflers. Die Nal höcker sind stark ausgeprägt, die Rose stöcke verhältnismä lang und schräg na oben gerichtet

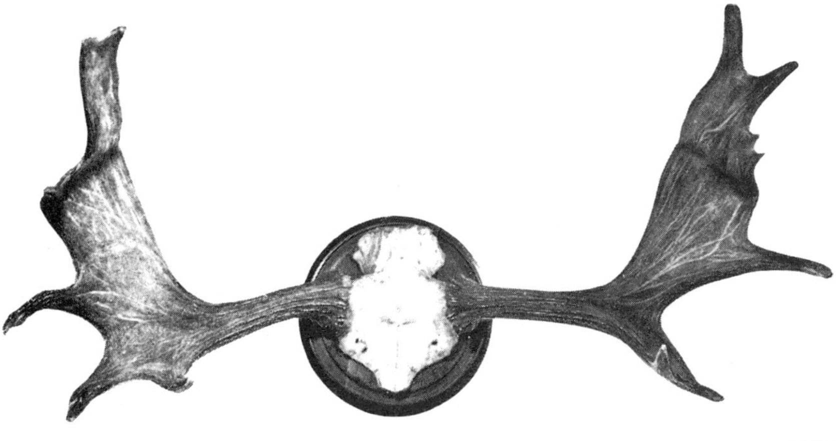

89

Geweih eines sehr alten, zurückgesetzt Schauflers; ganz ku waagerechte Rosenstöcke; die Höcker d Scheitelnaht sind verschwunden.

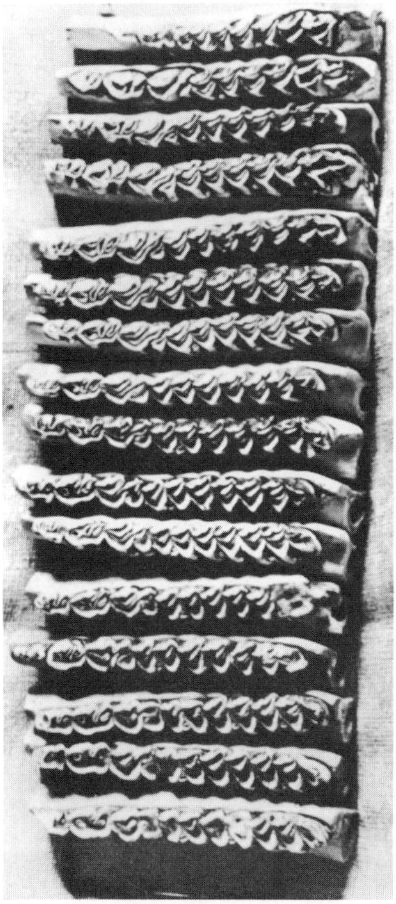

90 *Unterkiefer-Leiter zur Bestimmung des Alters Aus der Tawellningker Elchsammlung*

91 *»Kälbergeweih« beim Elch; unten die »Knöpfe« des Kalbes; oben die Abwürfe des ersten Kopfes (Spießerstufe)*

92 *Elchkalb mit gefegten Geweihknöpfen im 10. Lebensmonat*

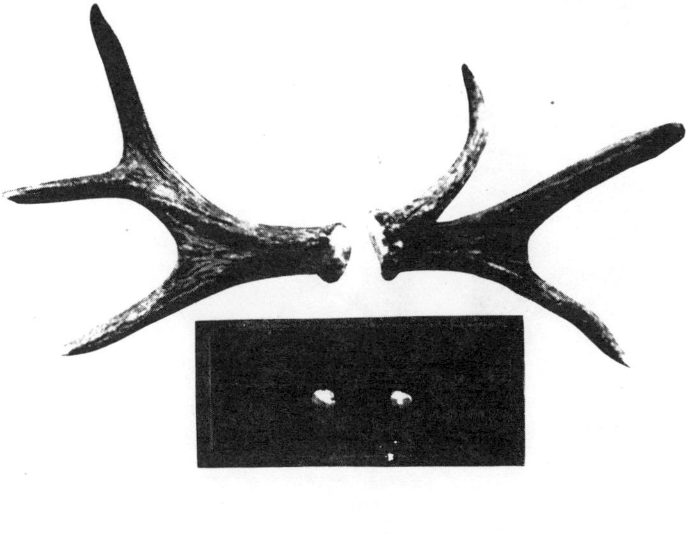

93 Junger Elchschaufler im Pinnowgehege (Schorfheide); Alter: 2. Kopf ($2^1/_4$ Jahre); langer, dünner Bart, aufgen. 13. 7. 1936

94

Abwürfe und Geweih vom 5. Kopf des Elchhirsches »Peter« des Graf zu Dohna-Willkühnen

95 *Geweih des »Prächtigen«, erlegt September 1941 im Forstamt Ibenhorst, Alter etwa 7 Jahre*
96 *Abwurfschaufeln des »Prächtigen« von 1940 und 1938*

97/98 *Geweih des »Engen«, eines reifen Kapitalschauflers (297 P.), erlegt September 1941 im Forstamt Tawellningken, links Vorderansicht, rechts Seitenansicht*

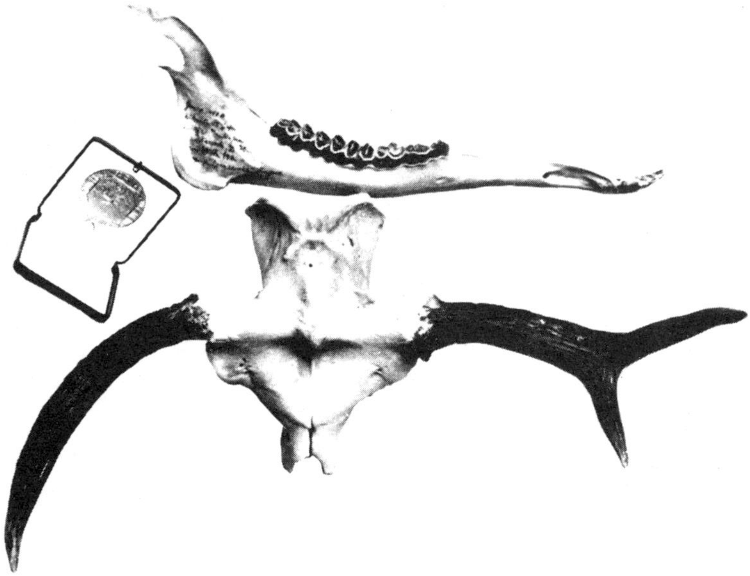

99 *Geweih eines alten ungeraden Gablers; Rosenstöcke waagerecht*

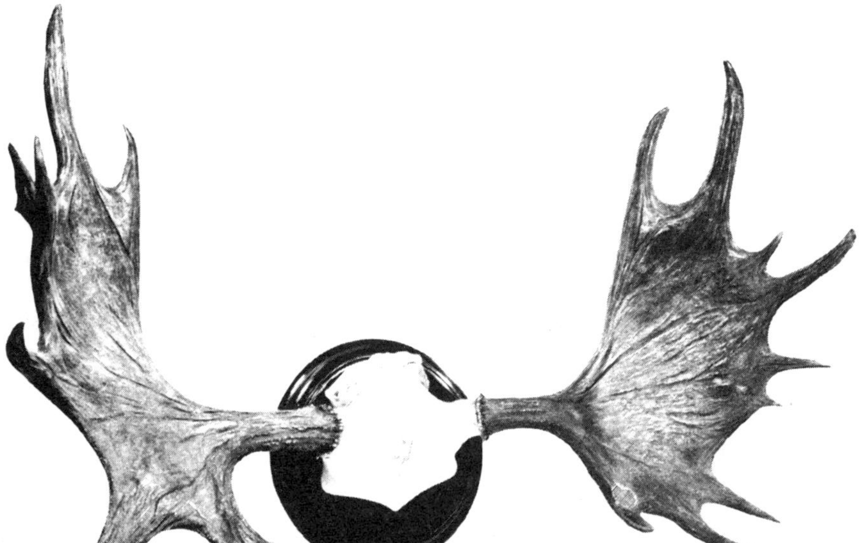

100 *Elchgeweih mit voneinander abweichenden Schaufeln*

elche auf der Festlandseite auf und umgekehrt. Der Trieb zum Suhlen ist beim Elchwild nicht ausgebildet. Dagegen trifft man Elche an heißen Tagen und bei großer Insektenplage häufig im Wasser an, so tief eingetaucht, daß nur Teile des Hauptes aus dem Wasser herausragen. Aber dieses, oft über viele Stunden ausgedehnte »Dauerbad« hat nichts mit Suhlen zu tun (Abb. 111). Von einer hübschen Beobachtung berichtet Revierförster Kuhrke: An einem heißen Sommertage saß ein Elchhirsch in einem Teich nicht weit von seiner Försterei entfernt; es ragten nur Windfang, Lichter und Lauscher aus dem Wasser. Um den Elch schwammen zwei Schofe Wildenten herum. Sie fingen ihm mit großem Eifer Fliegen und Bremsen von Windfang und Lauschern weg. Dem Hirsch schien das nur recht zu sein. Nach zwei Stunden ging K. nochmals zum Teich zurück und fand dasselbe Bild vor.

An Gangarten kennen wir beim Elch wie bei allen Hirscharten das Ziehen (Schritt) (Abb. 112), das Trollen (Trab) (Abb. 113 u. 56) und die Flucht (Galopp) (Abb. 114). Flüchtig wird der Elch äußerst selten (so bei plötzlichem »Erschrecken« oder nach manchen Blattschüssen) und nur über kurze Strecken. Er steht darin ganz im Gegensatz zum Reh, das aus dem Ziehen meist sofort in die Flucht fällt und kaum trollt. (Das Reh stellt durch seinen Körperbau, die sehr viel stärker ausgebildete »Hinterhand« und den runden Rücken, den Typ des »Schlüpfers« dar; beim Elch ruht der Schwerpunkt des Körpergewichts auf den Vorderläufen und bestimmt seine vorwärtsbrechende Fortbewegungsart.) Der Troll ist die bemerkenswerteste Gangart des Elches, er ist außerordentlich fördernd und kann ohne Ermüdung über sehr weite Strecken führen. Diesem federnden ebenmäßig-kraftvollen »Stechtrab«, bei dem der Rumpf in gleicher Höhe zu verharren scheint und die Vorderläufe fast bis zur Waagrechten gehoben werden, vermag ein Pferd nur im Galopp zu folgen. Skuncke stellte beim Fahren hinter einem auf einer Straße trollenden Elchtier eine Steigerung der Geschwindigkeit bis auf 60 km in der Stunde fest, ohne daß das Tier in Flucht überging. Gräben werden übrigens kaum überfallen, sondern meist durchzogen.

Beim langsamen Ziehen des Elches hört man mitunter ein leises knackendes Geräusch (beim Rentier besonders bekannt), das sog. »Schellen«. Die Entstehung des Geräusches ist noch nicht einwandfrei geklärt; sie wird teils der Zehenstreckersehne, teils dem Fesselgelenk zugeschrieben.

Die Schrittweite des (erwachsenen) Elches beim Ziehen beträgt auf weichem Boden etwa 85 cm, auf hartem Grunde etwa 1 Meter; der Schrank kann bis zu 12 cm betragen. Der trollende Elch hat eine Schrittweite von zwei Metern und mehr. Die Oberrücken drücken sich stets in den Boden ein; sie stehen weiter auseinander als die Schalen an ihrem hinteren Ende. Der Tritt hat die Form eines Rechteckes im Seitenverhältnis von 10 zu 20. Gleich starke Fährten jüngerer Hirsche und Tiere sind voneinander kaum zu unterscheiden. Althirsche zeigen etwas stumpfere Schalenenden, während diese beim Tier stets spitz bleiben. Das Trittsiegel des alten Hirsches wirkt dann breiter und kürzer; seine absolute Stärke ist kein einwandfreies Unterscheidungsmerkmal.

Verschieden geformt ist die Losung der Geschlechter: Die des Hirsches ist rund (im Alter kantig), die des Tieres länglich oval (Abb. 116). Bei Grünäsung im Sommer ist sie weich. Auch am Nässen kann man die Geschlechter unterscheiden: Das Tier näßt in und zwischen die Tritte, der Hirsch seitlich zur Fährte.

Über den altersmäßigen Lebensablauf des Elches gehen die Ansichten weit auseinander. Lebenshöhe und Lebensdauer werden sehr verschieden angegeben. Sie sind bei freilebenden Tieren sehr schwer zu ermitteln. Eine einwandfreie Klärung hofften wir durch (seit 1937 im Elchwald durchgeführte) Markierung von Elchkälbern zu erreichen. Beobachtungen an in Gefangenschaft gehaltenem Wilde können wegen der unnatürlichen Lebensverhältnisse nur mit Vorbehalt als Unterlage dienen. In der Literatur wird für den Höhepunkt der Geweihentwicklung vielfach das 12. bis 14. Lebensjahr angegeben. Nach meinen Beobachtungen war der Elch in Ostpreußen ausgesprochen frühreif. Als »ausgewachsen« kann der Elch mit 5 Jahren gelten; seine Lebensdauer wird in der Literatur im allgemeinen mit höchstens zwanzig Jahren angegeben. Skuncke berichtet, daß in Schweden ein als Kalb gezeichneter Elchhirsch im Alter von 20 Jahren noch bei voller Kraft war und ein Schaufelgeweih von ungefähr 24 Enden trug.

Stimmlaute des Elches hört man selten. Am bekanntesten ist noch der Brunftschrei des Hirsches, der aber nur von geringer Lautstärke und auf verhältnismäßig kurze Entfernung zu vernehmen ist. Er gleicht einem nasalen Stöhnen. Einer der Waldarbeiter, die während der Elchbrunft an Gestellkreuzen zur Beobachtung standen, meldete mir einmal, vor kurzem sei ein kranker Elchhirsch über das Gestell gewechselt. Auf meine Frage, woran er das festgestellt hätte, erwiderte der Brave: der Elch habe erbärmlich gestöhnt! Ebenso wie der treibende und das Brunftbett schlagende läßt auch der suchende Elchhirsch diesen (etwa wie üh-ŏh klingenden) Brunftlaut hören. Aus Kanada, Skandinavien und Polen wird auch von einem kurzen durchdringenden Wutschrei berichtet. Ich habe diesen Schrei zweimal gehört; er klang wie ein tiefes zorniges Schrecken. Beim Beschlag läßt der Elchhirsch bisweilen einen hellen wiehernden Schrei hören. Auch einen Schrecklaut, ähnlich dem des Rotwildes, kann man bisweilen vernehmen. Das brunftige Tier lockt den Hirsch mit einem leisen, nasalen Mahnen. In Kanada ist ein lautstarker Lockruf des brunftigen Tieres bekannt, der den Elchhirsch auch auf größere Entfernung anzieht. Mit der Nachahmung dieses Schreies wird sogar die Lockjagd ausgeübt. Eine Schallplatte zur Erlernung des Lockrufes erhielt ich von Herrn Eben-Ebenau. Ostpreußischen Elchkennern war dieser Ruf des Tieres unbekannt. Skunke in Schweden hat ihn einmal in einem Zoologischen Garten gehört, in dem ein brunftiges Elchtier getrennt vom Hirsch untergebracht war. Ein verhältnismäßig leises »Mahnen« ist der Lockton des führenden Tieres, das häufig das Kalb auch nur mit leisem Schnauben lockt. Das Kalb läßt bisweilen ein helles, klagendes »Miefen« hören.

Die Brunft wird zeitlich und in ihrem Verlauf durch Standortsverhältnisse, Wilddichte und Geschlechterverhältnis beeinflußt. In Ostpreußen trat der Elch um den 1. September in die Brunft, oft mit nicht völlig gefegtem oder noch hellem Geweih. Der Höhepunkt lag in den Festlandrevieren des Elchwaldes um den 8. September, auf der Kurischen Nehrung etwas später. Nach Mitte September pflegte bei uns das Brunfttreiben merklich abzuflauen, um Anfang Oktober durch nachbrunftende Tiere noch einmal aufzuflackern.

Der Brunftbeginn kündigte sich durch zunehmende Ruhelosigkeit der Hirsche an. Sie verließen ihre Sommereinstände und zogen suchend umher. Ältere Hirsche unternahmen oft weite Wanderungen, wobei regelmäßig bestimmte Fernwechsel benutzt wurden (die bisweilen kilometerweit über offenes Feld und zaunbewehrte Weideflächen führten). So zogen »ältere Herren« von einem Gutswald zum anderen, um Tiere, die dort ihren Einstand hatten, aufzusuchen. Diesem Umstand hatten es Eigentümer von Privatrevieren zu verdanken, daß sie bisweilen besonders alte und starke »Wanderhirsche« erlegen konnten. Oft schlägt der Hirsch sich mit den Läufen eine Brunftgrube, in die er sich fallen läßt. Erregt wirft er sich »suhlend« in der Grube hin und her, löst sich und näßt in sie hinein und scheidet auch Sperma aus. Beim Verlassen setzt der Hirsch dann noch das Siegel seines Hinterlaufes (mit der markierenden Zwischenzehendrüse) in die Brunftgrube (Abb. 117). Der weiterziehende Hirsch nimmt einen starken Brunftgeruch mit sich und hinterläßt in und an seiner Fährte (in Busch und Kraut) seine Witterung. Dies und eine psychische Entspannung dürfte der Zweck der Brunftgrube sein. Die Brunft war – wie beim Rehwild – paarweise (Abb. 118). Brunftrudelbildung war in Ostpreußen unbekannt; mitunter standen allerdings noch außer den diesjährigen Kälbern auch die des Vorjahres (Schmaltiere oder Spießer) bei ihrer Mutter. Sie wurden aber, wenn das Tier hochbrunftig war, auch meist verdrängt. Jüngere (Bei-)Hirsche allerdings konnte man öfters in der Nähe eines Brunftpaares beobachten. Die Brunftperiode des Tieres war kurz und dauerte 1 bis 3 Tage. Dann zog der Hirsch weiter und suchte sich ein neues — oft weit entfernt stehendes — brunftiges Stück.

Die aus dem Baltikum und Rußland von vielen dortigen Jägern beobachtete Rudelbildung — mit Platzhirsch und Beihirschen — mag zum Teil in einem besonders ungünstigen Verhältnis der Geschlechter (völlige Schonung des Kahlwildes) seinen Grund gehabt haben. In der Nähe eines brunftigen Tieres und beim Treiben konnte man häufig das Flähmen des Hirsches (ein Winden mit weit ausgestrecktem Haupt und aufgeworfener Oberlippe) beobachten (Abb. 119). Brunftkämpfe waren nicht selten und wurden mit ungeheurer Wut geführt. Fast alljährlich wurden zu Tode geforkelte Elchhirsche gefunden. Häufig zeigte sich der starke Stangenelch mit den langen dolchartigen Enden seines Geweihs dem Schaufler überlegen. Als Waffe diente das Geweih dem Elchhirsch übrigens fast ausschließlich im Kampf mit Rivalen. Seine Hauptwehr waren, ebenso wie beim Tier, die starken Vorderläufe mit den messerscharfen Schalen, mit denen er tödliche Wunden zu schlagen verstand. Auch ein »Ausschlagen« des abziehenden oder trollenden Elches mit den Hinterläufen ist in seltenen Fällen beobachtet worden. Während der Brunft nimmt der Elchhirsch kaum Nahrung auf und verliert sehr erheblich an Gewicht. In einer schwedischen Zeitschrift werden Gewichtsverluste von 80 bis 105 kg genannt. Für ostpreußische Verhältnisse erscheint mir diese Zahl zu hoch gegriffen; 30—50 kg mag ein älterer Hirsch aber (Pansen- und Darminhalt natürlich nicht gerechnet!) auch bei uns während der Brunft verloren haben. Revierförster Qednau schätzte den Verlust auf 10% des Körpergewichtes.

Die Trächtigkeitsdauer betrug 35—39 Wochen. Ende April wurden in Ostpreußen die ersten Kälber gesetzt. Ältere Tiere setzten — ähnlich wie beim Rehwild — häufig, wenn nicht sogar in der Regel, zwei Kälber. Auch drei Kälber kamen (wie beim Reh) nicht selten vor. Wenn man häufig Tiere mit nur einem Kalb sah, so handelte es sich um junge oder sehr alte Stücke; oft geriet auch ein Kalb in Verlust. Natürlich traf man auch — meist vorübergehend — nicht führende Tiere. Das frisch gesetzte Kalb, das sich nach dem Ablecken durch die Mutter sogleich erhebt, wirkt mit seinen langen »staksigen« Läufen und unsicheren Bewegungen hilfsbedürftig-komisch (Abb. 85). Das ändert sich aber schnell; schon nach 2—3 Tagen folgt es seiner Mutter überall hin. Das Wachstum geht sehr rasch vor sich: starke Kälber wogen im Oktober bereits 100 kg (aufgebrochen). Das Muttertier säugt noch im November, bisweilen (bei schwach entwickelten späten Kälbern) sogar bis in den Februar hinein (Abb. 120). Entsprechend diesem schnellen Wachstum ist der Elch beim Abschluß des Zahnwechsels, also mit 16 Monaten, geschlechtsreif. Schmaltiere wurden fast ausnahmslos beschlagen.

Wie bereits bei der Schilderung der Brunft erwähnt, können Elchhirsche erhebliche Wanderungen unternehmen; auch bei Tieren, deren Brunfttrieb nicht befriedigt wurde, sind solche Wanderungen festgestellt. So berichtet Forstmeister Schröder, daß in den Jahren 1931 und 1932 im Forstamt Lyck (mindestens 60 km vom nächsten Elchstandort entfernt) jeweils das Durchwechseln eines Elches bestätigt wurde. In der Literatur wird mehrfach von solchen »Wanderelchen« berichtet.

Auch der Wechsel der Jahreszeiten zwingt den Elch zu Wanderungen. In Ostpreußen zog er wegen des Hochwassers im Winter in höhere Lagen ab. Er stand dann besonders gern auf den Hochmooren, in den deichgeschützten Poldern oder in den Laubholzbeständen der Lehmreviere. Daneben dehnte das Elchwild mit wachsendem Bestande seinen Siedlungsraum in Ostpreußen aus und nahm verlorenes Gebiet wieder in Besitz. Trotz allem war das Elchwild, wenn nicht besondere Gründe, insbesondere äußere Ursachen, es zum Abwandern veranlaßten, recht standortstreu.

Der Elch tritt im Frühjahr, Sommer und Herbst vor Morgengrauen auf die Äsung. Gegen 9—10 Uhr ist er gewöhnlich gesättigt und bezieht seinen Tageseinstand. Hier gibt er sich dem Wiederkäuen und der Ruhe hin, tut sich dabei auch nieder, im Sommer gern in einem Moorloch, oder er steht, wie bereits erwähnt, in tiefem Wasser. Gegen 16 Uhr zieht er dann für gewöhnlich zur Abendäsung. Ein regelmäßiger Rhythmus scheint hierbei allerdings nicht zu bestehen. Der tägliche Nahrungsbedarf eines starken Elches wurde durch Wiegen (an verunglückten Stücken) mit 40 kg (unbelaubter) Weidentriebe ermittelt. In seiner Nahrung liebt der Elch Abwechslung. Als »Baumäser« bevorzugt er Blätter, junge Triebe und Rinde der verschiedensten Bäume und Sträucher (Abb. 110 u. 121). Besonders liebt er Weiden, deren Arten aber sehr unterschiedlich angenommen werden. Von den über zwanzig Weidenarten und etwa dreißig Bastarden, die in Ostpreußen vorkommen, bevorzugt der Elch die weichrindigen, schwammig gewachsenen, wie Ohrweide, Salweide, Aschweide, Filzige Weide[1] und Kriechweide, unter den baumartigen (als Kopfholz geeigneten) die Knack-, die Korb- und die Silberweide. Ungern oder gar nicht angenommen werden die Arten mit härterem Holz und glatter, derber Rinde, z. B. Purpurweide, Kaspische Weide, Hanf-, Lorbeer- und Mandelweide. Ob auch der Geschmack

[1] Filzige W. Salix dasyclados, wahrscheinlich S. caprea × cinerea × viminalis.

eine Rolle spielte, ist nicht geklärt worden: Elchvater Quednau behauptete es. Er schmeckte auch selbst alle Weiden, die für das Elchwild angebaut wurden. Bevorzugt werden ferner Aspe, Birke, Eberesche, Pulverholz und Traubenkirsche, Eiche und Esche. Durch Schälen der jungen (Spiegel-)Rinde der beiden letzten Holzarten hat der Elch in Ostpreußen besonders großen Schaden angerichtet (Abb. 123). Auch die Kiefer wurde gern geäst, die Fichte im allgemeinen nur dort, wo sie selten war, und hier die gepflanzte lieber als die angeflogene. Weniger gern wurden Ahorn, Linde, Erle (namentlich im Herbst noch unverholzte Johannistriebe) und Hasel angenommen. Dünne bis bleistiftstarke Zweige wurden abgeschnitten. Um an die begehrten Zweige der Krone zu gelangen, überritt der Elch Bäume bis zu Armdicke, indem er sich auf den Hinterläufen aufrichtete und das Stämmchen zwischen den Läufen durch sein Körpergewicht herabdrückte. Beim Schälen der saftigen Rinde scheint das kahle Dreieck der Oberlippe wie ein Saugnapf zu wirken und die Schneidezähne, die die Rinde unten losgestemmt haben, beim Abziehen zu unterstützen. Im Winter wird das Schälen zu einer Schabearbeit der meißelartigen Schneidezähne. Der angerichtete Schaden ist dann nicht annähernd so groß. Neben der Baumäsung nahm der Elch im Winter Kleinsträucher wie Brombeere, Himbeere, Preisel- und Blaubeere, Heidekraut und Kienporst an. Im Sommer stand bei der üppigen Vegetation seiner Einstandsgebiete unserem Wilde eine außerordentliche Fülle an Äsung zur Verfügung, und es konnte sich wählerisch zeigen. An Krautgewächsen waren verschiedene Hahnenfußarten, wie Sumpfdotterblume und Anemone, ferner Lattich beliebte Äsungspflanzen. Aber auch Weidenröschen, Knöterich, Baldrian, Löwenzahn, Engelwurz und Tüpfelfarn (besonders dessen Wurzeln) wurden gern angenommen und als typische Wasser- und Sumpfpflanzen junges Schilfrohr, Rohrglanzgras, Riesenschwingel, Wollgras und verschiedene Riedgräser, ferner Beinwell, Froschlöffel, Fieberklee, Sumpfspiräa und Schwertlilien. Auch Baumflechten, Isländisches Moos und — am Strande der Kurischen Nehrung — Seetang wurden gerne geäst. Im Herbst und Vorwinter war die Brennessel eine beliebte Äsung. Beim Äsen von Wasserpflanzen, insbesondere der sehr beliebten Wurzelstöcke der Seerosen, tauchte unser Wild mit dem Kopf auch tief unter Wasser. In den letzten Jahrzehnten hatte der Elch sich in Ostpreußen auch mehr und mehr auf Feldäsung eingestellt und richtete, besonders in den Haffdörfern, an Kohl und Kohlrüben örtlich Schäden an.

Von der Forstverwaltung, die die Jagd dieser kleinen Feldmarken angepachtet hatte, war oft recht beträchtlicher Wildschadenersatz zu leisten. — Kleine Schäden wurden wohl durch Zuteilung von Reisig und Trockenholz gutgemacht. In den letzten Jahren betrug die Schadenssumme, die den Kohlbauern des Haffdorfes G. ausbezahlt werden mußte, immerhin 3000 bis 4000 RM. Einen einzigartigen und schwer zu regelnden »Wildschaden« verursachte ein Stück Elchwild, das sich bei Hochwasser auf einen kleinen hochgelegenen Friedhof gerettet hatte: es war durch den Hügel eines zu flach angelegten Grabes getreten und hatte den Sarg stark beschädigt. Die Angehörigen des in seiner letzten Ruhe gestörten Toten verlangten einen neuen Sarg. — In Gegenden mit vorwiegendem Ackerbau, so nördlich und südlich des Pregels, in den Kreisen Königsberg, Wehlau und Labiau, nahm das Elchwild regelmäßig auch Feldäsung auf (Klee, Erbsen, Gemenge; auch Bohnen, jungen Roggen und Hafer, seltener Weizen). Nach der Brunft äste es Rüben und Kohlrüben.

Der kurze Träger erschwert dem Elchwilde das Äsen niedriger Bodengewächse. Durch Spreizen der Vorderläufe (nach vorne und hinten) erleichtert es sich das Erreichen der Bodenäsung (Abb. 122). Bei jungen Stücken beobachtete man auch ein Niederlassen auf die »Vorderknie« und ein Weiterrutschen in dieser Stellung.

Schöpfen sah man den Elch wesentlich öfter als etwa das Rotwild (Abb. 124).

Psychologie und Verhaltensweise

Schon das Seelenleben des Menschen zu erforschen ist äußerst schwer. Noch viel mehr gilt dies für das Tier, dessen Umwelt und Innenwelt sich so gründlich von der unseren unterscheidet. Nur zu leicht verfällt der Mensch (besonders Tierliebhaber, aber auch Wissenschaftler) in den Fehler, das Tier zu vermenschlichen.

Zwei Triebfedern leiten das Verhalten sowohl des Tieres als auch des Menschen: der Instinkt und die Intelligenz.

Instinkthandlungen sind Reaktionen auf (äußere) Reize, die im Erbgut einer Tierart festgelegt sind. Sie bestimmen zu einem großen Teil das Verhalten des Tieres. Aber auch der Mensch entbehrt nicht des Instinktes. Dem Trieb (Instinkt) steht die Intelligenz (d. h. in diesem Zusammenhange die Fähigkeit, Ziele unter Anwendung von Erfahrungen zu erreichen) gegenüber.

Im Gegensatz zu einer in Amerika entstandenen wissenschaftlichen Schule, die das ganze Verhalten des Tieres als instinktmäßiges Reagieren auf Umweltreize hinstellt[1], gesteht die europäische und besonders

[1] »Behavioristen«

die deutsche Tierpsychologie auch dem Tier verstandesbedingtes Verhalten zu.

Instinkt und Intelligenz leben im Tier in Wechselwirkung zueinander. Ein Tier ist um so intelligenter, je mehr es in der Lage ist, das starre System des Trieblebens zu durchbrechen und Instinkthandlungen nach den gemachten Erfahrungen den wechselnden Lebenssituationen anzupassen. Die instinktive Handlungsweise ist bei allen Individuen einer Tierart gleich; erst die Intelligenz prägt das Individuum auch beim Tier. Ehe wir uns mit der Verhaltensweise unseres Elchwildes befassen, sei zunächst kurz auf die Leistung seiner Sinnesorgane eingegangen.

Die Sinnesorgane und ihre Leistung

Schon rein äußerlich ist das *Geruchsorgan* am stärksten entwickelt. Durch die eigenartige Ausbildung der großen Nasenöffnungen vermag es auch seitlich und von hinten zufließende Gerüche aufzunehmen. Das Elchwild wittert wesentlich besser als das Rotwild und über erstaunlich weite Entfernungen — namentlich im freien Gelände.

Das *Gehör* ist gut ausgebildet, wenn es wohl auch hinter der Leistung der Nase zurücksteht.

Der *Gesichtssinn* scheint nur mittelmäßig entwickelt, in der Dämmerung aber dem anderer Cerviden überlegen zu sein. Mehrfach wird in der Literatur berichtet, daß der Elch bei Geräuschen, die über ihm entstehen, nicht nach oben äugt.

Der *Geschmackssinn* ist offensichtlich fein ausgebildet, ist der Elch doch bei der Auswahl seiner Äsung sehr wählerisch und weiß z. B. die verschiedenen Weidenarten sehr gut zu unterscheiden.

Triebleben, Intellekt, Stimmungen

Die Intelligenz scheint beim Elchwild hochentwickelt zu sein; hierfür spricht, wie es sich den wechselnden Umwelteinflüssen anzupassen wußte.

Während andere Cerviden, so das Rotwild und insbesondere das Rehwild, auf eine Gefahr mit sofortiger Flucht reagieren, Gatter und Bäume anfliehen, wird das Elchwild fast nie flüchtig; es zieht und verhofft und läßt »den Feind nicht aus den Augen«. Der erfahrene Jäger weiß, wie schwierig es ist, Rotwild oder gar Rehwild aus einem Gatter zu drücken. Elche finden die Öffnung in der Umzäunung sehr schnell und nehmen sie an. Beim Reh führt der mächtige Fluchtinstinkt oft zu »kopfloser Panik«, beim Elch überwiegt fast immer die »verstandesmäßige Überlegung«. Erstaunlich ist es, wie das starke schwere Wild, wenn es sich verfolgt fühlt, sich gleichsam unsichtbar zu machen versteht (die wie Birkenstämmen hellen Läufe »tarnen« gut), und wie lautlos es, bei Treibjagden oder ihm selbst geltender Drückjagd, sich fortbewegt. Wäh-

Elche im Schnee. Ölgemälde von D. v. Prokofieff

rend der vertraut ziehende Elch oft recht laut durch Bestand und Unterholz »bricht«, erscheint der getriebene, sofern er nicht durch Wasser ziehen muß, meist lautlos vor dem Jäger.

Wenn das Elchwild in Ostpreußen i. a. recht vertraut war, so keineswegs aus »Dummheit« oder »Stumpfsinn« (wie es Nichtkenner häufig auffaßten); vielmehr war dieses auf ein gewisses Kraftbewußtsein (das Großraubwild als natürlicher Feind fiel in Ostpreußen aus) und auf die Hege und Art der Jagdausübung zurückzuführen. In Skandinavien und in anderen Gebieten mit starker und weniger behutsamer Jagdausübung und natürlich auch beim Vorkommen starken Raubwildes ist das Elchwild sehr viel scheuer. Die außerordentliche Vertrautheit des Elches auf der Kurischen Nehrung den schaulustigen Menschen gegenüber beruhte schließlich auf der Erfahrung, daß ihm vom Menschen keine Gefahr drohte. Bei Rot- und Rehwild ist ein solches Verhalten undenkbar.

Schwer zu entscheiden ist, ob das sehr zweckmäßige Verhalten des krank geschossenen Elches als instinktiv oder als eine Verstandesleistung zu werten ist. Fast immer »flieht« der kranke Elch mit dem Winde und tut sich auch in dieser Richtung nieder, um beim Herannahen des Verfolgers seine Flucht in gleicher Richtung fortzusetzen. So werden seine stärksten Sinnesorgane — Geruch und Gehör — am besten ausgenutzt. Die Kombinationsfähigkeit — das ergaben zahlreiche Beobachtungen — scheint beim Elch besonders groß zu sein.

Hilfeleistung unter Artgenossen, wie sie bei anderen Tieren nachgewiesen sind, kommen beim Elch, der ja keinen Hang zur Vergesellschaftung (Rudelbildung) hat, kaum vor. Lediglich führende Tiere verteidigen ihre Kälber, aber auch durchaus nicht immer, wie wir beim Einfangen und Zeichnen von Elchkälbern feststellen konnten. Vom Menschen berührte Kälber (also z.B. mit Ohrmarken gezeichnete) werden in der Regel vom Muttertier wieder angenommen.

Das Verhältnis des Elches zum Menschen ist bereits im Abschnitt über die Flucht gestreift worden. Die Fluchtdistanz ist je nach den Erfahrungen des Elches verschieden groß. Im allgemeinen war er in Ostpreußen keineswegs menschenscheu. Er hielt sich oft in der Nähe von Gehöften auf. Kranke Elche suchten oft die Nähe menschlicher Anwesen, wohl um sich den Angriffen gesunder Artgenossen zu entziehen. Nicht selten wurde in Ostpreußen über Angriffslust von Elchen berichtet. Bei gesunden Stücken und gegebener Ausweichmöglichkeit war die Furcht vor Angriffen unbegründet, wenn es auch nicht geraten erschien, der Mutter eines frisch gesetzten Kalbes zu nahe zu kommen. Kranke, insbesondere schwer von der Rachenbremse befallene Elche hingegen und Stücke, die auf von Hochwasser umschlossenen Inseln und Dämmen nicht ausweichen konnten, nahmen oft an und mußten, wenn sie den Verkehr gefährdeten, abgeschossen werden. In Tawellningken kam das gar nicht selten vor. Bisweilen ließ sich auch kein Grund für die Angriffslust feststellen. So nahm z. B. im Forstamt Ibenhorst auf dem Bredschuller Moor ein junger Elchhirsch auf der am Moor entlangführenden Straße vorüberfahrende Radfahrer an. Fußgänger ließ er unbehelligt. Er wurde der »Unhold« getauft. Sein Abschuß während der Schonzeit wurde beantragt und nach längerem Hin und Her auch genehmigt. Mit dem »Vollzug« wurde ein dem Forstmeister befreundeter Arzt betraut. Als man zum Moor hinauskam, war der »Unhold« nicht herauszufinden. Er hatte inzwischen abgeworfen. Was nun? Der findige Forstmeister Krause wußte Rat: Ein Radfahrer wurde herbeigeholt und mußte auf der Straße entlangfahren. Schon löste sich ein Elch vom Rudel und näherte sich dem Radfahrer: Der »Unhold« konnte erlegt werden. — Wahrscheinlich hatte der »Unhold« irgendeinen geistigen Defekt. — Auch besonders vertraute Elche der Kurischen Nehrung nahmen, wenn sie sich gefährdet oder eingeengt fühlten, eine bedrohliche Haltung ein und griffen auch bisweilen an. Das haben gar zu »zudringliche Badegäste« zu spüren bekommen. Ich selbst war Zeuge, wie der »Gästeelch« von Schwarzort, der gern die Gärten der Fischerwirte plünderte, von neugierigen Badegästen nahezu umstellt, einen seiner »Widersacher« überfloh und zu Boden warf, gottlob, ohne ihn ernstlich zu verletzen (Abb. 125). Krankgeschossene Elche waren gleichfalls unberechenbar, und namentlich ältere und schmerzende Verletzungen schienen sie angriffslustig zu machen. Im Forstamt Greiben war dem Forstmeister Uhde von Waldarbeitern ein kranker Elch gemeldet worden. Er fuhr zu dem ihm genannten Revierteil und entdeckte den Hirsch sehr bald auf einem Gestell sitzend. Er näherte sich dem Hirsch auf gute Beobachtungsweite und konnte deutlich eine dunkle, offenbar vereiterte Wundstelle hinter dem Blatt feststellen. Sehr schnell wurde der kranke Elch hoch und legte bösartig die Lauscher nach hinten. Der Forstmeister konnte noch schnell das Fernrohr von der Büchse entfernen, als der Elch auch schon annahm. Der Schuß, spitz von vorn, ließ den Elch unmittelbar vor dem Schützen zusammenbrechen.

Der den Menschen nicht eigentlich fürchtende Elch ist verhältnismäßig leicht zu zähmen, wenn er als Kalb in menschliche Hände gerät und aufgezogen wird. Bekannt sind in Ostpreußen das Elchtier »Elka«, das der Revierförster Kuhrke in Pait aufzog, und der Elchhirsch »Peter« des Grafen zu Dohna in Willkühnen geworden. Aus Erzählungen von Revierförster Kuhrke sei das Folgende wiedergegeben: »Elka«, deren

Mutter eingegangen war, wurde als frisch gesetztes Kalb Ende Mai 1929 zum Forsthaus Pait gebracht und dort mit Verständnis und Glück aufgezogen. Sie wuchs als »Glied der Familie« auf, war mit den Hunden befreundet und erfreute sich völliger Bewegungsfreiheit (Abb. 86). Von ihrer 8. Woche ab unternahm sie selbständige Ausflüge ins Revier, erschien aber zu ihren Mahlzeiten pünktlich wieder in der Försterei. Eines Tages kam sie schon früher und völlig verstört zurück; in den folgenden Tagen verließ sie den schützenden Hof nicht. »Elka« hatte offenbar unangenehme Erfahrungen mit Artgenossen gemacht, die an der ihr anhaftenden Wittrung »Anstoß« genommen hatten. Später nahm sie ihre »Reviergänge« wieder auf, blieb auch nachts im Walde und kehrte erst morgens zum Forsthaus zurück. Groß war ihre Anhänglichkeit an ihre Pfleger. Den Revierförster begleitete sie mit den Hunden oft in den Wald, scheute auch nicht den Knall der Flinte bei gelegentlicher Entenjagd. Zu Hause gelassen, folgte sie seiner Spur und tauchte im Revier bei ihm auf, insbesondere auch, wenn sie ihn schießen hörte. Auch auf der Hühnerjagd erschien sie, und Kuhrke mußte abbrechen, um Flurschaden zu verhindern. Eine besondere Vorliebe hatte sie für allerlei Gerüche, ob sie nun dem Auspuff eines Kraftwagens oder parfümierten Frauen entströmten. Kam ein Auto in Pait an, so wurde alles einschließlich der Insassen beschnuppert, und schließlich tat sich das Tier hinter dem abgestellten Wagen, Windfang am Auspuff, nieder.

Am 1. August 1930 wurde Revierförster Kuhrke von Pait nach Matzgirren versetzt. Auf seinen Wunsch blieb »Elka« in Pait. Bei Reviergängen kam K. oft an Pait vorbei. Sobald »Elka« auf seine Spur stieß, war sie schnell bei ihm. Sie begrüßten sich, und das Schmaltier zog wieder von dannen. »Elka« hatte derweil auch mit Elchen der freien Wildbahn Fühlung; sobald sie aber ihren alten Herrn eräugte, ließ sie ihre Artgenossen im Stich und kam zu ihm. Eines Tages fand sie dann auch auf K.'s Spur zu dessen neuen Wohnsitz in Matzgirren, »begrüßte« Hunde und Pferde, war am neuen Ort gleich heimisch und kehrte immer wieder dort ein. Seine »Revierbummel« dehnte das Tier allmählich fast über das ganze Forstamt Tawellningken bis an die Gilge heran aus. Einmal erschien es, Kuhrkes Spur folgend, unter der Kanzel, auf der er mit einem Jagdgast, dem Oberforstmeister Keck, saß, bewindete seinen unten stehenden Stock, äugte nach oben, zog dann etwa 70 Meter von dem Hochstand fort und äste. Derweil erschien ein Hirsch; als er sich jedoch dem Schmaltier näherte, flüchtete es: der Hirsch hinterher. Nach K.'s Rückkehr fand er »Elka« friedlich im Holzstall von Matzgirren sitzend. Obgleich sie auch zur Brunftzeit im Revier war, ist sie nie beschlagen gewesen.

Bei ihrem weiten Umherziehen trat »Elka« auch auf Felder und Weiden aus, erschreckte Frauen bei der Feldarbeit und beim Melken, trank die Milch aus fluchtartig im Stich gelassenen Eimern und machte sich recht unbeliebt. Schließlich wurde in Pait ein Gatter für sie errichtet, und um »Elkas« Freiheit war es geschehen. Die ihr reichlich dargebotene Äsung nahm sie kaum an, und nach kurzer Zeit fand man sie verendet. Sie hatte ein Alter von vier Jahren erreicht.

In sehr viel engerer Bindung an den Menschen und auf Haus, Hof und Garten beschränkt wuchs der Elchhirsch »Peter« in Willkühnen auf. Graf zu Dohna (dem Sohn) verdanke ich die nachstehenden Angaben:

Das Hirschkalb wurde am 20. Mai 1924 im Forstamt Greiben von der Mutter verlassen aufgefunden. Das Alttier führte drei Kälber und war mit zweien fortgezogen, ohne das zurückgebliebene dritte zu beachten. Als das verlassene Kalb nach 24 Stunden nicht wieder angenommen war, wurde es zu dem Revierverwalter von Greiben, dem Oberförster Zühlke, gebracht und dort mit der Flasche aufgezogen. Als Milchverbrauch und Pflege allmählich den Junggesellen-Haushalt des Oberförsters zu stark belastete, wurde das Angebot des benachbarten Grafen Dohna gern angenommen, das Kalb wurde nach Willkühnen gebracht und dort mit großem Verständnis (und viel Milch !) aufgezogen. Das Kalb sah in der Hausfrau die Mutter und hing in großer Liebe an ihr. Graf zu Dohna war die »Respektsperson«, und der Kutscher Karl, der »Peter« fütterte, die »Ziehmutter«. »Peter« bezog von Anfang an das Gutshaus und als »Stammplatz« eine Stelle vor dem Kamin in der Halle; nur hier tat er sich im Hause nieder. Die lange steinerne Freitreppe bedeutete ihm kein Hindernis. »Peter« war von Anfang an »stubenrein«. Wollte er sich lösen, zog er zur Tür und machte sich durch leises Mahnen bemerkbbr. Er vermied es, mit schmutzigen Läufen die Halle zu betreten, sondern wartete ab, bis sie ihm mit einem bereitstehenden Besen gereinigt wurden. Von Gräfin, Graf und Kutscher Karl ließ sich »Peter« jederzeit, auch in späteren Jahren, anfassen. Als Futter erhielt er außer Milch Viehfutter, insbesondere Rüben und gequetschten Hafer. Im Garten und in seinem darin abgezäunten Gehege machte er kaum Schaden; nur die dort wachsenden Weidensträucher wurden verbissen. Solange »Peter« »kahl ging«, durfte er die Hausfrau in den Obstkeller begleiten; hier suchte er sich aus den Horden die faulen Äpfel heraus, für die er eine besondere Vorliebe hatte. Auch sonst war er ein »Feinschmecker«. Leidenschaftlich liebte er Pflaumenmus, das er auf unglaublich weite Entfernung witterte.

Bösartig ist »Peter« auch späterhin nie geworden: lediglich in der Küche, wo er sich Leckerbissen erbettelte, spielte er bisweilen »böser Mann«. Weitere »Ausflüge« in die Umgebung hat er nur ganz selten unternommen, obgleich Zäune und Gattertore kein ernstliches Hindernis für ihn bedeuteten: Selbst die mit Kreuzen in der Erde verankerten starken Pfähle seines Geheges hob er heraus. Einmal – es war gerade zur Zeit der Brunft – war der Hirsch einige Tage verschwunden, und an seiner Rückkehr wurde bereits gezweifelt. Alle Jagdnachbarn und Forstdienststellen wurden benachrichtigt, da man befürchtete, »Peter« könne geschossen werden. Kutscher Karl ritt immer wieder in den benachbarten Wald und suchte rufend seinen Pflegling. Endlich am dritten Tage tauchte »Peter« auf, »begrüßte« seinen Pfleger freudig und schien »froh zu sein«, mit ihm »nach Hause« zurückkehren zu können. – Ein anderes Mal erschien »Peter« auf dem Willkühnen benachbarten Gut Hohenrade beim Drillen und behinderte die Arbeit. Man beschloß ihn einzufangen: Die Drillmaschine, der der Elch »interessiert« folgte, wurde durch eine Scheunentenne gefahren, und die Tore wurden vor und hinter »Peter« geschlossen. Graf zu Dohna wurde telefonisch gebeten, den Hirsch abholen zu lassen. Karl ritt sofort los, aber schon auf halbem Wege kam »Peter« ihm entgegen: Er hatte das schwere Scheunentor von innen aus den Angeln gehoben.

Leider ging »Peter« durch Aufnahme eines Fremdkörpers (Drahtende, das den Pansen durchbohrte), im Herbst seines sechsten Lebensjahres ein. Sicherlich hätten sich bei ihm noch viele interessante Beobachtungen, auch bezüglich der Geweihbildung, anstellen lassen. Abb. 94 zeigt die Abwürfe und das letzte Geweih des Elchhirsches. Ob das leichte Zurücksetzen bereits im sechsten Lebensjahr nur vorübergehend war, bleibt offen. Auffallend war das außerordentlich hohe Gewicht der Abwürfe, das wohl auf die besonders kräftige Ernährung zurückzuführen ist. Die Zahnabnutzung soll geringer gewesen sein als die beim Elchwild in freier Wildbahn; sicher eine Folge des weichen Futters. – Über weitere tierpsychologisch interessante Beobachtungen bei »Peter« will Graf zu Dohna demnächst in der Jagdpresse berichten.

Die Anhänglichkeit solcher vom Menschen aufgezogenen Elche ist außerordentlich groß; bei in gleicher Weise in menschlicher Gemeinschaft aufgewachsenen Stücken von Rot- und Rehwild ist das längst nicht in gleichem Maße der Fall; in die Freiheit entlassen, verwildern sie meist schnell, sind allerdings, da sie die Scheu vor Mensch und Hund eingebüßt haben, zunächst stark gefährdet (und können, wie besonders Rehböcke, dem Menschen gefährlich werden).

Die leichte Zähmbarkeit des Elches und die Dauerhaftigkeit der Zähmung mögen zu den Versuchen geführt haben, den Elch zu domestizieren. Besonders aus skandinavischen und russischen Quellen wissen wir, daß es möglich ist, Elche zu Reit- und Zugtieren zu machen. Im Baltikum gab es noch bis in unser Jahrhundert solche Elchgespanne. Die letzten Versuche zur Domestikation des Elches fanden in Sowjetrußland auf einigen zu diesem Zweck gegründeten Elchfarmen statt. Auf einer dieser Farmen, Barsuki bei Moskau-Kaluga, ist es gelungen, Elche mit besonderen Geschirren vor leichte Schlitten und Wagen zu spannen und Strecken bis zu 100 km mit ihnen zurückzulegen. Auch Reitversuche wurden durchgeführt.

Daß Elche sich Viehherden anschlossen, ist mehrfach beobachtet worden. Mit dem übrigen Wilde verträgt sich der Elch im allgemeinen gut. Im Elchwald kam er in den südlichen Revieren, insbesondere in Pfeil und Kl.-Naujock mit Rotwild und Damwild, in Tawellningken mit Damwild und überall mit Rehwild gemeinsam vor. Irgendwelche Beeinträchtigung der einen oder anderen Wildart habe ich nicht feststellen können. Aus Bialowies in Polen berichten allerdings zwei Autoren, daß infolge von übermäßig betriebener Hege von Rot- und Damwild das Elchwild abwanderte. Im Elchwald war bei günstigen Äsungsverhältnissen der Wildbestand nicht so überhöht, daß ähnliche Erscheinungen eintraten.

Offensichtlich ist der Elch Stimmungen unterworfen und leicht erregbar. Er scheint äußerst sensibel. Bei Beobachtung und Jagd kann man erleben, wie leicht sich der Gemütszustand des Elches verändern kann. Friedlich äsende Elche zeigen plötzlich, ohne erkennbare äußere Ursachen, Zeichen starker Gereiztheit: Sträuben des Nackenhaares und Zurücklegen der Lauscher. Zu keiner Zeit des Lebensablaufes wird die Intelligenz, die sonst beim Elch vorwiegt, so zugunsten des Trieblebens zurückgedrängt wie in der Brunft.

Die starke Erregbarkeit des Elches geht auch daraus hervor, daß erwachsene Elche, die man für Tiergärten einzufangen versucht, infolge der mit dem Fang verbundenen Aufregung meistens eingehen.

Zusammenfassend kann man sagen, daß das Verhalten des Elchwildes unter natürlichen Verhältnissen stark durch verstandesmäßig ausgewertete Erfahrungen geleitet wird; seine Kombinationsgabe scheint groß zu sein. Das Triebleben tritt demgegenüber zurück. Lediglich in der Brunft herrscht es vor. Die Entscheidung darüber, ob es sich im Einzelfall um eine latente Triebreaktion oder um eine durch Erfahrung bedingte Verhaltensweise handelt, ist äußerst schwierig.

Feinde und Gefahren

Feinde aus der höheren Tierwelt

Feinde aus der höheren Tierwelt hatte der Elch in Ostpreußen nicht. Wölfe, die ihm in harten Wintern bei verharschtem Schnee sehr gefährlich werden, tauchten ja nur selten und in einzelnen Stücken auf. Der Luchs konnte höchstens einem Kalbe gefährlich werden. Wildernde Hunde spielten keine nennenswerte Rolle. — Das Fehlen des starken Raubwildes kam aber den Parasiten zugute. Während stark befallene Elche früher dem Wolf, dem Bären oder dem Luchs anheimfielen, ihr Leiden verkürzt und die Entwicklung vieler Schmarotzer abgeschnitten wurde, konnten diese, vor allem die Geißel ostpreußischen Elchwildes, die Rachenbremse, sich nunmehr ungehindert entwickeln, wenn die kranken Stücke nicht frühzeitig eingingen.

Parasiten

Die Elchrachenbremse (Cephenomyia ulrichi, genannt nach dem Oberförster Ulrich, von 1851 ab rund zwei Jahrzehnte Verwalter des Forstamtes Ibenhorst) ist eine Fliege, deren Larven in den Atmungsorganen und Luftwegen des Elches schmarotzen. Schwere der Erkrankung und Ausgang richten sich nach Befallstärke, Sitz der Schmarotzer und Widerstandsfähigkeit des befallenen Stückes. Besonders vorjährige Kälber fielen diesem Parasiten häufig zum Opfer. Die Larven, die oft in sehr großer Zahl vorkommen (Dr. Ullrich stellte bei eingegangenen Kälbern 50 bis 100 Stück fest, Quednau und Weber berichteten mir von mehreren hundert Larven an einem Stück), setzen sich besonders im Kehlkopf und in den Rachentaschen fest und führen nicht selten den Tod durch Erstickung herbei. Die schwer befallenen Stücke endeten qualvoll, zumeist in den Monaten März und April. Das fertige Insekt fliegt von Ende Mai bis Mitte September. Das Weibchen spritzt seine schlupfreifen Eier bzw. schlüpfenden Larven vor dem Windfang schwirrend in die Nasenöffnungen. Man konnte beobachten, wie Stücke, die von der Bremse angeflogen wurden, sich durch Schlagen mit dem Haupte, »Prusten«, ja Flüchten zur Wehr setzten — umsonst. Die kleinen mit Widerhäkchen ausgerüsteten Larven sitzen fest in den Schleimhäuten. Am lebenden Stück ist der Befall leicht festzustellen: Husten in leichteren Fällen, Mattigkeit, Nachlassen von Wittrungsvermögen und Gehör, körperliches Abkommen in schweren Fällen. Oft wurden erkrankte Stücke bösartig und nahmen den Menschen an.

Von einem solchen Fall berichtet Forstamtmann Weber: »Am 9. März 1906 rettete sich ein Elchhirsch vor dem starken Hochwasser auf den Kastauner Friedhof und verblieb dort 12 Tage. Trotz Fütterung und Bewachung wurde der Elch hier oft gestört; er wurde sehr bösartig. Als die dünne Eisdecke des inzwischen eingetretenen Schacktarps (nicht tragfähige Morscheisbildung) verschwand, wechselte der Hirsch das Wasser durchrinnend über den Haffdeich ins Gräflich Rautenburgische Revier. Hier steigerte sich trotz größerer Bewegungsfreiheit die Angriffslust des Hirsches derart, daß kein die Deichstraße benutzender Wagen, kein Fußgänger unbehelligt blieb. Daraufhin wurde der Abschuß angeordnet und ich damit beauftragt. Es gelang mir bald, den Hirsch zu strekken. In Gegenwart des damaligen Revierverwalters, Oberförster Meyer, wurde der Hirsch gründlich auf Krankheitsbefunde untersucht. Es wurden nicht weniger als 170 Rachenbremsenlarven festgestellt, von denen zwei ins Rückenmark eingedrungen waren.«

Der alte »Elchvater« Quednau, der von 1892 ab rund 50 Jahre in Tawellningken Dienst tat, hat sich viel mit der Rachenbremse und der Erkundung ihrer Lebensweise abgegeben. Er schilderte mir das sehr anschaulich: »Ich habe bei größter Mühe acht Jahre gebraucht, um die Lebensweise der Elchrachenbremse festzustellen. Wir kannten die Larve, denn die fanden wir im Frühjahr bei den ertrunkenen oder sonst eingegangenen Stücken. Vor Jahren war es gelungen, eine Elchbremse zu fangen; aber dieses einzige Exemplar war vermodert. Da gelang es mir, bei einem im April soeben eingegangenen Hirsch ein Tönnchen zu finden und daraus auch eine Bremse heranzuziehen. Ihr hummelartiges Aussehen setzte mich in Erstaunen. Die wurde nun hin- und hergesandt und dabei der Kopf abgerissen; wieder war meine Mühe umsonst. Im nächsten Jahr gelang es mir, nachdem ich vier Wochen lang auf Umschlag der Witterung gewartet hatte – bei kalter Nacht verließen die Larven (die ausgewachsen hellbräunlich waren) nicht ihren Wirt –, auf einem schwarzen Moordamm vier reife Larven zu finden. Ich behandelte sie zweckentsprechend, und nach 30 Tagen schlüpften die Bremsen. Nun hatte ich vier dieser so begehrten Fliegen und ihre Tönnchen. Ich meldete nur eine Bremse an, denn wozu sollte ich mir selber mit mehreren Exemplaren Konkurrenz machen?! Nach vielem Hin und Her verkaufte ich dieses Stück an Rothschild in London, der dazumal die größte Insektensammlung der Welt besaß. Nach meinem Erfolg haben dann auch später noch andere Jäger Glück mit der Rachenbremse gehabt. Ich habe manchen Spott in den acht Jahren, da ich mich um das Insekt bemühte, von seiten der Kollegen ertragen müssen. Auf ihr ›Du hast Bremsen im Kopf‹ sagte ich dann wohl:

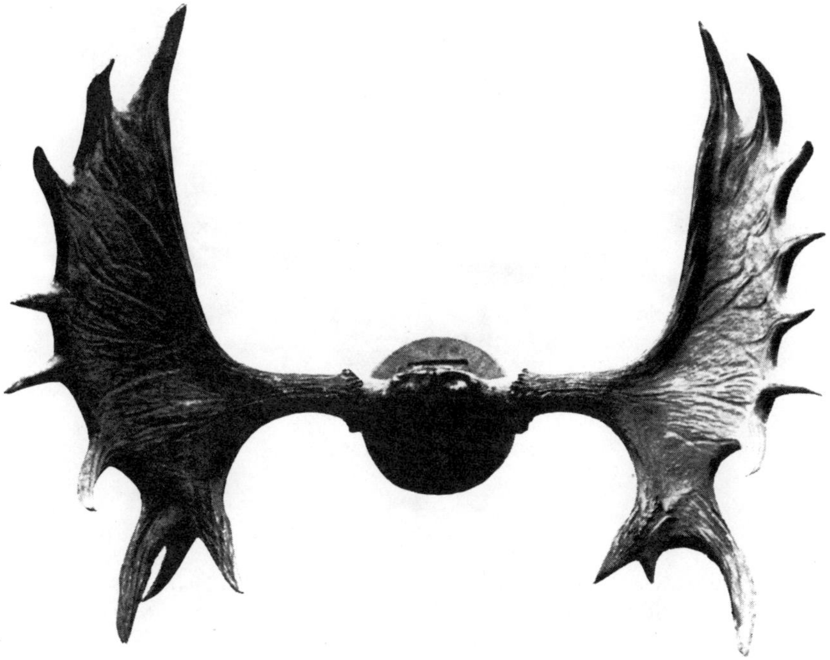

101 *Geweih eines vor 1900 in Schultitten (v. Kalkstein) erlegten starken Schauflers mit Langschaufel*

102 *Geweih des stärksten in Tawellningken erlegten Schauflers (316 P.); erlegt in Gilge 1934*

103 *Geweih eines von einem starken Stangenelch geforkelten Schauflers (Geweihgewicht 9,5 kg) mit geteilter Schaufel. Die Vorderschaufel steht in fast rechtem Winkel zur Hauptschaufel*

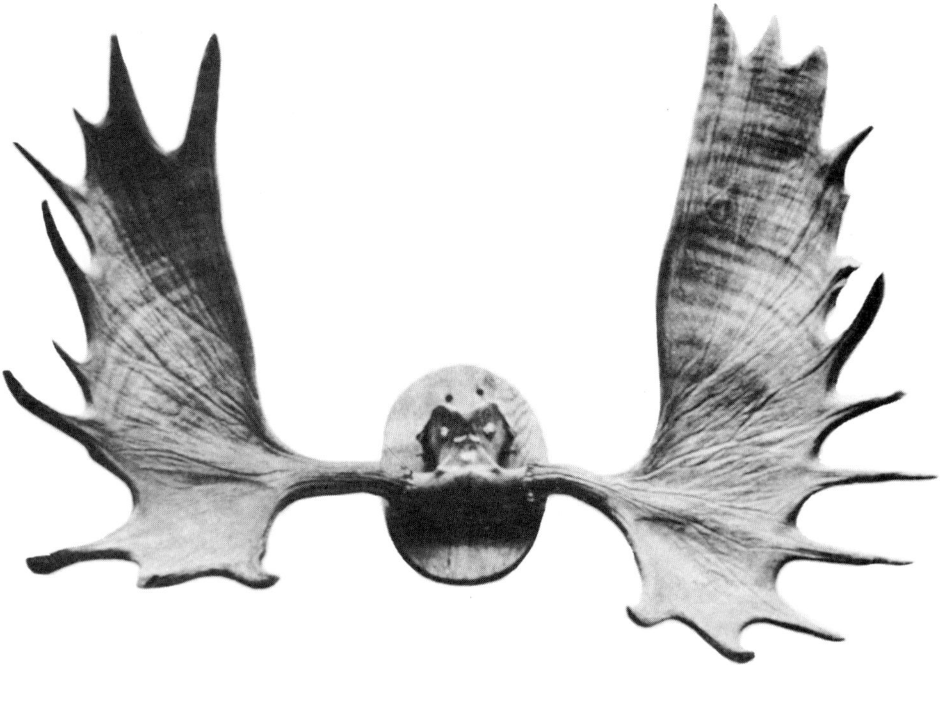

104 *Kapitales fossiles Elchschaufelgeweih. Ostpreußischer Moorfund. Wahrscheinlich Geweih eines verhältnismäßig jungen Hirsches. Langschaufel*

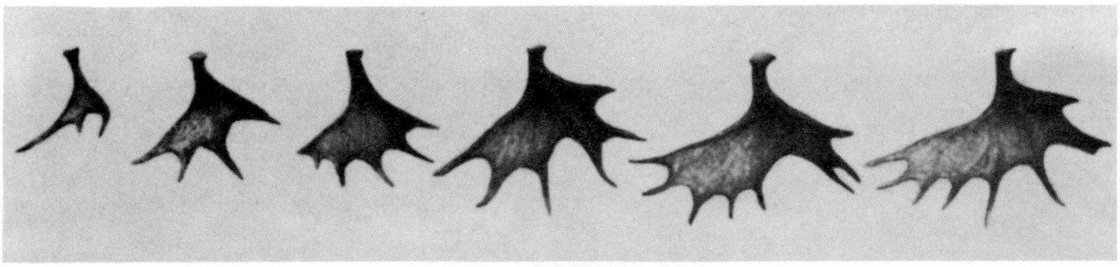

a

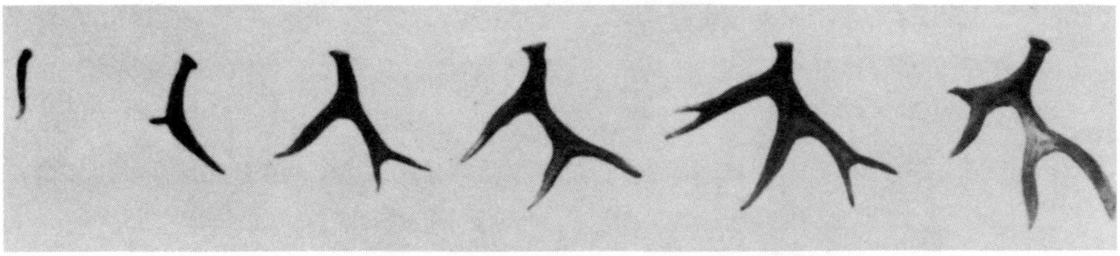

b

105 Entwicklungsreihe ostpr. Elchschaufler und Stangenelche in Abwürfen (aus der Hegesammlung des Elchjägermeisters)

106 Geweihe starker Stangenelche (Jagdausstellung Berlin 1937)

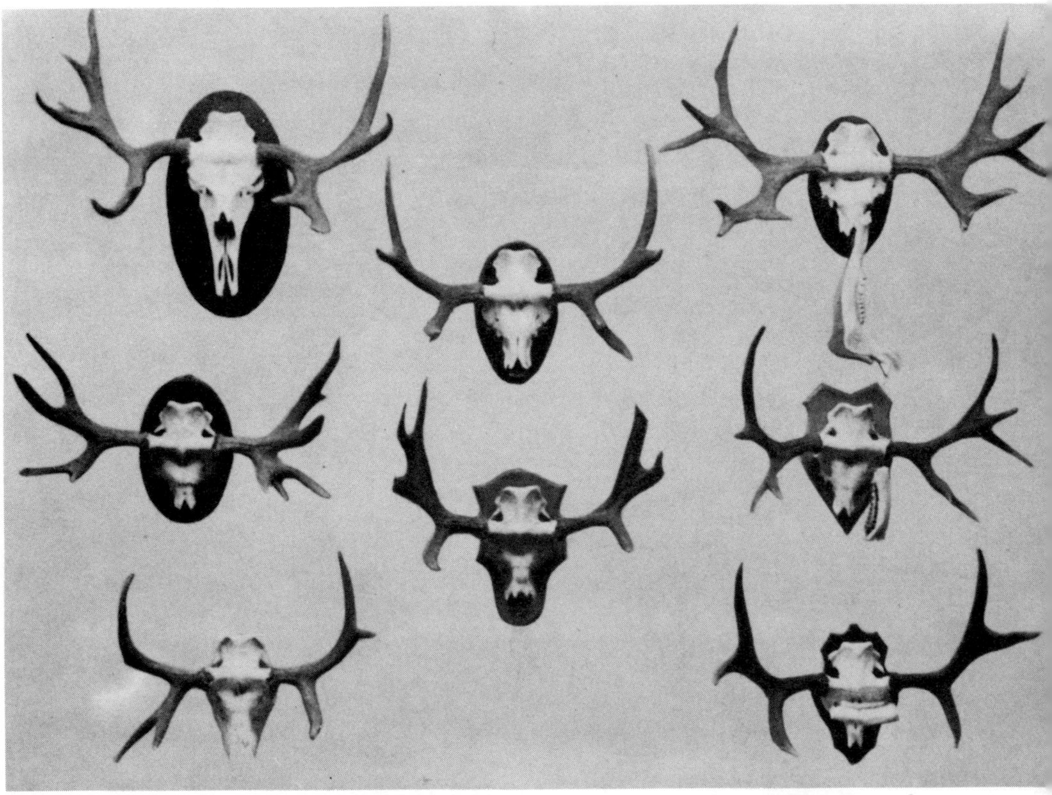

107

In der ersten Hälfte des 18. Jahrhunderts vom Alten Dessauer in Ostpreußen erbeutete Stangenelchgeweihe

108

Geweih eines sibirischen Stangenelches

109

Perückengeweih eines Elchhirsches (Sibirien)

110
Der Elch ist ein Baumäser; an Weide äsender Schaufler

111

Elchhirsch im Wasser

112

Ziehender Elchschaufler

113

Trollender Elchschaufler

114

Flüchtig werdender Schaufler

115

Silbergrauer junger Schaufler (sogen. Schimmel)

116

Elchlosung
links: Winterlosung eines alten Tieres,
rechts: Winterlosung eines jungen Hirsches

117

Brunftgrube mit Trittsiegel

118 *Die Brunft ist paarweise: treibender Elchhirsch*

119 *Flämender Elchhirsch*

›Ja, das stimmt, aber ihr habt gar nichts in Eurem Kopf, und das ist schlimm.‹«

Jedenfalls, auch späterhin gelang es nur selten, dieses schlimmsten Quälgeistes des ostpreußischen Elchwildes (in Kurland war Cephenomyia nicht selten, in Schweden soll sie nach T. Gardell nicht auftreten) als fertigen Insekts habhaft zu werden. Übrigens kommt auch die Rotwildrachenbremse gelegentlich beim Elch vor.

Unter der Decke unseres Wildes schmarotzen auch die Larven verschiedener Dasselfliegen, besonders die des Rotwildes (Hypoderma actaeon). Schwere Erkrankungen bewirkt die Dasselfliege kaum.

Die auf dem Elch vorkommende Hirschlausfliege wird als eine besondere Varietät (Lipoptena cervi, var. alcis Schnabl.) betrachtet. Sie ist größer und dunkler als die Hirschlaus des Rotwildes. Sie wird dem Elche (und dem Jäger!) nur lästig; gefährlich ist sie nicht.

Auch zwei Räudemilben schmarotzen nach den Feststellungen von Dr. Ullrich auf dem Elche: die Erregerin der Acarus-Räude und — besonders am sog. Elchbart (an der Spitze des Kehlsackes), am Schopf und im Haarbalg der Blätter — eine Milbe aus der Familie der Psoroptidae. Sie mag das Abstoßen der vom Barte stammenden behaarten Deckenfetzen verursachen, die man nicht selten findet (Verkürzung des Bartes).

Tödlichen Ausgang können verschiedene Wurmerkrankungen des Elchwildes haben; vor allem einige Leberegelarten, wenn sie massenhaft auftreten, sind gefährlich.

Verschiedenen Bandwürmern dient der Elch gleichfalls als Zwischenwirt, meist ohne von ihnen gefährdet zu werden. Hingegen haben bisweilen Magen- und Eingeweidewürmer bei Massenauftreten das Eingehen von Elchwild verursacht.

Auch zwei Lungenwurmarten sind beim Elch nachgewiesen.

Von Pilzerkrankungen der Decke ist besonders die in Ostpreußen sehr verbreitete und ins Auge fallende Trichophytose bekannt geworden, die L. Szidat als Elchflechte (Sabouraudites alcis) beschrieben und die große Ähnlichkeit mit der Pferdeflechte (S. granulosus) hat. Sie trat sehr häufig und sehr auffallend in den Monaten August und September an der Außenseite der Hinterläufe auf und erzeugte hier schwielige, zunächst schweißende Auftreibungen. Über Entstehung und Gründe ihres jahreszeitlichen Auftretens war noch nichts bekannt.

Während unser Elch (wie das gesamte deutsche Wild) unter Parasitenbefall oft stark zu leiden hatte, kamen bakterielle Infektionen in freier Wildbahn verhältnismäßig selten vor.

Krankheiten

An Seuchen ist in früheren Jahren wohl nur der Milzbrand aufgetreten, der an Sumpfgebiete, feuchte Niederungen und Überschwemmungen ausgesetzte Weideländereien gebunden zu sein scheint. (Bei Rotwild und Rehen gehört der Milzbrand zu den seltensten Krankheiten.) 1877 bis 1882 wurden in Ibenhorst 53 Elche gefunden, als deren Todesursache Milzbrand angenommen werden muß. Weitere Milzbrandfälle traten 1896 und 1897 auf. Auch 1910 wurden an Milzbrand verendete Stücke (in Tawellningken) gefunden.

Rauschbrand, der nach der Literatur beim Wilde bis dahin nie bekannt geworden war, wurde im Jahre 1896 bei einem gefallenen Elch nach zweimaliger Untersuchung durch Departements-Tierarzt und tierärztliche Hochschule Berlin einwandfrei festgestellt.

Dr. Ullrich fand bei im Frühjahr (März bis Mitte Mai) gefallenen Elchen Pararauschbrand (malignes Oedem), ohne aber einwandfrei nachweisen zu können, ob die Infektion den Tod herbeigeführt oder erst nach dem Verenden stattgefunden hatte.

Die Maul- und Klauenseuche ist trotz Epidemien unter dem Rindvieh beim Elchwild nie aufgetreten.

Zusammenfassend kann man sagen, daß abgesehen vielleicht vom Milzbrand, Infektionskrankheiten den ostpreußischen Elchbestand nie gefährdet haben.

Naturgewalten

Große Verluste entstanden aber unter dem Elchwilde, und gerade in seinen Haupteinstandsrevieren, im Mündungsgebiet der Memel, fast alljährlich durch Hochwasser, Glatteis und Schacktarp (Morscheis). Oft wurden Elche vom Hochwasser überrascht und erreichten nicht mehr das hohe Land, gerieten in den Eisgang der Ströme, kamen auf Blankeis zu Fall und kugelten sich die Hinterläufe aus oder brachen auf der nicht tragfähigen Eisdecke ein.

Hiervon berichten sehr anschaulich Revierförster Neumann, der 1924 nach Tawellningken kam, sechs Jahre lang die Revierförsterei Nemonien und von 1937 ab die Revierförsterei Meyruhnen (Quednau) betreute, und Revierförster Goltz aus Skirwieth (Forstamt Ibenhorst).

Im Herbst stand das Elchwild noch außendeichs in den beliebten Einständen, die ihm die begehrte Weidenäsung boten, hauptsächlich im Weidengürtel des Haffufers. Wenn dann im Spätherbst oder Winter der Nordwest das Wasser in den Niederwald drückte und das durch die großen Eindeichungen auf ein wesentlich kleineres Gebiet beschränkte und deshalb steigende Hochwasser das Wild zur Flucht auf die Elchdämme, Elchhügel und in die Polder zwang, dann forderte die Natur ihre Opfer. Das Elchwild hatte im allgemeinen einen feinen Instinkt für bevorstehende Hochwasser- und Eisgefährdung und brachte sich meist schon vorher in Sicherheit. Einzelne Stücke aber verharrten an ihrem Standort. Trat dann Frost ein, so bedeckte sich die weite Fläche, Wälder und Wiesen, mit einer glatten, nicht tragfähigen Eisdecke. Der gefürchtete »Schacktarp« war da. Um zu den Weidenhegern innerhalb des Deiches zu gelangen, mußte das zurückgebliebene Wild Flüsse und Wasserläufe überqueren. Waren die Flüsse zugefroren und trug das Eis am Rande bereits, so war es in der Mitte infolge der stärkeren Strömung oft noch dünn, und der den Wasserlauf querende Elch brach ein. Da er keinen Grund erreichte und der nachbrechende Rand auch das Hinaufkommen auf tragfähiges Eis verhinderte, so schwamm das bedauernswerte Stück in dem Eisloch umher. Als guter Schwimmer hielt der Elch das, gegen die Strömung schwimmend, trotz des eiskalten Wassers bis zu drei Stunden aus; an Brust und Träger zog er sich oft tiefe Schnittwunden zu. Kam dann nicht menschliche Hilfe, so war es um den Eingebrochenen geschehen.

In der Zeit des Schacktarps, zu Beginn und Ende des Winters, und bei Eisgang machten tags und nachts Forstbeamte und Waldarbeiter an den Flüssen Kontrollgänge und überwachten die bekannten Wechsel. Am Tage war das keine Schwierigkeit. Nachts mußten sich die Männer auf ihr Gehör verlassen. Zwei Stunden pflegt der Elch ruhig zu schwimmen, dann bei Ermüdung läßt er ein Stöhnen hören. War ein eingebrochener Elch zu hören, so wurde zur nächsten Försterei gelaufen, um Helfer mit Leinen, Brettern, Leiter und Laterne heranzuholen. Wenn das Eis auch den Menschen nicht trug, wurde ein Mann mittels einer von einem Brett bedeckten Leiter auf dem Eise bis an den Elch herangeschoben. Dieser legte dann eine bis zum Lande reichende, doppelt zusammengelegte Leine mit einem besonderen Knoten dem Elch um den Träger. Der Mann wurde mit der Leiter wieder eingeholt, und der angeseilte Elch mit vereinten Kräften auf das Eis und an Land gezogen. Die beste Gelegenheit bot sich, wenn der Elch, beim Versuch herauszukommen, wenigstens einen Lauf auf dem Eise hatte. War das Stück bereits so ermüdet, daß es nicht gelang, es auf diese Weise herauszuziehen, so wurde die Leiter mit einem Manne nochmals herangeschoben, ein kräftiges Brett unter den Wildkörper gebracht und dieses als Wippe benutzt. Geschafft wurde das Rettungswerk fast immer. Der Knoten des Rettungsseiles war so geknüpft, daß der fortziehende Elch die Schlaufe selbst löste, wenn das eine Leinenende festgehalten wurde. Noch reichlich verstört trollte das gerettete Wild fort; erst wenn die Dammkrone oder das Innendeichgebiet erreicht war, verhoffte es und äugte nach den Rettern zurück, als wollte es seinen Dank abstatten. Erschöpfung und die Absicht sich zu orientieren, ließen es wohl verharren. — Die nächtliche Rettung gestaltete sich besonders dann sehr schwierig, wenn Sturm und Regen die primitiven Petroleumlaternen auslöschten und man sie nicht wieder anzünden konnte. Dann mußten die Arbeiten in völliger Finsternis ausgeführt werden. Immer war solch eine Rettung für jeden Helfer ein besonderes Erlebnis. Manchem Elch wurde zur Zeit des Schacktarps das Leben erhalten. Zu diesen Rettungsaktionen standen die Waldarbeiter stets und ohne Rücksicht auf die Tageszeit und etwaige Belohnung zur Verfügung. Verständnis für die leidende Kreatur und Liebe zu »unsern Elchen« beseelte sie von Jugend an, waren sie doch schon meist gleich nach der Schulzeit zur Waldarbeit gekommen und hatten bei Elchjagd und -hegemaßnahmen mitgewirkt. Die Rettungsarbeiten stellten große körperliche Anforderungen an die Männer, und so war es nicht mehr als recht und billig, wenn nach erfolgreichem Werk ein heißer und starker Grog die nassen und durchgefrorenen Retter in der nächsten Gastwirtschaft vereinte.

Wenn der Fluß nur an den beiden Uferseiten einen schmalen Streifen Eis hatte, so daß der Elch darüber wohl ins Wasser, aber auf der anderen Seite aus eigener Kraft nicht wieder auf die Eisplatte hinauf gelangen konnte, wurde, oft mit Erfolg, eine andere Rettungsart versucht. Unter dem Winde des Elches wurde eine Eisscholle von etwa drei Meter Länge vom Ufer losgeschlagen und in das offene Wasser geschoben. Von einem Kahn aus wurde dann der Elch schwimmend in die Eislücke getrieben, so daß er durch die Öffnung das andere Ufer erreichen und hinaufziehen konnte. Dies Verfahren beanspruchte längere Zeit und war nur anwendbar, wenn das verunglückte Stück noch bei vollen Kräften war.

Trotz aller Überwachungsgänge und aller Aufmerksamkeit sind immer wieder Elche ertrunken, weil in dunkler Nacht bei Sturm und Regen die um ihr Leben kämpfenden Stücke nicht gehört wurden, weil die Wasserläufe nicht in ihrer ganzen Länge abgegangen werden konnten, oder die Ufer streckenweise auch von dschungelartigem, nicht begehbarem Dickicht eingerahmt waren.

Auch das Glatteis an sich bedeutete eine große Gefahr für das Elchwild. Insbesondere Kälber mit ihren noch weichen Schalen kamen leicht zu Fall, spreizten dabei die Hinterläufe und kugelten sie sich aus. Wenn sie nicht eine Kugel erlöste, waren sie einem qualvollen Ende verfallen.

Die Verluste, die durch Parasiten, Krankheiten und Naturgewalten beim Elchwilde entstanden, waren in den Bruchwaldrevieren hoch. So wurden nach meinen Aufzeichnungen im Forstamt Tawellningken in den Jahren 1935 bis 1938 jährlich durchschnittlich 44 Stück Fallwild gefunden; das waren etwa 80% des jährlichen Zuwachses. In Ibenhorst betrug der jährliche Verlust in diesen Jahren durchschnittlich 10 Stück oder 27% des Zuwachses. Aus den Höhenrevieren wurde dagegen verschwindend wenig Fallwild gemeldet: noch nicht einmal jedes zweite Jahr ein Stück je Forstamt.

Der Mensch

Der größte Feind des Elches aber war der Mensch, der durch unvernünftige Jagdausübung und durch Wilderei den Bestand unseres Wildes ernstlich gefährden konnte, so daß der Elch in Ostpreußen bereits mehrmals der Ausrottung nahe war (vgl. Seite 169).

Die Unsicherheit des Elches auf dem blanken Eise ist in früheren Jahren vielfach zu einer abscheulichen Art der Wilderei benützt worden. Die Revierförster Quednau und Neumann schilderten mir diese lautlose und gemeine Abschlachtung von Elchen.

»Die Fischer der an den Flußufern nahe der Mündung gelegenen Haffufer waren von Kindheit an gute Schlittschuhläufer. Sie benutzten primitive, oft schon von Vater und Großvater ererbte Holzsohlen mit eingelassener Stahlschiene, die einfach mit Lederriemen oder gar Bindfaden am Schuh befestigt wurden. Zum Abstoßen auf dem Eise bedienten sie sich bis drei Meter langer, sogenannter ›Eisspicker‹, an deren oberem Ende ein Knauf, am unteren eine Metallspitze, oft ein scharf gespitztes russisches Bajonett aus dem ersten Weltkriege, befestigt waren. —Unter der sehr harten, tüchtigen und genügsamen Fischerbevölkerung gab es natürlich auch unlautere Elemente, die das ›viele Fleisch‹, das sie fast täglich auf vier Läufen beobachten konnten, zum Wildfrevel lockte. Im ersten Weltkriege und besonders in den Revolutionsjahren, da sich alle Ordnung lockerte und die Ausübung des Jagdschutzes zunächst sehr erschwert war, spielte die Wilderei hier eine große Rolle. — Auf ihren Schlittschuhen suchten die Wilderer einzelne Elche, die auf Elchdämmen und -hügeln vom Eise eingeschlossen waren, auf. Sobald sie solche Stücke gefunden hatten, trieben die Schlittschuhläufer sie auf die glatte Eisfläche. Zunächst kam der Elch auf dem Eise noch gut vorwärts, bald aber ermüdete er auf der glatten Fläche, wurde eingeholt und von den Verfolgern zu einer möglichst rechtwinkligen Änderung der Fluchtrichtung gezwungen. Dabei kam das schwere Wild fast immer zu Fall und wurde erstochen. – An Ort und Stelle – meist durch Wald gegen Sicht geschützt – wurde die Beute zerlegt, und die besten Stücke wurden auf mitgeführten Handschlitten heimgeschafft. Am Orte der Meuchelei wurde eine Wuhne ins Eis gehackt und die nicht begehrten Teile des Wildes versenkt. Schweiß und Haare, die zum Verräter werden konnten, wurden mit Wasser fortgespült. Die Strömung trieb alles unter dem Eise ins Haff hinaus. – Die Bekämpfung dieser Wilderei war für die Forstbeamten natürlich außerordentlich schwer. Dringend Verdächtige waren ihnen bekannt, Beweise aber nur selten zu erbringen. Die Überführung dieser Art von Frevlern gehörte zu den Ausnahmefällen. Bisweilen verrieten Nachbarn den Täter aus Mißgunst. Die Bratendüfte aus der Küche des Nachbarhauses erregten doch allzu leicht den krassen Neid. Nach dem ersten Weltkriege war der Bestand des Elchwildes in Tawellningken und Nemonien durch diese widerwärtige Form der Wilderei ernstlich bedroht.« –

Selbstverständlich wurde auch mit der Waffe, alten Militärgewehren, ja sogar mit Kleinkaliberbüchsen, gewildert. – Oberamtsrichter a. D. Schulz, früher Labiau, schildert den größten zur Aburteilung gekommenen Fall von Elchwilderei im Bereich der früheren Oberförsterei Nemonien wie folgt:

»Es war kurz nach dem ersten Weltkriege. Wieder einmal herrschte ›Schacktarp‹ im Gebiet des Elchwaldes. Flur, Feld und Wald waren weithin vom Hochwasser überflutet. Die Bewohner der tiefer gelegenen Häuser waren mit Kind und Kegel, Hausrat und Vieh wie üblich auf die Hausböden gezogen. Ein Verkehr nach außen war nur mit einem Kahn möglich; nur wenige Straßen waren hochwasserfrei. Auch das Wild hatte sich auf höher gelegene Gebiete zurückgezogen; manchem Tier boten die hier und dort errichteten Elchdämme Rettung, Schutz und Äsung.

Da setzte gegen ein Wochenende plötzlich strenger Frost ein. Als am Sonntagmorgen die Wintersonne den über das weite Hochwassergebiet wallenden Eisnebel lichtete, spiegelten sich ihre Strahlen in einer weiten leuchtenden und glitzernden Eisfläche. Die in ihren Häusern und auf ihren Hausböden eingeschlossenen Menschen atmeten auf, daß das Eis ihnen eine Brücke bot, sich freier bewegen zu können. Auch das Wild strebte über die Eisfläche den altgewohnten Äsungsplätzen zu. In der darauf folgenden Nacht fiel leichter Neuschnee. Ein Forstmann des Elchwaldes nutzte den Vorteil des ›weißen Leithundes‹ zu einer Frühpürsch in lange Zeit nicht aufgesuchte Revierteile. Bald traf er auf eine ihm verdächtige frische Schlittenspur, die er bis zu einer am Waldrande stehenden Kate leicht verfolgen konnte. Hier fand er eine ältere Frau, die gerade damit beschäftigt war, von ihrem Handschlitten Reisig abzuladen. Als er sie darauf hinwies, daß ein Teil des Reisigs frisch geschlagen war und er sie daher anzeigen müsse, entgegnete sie ihm entrüstet, wenn sie bei der starken Kälte sich als Brennung etwas Reisig aus dem Walde geholt habe, dann wolle er das gleich anzeigen, aber was gestern da draußen auf dem Eise passiert sei, darum kümmere er sich überhaupt nicht.

Der Beamte bezeichnete die Erklärung der Frau als leere Ausrede und wollte ihre Personalien feststellen. Erst als diese immer wieder bei ihrer Behauptung verblieb, fragte er, was sich denn da am gestrigen Sonntag ereignet habe. Er traute seinen Ohren nicht, als die Frau ihm erzählte, eine Schar junger Leute aus zwei benachbarten Haffdörfern habe auf dem Eise auf Schlittschuhen laufend Elche, die an Weidenbüschen ästen, zusammengetrieben und mit ihren ›Ilassen‹ erstochen. Die Frau führte den Beamten zum Beweise ihrer Behauptung auch sofort auf dem Eise an einen größeren Weidenbusch, in dem eine Elchdecke mit Kopf und Läufen eines frisch getöteten Elches lagen, während das gesamte Wildpret bereits entfernt war.

Bei den alsbald einsetzenden allgemeinen Ermittlungen wurden noch eine weitere leere Elchdecke mit Kopf und Läufen und auch noch zwei weitere, aber an Wildpret noch unversehrte getötete Elche gefunden.

Sofort eingeleitete Fahndungen auf den Stationen der Königsberg—Labiau—Tilsiter Eisenbahn führten auf zwei verschiedenen Stationen der Strecke Labiau—Tilsit zur Beschlagnahme je eines mit Elchwildpret vollgepackten großen Reisekorbes, beide nach Tilsit adressiert.

Wegen der großen Zahl der Mittäter (über zwanzig Beteiligte) gestaltete sich das weitere Ermittlungsverfahren recht schwierig und langwierig. Die Hauptverhandlung fand vor dem Schöffengericht in Labiau statt unter Vorsitz des Amtsgerichtsrates Turowski, eines erfahrenen waidgerechten Jägers. Die Verhandlung ergab, daß eine größere Zahl junger Burschen — etwa fünfundzwanzig — im Alter von 20 bis 25 Jahren, in zwei Rotten auf dem Eise auf Schlittschuhen laufend, an Weidenbüschen äsende Elche sich gegenseitig zugedrückt, sie einzeln eingekreist und schließlich durch Stiche zur Strecke gebracht hatten. Sie bedienten sich dabei ihrer sog. ›Ilasse‹; das sind längere, handfeste Stöcke mit einer Eisenspitze, die gewöhnlich zur schnelleren Fortbewegung der Läufer auf dem Eise benutzt wurden und an denen als Eisenspitze alte russische Bajonette befestigt waren. Diese Spieße stellten in der Hand von Jagdfrevlern eine gefährliche Waffe gegenüber den auf der spiegelglatten Eisfläche meistens hilflos in Spreizstellung verharrenden schweren Tieren dar. Mindestens vier Elche sind damals auf diese Weise grausam und qualvoll getötet worden.

Es war eine unheimliche lautlose Jagd, die bei der Schnelligkeit der Schlittschuhläufer wie ein Spuk vorüber war, nachdem die Beute in Windeseile in ein Weidengebüsch geschleift und hier versteckt war. Erst in der Dämmerung vollzog sich dann das blutige Handwerk des Aufbrechens und Bergens eines Teiles der Beute, so daß am nächsten Morgen nur noch zwei an Wildpret unversehrte Elche und zwei leere Elchdecken gefunden wurden.

Als Strafe erhielten die Übeltäter 6 Monate bis zu 2 Jahren Gefängnis, je nach Beteiligung und Höhe der Vorstrafen. Strafverschärfend wurde besonders berücksichtigt, daß die Täter die Roheit besessen hatten, den Tieren auch noch die Lichter auszustoßen.

Ganz besonders schwierig und langwierig gestaltete sich schließlich die Strafvollstreckung, da viele der jungen Leute sich über die Nordseehäfen auf die Hochseefischdampfer verstreuten und vielfach erst nach Jahren wieder zu finden waren. Seitdem herrschte etwas mehr Ruhe im Elchwald.«

Die Entwicklung des ostpreußischen Elchbestandes in den letzten Jahrhunderten

Um die Wende des 18. Jahrhunderts, als das Elchwild in Deutschland nur noch in Ostpreußen vorkam, war es auch hier bereits stark vermindert und hatte in seinem zahlenmäßigen Bestande große Schwankungen erlebt. Zu Beginn des 18. Jahrhunderts aber beherbergte die Provinz trotz sehr rücksichtsloser Bejagung durch die Landesherren noch so beachtliche Bestände, daß bei einer Jagd, die Friedrich I. zu Ehren Peters des Großen veranstaltete, in der Capornschen Heide und den Fischhausenschen Forsten (südliches Samland) viele hundert Elche erlegt worden sein sollen. Wenn diese Angabe auch stark übertrieben erscheint, so muß die Strecke doch sehr hoch gewesen sein. Auf einer Hofjagd zur Zeit König Friedrich Wilhelms I. wurden in denselben Forsten 1718 vierzig Stück Elchwild erlegt. Man kann annehmen, daß der Elchbestand Ende des 17. Jahrhunderts noch 2000 Stück überstieg. Dieser hohe Bestand wurde durch übermäßige Bejagung, Fang von Elchkälbern, Wilderei, aber auch durch Wölfe und Seuchen stark vermindert. Im Jahre 1728 wird von den beiden ostpreußischen Oberforstmeistern v. Brandt und v. Gloeden in dem »Brunftregister« ein Bestand von 705 Stück Elch-

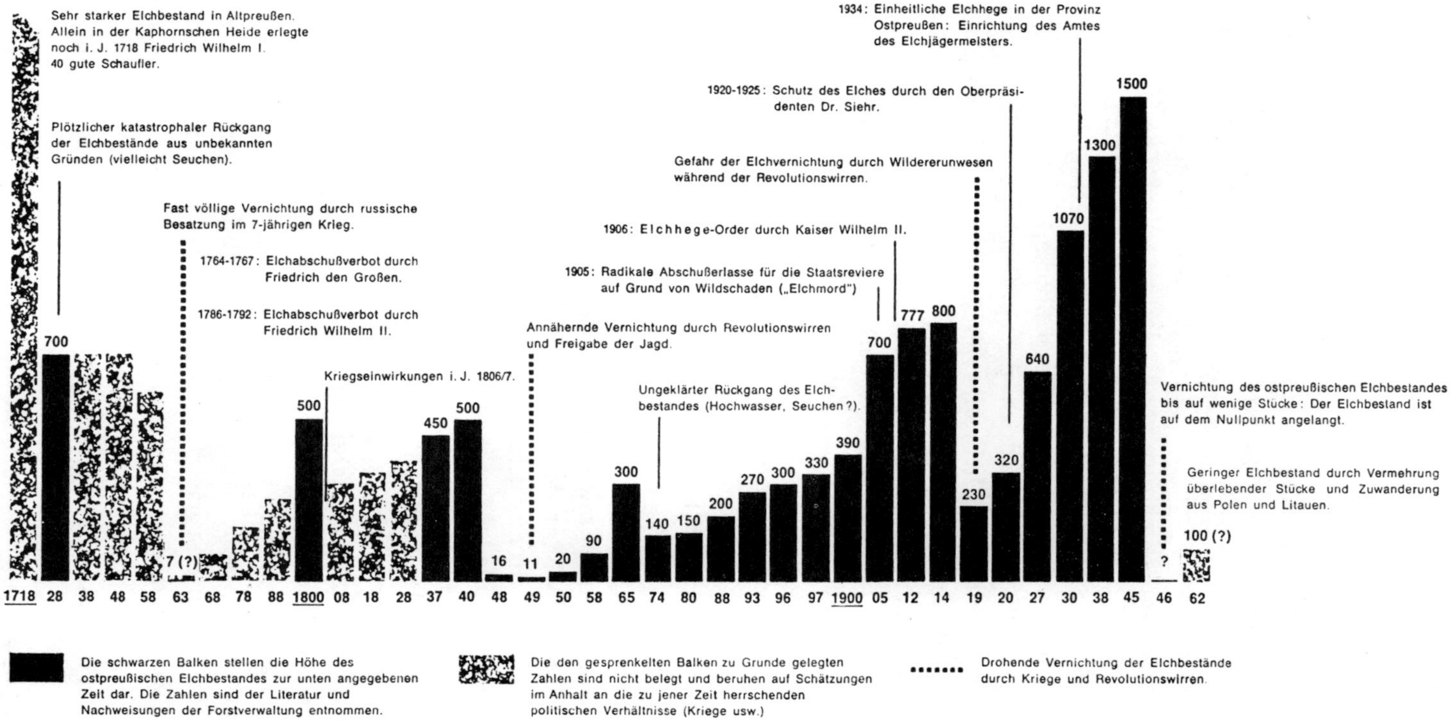

Das Auf und Ab des ostpreußischen Elchbestandes

wild (202 Hirsche, 323 Tiere, 180 Kälber) für die ostpreußischen Reviere angegeben. Es war aber noch fast über die ganze Provinz verteilt. Durch Kabinettsorder vom 9. 9. 1728 befahl der König die Schonung des Elchwildes 6 Meilen (= 45 km) um Königsberg herum, vornehmlich im Samland, in den Ämtern Tapiau, Toplack[1] und Insterburg. Am 1. 8. 1731 wird 12 Meilen (= 90 km) um Königsberg jeglicher Abschuß ohne besondere königliche Erlaubnis untersagt. Unter Friedrich dem Großen, der im Gegensatz zu seinem Vater jagdlich nicht interessiert war, scheint sich der Bestand allmählich vermindert zu haben. Die fast völlige Ausrottung des Elches brachte dann die russische Besetzung der Provinz während des Siebenjährigen Krieges. 1763 betrug der gesamte Elchbestand der Provinz nur noch wenige Stücke.

Elchabschußverbote Friedrichs des Großen für die Jahre 1764 bis 1767 und durch Friedrich Wilhelm II. 1786 für sechs weitere Jahre ließen den Elchbestand allmählich auf eine Zahl von etwa 500 Stück im Jahre 1800 anwachsen. Der »unglückliche Krieg« mit dem Durchzug der napoleonischen Heere und die Folgezeit brachten dem Elchwildbestande wieder erhebliche Einbußen. Erst im Jahre 1840 erreichte er wieder die Höhe des Jahres 1800.

Neben den Haupteinstandsgebieten, der »litauischen Wildnis« zwischen Deime und Memel und dem Samlande, war der Elch noch in der Osteroder Heide (Liebemühl und Taberbrück), in Ramuck (südlich Allenstein), bei Guttstadt, in Sadlowo bei Bischofsburg, in den Waldungen südlich Heiligenbeil, in der Borkener Heide, im Skalischer Forst, im Frisching, in Astrawischken, sowie wahrscheinlich in den Memelrevieren Standwild. In der Johannisburger und der Rominter Heide gab es schon 1800 kein Elchwild mehr.

Das unheilvolle Jahr 1848 mit seiner »Jagdfreiheit« brachte das Ende dieser über die Provinz verteilten Bestände. Nur wenige Stücke in Ibenhorst, im Samland und in den Frischingforsten entgingen der Verfolgung. Viel mehr als ein Dutzend Stück sind es nicht gewesen, mit denen an den Wiederaufbau herangegangen werden konnte: In den Staatsforsten wurde der Abschuß von Elchwild eingestellt und sorgfältige Hege angeordnet. Nach Ibenhorst, das als Kernzelle für den Wiederaufbau ausersehen war, wurde 1851 der jagdlich besonders interessierte Oberförster Ulrich versetzt. 1850 bereits war das Jagdpolizeigesetz erlassen worden, das der späteren Preußischen Jagdordnung ähnelte, beim Elch aber noch eine dreimonatige Schußzeit zuließ. Ganz allmählich hob sich der Bestand; 1858 wurden wieder 90 Stück festgestellt. In dem

[1] Das spätere Taplacken.

statistischen Werk der Preußischen Staatsforstverwaltung, von Hagen: »Die forstlichen Verhältnisse Preußens«, werden dann für die ostpreußischen Staatsforsten folgende Elchbestände angegeben:

1865	271 Stück, davon	226	in Ibenhorst
		3	in Nemonien
		31	im Frisching (Gauleden)
		9	im Samland (Fritzen)
	und je	1	in Pöppeln und Greiben
1881	149 Stück, davon	86	in Ibenhorst und Tawellningken
		52	im Frisching (Gauleden und Tapiau)
		11	im Samland (Kobbelbude)
1894	273 Stück, davon	160	in Ibenhorst und Tawellningken
		33	im Frisching (Gauleden und Tapiau)
		10	im Samland (Fritzen)
		40	in Greiben
		30	in den Lehmrevieren (Pfeil, Klein-Naujock und Mehlauken)

Zweifellos wird auch noch einiges Elchwild im Privatwald gestanden haben. Bei der damals starken Bejagung des Elches in diesen Revieren dürften sich die oben angeführten Zahlen für ganz Ostpreußen aber nur um 10 bis 20% erhöhen.

1865 hatten sich lediglich die Restbestände von 1848/49 im Memeldelta, im Frisching und im Samland vermehrt. Auch 1881 hatte sich das Elchwild noch nicht weiter ausgedehnt. Der starke zahlenmäßige Rückgang betraf nur die Reviere des Memeldeltas und ist zweifellos auf außerordentliche Hochwasserverluste und den um 1880 auftretenden Milzbrand zurückzuführen.

1894 hatte der »Siedlungsraum« des Elchwildes sich dann bereits erheblich vergrößert. Insbesondere Greiben und die nördlichen Lehmreviere des Kreises Labiau hatten wieder Elchstandwild.

Auf der Kurischen Nehrung war das Elchwild mit fortschreitender Entwaldung immer weniger geworden; 1780 war es völlig verschwunden. Erst mit dem großen Aufforstungswerk des vorigen Jahrhunderts fand der Elch hier wieder ihm zusagende Bedingungen. 1878 wurde der erste Elch auf der Nehrung gespürt, dem sich bald weitere Stücke zugesellten.

1897 wurde das preußische Wildschongesetz erlassen, das für den Elchhirsch die Schußzeit auf den Monat September beschränkte, den Kahlwildabschuß aber ganz untersagte. Auch die Preußische Jagdordnung von 1907 übernahm diese Schußzeit. Kahlwild durfte nur mit besonderer ministerieller Genehmigung erlegt werden. Nunmehr ging

Anzahl der Elche im Gebiet des Jagdkreises

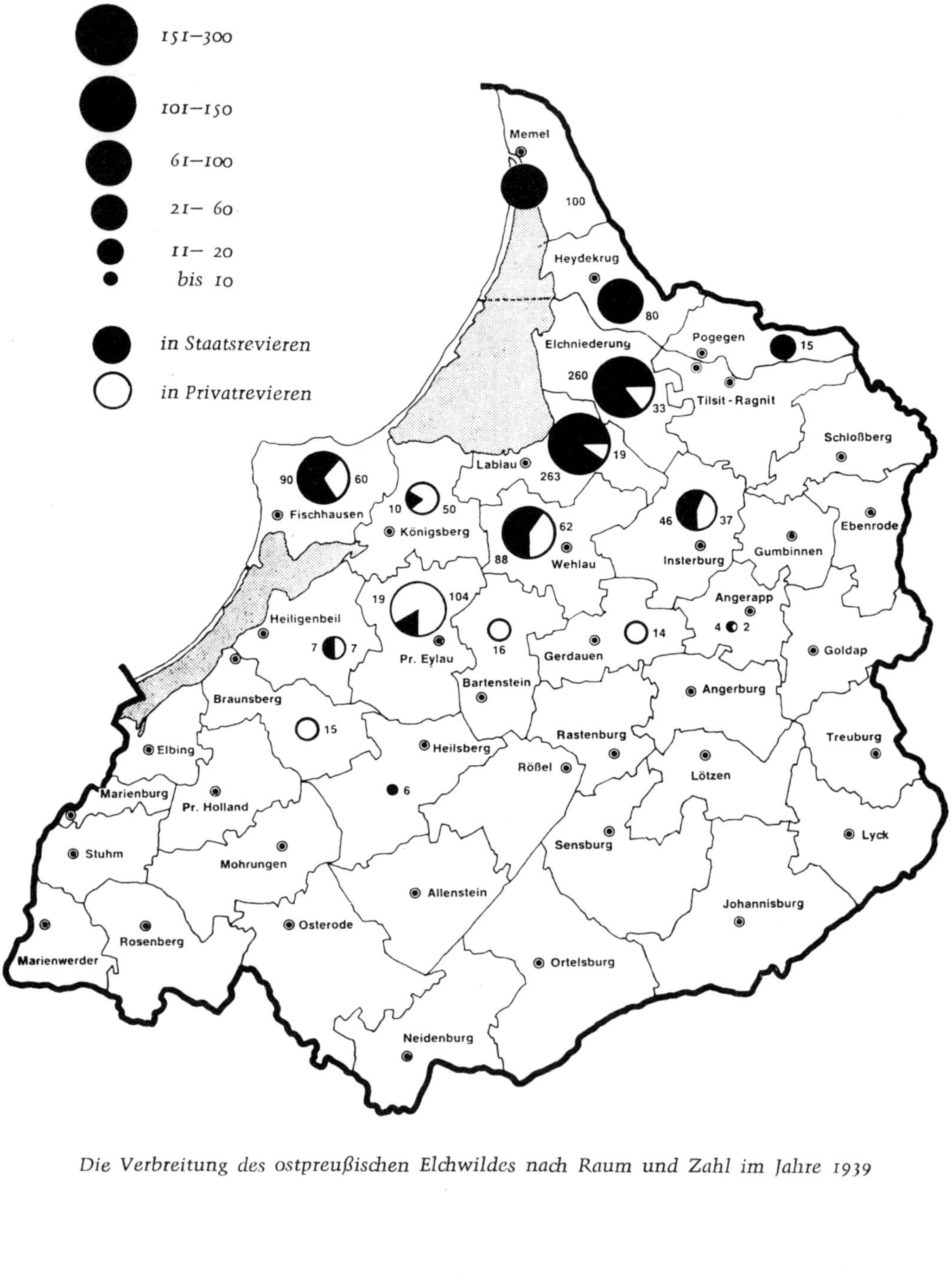

Die Verbreitung des ostpreußischen Elchwildes nach Raum und Zahl im Jahre 1939

die Aufwärtsbewegung schneller voran. 1905 wurde der Elchbestand bereits auf 700 Stück geschätzt. Das Elchwild konnte in diesen Jahren vor allem seine Verbreitung wieder erheblich ausdehnen und ungefähr die Grenzen erreichen, die es vor dem zweiten Weltkriege hatte. In den Lehmrevieren mit ihren wertvollen Edellaubhölzern, insbesondere der Eiche und der Esche, traten bereits so erhebliche Schäden ein, daß der Landwirtschaftsminister im Jahre 1905 für diese Reviere einen starken Abschuß anordnete, der den gesamten Bestand auf etwa 400 Stück herabmindern sollte. Es wurden im Jahre 1905: 98, 1906: 87 und 1907: sogar 127 Stück Elchwild abgeschossen. Dieser hohe Abschuß bedeutete besonders deshalb eine Gefahr, weil er das Elchwild in seiner Verbreitung auf das verhältnismäßig kleine Gebiet des Memeldeltas beschränken sollte und damit die Gefährdung seines Bestandes durch Hochwasser und Seuchen vergrößerte.

Obgleich der jährliche Abschuß in der Provinz bis 1914 etwa 100 Stück betrug, nahm der Bestand, begünstigt durch die von Kaiser Wilhelm II. 1906 erlassene Order zur Hege des Elchwildes, allmählich zu und erreichte 1914 die Höhe von 800 Stück. Auch den Krieg überstand das Elchwild verhältnismäßig gut. Das Wildererunwesen während der Revolutionswirren brachte es dann in den Jahren 1918 und 1919 wieder in größte Gefahr. Bis auf etwa 200 Stück ging der Bestand zurück. Durch das Eingreifen von Jagdkommandos wurde der Wilderei Einhalt geboten, und die Schutzverordnung des Oberpräsidenten von 1921 brachte die Wende.

Der Elchbestand nahm stetig zu; 1927 wurden 640, 1930 über 1000 und 1939 über 1400 Stück Elchwild gezählt. Die Verbreitung unseres Elchwildes auf Grund der letzten Zählung im Frühjahr 1939 habe ich in einer Karte dargestellt (Tafel II). Dieser Stand wurde während des Krieges gehalten.

Die Besetzung Ostpreußens durch die Russen brachte dann sehr schnell die Vernichtung dieses mit viel Idealismus und manchen Opfern, namentlich von seiten des Privatwaldbesitzes, herangehegten Bestandes. Nur wenige Stücke im Kreise Pr. Eylau (Stablack) und im Nordteil der Kurischen Nehrung sind ihr entgangen. Aus diesen und zugewanderten Stücken aus Litauen und Polen hat sich langsam ein kleiner Bestand aufgebaut, der etwa 100 Stück betragen mag.

Hege und Heger

Zur Geschichte der Elchhege

Der Begriff »Hege« im Waidwerk ist noch nicht alt; trotzdem ist sein Inhalt großen Wandlungen unterworfen gewesen. Ursprünglich nur Schutz und Pflege bedeutend, wird das Wort Hege heute in viel umfassenderem Sinn gebraucht.

Schutzverordnungen für das Wild hat die Landesherrschaft auch in früheren Jahrhunderten erlassen. Unter dem Orden war bei dem hohen Waldanteil und großen Wildreichtum die Jagdausübung, auch auf landesherrlichem Grund und Boden, noch völlig frei. Nur die Jagdgehege der Hochmeister und Komture wurden vor Eingriffen geschützt. Der Orden regelte lediglich die Preise für Wildpret, Decken und Bälge, erhielt bestimmte Anteile der Jagdbeute und hatte ein Vorkaufsrecht auf sie.

Erst gegen Ende des 15. Jahrhunderts begann sich das Jagdregal der Landesherrschaft auf ihrem Besitz herauszubilden. Gegen Übergriffe der Bevölkerung wurden dann in zunehmendem Maße Jagdschutzverordnungen erlassen, zunächst ämterweise, vom 18. Jahrhundert ab für die ganze Provinz.

Schon im 16. und 17. Jahrhundert waren Schonverordnungen erlassen, die »das Jagen, Hetzen, Schießen ... zu ungewöhnlichen Zeiten, da sich das Wild ... mehren soll«, verboten und mit Strafe bedrohten. Leider wurden die Bestimmungen kaum beachtet. Erst König Friedrich Wilhelm I. griff schärfer durch. Doch auch sein Edikt vom 11. März 1713 wurde vielfach übertreten. Das »Erneuerte Edict wegen Schonung des Wildprets in den Kgl. Geheegen und Wildbahnen in Preussen« vom 17. Januar 1734 galt nur in den Königlichen Forsten und Ländereien. Die Forstordnung für Ostpreußen von 1775, die ihre Jagdschutzbestimmungen auch auf Eigenjagdbesitzer und Jagdpächter ausdehnte, legte dann Schonzeiten fest: »Die Setz- und Brütezeit, welche von dem 1. März bis zu Bartholomäi oder dem 24. August gehet, soll dergestalt genau und eigentlich gehalten werden, daß in solcher Zeit das Wildpret geschonet werden soll.« (Ausgenommen waren Raubtiere, Dachse, Biber und die Mehrzahl der jagdbaren Vögel. Mit der Mitteljagd beliehene Grundeigentümer oder Jagdpächter durften für den eigenen Verbrauch Rehböcke und Sauen auch während dieser Schonzeit erlegen.)

Neben dieser allgemeinen Schonzeit wurde vom König auch für einzelne Ämter oder für ganz Ostpreußen Schonung bestimmter Wildarten angeordnet. Die Abschußverbote für Elchwild durch Friedrich Wilhelm I., Friedrich den Großen und Friedrich Wilhelm II. wurden bereits erwähnt.

Gegen das Wildererunwesen wurden scharfe Strafbestimmungen erlassen. Auch die Bekämpfung des Raubwildes, insbesondere der Wölfe, wurde vom Staate gefördert. Mangels genügender Aufsicht und ausreichenden Jagdschutzpersonals blieb aber allen Schutzbestimmungen ein voller Erfolg versagt.

Trotz guter Äsungsverhältnisse wurde in den bevorzugten Jagdrevieren der Landesherrschaft auch bereits seit Ende des 16. Jahrhunderts das Wild im Winter gefüttert, durch Fällen von Aspen und anderem Laubholz und durch Darbietung von Heu. Ja, sogar Salzlecken wurden bereits im 17. Jahrhundert dem Wilde geboten.

Die aufgeführten Maßnahmen zum Schutz und zur Pflege der Wildbestände hatten aber wenig mit Hege im heutigen Sinne zu tun. Nicht aus ethischen, sondern lediglich aus materiellen Gründen wurden sie getroffen, wenn die Quellen des Jagdvergnügens zu versiegen oder die begehrten Erträge der Jagd, Wildpret und Decken (Elch- und Hirschleder!) auszubleiben drohten. Das Verhältnis zum Tier ermangelte im allgemeinen des Mitgefühls; die Jäger bedienten sich zum Teil grausamer Jagdmethoden. Ohne Wahl wurde erbeutet, wessen man habhaft werden konnte.

Zwischen Schonverordnungen bei Gefährdung des Bestandes und erneutem starkem Abschuß, wenn das Elchwild wieder zugenommen hatte, ging es hin und her.

Nach der durch Friedrich Wilhelm II. angeordneten sechsjährigen Schonung des Elchwildes schreibt der Oberforstmeister von Wangenheim im Jahre 1795: »Durch diese Ruhe hat sich das Elchwild wieder so vermehrt, daß seine Ausrottung nicht mehr zu befürchten ist, ja, daß der vermehrte Wildstand den jüngeren Schlägen merklichen Schaden zufügt.« Die Klagen der Stände über unerträgliche Wildschäden veranlaßten die Verwaltung dann wieder, einen überhöhten Abschuß zuzulassen.

Von der Jahrhundertwende ab verhielt sich die preußische Forst- und Jagdverwaltung dann aber dem dauernden Drängen der Stände auf vermehrten Elchabschuß gegenüber doch ablehnender, und der Elchbestand konnte in der ersten Hälfte des 19. Jahrhunderts sich auf einer Höhe zwischen 300 und 500 Stück halten.

Die Revolution von 1848 mit ihrer Forderung nach völliger Jagdfreiheit und ihrer hemmungslosen Verwirklichung führte dann nahe an die völlige Ausrottung des ostpreußischen Elchbestandes heran. Die schlimmen Auswirkungen dieser Jahre leiteten aber auch die Besinnung und eine allmähliche Wende der jagdlichen Anschauungen ein.

Neuere Hegebestrebungen und ihre Verfechter

Bis 1905 freilich konnte man von Hege im eigentlichen Sinne nur in den staatlichen Elchrevieren des Memeldeltas und in wenigen großen Privatrevieren sprechen.

1851 war die, damals südlich noch bis an die Gilge reichende, 13 830 ha große Oberförsterei Ibenhorst zum Elchschonrevier bestimmt worden. Der jagdlich sehr interessierte Oberförster Ulrich, der das Revier von 1851 bis 1873 verwaltete, und der sich als einer der Ersten auch gründlich mit der Lebensweise des Elches befaßte, tat alles in seiner Macht Stehende zur Pflege des ihm anvertrauten Wildes. Das 1850 erlassene Preußische Jagdpolizeigesetz sah für das Elchwild aber noch eine dreimonatige Schußzeit vor. Das Revier war verhältnismäßig schmal, und fremde Jagdbezirke reichten zum Teil tief hinein. Bei Hochwasser drängte das Elchwild auf das höher gelegene Land, auch der Nachbarjagden. Durch übermäßigen Abschuß in diesen Privatrevieren wurde die Heranhegung eines stärkeren Elchbestandes außerordentlich erschwert. Zwar war die Anpachtung dieser Jagdbezirke als Schutzjagden angeordnet, und es wurden auch gute Pachtpreise gezahlt; aber nur selten fanden sich die recht wohlsituierten Eigentümer oder die Gemeinden bereit, die Jagd an die Forstverwaltung zu verpachten. Lediglich im Nordteil Ibenhorsts, in dem aus dem Bredzuller Moor und den angrenzenden Schutzbezirken Ackmenischken, Skirwith und Kerschkallen gebildeten, rund 3500 ha großen Schongehege, das teilweise sogar abgegattert war, fand das Elchwild im hochwasserfreien Kiefernrevier Ackmenischken und auf dem Hochmoor bei Überflutung des Niederwaldes Zuflucht und Winteräsung.

Bis zum Jahre 1865 konnte trotz aller Verluste durch Abschüsse an den Grenzen und durch Naturkatastrophen in Ibenhorst der Bestand auf über 200 Stück Elchwild vermehrt werden. In der Folge gab es dann allerdings starke Verluste durch Hochwasser, Seuchen und Schädigung der Weidenäsung. Die Wichtigkeit des Wahlabschusses für das Heranhegen starker Schaufler hatte man noch nicht erkannt. Ulrich war noch ganz in der Altumschen[1] Theorie befangen, daß der Elchhirsch im 2. Lebensjahre (also als »1. Kopf«) Spieße, im 3. ein Gabelgeweih, im 4. Sech-

[1] Altum: Prof. d. Zoologie an der Forstakademie Eberswalde.

120 *Saugendes Elchkalb während der Brunft, Ende September*

121 *Beim Äsen an Birkenbüschen gestörter Schaufler. Drohende Haltung: nach hinten gerichtete Lauscher*

122

Am Boden äsendes Elchtier; die Vorderläufe sind gespreizt

123

Geschälte Esche. Winterschälung. Die Schälstelle reicht von 80 cm bis 320 cm über der Erde

124 *Schöpfender Elchschaufler in einem Teich der Palwe (Kurische Nehrung)*

125 *Der vertraute »Gästeelch« von Schwarzort beim Äsen. Ende Juli ist das Geweih noch im Bast und nicht völlig vereckt*

Oberförster Olberg
Ibenhorst 1890–1899

Landforstmeister Wrobel
Min.ref.i. Berlin 1904–1918

Oberförster Meyer
Tawellningken 1904–1914

Jagdschriftsteller Fritz Bley
1853–1931

Dr. h. c. Siehr
Oberpräsident von Ostpreußen 1920–1932

M. v. Kobylinski
letzt. Vors. d. Landesvereins
Ostpreußen des ADJV

Revierförster Quednau
in Tawellningken
1892–1945

Oberförster Schirmacher
Nemonien 1919–1927

Forstamtmann Weber
in Tawellningken
1903–1945

127 *Heger des Elchwildes: v. r. n. l. Ministerpräsident Braun, Bildhauer Vordermayer, Oberförster Orlowski*

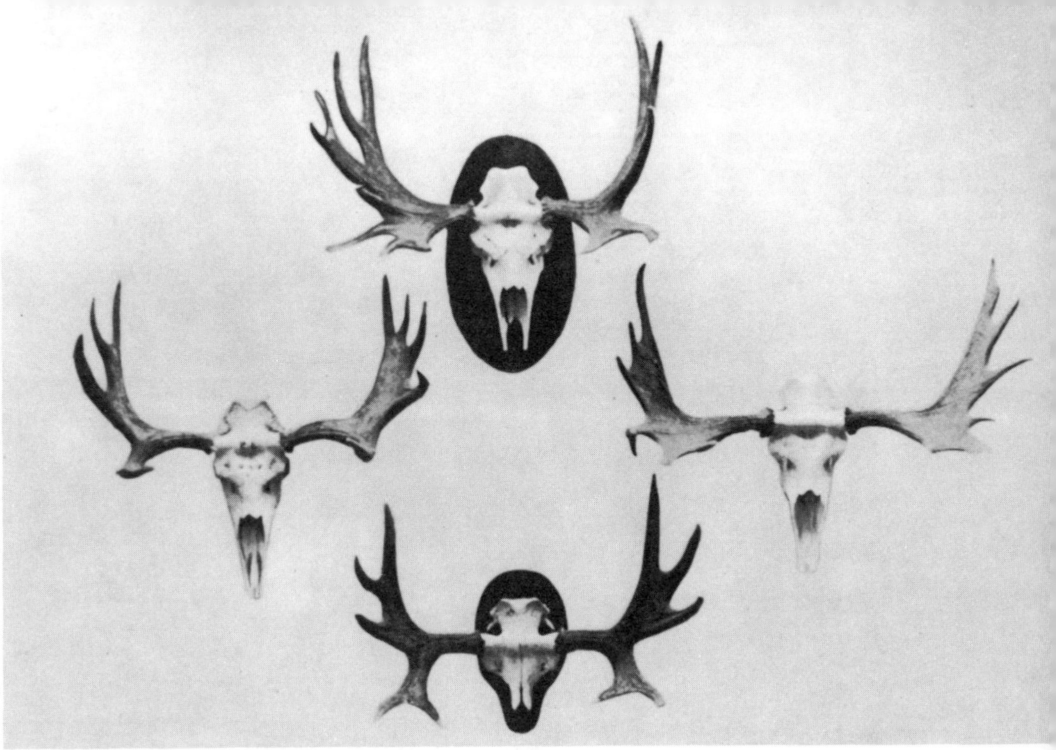

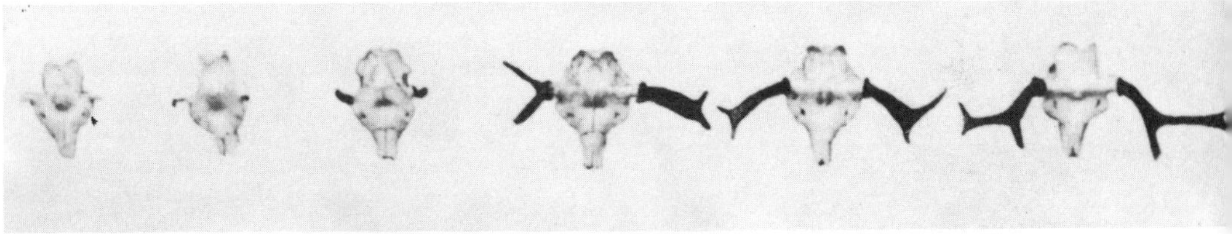

128

Starke Elchgeweihe mit ungenügender Schaufelbildung (Endenhirsche oder Halbschaufler)

129

Elchgeweihe vom 1. Kopf (Spießerstufe, 17–18 Monate alt) links: schlecht veranlagt rechts: gut veranlagt

130

Blick in die Hegesammlung des Elchjägermeisters

131 Im Schaugehege Werbellinsee gesetzte Elchkälber
132 Forstamtmann Eschment, Forstamt Rossitten, mit Flaschen-Elchkalb

serstangen und dann »im regelmäßigen Verlauf, wie der Rothirsch, jährlich zwei Enden mehr« aufsetze.

Auch die Nachfolger Ulrichs, die Oberförster Axt und Reisch in Ibenhorst und Schmidt im 1876 neu begründeten Tawellningken, haben sich um die Erhaltung und Pflege des Elchbestandes große Verdienste erworben. Bereits 1885 äußerte Reisch zu dem Jagdschriftsteller Bley, daß eine Besserung der Geweihbildung so lange nicht möglich sei, als nicht der Abschuß ewig gering bleibender Hirsche gestattet werde. Damals galt also noch, wenigstens an der Spitze, die Altumsche Theorie, daß ein Gabler zwei Jahre alt zu sein habe!

Besonders taten sich die im letzten Jahrzehnt des vorigen Jahrhunderts Tawellningken und Ibenhorst verwaltenden Oberförster Schall und Olberg (Abb. 126) bei der Elchhege hervor. Schall regte den Bau von Dämmen und über das ganze Revier verteilten Hügeln und Poldern und deren Bepflanzung mit Weiden an. Gegen die Eindeichung des gesamten Deltagebietes, also auch des Waldes, aber erhob er schärfsten Einspruch, wohl in der Furcht, daß der Erlenwald die gänzliche Veränderung der Wasserverhältnisse nicht vertragen würde und wenigstens teilweise der landwirtschaftlichen Kultur weichen müsse. Gerade die Führung des Deiches am Ostrande des Waldes brachte diesem durch Einengung des Ausbreitungsgebietes größere Hochwasser und dem Elchwilde besonders hohe Verluste. Es ist nachträglich sehr schwer zu beurteilen, ob die anfänglich geplante Einbeziehung des Waldes in die Polder und die Führung des Deiches unmittelbar am Haffufer sich für das Elchwild günstiger ausgewirkt hätte. – Schall baute auch den ersten hochwasserfreien Damm zwischen Meyruhnen und Inse, der seinen Namen trug. Oberförster Olberg regte bereits in den neunziger Jahren zahlreiche Maßnahmen an, die bis zu unserer Zeit die Grundlage für die Hege des Elchwildes bildeten.

Sein Vortrag, gehalten auf der Versammlung des Preußischen Forstvereins zu Tilsit am 17. Juni 1895, mit dem Thema »Durch welche Mittel ist die Erhaltung des Elchwildes im Vereinsgebiet zu sichern?« ist eine wahre Fundgrube auf diesem Gebiet. Olberg sah »die Ibenhorst« (also die Oberförstereien Ibenhorst und Tawellningken) mit Recht als das Reservoir an, aus dem sich das Elchwild in den übrigen Revieren immer wieder ergänzte. Er empfahl außer einer allgemeinen Beschränkung des Abschusses bereits, diesen bei den Hirschen »auf alte starke Hirsche mit schlechten Gabelgeweihen« zu verlegen und gute Schaufler und Zukunftshirsche zu schonen.

Olberg regte ferner eine Änderung der im Wildschongesetz vom 26. Februar 1870 vorgesehenen Jagdzeit des Elchwildes an und empfahl, sie auf die Zeit vom 15. September bis 15. Oktober zu beschränken. Den Bezirksausschüssen der Regierungsbezirke Gumbinnen und Königsberg sollte die Befugnis eingeräumt werden, in gewissen Kreisen ihres Bezirks den Abschuß von weiblichem Elchwild und Kälbern ganz zu untersagen. Olberg erhoffte dadurch einen Schutz des Elchwildes zur Zeit der Abwanderung aus den Niederwaldrevieren und die Möglichkeit, bei starken Wildverlusten durch Hochwasser, Schacktarp oder Seuchen den Abschuß von Kahlwild zu unterbinden. Er hielt diese Änderungen der Jagdzeiten für vordringlich, da das Elchwild durch den im Bau befindlichen Memeldelta-Deich veranlaßt werden dürfte, mehr und mehr in den hochwassergeschützten Polder zu wechseln, statt sich wie bisher in die hochgelegenen Teile der Forst zu retten.

Für das Elchschonrevier, das Olberg auf die ganze Ibenhorst ausgedehnt sehen wollte, empfahl er:

Anpachtung der angrenzenden Jagdreviere als Schutzjagden;

Verbesserung des Jagdschutzes durch sorgfältige Auswahl und Vermehrung der Forstschutzbeamten;

Rücksichtnahme auf die Elchhege bei allen forstwirtschaftlichen Maßnahmen;

Erhaltung und Ausnutzung der vorhandenen Hügel als Rettungsinseln für das Elchwild, Fernhaltung überflüssigen Verkehrs, sowie Bepflanzung mit Weiden und Birken;

Neuanlage von Rettungsinseln durch Aufschüttung von Dämmen und Hügeln;

Schaffung einzelner Polder im Revier;

Vermeiden von Beunruhigung der Elcheinstände durch allzu intensiven Kulturbetrieb;

Einschränkung der forstlichen Nebennutzungen, Fernhaltung des Menschen von den Wildeinständen, strenge Handhabung der Forstpolizei;

Sorge für ausreichende Äsung durch Erhaltung und Vermehrung der Weiden und Birken.

Bei der Anlage von *Weiden*pflanzungen empfahl Olberg, sich auf die Bestandes-, Damm- und Wegeränder zu beschränken, wo es möglich sei, die Stecklinge vor der Konkurrenz des üppigen Unkrautes zu schützen. Auch auf 8 m breiten Randstreifen von Schlägen, auf denen in den ersten zwei Jahren der Graswuchs noch nicht allzu stark ist, habe er mit gutem Erfolge Weidenpflanzungen durchgeführt. Vorhandene Weidensträucher seien, um sie vor Überalterung und Absterben zu schützen und ihre Wuchskraft anzuregen, öfters auf den Stock zu setzen.

Für die Erhaltung und Verjüngung der Birke sei gleichfalls zu sorgen.

Hierfür empfahl Olberg den Überhalt einiger Birkensamenbäume auf den Niederwaldschlägen, Belassen wenigstens des Teiles des reichlichen Birkenanfluges im Hochwalde, der die wertvollen Nadelhölzer nicht allzusehr bedrängte.

Auf dem Hochmoore, dem beliebten Wintereinstande des Elchwildes, habe er gute Erfahrungen mit der Verbesserung der Abflußverhältnisse an den Rändern gemacht: Auf dem Grabenauswurf und in der Nähe der Gräben finde sich die Birke massenhaft ein. Die Kiefer fliege hier gleichfalls an, werde aber sehr schnell abgeäst und halte sich auf die Dauer nicht. Auch das Heidekraut gedeihe auf den entwässerten Hochmoorrändern und biete dem Elchwilde Äsung.

Eine künstliche Fütterung des Elchwildes müsse sich, da Futtermittel wie Heu, Rüben und Hafer nicht angenommen würden, auf Darbietung von Birken- und Kiefernreisig durch rechtzeitige Fällung von Stämmen und Liegenlassen der Kronen beschränken.

Von einer Blutauffrischung versprach sich Olberg nur dann einen Erfolg, wenn eine genügende Anzahl (10 bis 15 Stück) eingeführt würde. Der 1877 in Ibenhorst durchgeführte Versuch mit drei schwedischen Elchkälbern habe keinen Erfolg gebracht.

Auf diesen Vortrag und weitere Berichte und Anregungen Olbergs ist wohl in der Hauptsache Erlaß und Inhalt des Gesetzes betr. Abänderung der Schonzeiten des Elchwildes vom 13. August 1897 zurückzuführen, das die Schußzeit auf den September beschränkte und über seine Vorschläge hinaus dem weiblichen Elchwilde gänzliche Schonung gewährte.

Auch auf die Gestaltung des Preußischen Wildschongesetzes vom 14. Juli 1904 hat Olberg einen nicht unwesentlichen Einfluß ausgeübt, wie ich einem Schriftwechsel zwischen dem Jagdreferenten der Ministerial-Forstabteilung und ihm entnehmen konnte.

Nach der Teilung der Ibenhorst und der Bildung der fast 8000 ha großen Oberförsterei Tawellningken verlegte sich der Schwerpunkt der Elchhege und -jagd allmählich mehr auf dieses neue Revier. Das hatte verschiedene Gründe: Der Elchbestand war höher und die Gefahren, denen das Wild durch Hochwasser und Schacktarp ausgesetzt war, wesentlich größer. Sie erregten Aufsehen; ihnen mußte entgegengearbeitet werden. Das kleinere Ibenhorst hatte seinen Hochwald und das Bredzuller Moor, auf die das Elchwild bei Hochwasser auswich. Tatsächlich waren denn auch die Elchwildverluste in Ibenhorst im Verhältnis wesentlich geringer als in Tawellningken. Auch die Persönlichkeit der Revierverwalter hat wohl dazu beigetragen, daß es um Ibenhorst zur Jahrhundertwende etwas »stiller« wurde. Durch den in den ersten Jahren unseres Jahrhunderts durchgeführten Ausbau des Forsthauses Pait zum (sehr bescheidenen) kaiserlichen Jagdhaus mag diese Schwerpunktsverlagerung noch gefördert worden sein.

In Tawellningken hat sich nach dem Tode von Schall der Oberförster Frey sehr für den Schutz des Elchwildes eingesetzt. Bei Hochwasser und Schacktarp war er stets persönlich an den Gefahrenpunkten, und auch bei der Bekämpfung der Wilderei griff er energisch durch.

Sein Nachfolger wurde am 1. Januar 1904 Oberförster Ernst Meyer (Abb. 126), der Mann, der sich wohl das größte Verdienst um die Elchhege erworben und die Grundlage für ihre Erfolge gelegt hat. In dem Ministerialreferenten für Ostpreußen und für das Jagdwesen, dem Landforstmeister Wrobel (Abb. 126), übrigens einem gebürtigen Ostpreußen, fand er einen eifrigen Förderer und Fürsprecher.

In den Jahren um die Jahrhundertwende war das Interesse der Forstbeamten am Elchwilde recht gering. Am Abschuß wurden sie kaum beteiligt. Von Jagdgästen erlegt wurden nur die stärksten Geweihträger, an denen es aber sehr mangelte. Meyer erkannte, wie schon Reisch, Olberg und andere, daß die vielen an Wildpret starken Elchhirsche mit kümmerlicher Geweihbildung unmöglich junge Stücke sein konnten, sondern daß es sich bei der Mehrzahl um Kümmerer oder Hirsche mit hinsichtlich der Geweihbildung schlechter Erbanlage handeln müsse, deren Abschuß dringend sei. Sein Verdienst war es, das zu beweisen und in der Folge einen Abschuß nach hegerischen Gesichtspunkten wenigstens im Kerngebiet des ostpreußischen Elchwildes durchzusetzen. Landforstmeister Wrobel interessierte den Kaiser für die Ideen Meyers. Bei einem Jagdbesuch Wilhelms II. in Tawellningken trug Meyer an Hand einer Sammlung von Abwürfen seine Gedanken vor. Der Kaiser ordnete daraufhin die Durchführung eines planmäßigen Hegeabschusses an. Schon von 1906 an wurde durch drei junge Beamte, die damaligen Forstaufseher Quednau, Sich und Weber, unter Anleitung und Aufsicht von Wrobel und Meyer ein starker Abschuß von schlecht veranlagten Hirschen durchgeführt. Insbesondere wurden Spießer, alte Gabler und alte Sechser und Achter abgeschossen. Dieser Abschuß brachte Klarheit über die Gründe für den seit Jahrzehnten zunehmenden Rückgang in der Geweihbildung des Elchwildes der Bruchwaldreviere. Durch Arbeiten von Zoologen (Joseph und Nitzsche) war man auf die Zahnentwicklung der Hirsche und die Möglichkeit der Altersbestimmung an Hand des Gebisses aufmerksam geworden. Es wurden einige nach dem Gebiß einwandfrei im 2. Lebensjahr stehende (also $1^1/_2$jährige) Elchhirsche geschossen (oder als Fallwild gefunden), die bereits Gabel- oder Sechsergeweihe (teilweise schon mit schaufelartiger

Verbreiterung) geschoben hatten, neben solchen, die kümmerliche Spieße oder Knöpfe trugen. Daneben kamen nach Körperstärke und Zahnabnutzung offensichtlich alte Spießer und Gabler zur Strecke, die es nie mehr zu endenreicheren Geweihen gebracht hätten. Auch über das »Stangengeweih« als erbliche Geweihform des Elches brachte dieser Hegeabschuß Aufschluß.

Kaiser Wilhelm II. hatte, durch Vorträge von Wrobel angeregt, bereits durch Kabinettsorder vom 26. September 1906 bestimmt, daß in den ostpreußischen Oberförstereien Ibenhorst, Tawellningken und Nemonien das Elchwild auf Grund der in Tawellningken gemachten Erfahrungen gehegt werden sollte. Die angrenzenden sechs Oberförstereien (Schnecken, Wilhelmsbruch, Mehlauken, Alt-Sternberg, Pfeil und Klein-Naujock) sollten als Schutzgürtel dienen; in ihnen war der Abschuß nach hegerischen Gesichtspunkten durchzuführen. In den übrigen ostpreußischen Oberförstereien war das Elchwild »nicht zu hegen«. 1906 wurde damit das Geburtsjahr der modernen Elchhege. Es war aber auch höchste Zeit, daß etwas Grundlegendes für die Erhaltung und Verbesserung des ostpreußischen Elchbestandes geschah. Der viele Jahrzehnte betriebene Abschuß nur der bestveranlagten Hirsche hatte die Geweihstärke immer mehr zurückgehen lassen; starke Schaufler waren zur Seltenheit geworden. Infolge der zahlenmäßigen Zunahme und Ausbreitung des Elchwildes waren in den Laubholzbeständen der Lehmreviere, in denen nach dem Nonnenfraß von 1857 sich die Esche stark ausgebreitet hatte und die Eiche vermehrt künstlich angebaut wurde, schwere Schäden eingetreten, und der preußische Landwirtschaftsminister hatte den schon erwähnten radikalen Abschuß in diesen Revieren angeordnet. Durch die Kabinettsorder von 1906 wurde er wenigstens in den Schutzrevieren gebremst.

Wie Oberförster Meyer, so war der Jagdschriftsteller Fritz Bley (Abb. 126) z. T. angeregt, z. T. unabhängig von ihm, bei seinen Untersuchungen zu fast den gleichen biologischen Ergebnissen gekommen. In zahlreichen Veröffentlichungen und Vorträgen warb er für eine moderne Hege nach den gewonnenen Erkenntnissen. Andere bekannte Jäger, so die Vorsitzenden des Landesvereins Ostpreußen im Allgemeinen Deutschen Jagdschutzverband, Graf Mirbach und von Schrötter, vor allem aber der spätere langjährige Vorsitzende von Kobylinski (Abb. 126), setzten sich bei den Jägern, aber auch vor der Öffentlichkeit für Erhaltung und Hege des Elchwildes ein. Der vom preußischen Landwirtschaftsminister angeordnete, als »Elchmord« bezeichnete, Abschuß des gesamten Elchwildes in den nicht zu den Schonrevieren gehörigen staatlichen Oberförstereien stieß auf stürmische Abwehr. Einer Abordnung des ostpreußischen A.D.J.V. gegenüber äußerte der Minister: »Es ist in Preußen ohne Wisente gegangen, es wird auch ohne Elche gehen.« Immerhin wurde der auf so massive Kritik stoßende verstärkte Elchabschuß nach der Kabinettsorder von 1906 wesentlich vorsichtiger durchgeführt.

Auf der Tagung des Preußischen Forstvereins in Braunsberg im Juni 1913 bildete die Elchhege das Hauptthema. Oberförster Meyer erläuterte in einem längeren Referat seine Ideen zur Elchhege, insbesondere zum Wahlabschuß. Er regte den Abschuß von sämtlichen Spießern (zumindest in den Hauptelchrevieren) und größte Vorsicht bei den »Mittelhirschen« an. Fritz Bley berichtete über seine Erfahrungen, die er besonders im Baltikum gemacht hatte, und von Kobylinski setzte sich für eine gesetzliche Beschränkung des Abschusses ein. Von Kobylinski hielt damals auch den von Meyer und Bley empfohlenen starken Abschuß zur Verbesserung der Geweihbildung für gefährlich und regte die gänzliche Schonung der jüngeren Elchhirsche an.

Den vereinten Bemühungen Wrobels, Meyers und des ostpreußischen A.D.J.V. gelang es, vernünftige Grundsätze für die Elchhege zu entwickeln; daß sie auch in einer gesetzlichen Regelung ihren Ausdruck fanden, verhinderte der Ausbruch des ersten Weltkrieges, der als erstes Opfer unter den Streitern für die Erhaltung des ostpreußischen Elchwildes am 23. November 1914 den Oberförster Meyer forderte. Auch Landforstmeister Wrobel kehrte nicht aus dem Kriege zurück. — Wenn Meyer auch am bekanntesten durch die von ihm vorgeschlagene und praktizierte »Hege mit der Büchse« und seine umfangreiche Lehrsammlung geworden ist, so hat er in den 10 Jahren seines Wirkens in Tawellningken aber auch auf den übrigen Gebieten der Elchhege Hervorragendes geleistet. Er baute hochwasserfreie Dämme und Hügel als Schutzinseln für das Elchwild, den 11 km langen Kaiserdamm vom Schallweg über Pait nach Loye, betrieb die Schaffung des Kastauner Polders, setzte den Bau der Griebe-Brücke durch und sorgte für die Verbesserung der Äsungsmöglichkeiten.

Während des Krieges vertretungsweise von Revierförster Riedel in Inse verwaltet, wurde Tawellningken am 1. April 1919 dem Oberförster Orlowski übertragen. Er fand sehr schwierige Verhältnisse vor und den Elchbestand in höchster Gefahr. Durch das schon geschilderte Wilddiebsunwesen war der Bestand, der sich während des Krieges auf seiner alten Höhe gehalten hatte, auf 40 Stück gesunken. Ähnlich sah es in den Nachbaroberförstereien Ibenhorst und Nemonien aus. Mit Hilfe einer Abteilung der Wasserschutzpolizei, durch Jagdkommandos und den energischen Einsatz aller Forstbeamten gelang es, wieder geordnete Verhältnisse herzustellen. Eine durch den Oberförster Schirmacher, Nemonien, 1920 durchgeführte Zählung ergab für ganz Ostpreußen nur noch einen Bestand von etwa 200 Stück Elchwild. Die um das Schicksal des Elchwildes besorgten Jäger Ostpreußens, allen voran Manfred von Kobylinski, bestürmten den Oberpräsidenten Siehr, eine mehrjährige völlige Schonzeit für den Elch zu verfügen. Eine Prüfung durch juristische Sachverständige ergab, daß weder der Oberpräsident noch der Landwirtschaftsminister befugt waren, eine über die, in der Preußischen Jagdordnung festgelegte, gesetzliche hinausgehende Schonzeit anzuordnen. Da übernahm es Oberpräsident Siehr in eigener Verantwortung, 1921 die völlige Schonung des Elches für drei Jahre zu verfügen. Seine Polizeiverordnung stützte sich auf einen am 8. Juli 1920 Gesetz gewordenen Zusatz zum Preußischen Feld- und Forstpolizeigesetz, betreffend den Schutz von Naturdenkmälern. Der Landwirtschaftsminister, froh, der Verantwortung enthoben zu sein, drückte alle Augen zu. Und niemand ist es eingefallen, die Rechtmäßigkeit der Verordnung anzugreifen. 1923 wurde dann die völlige Schonzeit des Elchwildes noch einmal um zwei Jahre verlängert. Dann aber ließ es die Vermehrung des Bestandes zweckmäßig erscheinen, wieder einen begrenzten Abschuß des »Naturdenkmals Elch« zuzulassen. Beraten von den besten Kennern und Hegern des Elches, traf der Oberpräsident durch Polizeiverordnung vom 18. Oktober 1925 folgende Regelung: Die Provinz wurde in drei Zonen aufgeteilt. Zone I umfaßte die drei Oberförstereien des Memeldeltas Ibenhorst, Tawellningken und Nemonien, die Herrschaft Rautenburg und den südlichen Teil der Kurischen Nehrung. Zone II wurde durch den südlich an Zone I grenzenden Bezirk bis zum Pregel, Zone III durch die übrige Provinz gebildet. In der 1. Zone war die Jagd nach den gesetzlichen Bestimmungen wieder frei, d. h. der Abschuß wurde nach den Plänen der Forstverwaltung durchgeführt. In den Zonen II und III durften Elche nur auf Antrag mit besonderer Genehmigung des Oberpräsidenten geschossen werden. Die Geweihe der erlegten Elchhirsche mit Unterkiefern sowie die Unterkiefer der erlegten Tiere waren auf einer alljährlich im Oktober auf dem Oberpräsidium stattfindenden Schau vorzulegen.

Auf dieser Geweihschau wurden die Abschüsse von erfahrenen Elchjägern beurteilt, die richtigen prämiiert, fehlerhafte kritisiert und mißbilligt.

Bei der Verteilung des Abschusses wurden der Wildbestand und der angerichtete Schaden berücksichtigt. Als Grundlage für die Bemessung seiner Höhe dienten im Einvernehmen mit der Staatsforstverwaltung durchgeführte Zählungen.

Gut veranlagte Zukunftshirsche und Schaufler wurden in den Zonen II und III nicht freigegeben.

Nachdem sich die betriebene Hege bewährt und das Elchwild sich auf ein wesentlich größeres Verbreitungsgebiet ausgedehnt hatte, wurden die Abschußbestimmungen durch eine neue »Verordnung zum Schutze des Elchwildes in der Provinz Ostpreußen« vom 15. August 1932 ersetzt. Die Zoneneinteilung wurde fallen gelassen. Den Abschuß regelte der Oberpräsident für Privat- und Staatsreviere, im durch die dritte Ergänzungsverordnung zur Tier- und Pflanzenschutzverordnung vom 30. Juli 1932 festgelegten Elchschutzgebiet[1] der Pr. Minister für Landwirtschaft, Domänen und Forsten. Die Strafen für Übertretungen wurden verschärft. – Die Preußische Tier- und Pflanzenschutzverordnung vom März 1933 bestätigte diese Regelung im wesentlichen.

So war auf dem Verordnungswege erreicht, was schon vor dem Kriege von der ostpreußischen Jägerei angestrebt worden war: eine zentrale Lenkung der Hege. Ihr Ziel war eine zahlenmäßige Erhöhung des Bestandes unter gleichzeitiger Vergrößerung des Verbreitungsgebietes und ein die Gesundheit und Stärke des Elchwildes fördernder Wahlabschuß.

Beim ostpreußischen Elchwilde war damit in bezug auf Hege und Jagd eigentlich schon alles das verwirklicht, was bei den anderen Wildarten erst das Preußische bzw. das Reichsjagdgesetz brachte.

Doch nicht nur Wilderei, Schießwut und unzureichende gesetzliche Bestimmungen hatten den Bestand des Elchwildes gefährdet. Gerade in den Kernrevieren des ostpreußischen Elchvorkommens, in Ibenhorst, Nemonien und ganz besonders in Tawellningken, waren die Verluste durch Hochwasser, Schacktarp und Rachenbremse so hoch, daß sie oft den Zuwachs eines Jahres erreichten.

Hier Abhilfe geschaffen zu haben, ist das große Verdienst des Oberförsters Orlowski (Abb. 127). Der preußische Landwirtschaftsminister und langjährige Ministerpräsident Braun (Abb. 127), wie Orlowski gebürtiger Ostpreuße, war erster Jagdgast in Tawellningken nach dem Kriege. Er erlegte unter Orlowskis Führung einen starken Schaufler von 20 Enden. Bei dieser Gelegenheit konnte der Oberförster, der bereits 1919 zum Deichhauptmann des Nemonien-Deichverbandes gewählt worden war, seine Sorgen als Deichhauptmann und als Betreuer des Elchwildes vortragen und um Unterstützung bei den dringend erforderlichen neuen Eindeichungen bitten. Der Ministerpräsident Braun

[1] Kurische Nehrung, begrenzt im Süden durch die Prokistbucht, Forst- und Domänenbesitz des Pr. Staates in den Kreisen Labiau und Niederung längs des Ostrandes des Kurischen Haffes mit dem Nemonienstrom als südliche Grenze.

ıatgänse. Temperaskizze von D. v. Prokofieff

Fegender Rehbock. Ölgemälde von Adalbert Meckel

hat dann während seiner ganzen Dienstzeit seine Hand über das ostpreußische Elchwild gehalten. Daß nach dem Tiefstande von 1919 ein derartiger Aufschwung möglich wurde, ist nicht zum wenigsten ihm und seiner stillen Förderung zu verdanken.

Bereits im Januar 1920 wurde Orlowski zum Oberpräsidium nach Königsberg beordert, wo unter Vorsitz von Braun eine Sitzung über Maßnahmen der Landeskultur stattfand. Der Oberförster und Deichhauptmann mußte seinen Vortrag über den von ihm erstrebten weiteren Ausbau des Nemonien-Deichverbandes wiederholen. Als er geendet hatte, sagte der Ministerpräsident: »Es besteht wohl Einmütigkeit über die Notwendigkeit der Maßnahme. Mit der Arbeit wird begonnen, sobald der Frost aus der Erde ist. Das offizielle Genehmigungsverfahren läuft nebenher.« Unter der technischen Leitung des tüchtigen Deichinspektors, Baurat Kossack, konnte an die Arbeit gegangen werden. Zuerst wurde der 4500 ha große Tawellningker Polder geschaffen; später folgten der Oboliner und der Wilhelmsbrucher Polder, so daß das gesamte Gebiet des Nemonien-Deichverbandes gegen Hochwasser geschützt war. Zur Hauptsache während der Inflationszeit durchgeführt, hatte dieses große Werk noch den Vorteil geringer Kosten und niedriger Deichbeiträge. Für die Elchhege war es besonders wichtig, daß die Försterei Marienbruch sowie große Teile der Försterei Nemonien und der Forstwartei Schetricken in den Polder einbezogen wurden und dem Elchwilde Schutz vor Hochwasser und gute Äsung gewährten. Auch hochwasserfreie Dämme als Zufahrtsstraßen für die Haffdörfer Tawe, Inse und Loye wurden geschaffen. Diese wie auch weitere Dämme, Hügel und kleine Polder im Niederwalde erfüllten gleichzeitig den Zweck, dem Elchwilde beim Eintreten des Hochwassers als Rettungsinseln zu dienen und es in die eingedeichten Gebiete zu leiten. Überall, an Dämmen und Hügeln, aber vor allem auch in den eingedeichten Revierteilen wurden Weiden angepflanzt, flächenweise als Stecklinge auf Rabatten oder an Wegen durch (gegen Schälen geschützte) Setzstangen, die später als Kopfweiden Winteräsung lieferten.

Alle diese in die Verwaltungszeit Orlowskis fallenden Maßnahmen, hervorragender Jagdschutz, vorbildlicher Hegeabschuß und die Mitarbeit vieler vorzüglicher Beamter, von denen hier nur die »Elchväter« Quednau (Abb. 126) und Weber (Abb. 126) genannt seien, brachten dem Elchbestande Tawellningkens einen kaum für möglich gehaltenen Aufschwung, der sich bei der Wanderlust des Elches natürlich auch auf das ganze Elchverbreitungsgebiet auswirkte.

Auch in Ibenhorst und Nemonien war im gleichen Sinne gearbeitet worden. Ibenhorst hatte ja von Natur aus günstigere Verhältnisse. In

Nemonien aber bestanden die gleichen Gefahren und Schwierigkeiten wie in Tawellningken. Hier wirkte von 1919 bis zur Auflösung der Oberförsterei und der Aufteilung ihrer Waldflächen zwischen Tawellningken und Pfeil der Oberförster Schirmacher (Abb. 126). Begeisterter Tierfreund, Jäger und Heger, hat auch er sich große Verdienste um die Hege des Elchwildes erworben. Über die praktische Hegearbeit im Walde hinaus hat er durch seine Forschungen und Veröffentlichungen wertvolle Beiträge zur Geschichte des ostpreußischen Elchwildes, zur Kenntnis seiner Lebensweise und zur Erarbeitung von Grundsätzen für eine zweckmäßige Hege geleistet.

Den Abschluß der Maßnahmen beim Ausbau des Rahmens für eine erfolgreiche Elchhege brachten das Preußische Jagdgesetz vom 18. 1. 1934 und das Reichsjagdgesetz vom 3. 7. 1934. Die Jagdzeit für männliches Elchwild wurde auf den Monat September, die für weibliches Elchwild und Kälber auf den Oktober festgesetzt.

Als Kernstück des ostpreußischen Elchverbreitungsgebietes wurden die Oberförstereien Ibenhorst, Tawellningken und Pfeil sowie das Moosbruchgebiet der Preußischen Domänenverwaltung zum Elchschutzgebiet erklärt. Späterhin wurde auch Klein-Naujock noch in das Schutzgebiet einbezogen. Hier wurde nach dem Vorbilde Tawellningkens gehegt, auch wurden erhebliche Mittel zum Schutze des Elchwildes, insbesondere auch zur Verbesserung der Äsungsverhältnisse aufgewandt. Die Erklärung der wichtigsten Teile dieser Forstämter zum Reichsnaturschutzgebiet und die Zusammenfassung des Elchwaldes als Forstinspektion machte die Sonderstellung der vier genannten Forstämter als Elchschutzgebiet dann überflüssig.

Inzwischen hatte der Reichsjägermeister das Amt des Elchjägermeisters geschaffen, dem die Befugnisse des Gaujägermeisters gem. § 41 Abs. 2 des Preußischen Jagdgesetzes, insbesondere die einheitliche Leitung der gesamten Hegemaßnahmen, wie Durchführung von Zählungen, Festlegung und Überwachung des Abschusses in der ganzen Provinz, oblagen.

Nach diesem Rückblick auf die Elchhege in Ostpreußen seien noch kurz die Hegemaßnahmen des letzten Jahrzehnts bis zum Ende des Krieges geschildert.

Verbesserung der Lebensbedingungen in den Staatsjagdrevieren

In den Bruchwaldrevieren Ibenhorst, Tawellningken und Nemonien war, wie wir sahen, schon seit den neunziger Jahren des vorigen Jahrhunderts sehr viel für die Hege des Elchwildes getan worden. Durch Dämme, Polder und Hügel war gegen die Hochwassergefahren angekämpft, durch Anbau von Weiden waren die Äsungsverhältnisse verbessert worden. Diese Hegemaßnahmen wurden nach der Erklärung der Elchforstämter zu Staatsjagdrevieren noch intensiviert. Hauptsächlich durch Einsatz des Reichsarbeitsdienstes wurden zahlreiche Meliorationsarbeiten, insbesondere Eindeichungen im Großen Moosbruch und in den Haffuferdörfern, durchgeführt, die durch Einbeziehung von Waldflächen auch dem Elchwilde zugute kamen. Hier seien die Polder von Skirwiet, Karkeln, Wentaine (Deicherhöhung), Inse und Tawe genannt. Die Äsungsflächen wurden wesentlich vermehrt; hauptsächlich in den hochwasserfreien Gebieten, auf den Böschungen der Dämme, aber auch an Waldbestands-, Wiesen- und Grabenrändern wurden Weiden gepflanzt. Tawellningken allein hatte zum Schluß, abgesehen von den großen natürlichen Weidenvorkommen, über 600 ha künstlicher Weidenpflanzungen. In Ibenhorst, das mit Ausnahme der Revierförsterei Karkeln von Natur viel Weiden aufwies, wurde der Weidenanbau besonders in diesem äsungsarmen Revierteil vorangetrieben. Auch in Pfeil und Klein-Naujock entstanden in diesen Jahren umfangreiche Elchäsungsflächen, die über 100 ha einnahmen. In Anbetracht des großen Wertes der Höhenböden für die Holzerzeugung wurde in den Lehmrevieren der Weidenanbau mehr auf die geringen Standorte verlegt, besonders die Moorbrüche, sowie auf Bestandesränder und, als Setzstangen, zur Einfassung von Wegen. Bis zur Borkebildung mußten diese Stangen durch Reisigeinband gegen Schälen geschützt werden. Auf dem Hochmoor hatte die Verwaltung des Landkreises Labiau erfolgreiche Versuche mit Flechtweidenanbau durchgeführt. Sie gaben mir die Anregung, auch auf dem Hochmoor, namentlich an seinen Rändern, nach entsprechender Bodenvorbereitung, Kalkung und Düngung Weidenpflanzungen anzulegen. Bei richtiger Sortenwahl gediehen die Weidenkulturen auf dem Moosbruch – es waren über 25 ha – vorzüglich. Neuanpflanzungen mußten im allgemeinen zwei bis drei Jahre durch Zaun geschützt werden, bis sie gut bewurzelt und stark genug waren, den Verbiß zu ertragen. In früheren Jahren, als die Mittel sehr beschränkt waren und zur Gatterung nicht hinreichten, half man sich damit, daß man zwischen die »Lieblingsweiden« des Elches Arten, die ungern angenommen wurden, pflanzte, um wenigstens einen Grundbestand durchzubekommen; in Zeiten der Not wurden dann auch diese geäst. Die großen Weidenpflanzungen lieferten auch Material für die Korbflechterei. Die Erhaltung der Triebkraft der Weiden konnte ohnehin nicht allein dem Verbiß des Elchwildes überlassen werden. Sie durften nicht zu stark und zu hoch werden und mußten in gewissen Abständen auf den Stock gesetzt werden. Die Weidenpflanzungen wurden regelmäßig gedüngt. In den Lehmrevieren fehlte es ja auch sonst nicht an Äsung für das Elchwild. Wenn sich im Winter der Bestand durch Zuzug aus den Niederwaldrevieren oft verdoppelte, so wurde durch die richtige Führung der Schläge für zusätzliche Äsung gesorgt. Die Kronen der Laubhölzer wurden sofort angenommen. Neben den Knospen und Zweigen wurde auch die Spiegelrinde, hauptsächlich der Aspe, begierig geäst. Nach kurzer Zeit sah so eine Aspenkrone wie skelettiert aus. Ich habe es erlebt, daß in harten Wintern sich Elche bereits der Krone einer eben gefällten Aspe annahmen, während am Stammende noch die Waldarbeiter tätig waren. Das Schichtholz, Nutzrollen und Brennholz, des Kronenteiles der Aspen wurde erst später aufgearbeitet. Sonst konnte man es erleben, daß die Elche die sauber aufgesetzten Stöße durcheinanderwarfen, um an die begehrte Rinde zu gelangen. Die Erhaltung und Vermehrung der auch als Nutzholz geschätzten Aspe lag uns auch deshalb sehr am Herzen. Die Kopfweiden an den Gestellen lieferten zusätzliches »Winterfutter«.

Auch mit künstlicher Fütterung, hauptsächlich in Gestalt von Rüben und Sesamkuchen, wurden Versuche angestellt. Weber hat mir berichtet, daß die in Kastaunen angelegte große Fütterung sehr gut angenommen wurde. Als mehrere und gerade die stärksten Stücke eingingen und der Tierarzt Eiweißvergiftung feststellte, wurde kein Sesamkuchen mehr gereicht. Als auch bei reiner Rübenfütterung noch Verluste eintraten, wurde auch diese eingestellt. Das Elchwild der freien Wildbahn war an die künstlichen Futtermittel nicht gewöhnt, nahm sie offenbar zu schnell und in zu großen Mengen auf und trug Schäden davon, die gerade bei den starken Stücken, die das schwächere Wild abdrängten, zum Tode führten.

Für reichliche Äsung war in den Elchrevieren gesorgt. Das war, neben der Vermeidung einer zu hohen Bestandesdichte, auch die beste Bekämpfung des schlimmsten tierischen Feindes, der Elchrachenbremse. Starkes Wild konnte ihr leichter widerstehen. Im übrigen machte der Elchjägermeister, wenn ihm stark befallene Stücke gemeldet wurden, auch von seiner Befugnis Gebrauch, ihren Abschuß während der Schonzeit anzuordnen. In den Haupteinstandsgebieten genoß übrigens der Dachs, der die Puppen der Rachenbremse vertilgt, völlige Schonung.

Durch alle diese Maßnahmen hatte das Elchwild des Elchwaldes – der Bestand betrug über 600 Stück oder 45% des ostpreußischen Gesamtbestandes (gleich 6 Stück auf 1000 ha) – in bezug auf Stärke und Gesundheit einen ungeahnten Aufschwung genommen. Die Verluste durch Hochwasser- und Eisgefahren sowie durch Krankheiten waren, auch in den Niederungsrevieren, in den letzten Jahren geringer geworden. – Daß für einen guten Jagdschutz gesorgt wurde, war selbstverständlich. Sogar in den Kriegsjahren, als viele jüngere Beamte im Felde waren, sind nur wenige Fälle von Wilderei vorgekommen. Durch Einberufung von Ruhestandsbeamten gelang es, die meisten der entstandenen Lücken zu füllen. Diesen alten Herren, an ihrer Spitze dem unverwüstlichen Elchvater Quednau, der 1939 mit 70 Jahren einsprang und unverzagt bis zum unglücklichen Ende durchhielt, sowie dem unermüdlichen Einsatz der nicht mehr zum Heere einberufenen Beamten, die nicht selten zwei große Revierförstereien betreuen mußten, ist es zu danken, daß trotz vermehrten Holzeinschlages und kriegsbedingter Erschwernisse, trotz Waldarbeitermangels und trotz Gefährdung durch Partisanen, Forst- und Jagddienst bis zum Ende vorbildlich versehen wurden. Auch der prächtigen Waldarbeiter, allen voran der Haumeister, sei gedacht, die in vorgeschrittenem Alter neben ihrer anstrengenden Arbeit noch Aufgaben des Forst- und Jagdschutzes übernahmen.

Hege durch Wahlabschuss

Zu große Wilddichte gefährdete das Elchwild. Mehr als 6 Stück auf 1000 ha wären auch im Elchwalde trotz der vorzüglichen Äsungsverhältnisse zu viel gewesen. Der Abschuß mußte dafür sorgen, daß der Bestand nicht größer wurde, und etwa den jährlichen Zuwachs (abzüglich der nicht unerheblichen Abwanderung) fortnehmen. In dem richtigen Wahlabschuß bot sich eine weitere wichtige Handhabe für die Gesunderhaltung und Verbesserung des Bestandes.

Festsetzung, Lenkung und Überwachung des Elchabschusses in ganz Ostpreußen oblagen dem Elchjägermeister (Abb. 130). Da der beträchtliche Schaden des Elchwildes für den Privatwaldbesitz sehr viel schwerer zu tragen war als für den Staat, wurden die Privatreviere ausgiebiger mit Abschußgenehmigungen bedacht. Obgleich nur 30% des Elchbestandes im Privatwalde stand, entfielen seit 1935 56% des zum Abschuß freigegebenen Elchwildes auf die Privatreviere. Dieser hohe Abschuß (er machte in den letzten Jahren vor dem Kriege 37%

des gemeldeten Bestandes aus) wurde nie erfüllt und war auch nicht zu erfüllen. Er sollte aber möglichst vielen Privatrevierinhabern eine Chance gewähren. Und das wurde auch dankbar hingenommen. Tatsächlich wurde der eingeräumte Abschuß in den privaten Jagdrevieren nur zu durchschnittlich 40% erfüllt. Er betrug ein Drittel des Gesamtabschusses und übertraf damit nur wenig den Anteil der in den Privatrevieren gezählten Elche am gesamten ostpreußischen Bestande. Auf den Staatswald, in dem 70% des Elchwildes stand, entfiel noch nicht die Hälfte des freigegebenen Abschusses; er wurde voll erfüllt, in einigen Jahren durch die der Strecke zugerechneten Fallwildverluste sogar überschritten.

Der Gesamtabschuß in den letzten vier Jahren vor dem Kriege schwankte zwischen 200 und 250 Stück (einschließlich Fallwild). Er betrug damit 17% des Bestandes. Zweifellos hätte er ohne Schaden höher sein können, wenn nicht in den Jahren 1934 bis 1937 in großem Umfange Kälber zur Aufzucht eingefangen worden wären und es dazu noch erhebliche Verluste durch Hochwasser gegeben hätte. Unter normalen Verhältnissen hat der Zuwachs beim Elchwilde zwischen 20 und 30% des Bestandes geschwankt. — Während des Krieges waren Freigabe und Abschußergebnisse noch etwas höher, ohne daß der Bestand abnahm.

Durch Abschußmerkblätter, Trophäenschauen und Vorträge suchte der Elchjägermeister die Abschußrichtlinien den beteiligten Jägern nahezubringen: mit gutem Erfolg. Fehlerhafte Abschüsse blieben durchaus in erträglichen Grenzen. — Beim Kahlwilde entsprachen die Abschußgrundsätze den auch beim Rotwild üblichen; es waren in der Hauptsache schwache, kranke und überalterte Stücke sowie spät setzende Tiere mit ihren schwachen Kälbern zu erlegen. Der Abschuß der Hirsche wurde so verteilt, daß etwa zwei Drittel auf schwache, ein Drittel auf starke Abschußhirsche entfielen. Schaufler wurden nur wenige freigegeben, in den Jahren 1934 bis 1936 jährlich zwei bis sechs, von 1937 bis 1940 keine und von 1941 ab durchschnittlich vier. Geschossen wurden allerdings in den Jahren 1933 bis 1936 wohl einige Schaufler über das Soll hinaus. Als ich 1937 Elchjägermeister wurde, bat ich um eine dreijährige völlige Schonung der Schaufler. Dem wurde auch stattgegeben. Von 1940 ab wurden nie mehr als vier Schaufler freigegeben; sie wurden aber auch nur zum Teil erlegt.

Als geringe abschußnotwendige Hirsche galten Stangenelche mit einem Geweihgewicht zunächst bis zu 4 kg, von 1942 ab bis zu 5 kg. — Spießer vom 1. Kopf, namentlich bei ungenügender Länge der Spieße (Abb. 129), selbstverständlich alle älteren (zunächst gar nicht so seltenen!) Spießer, Gabler vom 3. Kopf aufwärts (Abb. 99), soweit sie keine Schaufelbildung zeigten, Sechser und Achter vom 5. Kopf an und sämtliche älteren Hirsche mit typischem Stangengeweih galten als in erster Linie abschußnotwendig (Abb. 106). Zu den starken »Abschuß«hirschen rechneten außer denen der reinen »Stangler«form in den letzten Jahren, nachdem der Wahlabschuß bereits sehr gute Erfolge gebracht hatte, auch starke alte Elchhirsche mit ungenügender Schaufelbildung: »Endenhirsche« oder Halbschaufler (Abb. 128). Als ein Zeichen mangelnden Schauflererbgutes galt eine Gabelung der Vordersprosse, die sogenannte »Krebsschere« (Abb. 128 unten). Vorsicht war bei geringen Gablern und Sechsern geboten, da unerfahrene Jäger mit ihnen bisweilen bestveranlagte Elchhirsche vom 1. Kopf als »abschußnotwendig« zur Strecke brachten (Abb. 129 rechts). Die »Hege mit der Büchse« hatte große Erfolge zu verzeichnen: Der Schaufler war in steter Zunahme begriffen, Gesundheitszustand und Stärke des Wildes verbesserten sich merklich. In den Jahren 1933 bis 1935 und 1942 wurden in Tawellningken und Ibenhorst einige Kapitalschaufler erlegt, die in ihrer Stärke an der Spitze ostpreußischer Elchgeweihe standen.

Der augenfälligste Erfolg des Hegeabschusses trat auf der Kurischen Nehrung ein, die einen zu großen Elchbestand hatte. Im Sommer des Jahres 1939 betrug er im Bereich des Forstamtes Rossitten über 200 Stück. Der Stangenelch, oft mit kümmerlichsten Geweihen, herrschte vor. Das Wild war entsprechend dem engen Lebensraum und der für diese Anzahl nicht ausreichenden Äsung außerordentlich schwach; die Gewichte blieben etwa um 30% hinter denen des Festlandelches zurück. Hier ließ ich einen besonders starken Abschuß von jährlich etwa 40 Stück vornehmen, bis der Bestand auf etwas über 100 Stück herabgesetzt war. Ich muß dazu bemerken, daß der Zuwachs beim Elchwilde auf der Nehrung nur etwa halb so hoch war wie auf dem Festlande. Binnen weniger Jahre war der Stangenelch fast verschwunden, und es war bereits schwierig, den notwendigen Abschuß in älteren Trägern dieser unerwünschten Geweihform zu erfüllen. Natürlich war damit das Stanglererbgut noch nicht ausgerottet, aber Elchhirsche mit schlechter Veranlagung wurden bereits im 2. oder 3. Lebensjahre abgeschossen. Bei der außerordentlichen Übersichtlichkeit des Revieres war die Durchführung des Hegeabschusses nicht besonders schwierig. Auch die Wildpretgewichte nahmen infolge der Verringerung des Bestandes erfreulich zu.

Während durch die geschilderten Hegemaßnahmen der nach den großen Tiefständen aus nur ganz wenigen Stücken neu aufgebaute Elchbestand Ostpreußens eine kaum mehr erhoffte schnelle Vermehrung und einen nicht für möglich erachteten Aufschwung nahm, haben

Einbürgerungsmaßnahmen keine Erfolge gehabt. Die Einführung von schwedischen Elchkälbern in Ibenhorst im Jahre 1877 brachte wohl kaum die erstrebte Blutauffrischung. Von den drei weiblichen Stücken (zwei Hirschkälber waren eingegangen), die nach zweijähriger Haltung im Eingewöhnungsgatter in die freie Wildbahn entlassen wurden, verendete das schwächste, nachdem es in der Brunft durch Forkelstiche verletzt worden war. Ein zweites Stück blieb gelt und wurde im folgenden Jahre geforkelt. Das dritte Tier setzte 1880 und 1881 je ein Wildkalb. 1882 ging es ein. Die weitere Entwicklung ließ sich nicht verfolgen, da die zwei Kreuzungsstücke nicht gezeichnet waren.

Einbürgerungsversuche und Aufzucht

Schon früh hat man versucht, das seltene Elchwild außerhalb Ostpreußens einzubürgern.

Zu Ordenszeiten wurden Elche als wertvolle Geschenke an befreundete Fürsten geliefert. Später folgten die neuen Landesherren aus dem Hause Hohenzollern diesem Beispiel. Zumeist hat es sich um in der Gefangenschaft aufgezogene Kälber gehandelt. Diese Elche waren hauptsächlich für Hetz- und Tiergärten bestimmt. Herzog Albrecht wurde mehrfach um Überlassung von Elchen gebeten. Der bayerische Pfalzgraf Ottheinrich zeigte dem Herzog am 13. Oktober 1533 an, daß die beiden Elchkälber, die dieser ihm übersandt habe, auf dem Transport gestorben seien. Er habe den Amtshauptmann von Preuß. Eylau um Ersatz gebeten. Aber auch zum Zwecke der Einbürgerung wurden Elche aus Ostpreußen ausgeführt. So schreibt der Große Kurfürst am 27. Oktober 1679, daß er seinem Schwager, dem Herzog von Anhalt, »einige junge Elchkälber, auch Elends-Kühe gnädigst geschenkt, ihm auch zur Herausbringung solches Wildes das benöthigte Vorspan bewilliget« habe.

1680 ließ der Große Kurfürst eine Anzahl Elche von Preußen nach der Kurmark bringen, um sie in der »freyen Wildnuss« auszusetzen. Sie kamen zunächst in den Berliner Tiergarten und wurden dann nahe der mecklenburgischen Grenze in die freie Wildbahn entlassen[1]. Trotz einer strengen Anordnung zu ihrem Schutze und auf seine Bitte von den benachbarten Herzögen von Mecklenburg erlassener Schongebote blieb der Versuch ebenso erfolglos wie ein weiterer seines Sohnes, des

[1] Nach alten Aufzeichnungen sollen die Elche in das Gebiet der Schorfheide gebracht worden sein. Der Transport der jungen Elche soll derart durchgeführt worden sein, daß sie mit einer Kuhherde von Ostpreußen bis in die Mark getrieben wurden, wobei die Elchkälber anscheinend noch von den Kühen gesäugt wurden.

Kurfürsten Friedrichs III. im Jahre 1689. Auch dem dritten Unterfangen, in der Mark einen Elchbestand zu begründen, bei dem auf Befehl König Friedrich Wilhelms I. 20 Elchkälber nach Potsdam überführt wurden, blieb der Erfolg versagt. Abgesehen von großen Verlusten durch Wilddieberei scheint auch damals schon der Lebensraum in der Mark dem Elchwilde nicht zugesagt zu haben. Im Wildpark von Potsdam war wohl auch der angerichtete Schaden zu groß.

In neuerer Zeit sind drei Einbürgerungsversuche unternommen worden. Als erster führte Dr. Herrmann zu Anfang der 30er Jahre mehrere junge Stücke, hauptsächlich Kälber, aus Finnland, Schweden und dem Zoologischen Garten Berlin in seinem rund 12 000 ha großen Besitz am Ostufer der Müritz in Mecklenburg (Federow und Speck) ein. Zunächst in einem etwa 1 ha großen Eingewöhnungsgatter gehalten, wurde das Wild 1935 in die (eingegatterte) Wildbahn entlassen. 1933 setzte ein Tier das erste Kalb; im nächsten Jahre verendete es beim Setzen. — Nach dem Elchregister standen in Federow 1936: 8, 1937: 10 und 1938: 9 Stück. 1935 verendete der Elchhirsch Hans nach einer schweren Verletzung. 1937 und 1938 sind je ein Wildkalb gemeldet. Ob sie in Federow gesetzt oder neu eingeführt wurden, geht aus den Eintragungen nicht hervor. Nach Angaben des Pflegers, Revierförster Grietsch, wurde eine regelrechte Brunft in Federow nicht beobachtet, auch gab es außer dem einen Kalb von 1934 keinen Zuwachs. Während des Krieges sollen zahlreiche Verluste eingetreten sein und der Bestand bei seinem Ende nur noch 3 Stück betragen haben.

Im Frühjahr 1935 wurden auf der von Ostsee und Bodden gebildeten Halbinsel Darß im nordwestlichen Pommern in dem gleichnamigen preußischen Forstamt 5 junge Elchhirsche aus der Schorfheide, die dort überzählig waren, ausgesetzt. Es dürften nicht die stärksten und gesündesten gewesen sein. Die Hirsche gewöhnten sich gut ein und zogen weit umher. Während der Brunft wurden sie unruhig, und drei durchrannen den Bodden. Sie wurden wieder eingefangen, zurücktransportiert und während der Brunft im Gatter gehalten. In den folgenden Jahren führte man dann noch drei Wildkälber aus Ostpreußen ein. Von diesen weiblichen Stücken hat eins zweimal je ein Hirschkalb, ein zweites einmal ein Wildkalb gesetzt. Da es auch Verluste gab, vermehrte sich der Bestand, der nach dem Elchregister im Jahre 1937: 8, 1938: 10 und 1939: 7 Stück betrug, nicht. Die Hirsche waren mit einer Ausnahme Stangenelche und trugen mäßige Geweihe. 1945 stand ein guter Zwölfender mit leidlicher Schaufelbildung im Forstamt. Offenbar war der Lebensraum für das Elchwild nicht geeignet; es fehlte vor allem an den nötigen Weichhölzern. — Auch ohne die Vernichtung des Restbestandes durch das Kriegsende hätte sich der Elchbestand im Darß kaum gehalten.

Der umfangreichste Versuch, Elchwild in der Mark einzubürgern, wurde durch die Überführung ostpreußischen Elchwildes in die Schorfheide von 1934 bis 1937 unternommen. — Von besonders gelagerten Fällen abgesehen, hat es sich immer wieder als zwecklos erwiesen, älteres Elchwild einzufangen. Diese Stücke geraten bei Fang und Transport in eine derartige Erregung, daß sie binnen kurzer Zeit an Herzschlag oder — beim Toben im Versandkasten — an inneren Verletzungen verenden. Auch zwei von Revierförster Neumann, Nemonien, mit seinen Waldarbeitern im Sommer 1934 gefangene ausgewachsene Elche überstanden zwar den Fang und den Transport, gingen aber einige Wochen später in der Schorfheide an Herzschwäche ein. Vom Reichsjägermeister wurde deshalb der Fang von Elchkälbern und deren Aufzucht angeordnet. Bei diesem Großversuch konnten wir interessante, aber vorwiegend sehr schmerzliche Erfahrungen sammeln. Durch Fang- und Aufzuchtprämien wurde ein großer Anreiz gegeben. Im Jahre 1934 allein wurden 84 Elchkälber eingefangen, ungerechnet heimliche Nachfänge für eingegangene Kälber. Von den 84 Kälbern konnten 19 abgeliefert werden; zwei gingen noch auf dem Transport ein, so daß nur 17 Kälber die Schorfheide erreichten. Auch hier gab es noch weitere Verluste. In das rd. 700 ha große Pinnow-Gehege[1] kamen nach meinen Unterlagen 9 Stück; weitere Kälber wurden dem Siewertschen Schaugehege am Werbellinsee und, wohl in der Hauptsache schwache oder kranke Stücke, einem Gehege in Kappe, Forstamt Zehdenick, zugeführt. Der Aufzuchtanteil von noch nicht 20% der eingefangenen Kälber war erschütternd gering. Er erklärte sich in der Hauptsache aus dem Mangel an Erfahrung und an dem für den Anfang viel zu großen Umfang von Fang und Aufzucht. Aus den traurigen Erfahrungen hatte man gelernt. Es wurden genaue Anweisungen erteilt, und in den folgenden Jahren besserten sich die Ergebnisse. 1935 wurden von etwa 40 eingefangenen Kälbern 12 abgeliefert. 1936 traten nur noch geringe Verluste ein; die genaue Anzahl der aufgezogenen und abgelieferten Kälber ist mir nicht bekannt; sie dürfte höher als 1935 gewesen sein, da allein 11 Stück ins Pinnow-Gehege kamen.

Die hohen Aufzuchtverluste in Ostpreußen veranlaßten Forstmeister Dr. Horst Siewert, in der Forschungsstätte Deutsches Wild am Werbellinsee Versuche mit der Aufzucht von Elchkälbern zu machen. Zwei 7 und 14 Tage alte Kälber (Hirsch- und Wildkalb) wurden 1935 mit

[1] Im Forstamt Hubertusstock (Pechteich).

Flugzeug und Wagen nach der Schorfheide gebracht. Der Flug war recht stürmisch, die Maschine, eine »Ju«, bockte erheblich, und die Kälber wurden, ebenso wie die meisten Passagiere, luftkrank. Die Aufzucht gelang gut. – Im Jahre 1936 wurden daraufhin nochmals vier wenige Tage alte Elchkälber zur Forschungsstätte befördert. Diesmal gingen trotz bester Pflege sämtliche Kälber ein. Wie Frau Siewert mir mitteilte, war die gelieferte Milch nicht einwandfrei gewesen (Abb. 131).

Als ich 1937 Elchjägermeister wurde, gelang es mir, die Einstellung des Fanges zu erreichen. Nur einige weibliche Kälber mußten noch gefangen und aufgezogen werden. Die bei der Suche angetroffenen Hirschkälber wurden durch Ohrmarken und besondere Kerbschnitte an den Lauschern markiert. Ich hoffte dadurch zu wichtigen biologischen Erkenntnissen und zu einwandfreien Belegstücken für die Altersbestimmung zu kommen. Verluste traten 1937 kaum noch auf. Dem Pinnow-Gehege konnten acht weibliche Stücke zugeführt werden. Insgesamt dürfte die Zahl der abgelieferten Kälber rund 50 betragen haben, die der zur Aufzucht eingefangenen etwa 170. – Die gesammelten Erfahrungen bei Fang und Aufzucht stellte ich im Frühjahr 1937 in einem Merkblatt zusammen. Da es alles Wichtige über Fang und Aufzucht von Elchkälbern enthält, sei es hier wiedergegeben.

Merkblatt für Elchkälberfang und -aufzucht 1937

1. Beste Fangzeit möglichst bald nach dem Setzen, Anfang Mai. Es werden nur weibliche Kälber eingefangen. Hirschkälber werden gezeichnet und in Freiheit belassen (Feststellung, ob wieder von Mutter angenommen); Fang nur unter Aufsicht von Forstbeamten nach sorgfältiger Beobachtung. Kälber, die schon stark flüchtig werden, also erheblich gehetzt werden müßten, sind nicht einzufangen. Längeres Tragen der Kälber ist unbedingt zu vermeiden; zum Unterkunftsort sind die Kälber mit Fuhrwerk zu befördern (längere Strecken mit Kraftwagen). Werden Kälber gefangen, deren Nabelschnur noch nicht eingetrocknet ist, so ist sie in eine Tasse mit Holzteer oder Jodtinktur einzutauchen.
2. Jeder Fang ist dem Elchjägermeister (Forstamt Pfeil bei Laukischken, Fernsprecher: Laukischken 88) umgehend anzuzeigen, erforderlichenfalls durch Fernsprecher.
3. Aufzucht möglichst durch die Beamten, bzw. deren Frauen, die damit schon bisher gute Erfolge gehabt haben. Es empfiehlt sich, 2–3 Kälber bei einem Aufzüchter zu vereinigen; Zuteilung durch den Forstmeister.
4. Die Milch der Ammenkühe ist auf ihre Gesundheit (Tuberkulose, Streptokokken) zu untersuchen.

5. Hunde sind dem Auslauf fernzuhalten; zur weiteren Vorsicht müssen mit den vorhandenen Hunden regelmäßige Wurmkuren gemacht werden. Die Elchkälber dürfen mit Hundeexkrementen unter keinen Umständen in Berührung kommen, da die Finnen des Hundebandwurmes schwere Leber- und Bauchfellentzündung verursachen.
6. Die frisch eingefangenen Elchkälber sind vor Erkältung, also insbesondere vor Zugluft und Nässe, zu schützen; sie sind in der ersten Woche in geschützten, aber luftigen Räumen (*nicht* etwa Ställen!) unterzubringen, bei gutem Wetter am Tage an geschützter und sonniger Stelle ins Freie zu lassen (Garten). Einstreu (oft zu erneuern) oder Holzfußboden ist mit (alle drei Tage) zu wechselnder Sackleinwand zu belegen (um Aufnahme von Streu zu verhindern). Nach 1–2 Wochen kommen die Kälber in ein 2–3 Morgen großes, im Walde nahe dem Forsthaus angelegtes Gehege mit Schutzhütte. Die Schutzhütte (in Größe von ca. 4×2,5 m und 1,8 m Höhe, aus Holz, möglichst auch mit Holzfußboden) muß zugfrei sein; Estrich oder Holzfußboden muß mit (öfter zu wechselnder) Sackleinwand bespannt werden. Bis zum Eintritt warmer Nächte müssen die Kälber nachts in der Hütte eingeschlossen werden; später kann die Türe offen bleiben. Unbedingt ist es nötig, auch bei den jungen Kälbern für die nötige tägliche Bewegung zu sorgen, was nicht schwer ist, da die Kälber ihrem Pfleger leicht folgen; sie müssen mindestens dreimal täglich herumgeführt werden.
7. Die *Ernährung* baut sich auf zunächst mit Haferschleim gemischter Vollmilch auf. Da die Elchmilch eine wesentlich andere Zusammensetzung hat als die Kuhmilch (dreimal so viel Eiweiß und Kalk, doppelt so viel Phosphorsäure als Kuhmilch), muß versucht werden, die fehlenden Stoffe zu ergänzen. Auf äußerste Frische der Milch und Sauberkeit der Tränkgefäße ist besonders zu achten. Für den Anfang ist zum Tränken die Flasche mit Gummisauger zu verwenden; widerstrebende Tiere können mit kleinem Holzlöffel an die Nahrungsaufnahme aus der Flasche gewöhnt werden. In den ersten Tagen (und bei Durchfall) empfiehlt es sich, die Milch kurz aufzukochen. Zunächst ist die Tränke aus zwei Teilen Vollmilch und einem Teil Hafer- oder Reisschleim (auch Leinsamenschleim) zusammenzusetzen. Nach einigen Tagen empfiehlt es sich, der Mischung je Mahlzeit einen halben Teelöffel (feinstgemahlenen und durchgesiebten) Sesamkuchen zuzusetzen und den Zusatz, *wenn er gut vertragen wird,* allmählich zu steigern, so daß das Kalb nach einer Woche täglich im ganzen bis zu 150 g, nach zwei Wochen bis zu 200 g und mit 12 Wochen 600 g und mehr Sesamkuchen erhält. (Sesamkuchen kann beim Elchjägermeister angefordert werden.) Die Tränke ist kuhwarm zu verabreichen; zu tränken ist zunächst sechsmal täglich, das erstemal um fünf Uhr morgens, das letztemal um 20 oder 21 Uhr. Der Zwischenraum zwischen den Mahlzeiten kann nach vier Wochen auf drei, nach zwei Monaten auf vier Stunden verlängert werden. Zu beginnen ist mit einer Menge von *eineinviertel* bis höchstens *zwei Liter je Tag;* die Menge ist dann langsam zu

steigern, so daß die Tagesration nach einer Woche auf 3–4 Liter, nach vier Wochen auf 7–8 Liter, nach zwei Monaten auf etwa 10 Liter usw. bis auf 14–16 Liter steigt. Der Haferschleimanteil ist allmählich zu verringern und kann nach etwa 1–2 Wochen fortgelassen werden. Bewährt hat es sich, dem Kalb je Tag in der Tränke *einen* Tropfen Vigantol zu verabreichen, nach einer Woche zwei Tropfen und später drei bis höchstens fünf Tropfen je Tag. Sehr ratsam ist die Verabfolgung von Vita-Kalk nach den Vorschriften über Kälberaufzucht.

Keinesfalls darf dem Kalb mehr Milch verabfolgt werden, als es freiwillig aufnimmt; in der ersten Zeit ist besondere Vorsicht geboten. Da die Elchmilch sehr viel nährstoffreicher ist, braucht das Elchkalb von der Muttermilch wahrscheinlich sehr viel geringere Mengen zur Sättigung. Durch Kuhmilch kann also der Pansen leicht überlastet werden, und es kann bei zu großen Gaben zu schweren Durchfällen kommen. *Sehr wichtig* ist es, den Kälbern möglichst bald (im allgemeinen nach 2–3 Wochen) täglich frische Zweige von *Weiden, Pappeln, Eichen, Eschen* usw. zu reichen; sie werden am besten in Ständer gesteckt, so daß sie wie vom Busch geäst werden können. Welke Blätter werden nicht angenommen.

Als Zusatzfutter sind Möhren, Runkelrüben, Kohl, gedämpfte Kartoffeln, Brot und Äpfel beliebt. Späterhin (etwa beim Verfärben) werden gequetschter Hafer oder Haferflocken gern genommen. Genügend lange Zeit vor der Ablieferung müssen die Kälber unbedingt an das Tränken mit Eimer gewöhnt werden.

8. *Krankheiten*

Neben Erkältungs- und Lungenkrankheiten sind *Durchfall* und *Verstopfung* die gefährlichsten Erkrankungen, die der Aufzucht drohen. Sie können nur bei dauernder Beobachtung der Losung vermieden werden. Bei frühzeitigem Erkennen des *Durchfalls* reichen die Hausmittel aus: Kartoffelmehl, Aufguß von Eichenrinde. Zeigt die Losung eine breiige oder gar flüssige Beschaffenheit, so ist nur die halbe Ration der gewöhnlichen Milchmenge zu geben; die Milch ist aufzukochen und je nach der Stärke des Durchfalls teilweise oder ganz durch Haferschleim zu ersetzen. Sehr bewährt hat sich gegen Durchfall ein von Tierarzt Dr. Buttgereit, Lappienen, Kr. Niederung, verordnetes Mittel (Tropfen). – Ferner hat sich eine Desinfektion des Darms durch kleine Beigaben von Chinosoltabletten zur Tränke als sehr wirkungsvoll erwiesen. Die Tränkung mit Haferschleim oder Gemisch ist so lange fortzusetzen, bis die Losung wieder normal ist.

Bei *Verstopfung,* die wie bei allen Wiederkäuern schwieriger zu beheben ist, und daher unbedingt rechtzeitig erkannt werden muß, empfiehlt es sich, 25 g Rizinusöl, vermischt mit einem Likörglas Rum, einzugeben, einen Seifenpfropfen in den Darm einzuführen (oder auch dreimal täglich einen Einlauf mit ein Viertel Liter Leinöl zu machen), sowie den Leib mit Wolldecken warm einzupacken (dies auch bei Durchfall und Darmentzündung). Weidloch und Spiegel sind zu säubern.

Plötzliche Unlust des Kalbes, verbunden mit Schleimabsonderung in der Losung, auffallendes Ziehen beim Atmen und beschleunigte Herztätigkeit deuten auf *Darmentzündung* infolge Überfütterung oder Erkältung hin. Die Verabfolgung von Milch in der bisherigen Weise ist sofort einzustellen. Das Kalb erhält am ersten Tage der Erkrankung dreimal täglich einen Eßlöffel Rum, der mit drei Eßlöffel lauwarmer Milch gemischt ist. (Schluckweises Eingeben mit der Flasche, um ein Verschlucken zu verhindern.) Außerdem wird dreimal täglich ein Weinglas lauwarmen Kamillentees verabreicht, dieses auch am zweiten Tage. Zeigt sich am dritten Tage noch keine Besserung, dann kann die Kur des ersten Tages wiederholt werden. Ist dagegen Besserung eingetreten, so erhält das Kalb die Hälfte seiner früheren Ration, jedoch Haferschleim und Milch zu gleichen Teilen gemischt. Außerdem ist in den ersten zwei Tagen zweimal täglich statt des gewöhnlichen Trinkens noch Kamillentee zu geben. Im übrigen empfiehlt sich bei ernsteren Krankheitserscheinungen die Hinzuziehung eines tüchtigen Tierarztes.

9. Die Kosten des Elchkälberfanges und der Aufzucht werden vom Elchjägermeister angewiesen. Es werden je ein Liter Vollmilch 12 Rpf. und ein monatliches Wartungsgeld von 20,– RM gezahlt, sowie die nachgewiesenen Auslagen für Futtermittel, Arzneien usw. erstattet. Die Kälber werden voraussichtlich nach dem Haarwechsel, Anfang Oktober, abgenommen. Für jedes einwandfrei abgelieferte Kalb wird eine Prämie von 200,– RM gezahlt.

Ob die Ergebnisse dieses größten Aufzucht- und Einbürgerungsversuches die Schäden in der Wildbahn der Elchreviere aufwogen, muß bezweifelt werden.

Abgesehen von dem Ausfall von Kälbern, der in den Jahren 1934 bis 1936 etwa dem Jahreszuwachs eines Bestandes von 250 bis 100 Stück Elchwild entsprach, wurden die Einstände des Wildes stark beunruhigt, die ihrer Kälber beraubten Tiere erlitten gesundheitliche Schäden, blieben z. T. wenigstens vorübergehend gelt, und es gab Unregelmäßigkeiten in Brunft- und Setzzeit. Revierförster Augustin teilte mir mit, daß er in und nach den Jahren des Kälberfanges auffallend viel nichtführende Tiere beobachtete, und daß erst 1939 die Zahl der gesetzten Kälber wieder normal war.

Der Fang der Kälber war allgemein nicht schwierig, wenn es sich um eben gesetzte oder nur wenige Tage alte Stücke handelte. Sie drückten sich und folgten bisweilen sogar freiwillig dem Fänger. Die Fälle, in denen das Muttertier sein Kalb verteidigte, waren nicht häufig.

Die Erfolge der Aufzucht hingen natürlich sehr von der Person des Betreuers ab (Abb. 132). Sehr guter Aufzuchtergebnisse entsinne ich mich bei den Revierförstern Neumann, der von 9 gefangenen Kälbern 7 abliefern konnte – eins war ein Schwächling und eins verschluckte den Gummisauger –, und Augustin, der 6 Kälber ohne Verlust aufzog. Auch andere Aufzüchter hatten gute Erfolge, wie die Revierförster Kuhrke, Scheffler und Golditz. Die eigentlichen »Pflegemütter« waren natürlich die Frauen der Beamten.

Die häufigsten Ursachen der Verluste waren Krankheiten der Verdauungsorgane. Seltener kamen Lungenentzündungen, Herzschwäche, Aufnahme von Fremdkörpern oder Unfälle vor.

Die guten Erfolge einzelner Aufzüchter und die sich allgemein im Laufe der Jahre wesentlich bessernden Ergebnisse waren aber nur ein schwacher Trost für die Sorgen, die uns das Fangunternehmen bereitete.

Entwicklung und Schicksal der Schorfheide-Elche

Leider haben auch die Erfolge der Einbürgerung unserer Elche in der Schorfheide die gebrachten Opfer kaum gerechtfertigt. Hier waren seit 1934 große Vorbereitungen getroffen, um den Elchen einen zusagenden Lebensraum zu schaffen. In den Brüchen waren auf großer Fläche Weiden angepflanzt. Auch für andere Äsungspflanzen und Unterholz wurde gesorgt. Die Pflanzenwelt der Schorfheide war ja durch die seit Jahrhunderten in diesem Jagdgebiet gehaltenen überhöhten Rot- und Damwildbestände verarmt; an Weichhölzern fehlte es fast ganz. Auch die ganzen Standortsverhältnisse entsprachen wenig den Ansprüchen des Elchwildes. Der anfängliche Plan, das eingeführte Elchwild in die große Wildbahn der gesamten Schorfheide zu entlassen, wurde – wohl wegen der zu erwartenden großen Forstschäden – bereits 1936 aufgegeben. Die dort angelegten Weidenkulturen gab man dem Rotwilde frei. Auch das Gehege Kappe wurde aufgelassen. So blieb das Elchwild hauptsächlich auf das Pinnow-Gehege beschränkt. (Das Schaugehege am Werbellinsee hatte nur zwei bis drei Stücke.) In diesem Gehege hätte man bei richtiger Gestaltung der Umweltverhältnisse, guter Pflege und Fütterung einen kleinen Bestand, vielleicht von 5 bis 10 Elchen, halten können. An den genannten Voraussetzungen hat es, wenigstens bis zum Kriege, nicht gefehlt. In den Kriegsjahren wurde auch die Ernährung des großen Bestandes immer schwieriger. Vor allem die Verabfolgung ausreichender Mengen von Weidenzweigen, die bis 1939 in großem Umfange aus der Nähe von Liebenwalde bezogen wurden, war im Kriege nicht mehr möglich. Die natürliche Äsung reichte für den hohen Bestand bei weitem nicht aus, zumal die Weidenkulturen nicht so gut gediehen waren, wie man gehofft hatte.

Die Rückschläge traten offensichtlich dadurch ein, daß man nicht maßhalten konnte. Trotz von Jahr zu Jahr steigender Abgänge betrug der Bestand in der Schorfheide nach dem im Reichsjagdamt geführten Elch-Register (Januarstand):

1935:	15 Stück
1936:	27 Stück (12 Hirsche, 3 Tiere, 12 Kälber)
1937:	26 Stück (7 Hirsche, 8 Tiere, 11 Kälber)
1938:	36 Stück (14 Hirsche, 14 Tiere, 8 Kälber)
1939:	35 Stück (13 Hirsche, 14 Tiere, 8 Kälber)

Die hohen Abgänge (wohl meist Fallwild), die sich aus der Aufstellung ergeben, sind in dem Register für die Schorfheide leider nicht eingetragen. Nach 1939 ist das Verzeichnis nicht weitergeführt worden. Aus dem Bericht eines mit den Verhältnissen vertrauten Beamten der Schorfheide geht hervor, daß im Sommer 1941 noch 36 Stück Elchwild gezählt wurden (11 Hirsche, 18 Tiere, 7 Kälber), und daß die Verluste groß waren. Aus Ostpreußen waren bis einschließlich 1937 nach derselben Quelle 36 Elchkälber ins Pinnow-Gehege verbracht, aus dem Gehege Werbellinsee drei weitere Kälber. Im Gehege gesetzt wurden:

1938	10 Elchkälber
1939	7 Elchkälber
1940	6 Elchkälber
1941	7 Elchkälber
1942	5 Elchkälber
1943	3 Elchkälber
1944	2 Elchkälber
zusammen:	40 Elchkälber

Der Bestand hätte also ohne Verluste im Jahre 1944 79 Stück betragen müssen. Tatsächlich war er durch die zunehmenden Verluste schon sehr zusammengeschrumpft. Leider wurden keine erfahrenen Elchjäger zu Rate gezogen. Erst als die Verluste immer stärker wurden, sandte man mich – ich glaube, es war 1942 – zur Schorfheide. Das Elchwild war zum größten Teil schlecht bei Wildpret und wirkte müde und abgekommen. In meiner Beurteilung konnte ich nur wiederholen, was ich in Gesprächen mit dem Oberstjägermeister Scherping schon oft betont hatte, daß ich das Gehege für vielfach übersetzt hielte, und daß durch die für das Elchwild besonders verhängnisvolle Zusammendrängung auf so engem Raum parasitäre Erkrankungen den ganzen Bestand auf das Schwerste bedrohten. (Scherping war durchaus meiner Ansicht, konnte sich in der Schorfheide, die als Stiftung der staatlichen Forst- und Jagdverwaltung nicht unterstand, aber nicht durchsetzen.)

Dösende Feisthirsche. Temperaskizze von D. v. Prokofieff

Aufstehende Stockenten. Temperaskizze von D. v. Prokofieff

In den ersten Jahren, in denen ich mir als Gast das Elchwild im Pinnow- und Siewert-Gehege angesehen hatte, machte es noch einen guten Eindruck, und die Hirsche hatten dank der intensiven Fütterung (Sesamkuchen!) schon im dritten bis fünften Lebensjahre Geweihe von einer Stärke geschoben, wie sie in freier Wildbahn erst etwa im doppelten Alter erreicht wurde (Abb. 93). Auch unter diesen (»Mast«-) Hirschen aber waren, bei gleicher Stärke und gleich gutem Ernährungszustand, ausgesprochene Stangler.

Für das Jahr 1939 sind im Elch-Register 2 Sechzehnender, 18 Schaufler von 14 und weniger Enden und 3 Stangenelche verzeichnet. Im Sommer 1941 standen nach Angaben des erwähnten Gewährsmannes im Pinnow-Gehege 3 Schaufler von 16, 14 und 12 Enden, 3 Hirsche von 10 Enden, 1 Zweijähriger und 4 Einjährige. Der Höhepunkt der Geweihentwicklung lag sehr früh, i. a. wohl im 5. Lebensjahre.

Das wertvolle Material an Abwurfstangen, Entwicklungsdaten und interessanten biologischen Beobachtungen ist mir nicht zugänglich gemacht worden; bei Kriegsende ging es für uns verloren.

Jagd und Jäger

Zur Chronik der Elchjagd

Noch bis ins Mittelalter hinein diente die Jagd vorwiegend der Befriedigung des menschlichen Bedarfs an Nahrung und Kleidung sowie dem Schutze der Herden, Felder und des Menschen selbst. Später wurde sie Lust und Vorrecht des freien Mannes, des Ritters und des Königs oder Kaisers. Mit dem Wachsen der Macht der Fürsten und ihrem Unabhängigwerden von Kaiser und Ständen begann im 16. Jahrhundert die Zeit der Fürstenjagd. Die Hohe Jagd wurde zum Privileg der Fürsten, das nur sie weiterverleihen konnten. Erst nach der Revolution von 1848 entwickelte sich unser modernes Jagdrecht als Ausfluß des Grundeigentums.

Bis Ende des 16. Jahrhunderts herrschte die »Fangjagd« vor. Die »Schießjagd« galt im Mittelalter geradezu als unwaidmännisch. Auch als sie sich im 17. Jahrhundert durchsetzte, wurde das Wild noch in mit Jagdzeug (Tüchern und Netzen) eingestellten Treiben bejagt: von den Jägern geschossen oder in den Netzen abgefangen. Nur dadurch lassen sich die gewaltigen Strecken erklären, die im 17. und 18. Jahrhundert von fürstlichen Jägern auf Einzel- oder Repräsentationsjagden erzielt wurden. — So erlegte der als großer Nimrod berühmte Kurfürst Johann Sigismund nach dem vom »Wildwäger« Korn geführten Schußbuch allein in den sieben Jahren von 1612 bis 1618 u. a. 128 Stück Elchwild, 4935 Stück Rotwild, 4008 Sauen, 52 Bären und 15 Wisente. Die Wisente und ein Teil des Elchwildes kamen im Bereich des Amtes Labiau zur Strecke, wo der Kurfürst vom Jagdschloß Friedrichsburg (in Laukischken) aus jagte. — Die Pirschjagd wurde im 17. und 18. Jahrhundert kaum ausgeübt; wohl aber wurden starke Schaufler mit Hunden lanciert. Auch Parforcejagden waren gebräuchlich.

Von den preußischen Herrschern des 17. und 18. Jahrhunderts waren der Große Kurfürst und König Friedrich Wilhelm I. eifrige Jäger. Friedrich der Große hatte für die Jagd wenig übrig; dafür legte er aber auf die Belieferung der königlichen Küche mit Wildpret und den besonders geschätzten Markknochen des Elches großen Wert. Auch seine Nachfolger scheinen keine eifrigen Jäger gewesen zu sein. Erst mit Wilhelm II. kam wieder ein passionierter Waidmann auf den preußischen Königsthron.

Ibenhorst, das Kerngebiet des Elches, war bis in die zweite Hälfte des vorigen Jahrhunderts schwer zu erreichen. Als die Verkehrsverhältnisse sich besserten und vor allem die Eisenbahn nach Tilsit und Heydekrug führte, wurde die Oberförsterei das Elchjagdrevier der Hohenzollern. Durch Anbau von zwei Flügeln an das Oberförsterhaus wurde hier Unterkunftsmöglichkeit für hohe Jagdgäste geschaffen. Nächste Bahnstation war zunächst Insterburg, später Heydekrug. Von dort mußten Extrapost oder Wagen benutzt werden.

Die Jagd war verhältnismäßig einfach, da das Wild im Schonrevier sehr vertraut war — so vertraut, daß einzelne Jagdgäste sogar auf die Erlegung verzichteten. Von dem englischen Gesandten Lord Dudley, der im Herbst 1861 auf einen Elchhirsch eingeladen war, ist überliefert, daß er das Elchwild und den ihm zugedachten Schaufler — wahrscheinlich auf dem Bredzuller Moor — zwar lange und gründlich beobachtete, ohne jedoch Anstalten zum Schuß zu machen. Auf die Frage, warum er nicht schieße, antwortete der Lord: »Ebensogut könnte ich zwischen meine Viehherde gehen und einen Stier töten!« Er fuhr ohne Beute zurück. Auch Friedrich III., der als Kronprinz mit seiner Gemahlin im Jahre 1863 Ibenhorst besuchte, konnte sich nicht zum Schuß auf den ihm zugedrückten Elchhirsch, der mit seinem Wilde lange vor ihm verhoffte, entschließen. Auch er reiste ohne Trophäe aus Ibenhorst ab.

Zu dieser Zeit[1] saß bereits der königlich preußische Förster Ramonath

[1] R. wurde 1861 nach Ibenhorst versetzt.

in Ackmenischken. Er war ein hervorragender und schneidiger Beamter, der in seiner langen Dienstzeit manchen Wilddieb gefaßt hat, und ein guter Kenner und Heger des Elchwildes. Ein treuer Preuße und Anhänger seines Königshauses, stand er als Stammes-Litauer mit der deutschen Sprache aber etwas auf dem Kriegsfuß. Das deutsche H gebrauchte er ähnlich dem Franzosen an falscher Stelle: Die Elche waren die »Halche«. Auf einer Revierfahrt begleitete Ramonath die Kronprinzessin und ihr Gefolge, die sich lebhaft unterhielten. Als man in die Nähe von Wild kam, unterbrach der Förster das Gespräch mit den Worten: »Herrschaft, halt's Maul, jetzt kommen ›Halche‹.« — Bei einer Pirschfahrt des hohen Paares ritt Ramonath dem Wagen voraus. Auf dem von tiefen Gräben eingefaßten Damme, dem später nach der Kronprinzessin genannten Viktoria-Gestell, scheuten die vom zahlreichen Ungeziefer beunruhigten Trakehner. Wie der Blitz war R. von seinem Gaule herunter, fiel den Pferden in die Zügel, riß sie zusammen und schlug mit seinem Hirschfänger die Stränge durch. Dann wandte er sich zum Kronprinzen: »Befehlen königliche Hoheit, daß ich die Biester totsteche?« — Für sein schnelles und tapferes Zugreifen erhielt er eine kostbare Nadel als Geschenk. — Bei einer Reviertour hatte die Kronprinzessin sich nasse Füße geholt und bat Ramonath, ihr die Stiefel auszuziehen. Als er das getan hatte, wollte er auch gleich die nassen Strümpfe abstreifen. Auf der Kronprinzessin: »Lieber Ramonath, das mache ich selbst« kam seine Antwort: »Keine Angst, keine Angst, königliche Hoheit, bin verheiratet!«

Förster R. genoß nicht nur bei Vorgesetzten, Kollegen und bei der Bevölkerung große Achtung, sondern erfreute sich auch bei den hohen Jagdbesuchern großer Beliebtheit. Prinz Friedrich Karl bestellte ihn bei seinen mehrfachen Jagdbesuchen sogar zum Skatspiel. Dieser preußische Prinz, der rote Husar, war zum ersten Mal im September 1862 zur Elchjagd in Ibenhorst. Er traf mit Extrapost von Trakehnen über Insterburg kommend in Kaukehmen mitten in der Nacht ein. Dort nahm die Reisenden — den Prinzen begleiteten der Hofmarschall v. Meyerinck, der Adjutant und weiteres Gefolge — der Förster Ramonath in Empfang und führte sie, mit einer Laterne vorausreitend, nach Ackmenischken. Hier meldeten sich der Forstmeister Jäckel und der Oberförster Ulrich und geleiteten den Prinzen nach Ibenhorst. An den folgenden drei Tagen wurden jeweils mehrere Treiben veranstaltet. Gleich im ersten, im Jagen 12, erlegte der hohe Gast einen starken Zehnender. Der Hirsch erhielt die Kugel auf 25 Schritt, zeichnete gut, tauchte aber sofort in der Erlendickung unter. Auf der starken Schweißfährte pirschte der Prinz nach und trug dem Schwerkranken noch zwei Kugeln an.

Während die Jagdgesellschaft und die Treiber um den verendeten Schaufler herumstanden, schwirrte eine Bremse herbei und setzte sich mehrfach auf den Hirsch. Oberförster Ulrich gelang es, sie zu fangen. Er sandte das Insekt später an den Wiener Entomologen Dr. Brauer, der es als eine bis dahin unbekannte Art der Gattung Oestrus bestimmte und nach dem Entdecker Cephenomyia Ulrichi nannte. Damit war zum ersten Mal das entwickelte Insekt der Elchrachenbremse, deren Larven schon lange als schlimmste Quälgeister des Elchwildes bekannt waren, gefangen.

Im zweiten Treiben schoß der Hofmarschall von Meyerinck einen Kapitalschaufler von 16 Enden. Der Hirsch wog aufgebrochen 7¹/₂ Zentner, und das Geweih hatte ein Gewicht von 27¹/₂ Pfund.

Am folgenden Tage erlegte der Prinz dann im Jagen 119 einen Schaufler von 22 Enden, der aber den Meyerinckschen an Stärke nicht erreichte. Er wog aufgebrochen rd. 7 Zentner. Am letzten Tage schoß Friedrich Karl dann noch einen geringen Hirsch, einen jungen Sechser.

Oberförster Ulrich berichtete den Jagdgästen von der Lebensweise des Elchwildes, vom Revier und von Land und Leuten. Dabei fehlte nicht die Schilderung eines Kampfes zwischen Elchschaufler und Stier, wie er sich auf einer Viehweide, an der die Jagdgesellschaft vorbeikam, zugetragen hatte: Während der Brunft sah der Hirte der Kuhherde einen starken Elchhirsch aus dem 800 Schritt entfernten Walde austreten und auf das Weidevieh zuziehen. Als der die Herde begleitende Bulle den sich nähernden Schaufler bemerkte, griff er ihn sofort mit gesenkten Hörnern an. Es kam zu einem schweren Kampf, aus dem der Elch als Sieger hervorging; er warf den Bullen zu Boden und forkelte ihn schwer. Weder der Hirte noch weitere von ihm herbeigeholte Leute vermochten den Elch von seinem Opfer zu vertreiben. Erst als der Stier völlig erschöpft und wehrlos am Boden lag, zog der Elchhirsch ruhig in den Wald zurück. Der Bulle hatte schwere Forkelstiche erhalten und war übel zugerichtet. – Die beiden starken Hirsche dieser Jagdtage waren für viele Jahrzehnte die letzten kapitalen Schaufler, die in Ibenhorst erlegt wurden; das geht aus einer mir vorliegenden Liste des von 1865 bis 1898 in Ibenhorst gestreckten Elchwildes hervor. Auch in dem 1876 von Ibenhorst abgezweigten Tawellningken ist in diesen Jahren offenbar nur ein Kapitalschaufler (im Jahre 1894) zur Strecke gekommen.

Nach einer Zusammenstellung des Oberförsters Olberg und ergänzenden Angaben aus Tawellningken sind in den 25 Jahren von 1871 bis 1895 in der Ibenhorst im ganzen 60 Elchhirsche erlegt worden, darunter 10 jagdbare, d. h. Hirsche von über 8 Enden. Der stärkste unter ihnen war in Ibenhorst ein Zwölfender.

Von den in der Jagdnachweisung der Oberförsterei Ibenhorst als in 34 Jahren erlegt aufgeführten 13 jagdbaren und 49 geringen Hirschen wurden 5 von den Revierverwaltern, 6 von höheren Forstbeamten der Regierung und des Ministeriums und 49 von Jagdgästen gestreckt. Aus der Reihe der Förster ist lediglich Ramonath im Jahre 1866 als Erleger von zwei starken Hirschen aufgeführt. Da als Erlegungsdaten der 14. Oktober und der 1. November angegeben sind, ist mit Sicherheit anzunehmen, daß es sich um verunglückte oder kranke Stücke gehandelt hat, die lediglich den Fangschuß erhielten.

Die Fallwildverluste sind erst von 1871 ab notiert. Sie betrugen in Ibenhorst während eines 25jährigen Zeitraums das Sechsfache des erlegten Wildes, insgesamt 313 Stück. Besonders hoch waren in Ibenhorst die Verluste durch Seuchen (wahrscheinlich Milzbrand) 1879 bis 1882, 1884 und 1895 bis 1898. Auch gewilderte Stücke sind mehrfach aufgeführt. An Kahlwild sind in den 25 Jahren planmäßig nur 6 Stück abgeschossen worden. Aus Tawellningken liegt nur eine Abschußliste für die Jahre 1886 bis 1895 vor; es wurden 5 Hirsche und kein Kahlwild erlegt; an Fallwild sind 82 Stücke registriert.

Aus den Unterlagen ergibt sich ein dauernder Rückgang der Geweihstärke. Das war zweifellos eine Folge des fortgesetzten Abschusses der jeweils besten Geweihträger. Dazu kam noch, daß starke Schaufler bei ihrem Ausweichen vor Hochwasser und Äsungsmangel in den Nachbarrevieren, auch staatlichen Oberförstereien, rücksichtslos abgeschossen wurden; die Schußzeit dauerte ja bis Ende November.

Im Zeitraum von 1883 bis 1898 wurden von 37 erlegten Hirschen 25 vor und nach dem Aufbrechen gewogen. Das Durchschnittsgewicht dieser Hirsche betrug aufgebrochen (mit Geweih) 550 Pfund; der stärkste wog 755, der schwächste 438 Pfund. Das Gewicht des Aufbruches betrug im Durchschnitt 27% des Gesamtgewichtes[1]. In den 15 Jahren zeichnet sich deutlich ein Rückgang der Wildpretstärke ab.

Prinz Friedrich Karl von Preußen jagte noch mehrfach in Ibenhorst, so in den Jahren 1869 und 1881; er erlegte einen Achtender und einen Zehnender.

Die Liste der sonstigen Jagdgäste ist groß: Fürsten, Prinzen, Standes-

[1] Oberförster Meyer, der einen starken von ihm erlegten Elchhirsch zerlegte und genau wog, stellte den Anteil des Aufbruches, allerdings bei leerem Pansen, nur mit 20% des Gesamtgewichtes von 1016 Pfd. fest. Im einzelnen wogen:

das verwertbare Wildpret	646 Pfd.,
Kopf, Läufe und Decke	163 Pfd.,
Geräusch und Feist	55 Pfd.,
Gescheide	92 Pfd.,
29 Ltr. Schweiß	60 Pfd.

herren, Generale und hohe Beamte durften hier auf das seltene Wild waidwerken. Aus ihrer Zahl seien aufgeführt: Prinz Albrecht v. Preußen (1866), Prinz Leopold von Bayern (1878), Prinz Heinrich von Preußen (1885), Prinz Friedrich Leopold von Preußen (1889 und 1895), Kriegsminister v. Roon (1865) und Graf von Waldersee (1885).

Prinz Wilhelm, der spätere deutsche Kaiser, war zweimal in Ibenhorst, 1883 und 1884. — Für den Thronerben war in dem Fürstenflügel der Oberförsterei eigens ein Badezimmer eingebaut worden. Die Aufregung im Hause war natürlich groß, und die Vorbereitungen für den Besuch waren umfangreich.

Am Vorabend des Jagdtages ließ sich ein blasser, hoch aufgeschossener junger Mann bei Oberförster Axt melden und bat um eine Unterredung. Er stellte sich als Richard Friese, Maler, vor; er würde so gern, wenn es anginge, den vom Prinzen gestreckten Elch skizzieren. Der Oberförster versprach ihn vorzustellen und lud ihn zum Essen ein. Friese erzählte viel von seinen Plänen und Zukunftswünschen. — Als dann am folgenden Tage, dem 17. Oktober 1883, der von Prinz Wilhelm erlegte Zwölfender-Schaufler auf dem Hofe der Oberförsterei zur Strecke gelegt war, entstand hier der »erste Friese« für Prinz Wilhelm von Preußen. Der junge Ostpreuße wurde dann der bekannte Jagd- und Tiermaler, der so viele Gemälde und die bekannten Hirsch-Skulpturen in Rominten für Kaiser Wilhelm II. schuf.

Schon ein Jahr später kam Prinz Wilhelm am 16. Oktober wieder nach Ibenhorst, diesmal in Begleitung des österreichischen Kronprinzen Rudolph. Für die Jagd waren zwei Tage vorgesehen. Wegen des niedrigen Wasserstandes hatte sich erst ein kleiner Teil des Elchwildes in den Hochwald und auf das Bredzuller Moor umgestellt; das meiste Wild stand noch im Niederwald und in den Rohr- und Weidendickichten am Haffrande. Die stärkeren Hirsche hatten zum Teil schon abgeworfen. — Trotz strömenden Regens wurde am Morgen des 17. aufgebrochen. Kronprinz Rudolph begab sich unter Führung von Oberförster Reisch mit Wagen und Kahn auf das zwischen den Mündungsarmen des Skirwieth-Flusses und dem Kurischen Haff gelegene Helena-Werder. In den beiden ersten Treiben kam nur Kahlwild und ein Hirsch, der bereits abgeworfen hatte, vor. Im dritten Treiben, bei dem der Kronprinz auf einer eigens für die Jagd errichteten Kanzel nahe einem kleinen Wasserlauf stand, kam ihm sehr bald im Troll ein Elchhirsch, der nach Überquerung des Flüßchens die Kugel erhielt. Er flüchtete dann im Bogen um den Stand des Kronprinzen, der ihm durch Rohr- und Weidengestrüpp noch drei weitere Kugeln antrug. Nach 150 Schritt brach der Hirsch zusammen. Dabei verlor er eine der schon lose sitzenden Sechserstangen. Das scheint die Freude des Erlegers nicht beeinträchtigt zu haben.

Prinz Wilhelm hatte derweil unter Führung von Oberförster Axt, der, inzwischen nach Letzlingen versetzt, eigens nach Ibenhorst befohlen worden war, mit dem Wagen im Hochwalde und am Rande des Moores gepirscht und einen Sechser krankgeschossen. Am kommenden Morgen konnte er ihn endgültig zur Strecke bringen.

Wilhelm II. scheint an der Elchjagd aber wenig Gefallen gefunden zu haben, denn es hat 20 Jahre gedauert, bis er wieder zur Jagd ins Elchrevier kam, und nur dreimal: in den Jahren 1904, 1907 und 1910 (Abb. 133). Im Jahre 1910 hat der Kaiser die Erfolge des Wahlabschusses, dem er die Wege geebnet hatte, feststellen und zwei starke Schaufler erlegen können. Am ersten Jagdtage, dem 12. September, streckte er in Nemonien von der Kaiserkanzel aus einen an Wildpret starken Sechzehnender von aufgebrochen 760 Pfund. – Mit Dampfer ging es abends nach Tawellningken und von dort mit Wagen zum Jagdhaus Pait (Abb. 134). Erst am übernächsten Tage gelang es den Bemühungen Wrobels, Meyers und der Jägerei, den Obersten Jagdherrn in Tawellningken zu Schuß zu bringen: im Berzinbruch erlegte der Kaiser einen starken Schaufler von ungeraden 18 Enden. – Zwei starke Elchhirsche, einen Endenhirsch und einen Stangler, erlegten Landforstmeister Wrobel und Jagdmaler Professor Friese im Jahre 1907 (Abb. 135).

Bis 1915 wurden in Tawellningken und Nemonien noch mehrere gute Schaufler erlegt. Das stärkste in diesen Jahren erbeutete Geweih trug der vom preußischen Landwirtschaftsminister Frhr. v. Schorlemer-Lieser am 15. September 1912 in Tawellningken erlegte Kapitalschaufler (22 Enden, 303 Punkte). 1913 schossen Fürst Fürstenberg in Tawellningken und der Herzog von Ratibor in Nemonien je einen guten Schaufler (281 und 275 P.) (Abb. 136). Am 15. September 1915 erlegte als letzter hervorragender Vertreter des kaiserlichen Deutschland Generalfeldmarschall v. Hindenburg unter Führung von Oberförster Borggreve in Nemonien einen starken Schaufler (282 P.) (Abb. 137). Der Hochstand, von dem aus der Hirsch gestreckt wurde, trug noch zu meiner Zeit den Namen Hindenburg-Kanzel.

Ich habe bei den letzten Trophäen deren »Punktzahl« angegeben. Nun bin ich keineswegs ein Freund der Rekordsucht vieler Trophäenjäger. Das Erlebnis der Jagd und die Erbeutung stehen m. E. hoch über der Trophäe und ihrer formelmäßigen Stärke. Um aber Vergleiche zwischen verschiedenen Geweihen anstellen zu können, kann man dieser Formeln schlecht entraten. Die Bewertungsformel für Elchschaufelgeweihe ist von Kobylinski erdacht und vom Internationalen Jagdrat anerkannt. Nach meinen auf zwei internationalen Jagdausstellungen gemachten Erfahrungen bewertet die Formel die Wucht des Geweihes gegenüber den mit dem Meßband zu ermittelnden Dimensionen zu gering. Die Dicke der Schaufeln, die Wasserverdrängung und das Gewicht werden nicht oder nur indirekt berücksichtigt. Besonders schwere und dicke Schaufelgeweihe schneiden gegenüber endenreichen, großflächigen, aber weniger wuchtigen Trophäen m. E. zu schlecht ab. Die Erfassung der Massigkeit und Wucht ist dem Ermessen des Richters überlassen. Auf der Internationalen Jagdausstellung 1954 in Düsseldorf ermittelte ich die Gewichte von 28 der 32 ausgestellten schwedischen Schaufelgeweihe, von denen das stärkste mit 368 Punkten und 27 mit über 300 Punkten bewertet waren. Die Gewichte, die zwischen 7,86 und 14,65 kg schwankten, gingen keineswegs mit der Reihenfolge in der Punktbewertung parallel. Für eine einigermaßen objektive Bewertung der Wucht, für die bis zu 15 Punkte zugeschlagen werden können, benutzte ich einen Faktor aus Stangenumfang und Gewicht.

Nach dem Kriege erlegte im Jahre 1919 außer dem preußischen Ministerpräsidenten Braun noch Oberforstmeister Kausch aus Gumbinnen einen starken Schaufler in Tawellningken (292 P.). Als nach der fünfjährigen völligen Schonung des Elchwildes von 1926 an ein beschränkter Abschuß zugelassen wurde, kamen wieder einige starke Schaufler zur Strecke. Genannt seien die alten reifen Hirsche des Herrn v. Kobylinski (265 P.) und des Forstrats Keck (289 P.) im Jahre 1927 sowie die Schaufler des Grafen Kayserlingk-Rautenburg (307 P., Abb. 138), des Ministerpräsidenten Braun (Abb. 127) und des Oberlandforstmeisters Frhr. v. d. Bussche (283 P., Abb. 140), die 1928 zur Strecke kamen. Ein kapitaler Schaufler wurde übrigens auch im memelländischen Teil der Kurischen Nehrung bei Preil im Jahre 1925 von Forstmeister Luther, Forstamt Klooschen, gestreckt. Das Geweih hatte das hohe Gewicht von 27 Pfund. Wenn das angegebene Wildpretgewicht von 780 Pfd. zutrifft, besteht der Verdacht, daß der Hirsch, der allerdings schon einige Zeit auf der Nehrung bekannt war, vom Festlande zugewandert war.

Eine reizende Anekdote von der Erlegung eines Schauflers durch den preußischen Landwirtschaftsminister Steiger sei hier noch wiedergegeben. Ende der 20er Jahre hatte der Minister, der von Hause aus wohl kein sehr erfahrener Jäger war, sich den Abschuß eines Elchschauflers vorbehalten. Als er in Tawellningken eintraf, war bereits ein Hirsch für ihn »festgemacht«. Unter Führung des Oberförsters und des zuständigen Revierbeamten und begleitet von dem damaligen Chef der preußischen Staatsforstverwaltung, Oberlandforstmeister Borggreve, ging es im Gänsemarsch zu der Kanzel, in deren Nähe der Hirsch be-

133 *Der von Kaiser Wilhelm II. im Jahre 1907 erlegte Schaufler auf der Strecke vor dem Jagdhaus Pait; dahinter Forstbeamte. 2. v. l. Oberförster Meyer, 3. v. l. Landforstmeister Wrobel*

134 *Kaiser Wilhelm II. am 12. 9. 1910 im Elchrevier. Frühstück auf dem Regierungs-Dampfer. Seckenburger Kanal*

135 *Landforstmeister Wrobel und Jagdmaler Prof. Friese mit im Jahre 1907 erlegten Elchhirschen und den Beamten der Oberförsterei Tawellningken. In der Mitte Wrobel, sitzend Friese, rechts Meyer*

136 Geweihe der von Landwirtschaftsminister Frhr. v. Schorlemer-Lieser 1912 und von Egon Fürst Fürstenberg 1913 erlegten Elchschaufler

137 *Generalfeldmarschall v. Hindenburg mit am 15. 9. 1915 gestrecktem Schaufler, neben dem Feldmarschall Oberförster Borggreve*

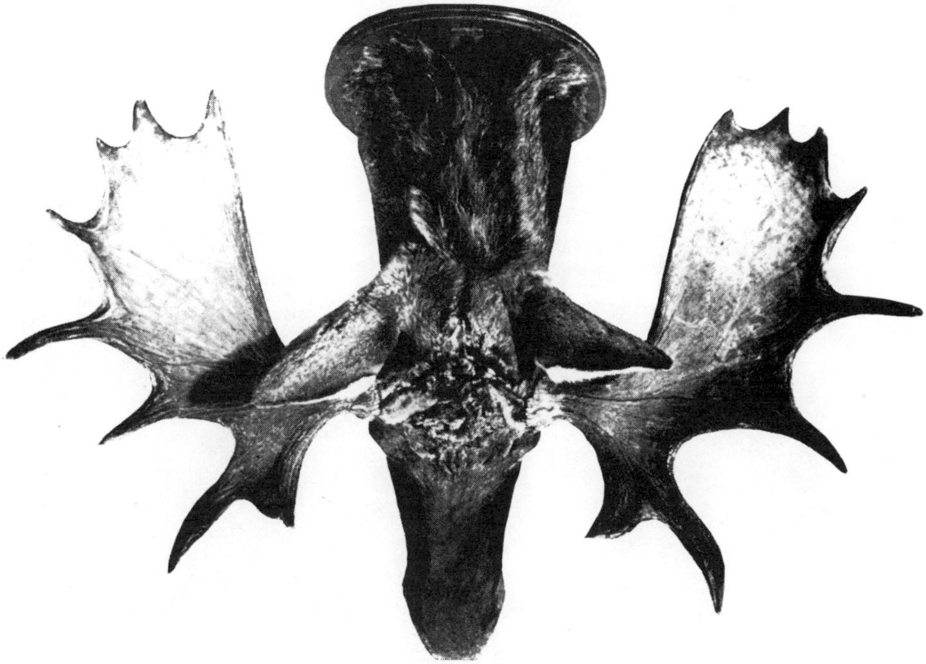

138 *Starkes Elchschaufelgeweih des Grafen Kayserlingk, erlegt 24. 9. 1928, Rautenburg, 306,5 P.*

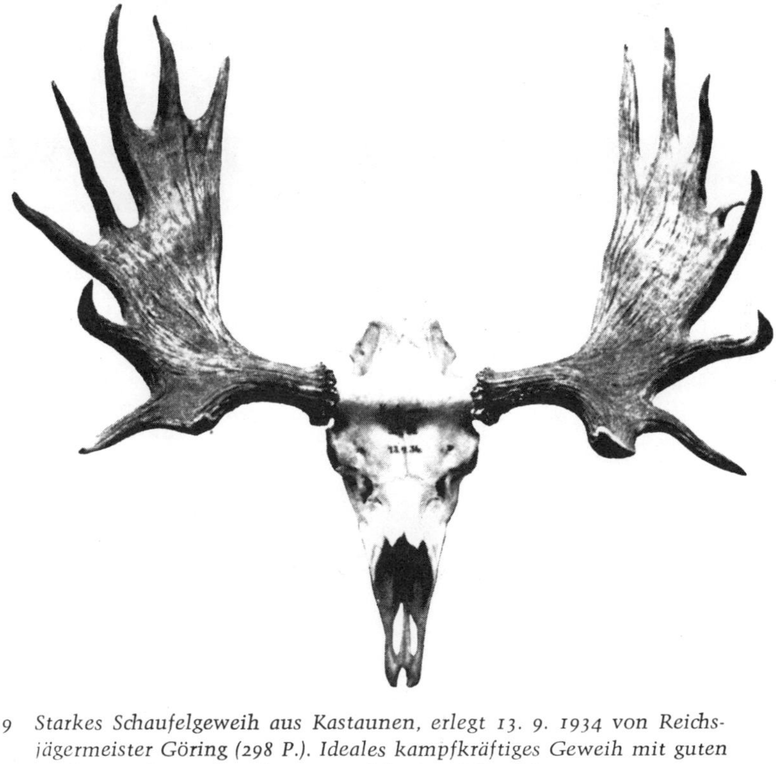

139 *Starkes Schaufelgeweih aus Kastaunen, erlegt 13. 9. 1934 von Reichsjägermeister Göring (298 P.). Ideales kampfkräftiges Geweih mit guten starken Enden und noch genügend breiter Schaufel*

140 *Vom Chef der Preußischen Landesforstverwaltung, Oberlandforstmeister Frhr. v. d. Bussche am 9. 9. 1928 in Tawellningken erlegter Schaufler (283,4 P.). Bei der Erlegung beteiligte Forstbeamte und Waldarbeiter, v. l. Förster Weber, Oberlandforstmeister v. d. Bussche, Oberförster Orlowski, Waldarbeiter; 3. v. r. Landforstmeister Gernlein*

141 *Starker Stangenelch, erlegt vom Verfasser im Forstamt Tawellningken*

142 *Starker Stangenelch des Generalforstmeisters v. Keudell, erlegt 22. 9. 1936 in Pfeil*

143 Reichsverweser v. Horthy mit seinem 1940 erlegten Elchschaufler
Links Oberstjägermeister Scherping, rechts Adjutant Oberst v. Brunswick

144 Generalfeldmarschall v. Kluge mit gestrecktem Elchhirsch

145 Hofrat Dr. Fr. Claß mit Stangenelch. Forstamt Rossitten

obachtet worden war. Als man sich dem Hochstande näherte, konnte man dahinter schon den ruhig verharrenden Elch erblicken. Den darauf aufmerksam gemachten Jagdgast erfaßte erhebliches »Fieber«, und er begann sich »in Trab zu setzen«. Da legte Borggreve ihm beruhigend die Hand auf die Schulter: »Langsam, langsam, Herr Minister, greifen können wir ihn nicht!« Der vertraute Hirsch hielt auch das Ersteigen der Kanzel aus und wurde erlegt. Die Geschichte machte in der Grünen Farbe schnell die Runde und erweckte viel Heiterkeit.

In Pfeil hatte mein Vorgänger, Forstmeister Rehefeldt, vor dem Kriege einen braven Schaufler gestreckt, dessen Trophäe lange Jahre im Schlafzimmer hing. – Nach der fünfjährigen Schonzeit schoß mein Inspektionsbeamter, Forstrat Zühlke, den ersten Elch, einen älteren Stangenhirsch mit »Schwimmhaut«. Ich erlegte meinen »Ersten« im Jahre 1928. Der alte Förster Schwarz, ein Original mit herrlichem Vollbart, hatte ihn beobachtet und mir gemeldet. Ich stellte mich an dem Wechsel vor und ließ das Jagen, in das der Hirsch eingezogen war, vorsichtig durchdrücken. Zur Unterstützung beim Ansprechen stand unser tüchtigster Jäger, der Förster Ringhardt, neben mir. Unhörbar wie ein Fuchs wechselte der schwere Hirsch an und stand plötzlich auf 100 Schritt am Bestandsrand. Wir hielten ihn beide für »richtig«, und auf dem Gestell erhielt er die Kugel. Ohne zu zeichnen, trollte er weiter und brach nach 30 Schritt mit lautem Krachen zusammen. Wir hatten richtig angesprochen: ein achtjähriger Achter schlechter Veranlagung lag vor uns. Da das Geweih etwas Schaufelbildung zeigte, war ich bis zur Trophäenschau aber doch etwas unruhig. Das Geweih erhielt ohne weiteres seinen »grünen Punkt«. – Dem ersten folgten im Laufe der nächsten 16 Jahre dann noch 11 Stangenelche mit z. T. sehr guten Trophäen (Abb. 141).

Mein erster Jagdgast in Pfeil war der Schwiegersohn des Oberpräsidenten Siehr im Jahre 1928. Die Elchjagd war in den Lehmrevieren äußerst schwierig, zumal der Bestand damals noch verhältnismäßig gering war. Nach vier Tagen unermüdlichen Pirschens mit Wagen und zu Fuß sowie vorsichtigen Drückens war unser Gast am Ende seiner Kräfte und mußte ein paar Ruhetage einschieben. Als er dann wiederkam, klappte es am zweiten oder dritten der wieder sehr anstrengenden und aufregenden Jagdtage. Vater Siehr kam den Schwiegersohn und die Trophäe abholen, und die Freude über den schwer errungenen Erfolg war groß.

Viel zu leicht kam der erste Jagdgast, den das »Dritte Reich« mir bescherte – Pfeil gehörte damals, im Jahre 1933, noch nicht zum Elchschutzgebiet – zu seiner starken Trophäe. Dr. S. wurde mir vom Ministerium für Landwirtschaft, Domänen und Forsten zugeteilt. Er traf am

4. September nachmittags ein. Nach einem Kaffeestündchen machten wir eine orientierende Revierfahrt. Der Gast war von der Schönheit des Waldes begeistert, konnte sich aber auch ein Bild davon machen, wie schwierig die Jagd in den dschungelartigen Beständen des Reviers sein mußte. Als wir dann den 5 km schnurgerade durch Szerszantinnen und Juwendt führenden Försterdamm entlangfuhren, sahen wir in einer Entfernung von 2½ km den mitten auf dem Gestell verhoffenden ersten Elch. Bald konnten wir ihn als Hirsch ansprechen. Weiter ging es im Trabe; das »Standbild« rührte sich nicht. Als wir auf etwa 300 m heran waren, wechselte der Hirsch nach links in den schon etwas verlichteten Fichtenmischbestand. Hinter dem Baumholz lag die eingezäunte Weide des Försters. Günstiger konnte es kaum sein. Wenn es nur der »Richtige« wäre! Im Schritt ging es weiter, und ich konnte mir den Hirsch auf etwa 60 m in aller Ruhe ansehen: es war ein alter starker Stangenhirsch. Wir fuhren noch ein Ende vorwärts, wendeten, und S. machte die Büchse fertig. Dann verließen wir im Fahren den Wagen. Ich gab dem Gast meinen Zielstock zum Anstreichen und wartete auf den Schuß. Aber der fiel nicht; es klickte nur. In seiner Aufregung hatte S. vergessen zu entsichern. Auch das hielt der Elch aus, zog nur etwas weiter und erhielt dann die Kugel. Nach kurzer Flucht brach er zusammen. Zwei Stunden nach seiner Ankunft in Pfeil stand Dr. S. vor seinem starken Elchhirsch.

Mein nächster Jagdgast war Scherping, der spätere Vorgesetzte und Freund. Pfeil war inzwischen in das Elchschutzgebiet einbezogen worden. Im September 1935 rief mich Elchjägermeister Orlowski aus Pait an, der Oberstjägermeister solle einen starken Stangenelch schießen. Ich möge melden, wenn ein geeigneter Hirsch bestätigt würde. Schon am nächsten Morgen beobachtete ich bei der Pirschfahrt einen starken alten Hirsch mit schlechter Schaufelbildung. Er zog in das sehr dichte Bruchjagen 95. Ich holte sogleich einige Beamte und Waldarbeiter heran und ließ das Jagen beobachten. Dann rief ich in Pait an. In wenigen Stunden war Scherping da. Wir fuhren sogleich in den Wald. Der Elch hatte seinen Einstand nicht verlassen. Mit Scherping war noch ein zweiter Herr gekommen, Dr. Herrmann, der von Göring auf einen Elchhirsch eingeladen war. In seiner bescheidenen Art bat der Oberstjägermeister, den ich schon im Jahre zuvor im Ministerium kennengelernt hatte, Dr. H. den günstigsten Stand zu geben. Nord- und Ostseite des Jagens und die benachbarten Gestellkreuze wurden mit Beobachtern bzw. »Abwehrern« besetzt. Ich stellte Dr. H. auf der Front an und blieb mit Scherping am Hauptwechsel auf der Westseite des Jagens. 200 m hinter uns hielt mein Pirschwagen. Dann ließ ich das

Jagen ganz langsam und still durchdrücken. Und der Hirsch kam, leider, trotz aller Vorsicht der durchgehenden Beamten und Treiber, in scharfem Troll und für einen sicheren Schuß zu weit. Schnell war mein Wagen mit dem sehr passionierten Kutscher Leckzut bei uns. Im Galopp wurde das Nachbarjagen umfahren. Der Hirsch hatte nach Norden gewendet und war, noch immer im Troll, dem an der NW-Ecke des Jagens beobachtenden Revierförster Ringhardt gekommen. Weiter ging es in wilder Fahrt. Als wir am nächsten Gestellkreuz eintrafen, meldete der mit dem Rade dorthin geeilte Beobachter, der Elch sei soeben durchgewechselt. Sein Fluchtweg war mir nun klar. Noch einmal mußten die Pferde herhalten: eine Jagenbreite nach Osten, dann das Gestell, auf dem wir ursprünglich einen Kilometer weiter südlich gestanden hatten, einige hundert Meter nach Norden hinauf. Im Fahren sprangen wir vom Wagen. Kurz darauf querte der Hirsch trollend südlich von uns das breite Gestell und erhielt die Kugel. Nach 30 Schritt hörten wir ihn zusammenbrechen. Voller Freude stand Scherping bald vor seinem starken Elchhirsch. Nie wieder habe ich eine derartig erregende »Parforcejagd zu Wagen« mitgemacht. Den Erfolg hatten wir den flinken Beobachtern, den Beinen meiner flotten »Ostpreußen«, guter Kenntnis der Wechsel und einer gehörigen Portion Glück zu verdanken.

Sehr viel ruhiger spielte sich die Erlegung des ersten Elches durch den Generalforstmeister v. Keudell im folgenden Jahre ab. Wieder war ich beauftragt, nach Pait zu melden. Am 22. September wurde durch Revierförster Premper in Szerszantinnen ein guter alter Stangenelch bestätigt. Er brunftete mit seinem Tier im Jagen 125. Ich ließ beobachten und bat um sofortiges Kommen des Generalforstmeisters. Wir glaubten, mit seinem Eintreffen um die Mittagszeit rechnen zu können. Wir warteten vergeblich. Der Revierförster hielt mich telefonisch auf dem Laufenden. Der Hirsch war mehrfach am Bestandsrande erschienen, aber wieder hineingezogen. Die Stunden vergingen, die Ungeduld und die Besorgnis, daß die günstige Gelegenheit verpaßt werden würde, stiegen. Auch der Kaffeetisch wurde umsonst gedeckt. Meinen Pirschwagen hatte ich bereits ins Revier vorgesandt, um keine Zeit zu verlieren. Als es dann 17 Uhr wurde, fuhr ich mit dem Pkw hinaus. Meine Frau sollte den Gast beim Eintreffen sofort in die Nähe des Einstandes geleiten. Auf halbem Wege, im Dorfe Kelladden, begegnete ich dann dem aus Pait kommenden Wagen. Ich bat K., gleich zu mir umzusteigen, und in wenigen Minuten waren wir am verabredeten Treffpunkt. Der Elchhirsch war wieder auf das Gestell ausgetreten, vor kurzem aber in das angrenzende Eschenstangenholz zurückgezogen. Nun war Eile geboten. Das Ende des Büchsenlichtes war nicht mehr fern. Also stiegen wir auf den Pferdewagen um und fuhren das Zwischengestell, auf dem der Hirsch beobachtet worden war, hinauf. Es war die letzte Chance. Und wir hatten Glück. Der Hirsch stand mit seinem Tier kaum 80 Schritt vom Gestell entfernt. Wir stiegen vom weiterfahrenden Wagen. Der den Pferden nachäugende Hirsch stand breit, und ich bat zu schießen. Aber der Generalforstmeister bekam trotz vorsichtigem Seitwärtstreten das Blatt in dem ziemlich dichten Stangenholz nicht frei. Ich stand wie auf Kohlen. Schließlich entdeckte ich eine Lücke und schob kurzentschlossen meinen hohen Vorgesetzten auf den richtigen Platz. Nun fiel der erlösende Schuß. Mit voller Flucht – eine Seltenheit beim Elch – quittierte der Hirsch die Kugel und flüchtete an uns vorbei ins Nachbarjagen. Bald hörten wir nichts mehr. Da inzwischen das Büchsenlicht vorbei war, wagte ich die sofortige Nachsuche nicht, sondern verschob sie auf den nächsten Morgen. Das brachte für den Schützen eine unruhige Nacht. In aller Frühe waren wir am Anschuß und bald auch am verendeten Hirsch. Der Erleger konnte mit der Trophäe, einem Stangengeweih von 10 Enden, zufrieden sein (Abb. 142).

Auch Keudells Nachfolger als Generalforstmeister, Alpers, hatte ich mehrfach auf einen Elch zu führen, teils im eigenen Revier, teils später (als Elchjägermeister) in Ibenhorst.

Bis 1937 hatte ich zu Tawellningken und Ibenhorst keine dienstlichen Beziehungen. Was sich dort abspielte, erfuhr ich nur vom Hörensagen oder nachträglich aus den Berichten der beteiligten Forstbeamten. Es war in diesen Jahren reichlich »geerntet« worden unter den Schauflern, die in dem zwölfjährigen Zeitraum der Schonung und des folgenden sehr vorsichtig gehandhabten Abschusses herangewachsen waren. 1933 wurden drei Schaufler erlegt. Über die Strecke von 1934 bis 1938 gibt das Elch-Register Aufschluß. Danach wurden in diesen fünf Jahren geschossen:

in Tawellningken	9 Schaufler,	14 starke und	8 geringe Abschußhirsche
in Ibenhorst	kein Schaufler,	4 starke und	16 geringe Abschußhirsche

Auch bei Graf Kayserlingk in Rautenburg schoß der Reichsjägermeister einen, leider ganz jungen, gut veranlagten Schaufler. Den einzigen stärkeren Schaufelhirsch in Rossitten brachte er 1935 zur Strecke. Von 1937 ab wurden auf meine Bitte drei Jahre lang keine Vollschaufler freigegeben. Göring erlegte sogar erst 1942 wieder je einen starken Elchhirsch in Ibenhorst und Tawellningken. Unter den 12 Hirschen, die der Reichsjägermeister im Verlauf von zehn Jahren schoß, waren Kapitalschaufler von einer Stärke, wie sie früher nur ganz selten erreicht worden war: 1934 der »Großmächtige« in Gilge, dessen kapitales Langschaufelgeweih 316 Punkte erzielte (Abb. 102), der besonders wuchtige und edle, mit langen, starken Enden bewehrte Schaufler aus Kastaunen, dessen Trophäe wegen der geringeren Schaufelbreite nur mit 298 P. bewertet war (Abb. 139) und der Meyruhner Hirsch mit typischen Korbschaufeln (285 P.; Abb. 87). Die beiden Schaufler des Jahres 1942, der »Prächtige« in Ibenhorst (Abb. 95) und der »Enge« (Abb. 97/98) in Tawellningken, hatten beide Geweihe von annähernd 300 P. Die Geweihgewichte sind mir nicht genau bekannt, sie lagen m. W. zwischen 25 und 30 Pfund.

Von Gästen wurden nur Hirsche mit ungenügender Schaufelbildung, sogenannte Endenhirsche, und Stangenelche erlegt.

Göring begleitete ich nur 1942 nach Pait, war bei der Erlegung des »Prächtigen« zugegen und führte ihn auf den »Engen«, den er auf weit über 300 m mit zwei guten Blattschüssen streckte. Dagegen hatte ich von 1937 ab die erhebliche Zahl der Elchjagdgäste zu betreuen, nach Pait zu begleiten oder im Hause aufzunehmen, z. T. auch zu führen.

Der erste (politische) Gast des Jahres 1937 war der polnische Botschafter v. Lipsky. Er hatte wenig Zeit. Nur in Nemonien war ein stärkerer »Endenhirsch«, ein ungerader Zehner, bestätigt. Beim Drücken kam der Hirsch dem am Oberförsterdamm stehenden Botschafter flüchtig und wurde mit gutem Schuß gestreckt.

Im gleichen Jahre war der Reichsstatthalter von Bayern, General Ritter v. Epp, Gast des Reichsjägermeisters. Er wohnte bei mir, und wir waren morgens und nachmittags im Revier. Nach vielen vergeblichen Pirschfahrten in Pfeil ließ ich ihm am vierten Tage einen alten starken Stangensechser in Tawellningken zudrücken. Der Elch verhoffte kurz vor dem breiten Graben des Gestells, durchzog ihn mit der Kugel kurz hinter dem Blatt und bekam auf dem jenseitigen Ufer den Fangschuß durch die Herzspitze: Sich hoch auf den Hinterläufen erhebend, stürzte der Koloß rückwärts zusammen, ein eindrucksvoller Anblick. Ich habe wenige so bescheidene und interessierte Gäste wie Epp geführt.

Zur Elchbrunft 1938 kam der ungarische Reichsverweser, Admiral von Horthy, nach Pait. Zu seinem Empfang — Göring war mit seinem Sonderzug in Alt-Sternberg — erschienen noch Generalforstmeister Alpers und Oberstjägermeister Scherping. Nach einem vergeblichen Unternehmen in Kastaunen fuhren wir zur Revierförsterei Nemonien, wo ein starker Achter bestätigt war. Ich begleitete Horthy auf die Hindenburg-Kanzel, in deren Nähe der Hirsch brunftete. Breite Schießschneisen verliefen vom Hochstand durch die Erlenbestände ringsum. Sehr geschickt wurde der Elch dann von Revierförster Dischinger und seinen Waldarbeitern auf den Stand des Jagdgastes zu gedrückt, der wohl überhaupt nicht merkte, daß getrieben wurde. Zunächst erschien das Tier in mäßigem Troll auf der Schneise, in kurzem Abstande folgte schreiend der Hirsch. Nach der ersten Kugel schräg von vorne verschwand der auf den Stich Getroffene, ohne zu zeichnen weitertrollend, im Bestande. Auf der nächsten Schneise ließ ihn Horthys zweiter Schuß zusammenbrechen. Noch einmal war der Reichsverweser dann im September 1940 in Tawellningken. Diesmal erlegte er einen von Forstamtmann Weber in Kastaunen bestätigten alten Halbschaufler, der dem Gast sehr geschickt zugedrückt wurde (Abb. 143).

Im gleichen Jahre schoß dann noch Reichsarbeitsführer Hierl in der Nähe von Pait einen starken alten Hirsch. Die Einladung war das Geschenk zu seinem 60. Geburtstag.

1941 hatten wir in Pait den Besuch von slowakischen Gästen. Minister M. schoß einen Halbschaufler, der Chef der slowakischen Forstverwaltung einen Stangensechser. Mit von den Gästen gespendeten großen Mengen von Slibowitz wurden die Elche totgetrunken. Ich hatte mich verdrückt und hörte nur den fröhlichen Lärm.

Gute Hirsche schossen dann außer mehreren führenden Männern der Wirtschaft der Fliegeroberst Galland und Generalfeldmarschall v. Kluge (Abb. 144); Generaloberst Fromm erlegte einen der stärksten reinen Stangenhirsche.

Noch viele Elchjagdgäste hatte ich in diesen Jahren zu betreuen. In der Bevölkerung machte am meisten, mehr als Staatsoberhäupter und die »Großen des Reiches«, »Maxe« Schmeling Furore, der im Jahre 1938 in Leipen einen Stangenelch schoß.

Neben den förmlich geladenen wurden mir auch eine große Zahl weiterer Gäste zugeteilt, höhere Forst- und Jagdbeamte, Offiziere und andere Männer, die sich verdient gemacht hatten. Besonders gern denke ich an den Besuch des Hofrates Dr. Friedrich Claß, des Leiters des Staatsjagdrevieres Lobau a. d. Donau, zurück. Ich führte ihn 1940 im Forstamt Rossitten auf einen Stangenelch. Er war völlig fassungslos, als der Sechser auf seine beiden Blattschüsse, ohne zu zeichnen, davontrollte und hinter einem Dünenrücken verschwand. Nach etwa 150 m fanden wir ihn dann verendet (Abb. 145).

Der Gauleiter Koch hat im Elchwald weder einen Elch- noch einen Rothirsch geschossen. Es paßte ihm nicht, daß die Staatsjagdreviere seiner Weisungsbefugnis entzogen waren. In »seinem« Gau Gast des Reichsjägermeisters zu sein, hielt er wohl unter seiner Würde. Lediglich an zwei Drückjagden im Elchwalde hat er teilgenommen. Seinen Elchhirsch schoß er lieber in Rautenburg, an der Grenze von Tawellningken. Es war 1942 oder 1943. Koch saß mit dem gräflichen Revierbeamten auf einer Kanzel, als vor den Jägern auf der dicht mit

Brennesseln, Kraut und Schilf bewachsenen Schneise ein Achterhirsch auftauchte. Auf den Schuß hin war der Hirsch verschwunden. Nach kurzer Zeit wurde dicht am Anschuß wiederum ein Elchhirsch, anscheinend der beschossene, hoch. Er erhielt sogleich die Kugel und brach im Feuer zusammen. Als man nach einer Weile zum Anschuß ging, lagen dort zwei Hirsche, der Achter und ein Sechser. Die Elche hatten, wie junge Hirsche es bisweilen auch in der Brunft tun, dicht beisammen gesessen und waren nacheinander aufgestanden. Erst vor kurzem erfuhr ich von dieser »Dublette« durch einen Beamten aus Tawellningken, dessen Bezirk an die Herrschaft Rautenburg grenzte.

Schon bei der Schilderung der Lebensweise erwähnte ich heftige Kämpfe brunftender Elchhirsche. Sie führten zu schweren Verletzungen durch Forkelstiche und nahmen bisweilen tödlichen Ausgang. Nicht selten kam es auch zu Geweihbrüchen. – Revierförster Neumann berichtete mir folgendes Vorkommnis: 1934 stand in der Nähe des »Großmächtigen von Gilge« ein Hirsch mit nur einer Schaufel von neun Enden auf der rechten Seite; links hatte er eine im Verhältnis zu der starken Schaufel geringe Stange. Er erhielt den Namen »Einschaufler«. Zu Anfang der Brunft kam Neumann, als er noch bei Dunkelheit zur Beobachtung ins Revier ging, auf dem Gestell 102/103 über eine völlig zerstampfte Stelle, in deren Umgebung die Büsche bis zum Boden zerschlagen waren. Auf dem Heimwege sah der Revierförster sich den Platz nochmals genauer an; hier mußte ein Kampf von ungeheurer Wucht stattgefunden haben. Auf der Walstatt lag eine starke Gabelstange, offenbar von einem alten Hirsch; sie war mit dem größten Teil des Rosenstockes abgebrochen, und an diesem saßen noch einige 10 cm lange Knochensplitter aus dem Schädel. Neumann sandte die Stange sogleich zum Forstamt. Am nächsten Tage wurde er nach Pait bestellt. Göring verlangte nach einer Erklärung für diesen Fund. Der Forstmeister war der Meinung, daß ein Elchhirsch gewildert worden, die Stange mit einer Axt abgeschlagen und zum Hohn auf das Gestell geworfen sei. Scherping widersprach dem, da keine Spur von Axthieben festzustellen, der Rosenstock nach hinten glatt abgebrochen war und die Splitter aus dem Schädel vorn am Stirnzapfen saßen; die Gewalt mußte also von vorne eingewirkt haben. Es gab eine lebhafte Diskussion. – Bald darauf schoß G. den »Großmächtigen«. Anschließend sollte einer seiner jagdlichen Begleiter den »Einschaufler« schießen, der von Neumann wieder beobachtet worden war. Im Kahn ging es die Worgel entlang zum Hechtgraben, in dessen Nähe der Revierförster den Hirsch am Morgen mit einem Tier gesehen hatte. Auf einem Elchdamm am Graben stand tatsächlich der Einschaufler und erhielt vom

Kahn aus auf 150 m die Kugel auf den Stich. Steil sich aufbäumend, stürzte er verendet in den Graben. Beim Bergen des Hirsches erst sahen die Jäger, daß links die Stange fehlte und der Kopf zwischen Licht und Lauscher völlig vereitert war. Nach dem Abkochen der Trophäe zeigte es sich, daß die von Neumann gefundene Gabelstange genau in die Schädelverletzung paßte. Die Stange war dem Einschaufler beim Kampf — wahrscheinlich mit dem Großmächtigen — aus dem Schädel gebrochen.

Auch ich hatte ein Erlebnis mit einem am Geweih verletzten Elchhirsch. Infolge der Betreuung besonders zahlreicher Jagdgäste war ich bis Ende September nicht dazu gekommen, selbst zu pirschen. Bei einer Fahrt durchs eigene Revier traf ich in Schweizut den jagdlich sehr interessierten Waldarbeiter Gustav Bendszeit. Er berichtete mir, daß er soeben einen abnormen Stangenelch in das Jagen 62 habe wechseln sehen, der rechts eine Zehnerstange, links aber nur eine kurze »Krebsscheren«-Gabel gehabt habe. Meine Frage, ob die eine Stange wohl in der Mitte abgebrochen wäre, wurde entschieden verneint. Der Hirsch interessierte mich. Ich bezog einen Stand am diagonal gegenüberliegenden Gestellkreuz und ließ den Waldarbeiter das Jagen in Richtung des vermutlichen Wechsels durchgehen. Ich brauchte nicht lange zu warten, bis der Elchhirsch auf etwas über 100 m auf dem Gestell erschien. Er verhoffte lange und äugte bald nach hinten, bald zu mir hin. Hinter meinem Rucksack liegend, konnte ich den Elch und sein Geweih, das er von verschiedenen Seiten »zeigte«, in aller Ruhe betrachten. Es war so, wie B. gesagt hatte: Die linke Stange wies nur eine kurze, nach vorn gerichtete Gabel auf; von einer Bruchstelle war nichts zu sehen. Ich entschloß mich zum Schuß, und meine Kugel ließ den Hirsch im Feuer verenden. Fast gleichzeitig mit dem Waldarbeiter war ich bei dem Gestreckten. Auch meine Frau, die mich begleitete, und der Revierförster Golditz kamen dazu. Aber welche Enttäuschung: Die linke Stange war doch dicht hinter der »Krebsschere« abgebrochen. Die Bruchstelle war mit Moorerde verklebt, so daß der Bruch erst auf nächste Entfernung zu erkennen war. Der Verdruß über dieses Mißgeschick stand mir wohl deutlich im Gesicht geschrieben. Jedenfalls begann Bendszeit mich zu trösten: Er habe vor einigen Tagen im Jagen 41 zwei Elchhirsche lange und mit »großem Getöse« kämpfen gehört. Er wolle den Kampfplatz gründlich absuchen und würde dort den abgebrochenen Stangenteil sicherlich finden. »Die Botschaft hört' ich wohl, allein mir fehlt' der Glaube!« Tage vergeblichen Wartens vergingen. Eine Anfrage beim Revierförster ergab, daß die Suche am Kampfplatz vergeblich gewesen war. — Mitten im Winter meldete mir dann eines Tages das Hausmädchen,

Elche in der Brunft. Ölgemälde von D. v. Prokofieff

der Waldarbeiter B. sei mit der Elchstange da. Ich wußte erst gar nicht, was gemeint war, und ließ B. hereinkommen. Und siehe da: Er hielt mir die halbe Geweihstange entgegen, die so genau mit ihrer leicht splitterigen Bruchfläche in den Geweihstumpf paßte, daß sie, kräftig angedrückt, einen Augenblick an ihm haften blieb. Es fehlte kein Geweihsplitter, und die Bruchlinie war kaum zu erkennen. B. hatte einige Jagen von dem Kampfplatz entfernt dem Revierförster beim Auszeichnen geholfen, war auf etwas Hartes getreten, hatte sich danach gebückt und — das Geweihbruchstück aufgehoben. Die — für den Nichteingeweihten völlig unsichtbare — Befestigung des Stangenteiles mit seinen drei Enden war sehr einfach. — B. hatte übrigens eine besondere Gabe, Abwürfe zu finden: Von den etwa 50 Abwurfstangen, die z. Z. des Revierförsters Golditz in Schweizut abgeliefert wurden, hatte er allein 30 gefunden.

Trotz der vielen Gäste sind auch die Betreuer des Elchwildes, die unermüdlichen und tüchtigen Forstbeamten, von deren Können der jagdliche Erfolg der Gäste in erster Linie abhing, beim Abschuß nicht zu kurz gekommen. Wir konnten allerdings erst dann an uns selbst denken, wenn der letzte Jagdgast abgereist war. Es bedeutete eine große Erleichterung für die Erfüllung des notwendigen Hegeabschusses, als auf meinen Vorschlag die Schußzeit für Stangenelche bis zum 15. Oktober verlängert wurde. Wie keiner der geladenen Jagdgäste den Elchwald ohne Trophäe verließ, so ist auch der notwendige Hegeabschuß stets erfüllt worden.

Arten der Jagdausübung

Die Jagd auf den Elch wurde zu unserer Zeit verschieden ausgeübt: durch Pirsch zu Fuß und zu Wagen, durch Ansitz an Wechsel und Brunftplatz, durch Zudrücken bestätigter Elche und, sehr selten, als Lockjagd mit dem Ruf. Auch richtige Treibjagden aufs Geratewohl sind — leider — bisweilen veranstaltet worden. Die, sicherlich sehr reizvolle, Jagd mit dem Elchhund, wie sie in Skandinavien ausgeübt wird, haben wir uns in unseren vergleichsweise kleinen Revieren versagen müssen; die Beunruhigung des Wildes wäre wahrscheinlich zu groß gewesen. Die zwei sehr schönen norwegischen Elchhunde, von denen einer in Pait, ein zweiter bei mir in Pfeil gehalten wurde, konnten auch wegen kriegsbedingter Schwierigkeiten nicht eingesetzt werden.

Keine große Kunst war die Erlegung eines Elchhirsches auf der Kurischen Nehrung. Das Elchwild fand in dem schmalen und größtenteils nur licht bewaldeten Revier wenig Deckung; vor allem aber war es durch Gewöhnung an den Menschen besonders vertraut. Während des Sommers vergnügten sich nämlich die zahlreichen Badegäste damit, Elche zu beobachten. Besonders in den Badeorten der nördlichen Nehrung, die der Oberförsterbezirk Schwarzort umfaßte, waren die sogenannten »Elchfahrten« im Schwange. Die Fischer, die sich in der »Saison« zum großen Teil auf das »Beherbergungsgewerbe« umstellten, unternahmen mit ihren im Sommer wenig gebrauchten Pferden fast alltäglich Wagenfahrten ins Elchrevier. Kreuz und quer wurden die Badegäste durch die Einstände des Elchwildes gefahren. Die Fuhrleute setzten ihre Ehre darein, den zahlenden Gästen möglichst viele Elche vorzuführen. Durch Anfahren der gleichen Stücke von verschiedenen Seiten ließ sich der Anblick leicht vermehren. Dem Wilde war diese ständige Beunruhigung nicht zuträglich; da es aber kaum ausweichen konnte, gewöhnte es sich an den Menschen und wurde sehr vertraut. Allmählich gelang es, die Elchfahrten auf bestimmte Revierteile und ein erträgliches Maß zu beschränken; auch erhielten nur zuverlässige Gespannhalter die Genehmigung zum Befahren des Waldes. Selbst die verstärkte Bejagung minderte die Vertrautheit der Nehrungselche kaum. Die Erfüllung des Abschusses, der fast ausschließlich auf der Pirsch durchgeführt wurde, war nach meinem Empfinden keine richtige Jagd. Ich war ganz froh, immer noch genügend Jagdgäste zu finden, denen das Erlegen eines Elches auch unter den allzu einfachen Bedingungen ein jagdliches Erlebnis bedeutete.

Sehr schwierig, aber auch besonders schön war die Pirsch zu Fuß oder mit dem Wagen in den im Herbstschmuck prangenden Mischwäldern der Lehmreviere. Den Pirschwagen hielt das Elchwild recht gut aus, und die langen, geraden Gestelle erleichterten die Beobachtung. Einen bestimmten Elch zu erlegen, war aber schon wegen des weiten Umherziehens des in der Brunft sehr unsteten Hirsches äußerst schwierig: Nur drei Tage stand er gewöhnlich beim brunftigen Tier, dann zog er suchend weiter, oft viele Kilometer und über die Grenzen des Revieres hinaus. Unbekannte, durchwechselnde Elchhirsche waren besonders interessant. Ob es nun galt, dem suchenden Hirsch den Wechsel abzuschneiden oder den brunftenden anzupirschen, in den Festlandrevieren war das schwieriges und dem Jäger viel Ausdauer abforderndes Waidwerk.

In den nassen und schwer begehbaren Bruchwäldern Tawellningkens und Ibenhorsts mit ihren übermannshohen Schilf-, Sumpfpflanzen- und Strauchdickichten konnte man kaum pirschen. Nur der Hochwald und das Bredzuller Moor in Ibenhorst erlaubten die Pirschjagd.

Im Bruchwalde waren besondere Vorkehrungen für die Jagd getroffen: Über das ganze Revier hin, besonders aber in den während der Brunft bevorzugten Einstandsgebieten, standen an den Gestellen Kanzeln, von denen aus strahlenförmig bis zu acht Schneisen die Bestände durchzogen. Um die Sicht zu erhalten, mußten diese holzfreien Streifen alljährlich gemäht werden. Auf den Hochständen wurde der Ansitz ausgeübt. Von hier aus wurde vor allem das Elchwild während der Brunft durch Forstbeamte und erfahrene Waldarbeiter beobachtet. Täglich wurden die bestätigten Hirsche gemeldet und nach den Meldungen die jagdlichen Dispositionen getroffen.

Prominenten Jagdgästen, die häufig wenig Zeit hatten, wurde der bestätigte Elch auch zugedrückt. Das war eine besondere Kunst, da der Elch sich sehr schwer in eine bestimmte Richtung drängen läßt. Genaueste Kenntnis der Wechsel, die Beachtung des Windes und vieler Nebenumstände waren notwendig, um den Elchhirsch zu »lancieren«. Der Elch durfte nur angerührt werden, sich nicht getrieben fühlen. Unsere alten Elchjäger und ihre Waldarbeiter verstanden das meisterhaft. Mehrfach habe ich es erlebt, daß der Hirsch vertraut ziehend, ja schreiend hinter dem Tier, kam, so daß gar nicht der Eindruck einer Drückjagd entstand.

Dem Jagdgaste mußte ein gewandter und erfahrener Führer beigegeben werden, damit nicht ein falscher Hirsch zur Strecke kam. Trotzdem geschah es, daß ein aufgeregter Gast statt des Hirsches dessen Tier schoß. Für den Spott brauchte er nicht zu sorgen.

Bisweilen sind auch Treibjagden veranstaltet worden, oft auf bloße Vermutungen hin. Das waren Verlegenheitsunternehmen, die das Wild in seinen Einständen unnötig beunruhigten, fast immer ohne den gewünschten Erfolg zu bringen. Sie wurden meistens durch Ungeduld oder Zeitdruck erzwungen.

Der Weg ins Revier und zur Kanzel war in den Bruchwald-Forstämtern nicht einfach. Befahrbare Wege gab es nur wenige. Nach kurzer Fahrt im Wagen wurde der Kahn bestiegen, und im Treidelzuge ging es in die nasse Wildnis hinein. Das letzte Stück bis zur Kanzel mußte dann meistens zu Fuß zurückgelegt werden. Von Wolken blutgieriger Mücken und lästiger Elchläuse umschwirrt und gepeinigt, ging es dann zwischen den grünen Wänden von Schilf und Kraut, von Brennesseln und Gesträuch dahin. Der mit dieser ungezähmten Wildnis nicht vertraute Jäger war dann froh, wenn die Kanzel erreicht und erstiegen war, ein frischer Luftzug die kleinen Plagegeister vertrieb und das Auge einen freieren Umblick gewann.

Die Jagd mit dem Ruf, die in Polen und Rußland vielfach ausgeübt wurde und von der mir Fürst Karl Radziwill begeistert erzählte, war bei uns nicht üblich. Dabei stand der Elch auf den Ruf recht gut zu, wie ich mehrfach feststellen konnte. Leider war es nie der »Richtige«.

Wir Forstbeamten haben unseren Abschuß meistens bei Pirsch und Ansitz erfüllt. Von meinen 12 Elchhirschen ließ ich mir lediglich drei zudrücken. Auf Kahlwild wurde grundsätzlich nicht gedrückt.

Die Bejagung des Elches in den Festlandrevieren des Elchwaldes stellte an Können und Ausdauer des Jägers hohe Anforderungen. Prominenten Gästen freilich wurde die jagdliche Arbeit von der Jägerei abgenommen: Ihnen blieb, abgesehen von etwas körperlicher Anstrengung, im allgemeinen nur der Schuß.

Der Schuß, davor und danach

Der Elch bietet ja nun wahrlich kein kleines Ziel. Dennoch blieben schlechte, ja sogar Fehlschüsse nicht aus. Zweimal erlebte ich es, daß die Kugel das Geweih faßte; ein hoher Funktionär schoß dem ihm auf der Nehrung vorgeführten Elchhirsch eine Stange ab. Meistens war die Erregung, das Jagdfieber, beim Anblick des seltenen, starken Wildes die Ursache; bisweilen lag es auch an der mangelhaften »Schießkunst« der Gäste. Da kam es sehr auf Ruhe und Geschick der führenden Beamten an. Der alte Quednau erzählte herrliche Geschichten davon. Ein, menschlich übrigens sehr netter, Gast hatte schon zweimal vorbeigefunkt. Da ließ Quednau ihn auf einer sehr günstigen Kanzel Platz nehmen und, aufgelegt auf der Brüstung, Zielübungen machen. Die Höhenschwankung wurde dadurch vermieden, aber seitlich wackelte die Mündung noch so stark, daß wieder ein Fehlschuß zu befürchten war. Da blieb nichts anderes übrig, als dem Jagdgast durch festes »An-die-Wand-Drücken« jede Bewegungsmöglichkeit zu nehmen. Beim nächsten auf das Gestell austretenden Elchhirsch klappte es dann. Die Förster nannten das unter sich »einmauern«. Auf der Pirsch wirkten bei unsicheren Schützen zwei Beamte mit: einer stieß einen gegabelten Zielstock in den Boden und hielt ihn fest, der zweite gab dem Jagdgast durch Anlehnen oder Festhalten eine Stütze. Sogar Stative zum Auflegen sollen mitgeführt worden sein. Eine Dame, die ich auf einen Elchhirsch führen mußte, wurde bei dessen Anblick vom Jagdfieber geschüttelt. Ich lotste sie auf dem mit Kiefernkusseln bestandenen Hochmoor bis hinter eine etwas stärkere Kiefer, die gute Deckung gewährte. Dann stellte ich mich breitbeinig — leider bin ich etwas lang geraten — hinter den bis unten beasteten Baum, erfaßte, mit dem linken Arm den

Stamm umklammernd, die auf meiner Schulter aufgelegte Büchse am Vorderschaft und hielt sie so fest, daß die Jägerin sie nur mit einer gewissen Kraftanwendung »richten« konnte. Auch dieses »Einmauern« bewährte sich.

Meistens bat ich die Gäste, die ich führte, bei Schüssen, die den Hirsch nicht schnell verenden ließen, einen Fangschuß geben zu dürfen. Das wurde gewöhnlich auch zugestanden. Für den Fall, daß der Elch hinterher nur eine Kugel hatte, empfahl es sich, nach dem »Fangschuß« zu sagen, daß der Schuß »herausgerutscht« und wahrscheinlich vorbeigegangen wäre. Nun, meistens hat die Kugel des Gastes genügt. Vom Hochsitz aus war der Schuß mit der Fernrohrbüchse auf den langsam ziehenden oder verhoffenden Elch auch nicht allzu schwierig.

Zu schnellem Verenden führen bei dem starken und »harten« Wilde nur gute Kammerschüsse[1], die das Herz oder die großen Gefäße treffen. Schüsse durch die Wirbelsäule (und den Kopf), die das Rückenmark (oder das Gehirn) durchschlagen, bewirken sofortiges Verenden, werden absichtlich aber nur beim Fangschuß auf den Hals abgegeben.

Die große Masse des Wildkörpers verlangt ein ausreichend großes Kaliber, eine starke Pulverladung und ein genügend schweres Geschoß.

Meine ersten Elche schoß ich mit einem umgearbeiteten Militärgewehr und der alten Patrone 8×57 I, geladen mit 2,6 g T 1910 und dem 26 mm langen und 12,7 g schweren Teilmantelgeschoß. Daß ich mit dieser auf Elch unzureichenden Ladung keine bösen Mißerfolge hatte, ist ein besonderer Glücksfall. Ausschuß habe ich mit dieser Patrone nie erzielt. Später schoß ich die Patrone 8×57 I mit 3,2 g R 2 und 12,8 g schwerem Teilmantelgeschoß, deren Wirkung befriedigend war. In den letzten Jahren führte ich als Universal-Pirschwaffe auf Fuchs, Reh, Rot-, Dam-, Schwarzwild und Elch eine Büchse 7×64 mit der heute nicht mehr erhältlichen Laborierung von 3,3 g R 2 und dem 11,2 g schweren Torpedolochgeschoß. Mit der Wirkung dieser Patrone auf den Elch war ich ganz besonders zufrieden.

Wenn man seines Schusses nicht sehr sicher ist, sollte man lieber ein Kaliber nicht unter 9 mm mit starker Ladung und schwerem Geschoß wählen.

Göring führte meist eine Bockdoppelbüchse des Kalibers 8×75 R. Die Patrone war mit 4,6 g R 1 und einem 14,7 g schweren Teilmantelgeschoß geladen. Die Wirkung war hervorragend.

Von der Versuchsanstalt für Handfeuerwaffen wurde mir zur Erprobung auf schweres Wild eine Repetierbüchse 9,3×70 zur Verfügung

[1] Schuß durch die Brusthöhle.

gestellt. Die Patrone war mit 5,6 g Spezialpulver und einem 18,5 g schweren Teilmantelgeschoß geladen, wie es in den Patronen 9,3×62 und 9,3×74 R Verwendung findet. Ihre Wirkung war ausgezeichnet. Leider war die Zündung für die hohe Pulversäule und für das etwas träge Spezialpulver zu schwach; es kam daher, namentlich bei Kälte, zu Nachbrennern. Zuverlässig wirkten auch die bekannten Hochwildpatronen 9,3×62 und 9,3×74 R mit dem 18,5 g schweren Teilmantelgeschoß, welches ich – hauptsächlich bei Drückjagden – in Doppelbüchse und Doppelbüchsdrilling benutzte.

Die Jagdgäste führten fast durchweg gute Waffen und geeignete Munition. Sehr wichtig aber war es, vor der Jagd nochmals die Treffpunktlage zu überprüfen, und ich habe immer auf Abgabe eines Probeschusses gedrängt. Meistens konnte ich das auch erreichen, und gar nicht so selten stellte sich ein Fehler, oftmals hervorgerufen durch eine Verschiebung des Zielfernrohrs bzw. seines Absehens, heraus.

Äußerst wichtig war die Beurteilung des Sitzes der Kugel. Der Elch zeichnet, auch auf gute Schüsse, sehr viel unauffälliger als anderes Schalenwild; oft ist ein Zeichnen überhaupt nicht festzustellen. Bei Herzschüssen, namentlich durch die Herzspitze, beobachtete ich mehrfach ein steiles Aufbäumen und »In-sich-Zusammenbrechen« des getroffenen Stückes. Doch auch ruhiges Fortziehen kam bei Herzschüssen vor. Andere Blattschüsse, auch durch das Herz, bannten den Elch bisweilen an den Platz, ohne ihn sogleich verenden zu lassen: Leise schwankend verharrte der Getroffene, um dann nach einiger Zeit am Platze oder nach einer kurzen Strecke unsicheren, taumelnden Fortziehens zusammenzubrechen.

Von einer interessanten Beobachtung berichtete mir Forstmeister Hahn aus Rossitten: Ein Jagdgast hatte auf etwa 80 m einen Elchhirsch beschossen. Der Forstmeister konnte mit dem Glase feststellen, daß die Kugel Mitte Blatt saß. Der Hirsch hatte lediglich mit deutlichem Zusammenrucken gezeichnet, rührte sich aber nicht vom Platze. Hahn bat den Gast, von einem weiteren Schuß abzusehen und ruhig abzuwarten. Beim weiteren Beobachten konnte er deutlich sehen, wie sich die Lichter des tödlich Getroffenen zunehmend mit Schweiß füllten und rot färbten. Allmählich begann der Körper zu schwanken, und der Hirsch brach zusammen. Den gleichen Vorgang hat Hahn noch mehrfach bei durch den Schuß bewegungsunfähig gewordenen Elchen beobachtet. Ob dieses »Blut-Unterlaufen« der Lichter ein Ausdruck von Wut und Schmerz war, wie Hahn meinte, ist schwer zu entscheiden.

Weitere Schüsse auf den schwer getroffenen Elch blieben oft ohne sichtbare Wirkung, wenn sie wiederum den gleichen Teil des Blattes trafen. Der schwedische Elchkenner, Jägmästare Skuncke, erklärt diese auffallende Erscheinung damit, daß im Umkreise des Schußkanals das Nervensystem gelähmt und außer Funktion gesetzt wird. Durch einen neuen Schuß in die unmittelbare Nähe der ersten Kugel werde daher keine zusätzliche Schockwirkung erzielt. Mir erscheint diese Erklärung einleuchtend. Jedenfalls empfiehlt es sich, den Fangschuß auf eine andere Körperstelle abzugeben: tief- oder hochblatt, bei kurzer Entfernung auch auf den Hals. Ich habe es an selbst beschossenen Elchen nur einmal, bei Gästen aber mehrfach erlebt, daß dem ersten Blattschuß folgende, gut sitzende Kugeln keine sichtbare Wirkung zeigten. – Der angeschweißte Elch ist bei nicht schnell tötenden Schüssen sehr zähe, und man sollte mit weiteren Kugeln nicht sparen: Nachsuchen waren meistens sehr unangenehm. Weber berichtet, daß ein weidwund geschossener Elchhirsch schreiend weiter hinter seinem Tier herzog und dann mit dem Geweih einen Erlenbusch bearbeitete, bis er durch Kugeln auf Blatt und Hals gestreckt wurde. – Bei manchen Blattschüssen wurde der Elch nach mehr oder minder deutlichem Zusammenrucken bisweilen auch hochflüchtig, um nach 50 bis 150 m zusammenzubrechen.

Den deformierten Geschoßrest fand ich, auch bei hochwirksamer Munition, oft unter der Decke der Ausschußseite. Die Schußwirkung litt nach meinen Beobachtungen keineswegs unter dieser Tatsache. Ich hatte sogar das Gefühl, daß, waren das Herz oder die stärkeren Gefäße getroffen, der Elch durch Ersticken schneller verendete. Eine erforderlich werdende Nachsuche konnte natürlich durch den fehlenden Ausschuß erschwert werden.

Beim Herantreten an den kranken Elch empfahl sich größte Vorsicht. Allzu leicht konnte man ihn aufmüden und dadurch eine schwierige Nachsuche bewirken. Auch setzte man sich der Gefahr aus, angenommen zu werden. Ein Fangschuß auf den Hals beendete am schnellsten die Leiden des Todwunden.

Von einem Bravourstück des Oberförsters W., des später als Professor an der Forstlichen Hochschule in Eberswalde sehr bekannten Forstmannes, zu der Zeit, als er noch Revierverwalter in der Osteroder Heide war, hat ein Jagdfreund von ihm berichtet.

W. war auf einen Stangenelch in einem der staatlichen Moore in der Nachbarschaft der Elchreviere eingeladen. Gleich am ersten Morgen klappte es. Ein Hirsch, der mit zwei Stück Kahlwild in etwa 200 m Entfernung auf dem Moore äste, erhielt, als er sich breit stellte, die Kugel. Er blieb ohne jedes Zeichnen ruhig stehen. W. war gut abgekommen. Nochmals schoß der seiner Kugel sichere Jäger: keine erkennbare Wirkung. Als er eine neue Patrone ins Magazin schob, zog der Hirsch einige

Schritte vorwärts und entzog sich hinter Kiefernkusseln der Sicht. Nach einiger Zeit erschien er auf der anderen Seite der Baumgruppe wieder, diesmal spitz; der Oberförster schoß auf den Stich. Der Hirsch trat zurück und verschwand hinter den Kiefern. Voller Unruhe wurde eine halbe Stunde gewartet; nun pirschte W. mit dem begleitenden Moorbeamten auf den Kiefernhorst zu. In die Nähe des Kranken gekommen, schoß der Jäger nochmals; dann legte er die Büchse ab und sprang mit gezogenem Hirschfänger hinter den Kiefernbusch. Als der Jagdfreund sich mit fertiger Büchse näherte, wurde der starke Hirsch gerade hoch, um anzunehmen. »Nicht schießen, hab' ihn durch Herzstoß abgefangen!« rief W. Da wendete sich der Hirsch und brach zusammen.

Die beiden ersten Kugeln saßen Blatt ohne Ausschuß; die dritte auf dem Stich hatte die Leber gefaßt, den ganzen Rumpf durchschlagen und steckte in der Keule. Der Hirschfänger hatte die Herzspitze durchbohrt. — Welch eine Lebenskraft des mächtigen Wildes?! Welche, fast leichtsinnige, Kühnheit aber auch des Jägers?!

Die Nachsuche war, namentlich in der Sumpfwildnis der Bruchwaldreviere, äußerst anstrengend und schwierig. Knietiefes Wasser, über mannshohes Schilf und Kraut, auf etwas trockeneren Partien üppig wuchernde Brennesseln behinderten Jäger und Hund. Die Wundfährte zeigte, namentlich bei fehlendem Ausschuß, oft nur wenig Schweiß. Der kranke Elch legte häufig noch sehr weite Strecken zurück. Dabei zog er meistens mit dem Winde, um den Verfolger rechtzeitig zu wittern. Vor dem Wundbett machte er oft einen Widergang. Der Schweißhund, der die Elchfährte nicht kannte, nahm sie nicht besonders gern auf und zeigte sich oft ausgesprochen ängstlich.

Da war es verständlich, daß die Führer von Jagdgästen besonders darauf bedacht waren, daß nur möglichst sichere Schüsse abgegeben und erforderlichenfalls mit weiteren Kugeln nicht gespart wurde. Da der Elch im Gegensatz zu unserem übrigen Schalenwilde nach dem Schuß nur selten flüchtig wurde, war es auch meist möglich, einen zweiten Schuß anzubringen, unter Umständen als Fangschuß des Führenden. Sehr unangenehm war es, eine Nachsuche wegen Eintritts der Dunkelheit auf den nächsten Morgen verschieben zu müssen. Bei dem starken Wilde war die Gefahr des Verderbens besonders groß. Ein Fall, bei dem ein starker Elchhirsch kurz vor Ende des Büchsenlichtes die Kugel erhielt und erst in der Frühe des nächsten Tages nachgesucht werden konnte, ist mir noch in schlechter Erinnerung: Das Wildpret war nicht mehr zu verwerten. Ich habe es deshalb nach Möglichkeit vermieden, noch am späten Nachmittag einen Elch beschießen zu lassen. In einem Falle habe ich sogar eine Nachsuche mit der Laterne gewagt. Revierförster R., guter Jäger und sicherer Schütze, hatte kurz vor Ende des Büchsenlichtes einem starken alten Elch die Kugel angetragen. Er hatte das Zusammenbrechen im Bestande und anschließend ein röchelndes Stöhnen des Elches gehört, war bei der inzwischen eingetretenen Dunkelheit aber richtigerweise nicht nachgegangen. Als er nach etwa einer Stunde den Hergang berichtete, entschloß ich mich unter den mir geschilderten Umständen zur nächtlichen Nachsuche. Wir fanden den Elch mit dem Hunde sehr schnell und konnten ihn bei Laternenschein versorgen. Am anderen Morgen wäre der schwere Hirsch nach der warmen Septembernacht bestimmt verdorben gewesen.

Sehr schwierig war in Bruchbeständen und namentlich in der Wasserwildnis von Tawellningken und Ibenhorst das Herausschaffen des schweren Wildes. Zehn Waldarbeiter und mehr mußten dann an langer Leine den Elch durch Sumpf und Dickicht, über Wurzelstöcke und Gräben bis zum nächsten fahrbaren Wege oder Graben ziehen. Das war schwere Arbeit, aber sie wurde in Mitfreude über den Jagderfolg gern getan. Scherzworte flogen hin und her, und die gute Laune versiegte auch nicht, wenn ein unerkanntes Wasserloch Anlaß zu einem unfreiwilligen Bade gab, oder wenn das Seil nachgab und die ganze Mannschaft zu Boden ging (Abb. 140).

Das Aufbrechen eines Elches ist nicht ganz einfach. Der »Prominenz« blieb es erspart. Andere Jäger aber ließen sich die »rote Arbeit« nicht abnehmen. Und ich habe oft schmunzelnd und gute Ratschläge erteilend, dabei gestanden, wenn der Erleger sich mühte, mit den gewaltigen Ausmaßen des Gescheides fertig zu werden, das Schloß zu öffnen und das Geräusch aus der mächtigen Brusthöhle zu ziehen. Man bedenke, daß Pansen und kleines Gescheide je nach Füllung 90 bis 150, das Geräusch (Herz, Lunge, Leber) 40 bis 50 und der Schweiß etwa 60 Pfund wogen. Wenn dann den Aufbrechenden die Mücken umsummten und Gesicht und Hände bedeckten wie eine dichte Behaarung, dann war diese, beim Ungeübten gut eine Stunde in Anspruch nehmende, Arbeit wahrlich kein Vergnügen. Ich habe meine Elche fast immer selbst aufgebrochen und trotz großer Übung es nicht unter 20 Minuten geschafft.

Wenn der erlegte Elchhirsch dann zum Forsthause oder nach Pait befördert war, dort auf der Strecke lag, und feierlich das »Elch tot« erklang, waren alle Mühen vergessen; nur das Schöne und Einmalige des jagdlichen Erlebens stand vor dem geistigen Auge.

Der Erfolg bei Hege und Jagd hing in hohem Maße von dem Eifer und dem jagdlichen Können der Forstbeamten ab. An gutem Willen hat es wohl bei keinem dieser Männer gefehlt. Wenn sie auch nicht alle große Jäger waren, so verfügten sie doch fast durchweg über eine reiche Erfahrung. In den wichtigsten Einstandsgebieten saßen auch gute Jäger. Im Erlenniederwald nahmen die forstlichen Arbeiten den Revierbeamten nur wenig in Anspruch. Die Durchführung von Hegemaßnahmen, der Forst- und Jagdschutz und die Betreuung und Beobachtung des Elchwildes überwogen die forstlichen Betriebsarbeiten. Die Förstereien waren groß, schwer zu begehen und zu überwachen. Die Forsthäuser lagen zum großen Teil sehr einsam; bei Hochwasser wurden sie oft von der Außenwelt abgeschnitten. Diese Umwelt prägte die Menschen und ließ manches Original heranwachsen — auch noch zu unserer Zeit. Wenn ich hier einige dieser prächtigen Männer herausgreife und von ihnen berichte, so soll das keine Wertung bedeuten. Ich lernte sie bei dienstlichen Anlässen, gelegentlich der Anwesenheit von Jagdgästen oder bei eigener Jagdausübung näher kennen, und ihr Bild steht mir deutlicher vor Augen als das vieler anderer.

Ibenhorst verwaltete der Forstmeister Krause, lebhaft und witzig, ein passionierter und guter Jäger. Er hat viele Jagdgäste geführt und zu Schuß gebracht und wußte herrlich davon zu erzählen. Als der General Milch in Ibenhorst einen starken Elchhirsch geschossen hatte, sollte ein Weg nach dem bekannten Fliegeroffizier benannt werden. K. sollte Vorschläge machen. Sein Bericht, in dem er vorschlug, einen Damm in der Nähe des Erlegungsortes »Milchstraße« oder »Milchgestell« zu benennen, erregte zwar Schmunzeln, fand aber keine Zustimmung.

Ein sehr origineller Mann war der Revierförster Goltz in Skirwieth, dessen Großvater schon als Förster dort gesessen hatte. Er liebte sein »Fürstentum«, wie er es nannte; und sein Dienstbezirk war auch einzig in seiner Art: der Strom und die Werder, Wiesen und Erlenbruchwald und vor allem das wundervolle Bredzuller Moor mit seinen Elchen und Rehen zur Winterszeit, mit Tausenden rastender Wildgänse im Frühjahr, mit Kranichen und Birkwild. Goltz war ein passionierter und guter Jäger und hat manchen Elchhirsch bestätigt, der dann durch Jagdgäste erlegt werden konnte. Er konnte anschaulich erzählen und manchmal so gut, daß sich die »Balken bogen«.

Im Süden, auf dem anderen Ende des Forstamtes, betreute Revierförster Augustin die Försterei Wentaine. Auch er war ein tüchtiger Jäger, bei dem mancher Gast einen guten Hirsch erlegte; in meinem

Beisein allein drei: Generalforstmeister Alpers und zwei hohe Offiziere. Augustin war ein großer Tierfreund und züchtete mit gutem Erfolg Nerze. Bei der Aufzucht von sechs Elchkälbern hatte er eine besonders glückliche Hand.

Sein südlicher Nachbar, bereits im Forstamt Tawellningken, war der Revierförster Kuhrke in Matzgirren. Zu seinem Revier gehörte das Jagdhaus Pait, das bis 1930 gleichzeitig noch Försterei war. Schon durch diesen Umstand hat K. viel erlebt. In seinem Bezirk lagen bekannte Brunftplätze, vor allem der große »Brand«. K. war sehr tierlieb. Das geht schon aus seinem Verhältnis zu dem von ihm aufgezogenen Elchtier »Elka« hervor. Zu meiner Zeit hatte er ein Geheck Jungfüchse großgezogen. Als sie sich am Geflügel zu vergreifen begannen, wurden sie vom Hofe verbannt. Auf Ruf und Pfiff ihres Pflegers kamen sie aber noch lange aus dem nahen Walde zur Försterei, um sich an den dargebotenen Leckerbissen gütlich zu tun.

Sehr tierliebend war der bis 1. Oktober 1938 in Marienbruch sitzende Revierförster Arnold mit seiner Familie. Er besaß eine sehr schöne Trakehner Fuchsstute. Da sie nicht zugfest war, ritt er nur ins Revier. Dabei begleiteten ihn ein Rehbock und ein Kranich, die er aufgezogen hatte, der Rehbock zur Seite, der Kranich über dem Reiter schwebend. Elche hielten das seltsame »Gespann« sehr gut aus. Wenn sie schließlich abtrollten, dann trabte die Stute mit ihrem Reiter hinterher, und Bock und Kranich folgten. – Auf dem Heimweg flog der Kranich voraus und war meist eine halbe Stunde vor den »Weggefährten« auf dem Hofe der Försterei; dann wußte Frau Arnold, daß ihr Mann im Anmarsch war und konnte die Kartoffeln aufsetzen. – Auch eine reizende zahme Fischotterin wurde lange auf der Försterei gehalten.

Die beiden bekanntesten Elchförster Tawellningkens waren Quednau und Weber.

Weber, einer alten hessischen Forstmannsfamilie entstammend, war 1903 nach Tawellningken gekommen. Zunächst tat er einige Jahre als Forstaufseher (Hilfsförster) in Kastaunen Dienst, wurde dann Forstsekretär und erhielt 1923 die planmäßige Försterstelle Kastaunen. Unter der Anleitung von Oberförster Meyer konnte er gründlichen Einblick in die Lebensweise des Elchwildes gewinnen, sich mit den neuen Hegegrundsätzen vertraut machen und bei der Durchführung des Wahlabschusses reiche Erfahrungen sammeln. Während seiner 42jährigen Dienstzeit in Tawellningken hat er nicht weniger als 59 Stück Elchwild zur Strecke gebracht. Er kannte seine Elche und war ein Meister in der Durchführung von Drückjagden. So wurden denn auch unter seiner Führung besonders viele Elchschaufler erlegt. Aufgeschlossen und gewandt im Umgange mit Menschen, erfreute er sich großer Achtung und Beliebtheit. 1934 wurde er zum Oberförster, 1941 zum Forstamtmann ernannt. Während des Krieges verwaltete Weber vertretungsweise das Forstamt Tawellningken mit Umsicht und Geschick. Bis zum letzten Augenblick seine Pflicht erfüllend, verließ er seinen Dienstsitz erst unmittelbar vor dem Einmarsch der Russen.

Noch zehn Jahre länger, nämlich schon von 1892 ab, wirkte der Ostpreuße Johann Quednau im Elchrevier. Bis 1909 als Forstaufseher (Hilfsförster) in verschiedenen Förstereien Tawellningkens tätig, wurde ihm 1909 (zwei Jahre außer der Reihe – mit 40 Jahren!) die Försterei Pait übertragen. 1925 wurde er auf seinen Wunsch nach Meyruhnen versetzt, das nach seiner Pensionierung am 1. 11. 1937 ihm zu Ehren den Namen Quednau erhielt. Bei Kriegsbeginn stellte sich der rüstige Siebziger wieder zur Verfügung und versah im Forstamt Tawellningken vorbildlich seinen Dienst bis zum bitteren Ende. Über 50 Jahre in einem Forstamt zu wirken, wird wohl nur wenigen Forstleuten beschieden gewesen sein. »Elchvater« Quednau war ein vorbildlicher Forstmann und Jäger. Unter fünf Revierverwaltern, meist hervorragenden Jägern und Kennern des Elchwildes, hatte er gedient und einen reichen Schatz von Erfahrungen gesammelt. Über allem Wissen und Können aber standen seine menschlichen Eigenschaften: seine aufrechte, ehrliche Wesensart, seine Originalität und sein Humor, der ihn auch in heiklen Situationen nicht verließ. Aus der Ruhe konnte ihn so leicht nichts bringen. Hohe Würdenträger und einflußreiche Machthaber waren für ihn auch nur Menschen und konnten ihm keinen sonderlichen Eindruck machen. Einige kleine Begebenheiten aus den dreißiger Jahren kennzeichnen den alten Quednau vielleicht besser, als beschreibende Worte es tun können.

Der neue preußische Ministerpräsident Göring hatte 1933 in Tawellningken seinen ersten Elchschaufler geschossen. Am folgenden Morgen war der Hirsch auf dem Hofe des Forstamtes zur Strecke gelegt, und sämtliche Beamten und Waldarbeiter des Reviers waren angetreten. Göring hielt eine Ansprache und verkündete, daß die Forstverwaltung umgestaltet werden würde; Amtsbezeichnungen und Uniformen würden sich ändern. Die Waldarbeiter sollten eine einheitliche Berufskleidung erhalten; sie sollten hinfort auch nicht mehr Waldarbeiter, sondern Wald*männer* heißen. Da erklang recht vernehmlich die Stimme des alten Quednau: »Und wie heißt dann mein Dackel?« Natürlich gab es ein großes Gelächter.

1934 hatte Quednau in Meyruhnen einen Elchschaufler bestätigt. Es wurde gedrückt, und der Revierförster leitete das Treiben. Die Waldarbeiter mußten auf seine Anweisung so langsam und leise durchgehen, daß von ihnen nichts zu hören und zu sehen war. Nach längerem vergeblichem Warten wurde Göring ungeduldig und machte dem Alten Vorhaltungen. Doch Quednau ließ sich nicht einschüchtern: »Ich hab' die Verantwortung, und das Treiben wird so gemacht, wie ich es befohlen hab'. Wie es früher beim Kaiser war, so müßt's auch heut' noch richtig sein, Herr Ministerpräsident.« Als der starke Schaufler dann zur Strecke kam, soll Göring zu Quednau gesagt haben: »Wenn ich den Schaufler nicht bekommen hätte, dann hätte ich Sie erschossen!« Schlagfertig parierte der Revierförster: »Das hätten Sie ruhig machen können; ich bin sowieso abschußreif. (Er erreichte im gleichen Jahre die Altersgrenze! Quednau wurde dann aber noch bis Ende 1937 »übergehalten«.)

Im nächsten Jahre waren die Schaufler schon rarer geworden. Von Quednau kam stets »Fehlanzeige«. Als der Reichsjägermeister eines Tages an Meyruhnen vorbeikam, fragte er den Revierförster, warum er denn keine Schaufler melde. »Ich hab' keine, Herr Reichsjägermeister!« Das könne er sich nicht vorstellen, meinte Göring; er habe doch noch im Vorjahre bei ihm den starken Schaufler geschossen; nun könne doch nicht plötzlich alles aus sein. Da entschlüpften dem Alten die denkwürdigen Worte: »Herr Reichsjägermeister, wer seine Hirsche liebt, der hat keine!«

Von den Neuerungen beim Gruß hielt Quednau nicht viel. Einst fuhr er mit einem prominenten Jagdgast im Kraftwagen an einer von einem Beobachter besetzten Kanzel vorbei. Der Waldarbeiter hob den Arm zum Gruß. Da brummelte der Alte: »Ja, ja, die Zeiten ändern sich. Wenn früher so'n Kerl die Hand hoch hob, da wußt' man, er hat 'nen Elch gesehen; heut' macht er man bloß den Deutschen Gruß«.

Viele aufrechte und originelle Männer gab es noch unter den Forstbeamten der Elchreviere, mit reicher Erfahrung, hohem jagdlichen Können und großen Verdiensten um die Hege des Elchwildes. Ich kann sie hier nicht alle aufführen und bin dankbar, mit solchen Mitarbeitern meiner Aufgabe gedient zu haben.

Der Wisent

Zur Zeit des Deutschen Ritterordens hat es in Preußen noch beide Wildrinder gegeben, den Ur oder Auerochsen und den Wisent.

Der Ur, Stammvater unseres Hausrindes, war schwarz mit grauem Aalstrich über dem Rückgrat, glatthaarig, ohne Bart und Mähne und ohne die starke Widerristüberhöhung des Wisents. Er hatte im Gegensatz zu diesem starke langgeschwungene Hörner, die als mit edlem Metall verarbeitete Trinkhörner sehr geschätzt waren. Der Auerochs wurde wohl deshalb besonders verfolgt, weil er sich leicht mit dem Weidevieh paarte. Schon Ende des 15. Jahrhunderts verschwand er aus Preußen und Anfang des 17. Jahrhunderts starb er auch in Polen aus[1]. Im Park von Neuhausen bei Königsberg soll Herzog Albrecht noch nach 1550 neben Wisenten auch Auerochsen gehalten haben; sie stammten wahrscheinlich aus Polen (Masowien).

Nach der Ausrottung des Urs wurde der Name Auer oder Auerochs auf das andere europäische Wildrind, den Wisent, übertragen. Erst in der zweiten Hälfte des vorigen Jahrhunderts wurden die beiden Wildrinder klar auseinandergehalten und für das heute noch in Parks und Tiergärten erhaltene der Name Wisent wieder eingeführt.

Bis zum Ausgang des Mittelalters in Ostpreußen noch durchaus verbreitet, begannen die Bestände des Wisents im 16. Jahrhundert bereits erheblich zusammenzuschmelzen. Immerhin war er um 1600 außer im nördlichen Ostpreußen noch in der Johannisburger Heide und bei Angerburg Standwild; in den Wäldern um Ortelsburg hielt er sich vereinzelt sogar noch bis in die zweite Hälfte des 17. Jahrhunderts.

Von einer Wisentjagd des leidenschaftlichsten Jägers aus dem Hause Hohenzollern, des bereits genannten Markgrafen Johann Sigismund, berichtet der Jägermeister Gabriel Dieminger am 1. März 1595 dem Regenten Georg Friedrich: In den Friedrichsburgischen Waldungen (also den Teilen des späteren Elchwaldes um Laukischken) habe sich in diesem Winter »ein großer Haupt-Auer« in der Nähe des Wolfsgartens

[1] Im Jahre 1627 soll im Walde von Jaktorowska westsüdwestlich von Warschau die letzte Auerkuh eingegangen sein.

(bei der Wolfskaule im späteren Forstamt Pfeil?) »gar allein gehalten«. Der Markgraf, »der Junge Herr«, sei, als »er den neuen Weg zum Wolffs-Jagen gefahren«, mehrfach vom Schlitten gestiegen und habe »nach der Auren Spur gesehen, sich darob erlustiget und sovil Erwenung gethan, Ihre Fürstliche Gnaden wollten mehr nicht begeren, denn daß sie einmahl in der Nehe der Auern Art und Gelegenheit sehen möchten, wie er lege, stünde und sich nachmahls, wann er gehezt und vorn Hunden stünde, halten woldt. Also hab ich solchen Auer ... mit Mispelln in den Garten einkirren laßen, wie er dann auch eingegangen ...« Dann habe der Markgraf am 26. Februar sich hinaus begeben und »den Hofmahler mit sich genommen, der uff drey art den Auer, wie er gelegen, gegangen, vorn Hunden gestanden«, habe zeichnen müssen, »damit Ihre Fürstl. Gnaden solches Ihrem Herrn Groß-Vattern und Vattern zuschicken können ...« Der Markgraf hätte den »Auer« hinreichend beobachten können. Der Stier habe seinen Stand behauptet und »sich davon nicht, ob er gleich mit viel Baurenrüden und Englischen Hunden belassen, begeben wollen, sondern sich ritterlich gehalten, einen Hundt nach dem andern von sich auf die Höhe geworffen, daß mancher nicht mehr an ihne begeret; und als sie nun darpfer miteinander gekempfet, begerten Ihre Fürstl. Gnaden denselben zu schießen, wie Sie ihn dann mit 4 Schüssen erleget ...« Ein kleines Ölbild, das der Hofmaler nach seinen Zeichnungen fertigte, war noch im Königsberger Staatsarchiv erhalten. Nach der Unterschrift unter diesem Bilde hatte der Wisent eine Widerristhöhe von 2,02 m und ein Gewicht von knapp 19½ Zentner[1].

Im 17. Jahrhundert ging der Wisentbestand, der in den Lehm- und Bruchwäldern der Beritte Leipen, Drusken und Laukischken, also im südlichen Teil des späteren Elchwaldes zwischen Pregel, Deime und Mehlawa, sein letztes Rückzugsgebiet gefunden hatte, unaufhaltsam zurück. Schuld daran trug neben der überhandnehmenden Wilderei vor allem der übermäßige Fang an den »Auerscheunen«[2] (bei Laukischken und Drusken). Sowohl für den Hetzgarten in Königsberg wie auch als Geschenke für ausländische Höfe (v. a. England und Rußland) mußten immer wieder Wisente geliefert werden. Hierfür wurden nur jüngere Stücke, insbesondere Kälber, eingefangen. Ein planmäßiger Abschuß fand nicht statt. Nur in wenigen Ausnahmefällen wurde die Ge-

[1] Auf heutiges Maß und Gewicht umgerechnet.

[2] »Auerscheunen« waren Winterfütterungen, in denen den Wisenten hauptsächlich Heu dargeboten wurde. Später wurden sie auch als Kirrplätze für die Ansitzjagd (!) und, mit Falltüren versehen, zum Lebendfang benutzt.

nehmigung zur Erlegung einiger ganz alter Stücke erteilt. Selbst die Wilderer scheinen auf das zähe Wildpret alter Stiere und Kühe wenig Wert gelegt zu haben. Der Bestand überalterte immer mehr, und bald fehlte es an dem notwendigen Nachwuchs. Im harten Winter 1755/56 fiel dann der letzte Wisent, eine alte Kuh, im Beritt Leipen von der Kugel eines Wilderers, des Bauern Wirbulait. Förster Buttgereit aus Taplacken, der bei einer Revierfahrt den Schuß gehört hatte, gelang es, an der Auerscheune den bereits »einschlägig« vorbestraften Wilderer und seinen Kumpan, den Bauern Siebert, zu stellen. Beide wurden zu zehnjähriger Festungsstrafe verurteilt.

Der in Leipen gewilderte Wisent war zwar der letzte ostpreußische, aber nicht der letzte in Ostpreußen geschossene Waldstier; 1806 soll ein Förster Wilke aus Rogainen einen aus dem Urwald von Bialowies versprengten Wisent bei Groß-Schmerberg erlegt haben. Der Abschuß des »allerletzten« Wisents auf ostpreußischem Boden fällt in das Jahr 1883.

Die näheren Umstände dieses Jagdabenteuers sind so köstlich, daß sie es verdienen, hier wiedergegeben zu werden, und zwar in der Form, wie sie in Aufzeichnungen des Superintendenten Braun aus Angerburg und des »Meisterschützen«, des Pfarrers Franz Neßlinger, erhalten sind. Braun schreibt: »Wie ein Märchen klingt's, und doch ist es Tatsache, daß noch vor kurzem ein Kandidat der Theologie in der Nähe von Pillkallen mit einem Ungetüm zu schaffen gehabt hat. Es war am 22. November 1883, als der Kandidat Neßlinger nach den Strapazen eines wohlbestandenen Examens zu seinem Vater, dem Gutsbesitzer Neßlinger auf Czunken, heimgekehrt, die Flinte zur Hand nimmt, um sich in Feld und Flur zu ergehen. In der Nähe der russischen Grenze, welche vom Flüßchen Scheschuppe gebildet wird, stürmt ein rasendes Ungeheuer daher. Das Gehölz an jenem Ort bestand aus jungen Kiefern von Arm- und Schenkeldicke. Mit leichten Stößen entwurzelt das Tier diese Baumstämme und schleudert sie vor sich her gleich wie ein Bäcker die warmen Semmeln, welche er aus dem Ofen gezogen hat und in den Brotkorb wirft. Weit umher fliegen Splitter und Späne und Staub. Nur Geistesgegenwart und Mut konnten den Kandidaten retten; Deckung hinter einem Baumstamm suchend, gibt er dem furchtbaren Gegner zwei wohlgezielte Ladungen groben Schrotes vor die Schnauze und in die Weichen. Das Tier sinkt zusammen. Blutend schleppt es sich bis zur Scheschuppe, schwimmt hinüber und gerät auf russisches Gebiet in eine torfige Wiese. Die Polen eilen mit Dreschflegeln, Forken und Äxten herbei und schlagen das sterbende Tier so lange, bis es regungslos liegen bleibt. Jubelnd ziehen sie ihrer Beute das Fell ab und verteilen unter sich das Fleisch. Herr Neßlinger hat das Nachsehen; doch für 10 Rubel kauft er von den Polen das Fell und einen Braten ab. Herr Neßlinger beschreibt das Tier also: Es war vorne hoch, nach hinten niedrig, hatte ein graues schmutziges Fell, auf dem Kamm des Rückens spannlanges, struppiges Haar. Die Hörner sollen kurz wie Ochsenhörner gewesen sein. Herr Neßlinger selbst hat sie nicht gesehen, da die Polacken sie sofort zerschlugen ... Alle diese Merkmale bezeugen, daß es ein Auerochs, ein Wisent, gewesen ist. Das Fell ließ Herr Neßlinger ausarbeiten; da es aber sehr hart und auch zerschossen war, so trat er es an den von Rheumatismus heimgesuchten Domänenpächter Amtsrat Heidenreich aus Girrehlischken bei Pillkallen, den Großvater von Siegfried Heidenreich aus Lasdinehlen, ab.« Diese Schilderung kann noch aus der Chronik des Schützen ergänzt werden. Pfarrer Neßlinger schreibt: »So lautet der Bericht des Superintendent Braun in Angerburg über mein Jagdabenteuer, wobei er einen Brief fast wörtlich benutzt, den ich an meinen späteren Amtsbruder Pfarrer Henkys in Nemmersdorf gerichtet hatte. Wie später einwandfrei festgestellt worden ist: es war ein Wisent, der wohl aus den Urwäldern bei polnisch Bialystock über die deutsche Grenze hinüber gewechselt ist. Als er unter meinen Schüssen zusammengebrochen war, konnte ich, da ich außer meinem abgeschossenen Vorderlader nur noch ein Taschenmesser bei mir führte, mich nicht näher an ihn heranwagen. Einen Fangschuß konnte ich ihm ja auch nicht geben, denn für den Vorderlader fehlte mir jegliche Munition. Daher gelang es dem Tier, die ganz nahe und ganz seichte Scheschuppe zu durchschreiten, um dort von den Polen erschlagen zu werden. Wegen der Grenze und des Verbots, sie zu überschreiten, konnten wir dem Tier nicht folgen. Mein Vater schickte aber gleich darauf den Gutsschmied hinüber, dem es gelang, das Fell und einen guten Braten einzuhandeln und über die Grenze zu bringen.«

Seit dem Aussterben des Wisents in Ostpreußen blieb dieses urige Wildrind nur noch auf den Urwald von Bialowies beschränkt[1]; in Deutschland führte es in einigen kleinen Gatterrevieren, Gehegen und Tiergärten ein Schattendasein. Nach dem ersten Weltkriege dem Aussterben nahe, wurde der Wisent dann »in letzter Minute« vor diesem Schicksal bewahrt. 1923 wurde die »Internationale Gesellschaft zur Erhaltung des Wisents« gegründet, die durch Austausch von Zuchttieren, Beratung und Überwachung mit Hilfe eines Zuchtbuches große Erfolge zu verzeichnen hatte.

[1] 1836 wurde bekannt, daß auch im Kaukasus noch eine kleinere Form, der sogenannte Bergwisent, erhalten geblieben war.

Ende der dreißiger Jahre war der Bestand an reinblütigen Wisenten in Deutschland bereits so angewachsen, daß an Wiedereinbürgerungsversuche gedacht werden konnte.

Der lang gehegte und immer wieder vorgetragene Wunsch, den Wisent in dem Gebiet, in dem die letzten seines Stammes in freier Wildbahn ihre Fährte gezogen hatten, im Deutschen Elchwald, einzubürgern, ging in Erfüllung. Das ist ein großes Verdienst des Oberstjägermeisters Scherping.

Um die Jahreswende 1941/42 trafen mit der Bahn vier Wisente aus dem Saupark Springe und ein Wisentstier aus Pleß[1] ein. Aus Springe kamen eine 2½jährige beschlagene Schmalkuh, zwei Schmalkühe im Alter von 16 und 13 Monaten und ein 16 Monate alter Jungstier. Der Stier aus Pleß war annähernd dreijährig und hatte ein Gewicht von 11 Zentnern (Abb. 147). Das Wild wurde zunächst in das im Jagen 62 des Forstamtes Pfeil errichtete, 22 ha große Eingewöhnungsgatter gebracht. Den harten Winter überstand es hervorragend. Im Mai 1942 wurde das erste (weibliche) Kalb gesetzt. Die Herde war an der Fütterung und im Frühjahr zuweilen auch auf einer Wiese zu beobachten. Mitte Juni wurden die Wisente durch Niederlegen des Gatters in die freie Wildbahn entlassen; bereits am Nachmittag des gleichen Tages wurden sie 1½ km vom Eingewöhnungsgatter entfernt gesehen. Zunächst wanderte die Herde aus Pfeil ab, zog durch das Forstamt Neu-Sternberg und nahm in Alt-Sternberg seinen Einstand. Bis auf wenige kurze Gastrollen in entfernteren Revieren des Elchwaldes wechselte die Herde zwischen Alt-Sternberg, dem östlichen Teil von Neu-Sternberg und Pfeil. Zum Winter bezogen die Wisente mit großer Regelmäßigkeit ihren Einstand in Pfeil (Abb. 148). Hier wurden in der Folge auch die Kälber gesetzt. Dies waren im Mai 1943 ein Stierkalb und im Frühjahr 1944 zwei Stierkälber und ein Kuhkalb. Die Kühe trennten sich kurz vor dem Setzen von der Herde, schlossen sich ihr danach aber sehr schnell wieder an. Die beiden Stiere vertrugen sich gut; nur während der Brunft wurde der jüngere abgedrängt und zog einsam seine Fährte. Die Freiheit, das ungebundene Umherziehen durch das große Waldgebiet, das »Auf-eigene-Kraft-gestellt-sein« wirkte sich über Erwarten günstig auf die Entwicklung der Wildrinder aus. Das zunächst halb-zahme und etwas entartet wirkende, schwache Gatterwild änderte fast zusehends sein Aussehen, wurde glatt und legte seine Vertrautheit ab. Namentlich die im Elchwald gesetzten Kälber – die schon bald nach dem Setzen mit der Mutter der weit

[1] Das Springer Wild hat etwas Kaukasusblut; der Plesser Stier war ein reinblütiger Flachlandwisent.

umherziehenden Herde folgten – gediehen prachtvoll. Das im Frühjahr 1943 gesetzte Stierkalb übertraf mit 1 1/2 Jahren an Stärke bereits seine Mutter (Abb. 146). Nur bei günstigem Winde gelang es bisweilen auf gutem Pirschpfad, näher als 100 m an die Herde heranzukommen. Verhältnismäßig gut hielten die Wisente dagegen den Pferdewagen aus.

Ebenso wie der Elch fügte sich der Wisent vorzüglich in das Bild unserer urwüchsigen Wälder. Die Herde in völliger Freiheit zu beobachten, war immer ein Erlebnis. Den tiefsten Eindruck aber hinterließ der Anblick der dunkelbraunen, zottigen Gesellen, wenn sie bei Drückjagden im tief verschneiten Wald flüchtig aus dem Treiben brachen.

Im Forst richteten die Wildrinder keine nennenswerten Schäden an. Nur in den Getreidefeldern einer angrenzenden Feldmark machte sich die Herde ein paarmal unliebsam bemerkbar.

Der Versuch, den Wisent in der freien Wildbahn Ostpreußens wieder einzubürgern, konnte nach drei Jahren als wohlgelungen gelten. Der Einmarsch der russischen Heere machte ihm ein Ende. 1946 sollen, wie ich von zunächst zurückgebliebenen und dann in die Bundesrepublik ausgewiesenen Landsleuten erfuhr, noch einige Wisente gelebt haben. Inzwischen dürften auch sie längst ausgerottet sein.

Das Rotwild

Zur Geschichte des Elchwald-Rotwildes

Im Gegensatz zu Elch und Wisent war das Rotwild im Kerngebiet des Elchwaldes ursprünglich nicht beheimatet. Der große Baumwald war zu naß und sumpfig. Die in einer Ämterbeschreibung von 1683 aufgeführten Rotwildbestände der Kammerämter Labiau und Insterburg berührten allenfalls die Randgebiete der »Wildnisberitte« zwischen Deime, Mehlawa und Pregel. Ein Teil des späteren Elchwaldes allerdings, in dem man es kaum vermutet, war alter Siedlungsraum des Rotwildes: die Kurische Nehrung.

Knochen- und Geweihfunde beweisen sein Vorkommen dort bereits in vorgeschichtlicher Zeit; in den Rechnungen der Ämter Schaaken und Memel, zu denen die Nehrung gehörte, wird es noch im 17. Jahrhundert aufgeführt. Der Bestand war freilich bereits in den ersten Jahrzehnten so stark zurückgegangen, daß der jagdliebende Große Kurfürst in den vierziger Jahren, wahrscheinlich 1642, neues Rotwild zuführen ließ. Durch den Lattenwald zwischen Sarkau und Kunzen (wohl dort, wo von 1664 bis zur Verschüttung im Jahre 1762 das Dorf Lattenwalde lag) wurde ein Zaun gebaut, der das Wild an der Abwanderung in das Samland hindern sollte. Als einzelne Stücke das Gatter durch das Wasser umgingen, befahl der Kurfürst im Jahre 1654, daß dieses Wild von den Gutsbesitzern nicht geschossen, sondern eingefangen und auf die Nehrung zurückgebracht werden sollte. Der Rotwildbestand hatte sich zunächst gut entwickelt und auch über den Nordteil der Nehrung ausgebreitet. Mit der in der zweiten Hälfte des 17. Jahrhunderts immer schneller zunehmenden Entwaldung der Nehrung wurde aber der Lebensraum des Wildes allzu sehr eingeengt; bald machte sich auch Äsungsmangel bemerkbar, so daß im Winter stark mit Heu gefüttert werden mußte. Offenbar war der Bestand auch viel zu hoch. Das veranlaßte dann König Friedrich Wilhelm I. zu der Anordnung, das Rotwild von der Nehrung herunter in das Samland zu treiben. Im Anschluß daran durfte nach einem Erlaß vom 1. November 1731 drei Jahre lang im Samland kein Rotwild geschossen werden. Das Unternehmen ist dann mit ungeheurem Aufwande an Menschen (allein die Ämter des Samlandes mußten 600 Treiber stellen) und Fuhrwerken zum Transport des Jagdzeuges im Frühjahr 1733 durchgeführt worden. Nach einem Bericht des Oberforstmeisters von Glöden vom 28. 4. 1733 an den Oberjägermeister war es gelungen, 250 bis 300 Stück Rotwild von der Nehrung herunter in die sogenannte Görge, einen von Thierenberg bis Warnicken reichenden Wald, zu treiben. Damit war aber kaum mehr als die Hälfte des Rotwildbestandes von der Nehrung verschwunden. Noch 1738 sollten dort nach einem Befehl des Königs 50 junge Hirsche für den Zarenhof in Petersburg eingefangen werden; die Anordnung wurde aber rückgängig gemacht. – Friedrich der Große hat für die Rotwildhege nichts übrig gehabt. So ging denn mit der rasch fortschreitenden Vernichtung des Nehrungswaldes im 18. Jahrhundert der Bestand dauernd zurück; besonders hat dazu noch die russische Besatzung während des Siebenjährigen Krieges beigetragen. Nach der Forstbeschreibung Morgenländers von 1780 betrug zu dieser Zeit der gesamte Rotwildbestand der Nehrung etwa 60 Stück. Ob das letzte Nehrungsrotwild zur Zeit der französischen Besetzung im Jahre 1807 geschossen wurde, wie das Intendanturamt Memel im Jahre 1820 berichtet hat, oder ob der letzte Hirsch erst etwa 10 Jahre später in der Nähe von Schwarzort fiel, wie Baurat Wutzke 1831 in den Preußischen Provinzial-Blättern angibt, ist nicht einwandfrei zu klären. Zu unserer Zeit erinnerten nur noch der »Hirschbudenberg« und einige Fundstücke im Nehrungsmuseum in Nidden an den einst bedeutenden Rotwildbestand der Kurischen Nehrung.

Die Entwicklung von Rotwildbeständen in der Nachbarschaft des Elchwaldes

Die Revolution von 1848 hatte auch das Rotwild Ostpreußens der Ausrottung nahe gebracht. Auf mehrere Inselvorkommen verteilt, mag der Gesamtbestand der Provinz noch 200 Stück betragen haben. – Angeregt durch das Beispiel des Oberförsters Reiff in Rominten, begann man in der zweiten Hälfte des vorigen Jahrhunderts mit dem Wiederaufbau, der aber erst um die Jahrhundertwende bedeutende Fortschritte machte. Durch Zuwanderung aus den Waldgebieten, in denen sich Reste des ostpreußischen Rotwildes erhalten und vermehrt hatten, sowie durch künstliche Wiedereinbürgerung breitete es sich allmählich wieder über die ganze Provinz aus.

Von dem Rotwildbestande der Oberförsterei Warnicken, in dem auch das 1733 von der Nehrung heruntergetriebene Wild aufgegangen war, und der Mitte der dreißiger Jahre des 19. Jahrhunderts noch etwa 200 Stück betrug, waren 1850 nur noch wenige Stücke übrig geblieben. Durch strenge Schonung gelang es, den Bestand wieder auf etwa 100 Stück im Jahre 1873 heranzuhegen.

Rücksichtsloser Abschuß des zu Schaden gehenden Wildes an den Grenzen des verhältnismäßig kleinen Reviers warf den Bestand bis Mitte der neunziger Jahre wiederum auf wenige Stücke zurück. 1897 setzte der Revierverwalter zusammen mit seinen Nachbarn zwei Hirsche aus der Schorfheide aus. Danach begann sich der Bestand durch verständnisvolle Hege wieder zu heben und breitete sich allmählich über weitere Teile des Samlandes (insbesondere die Oberförsterei Fritzen) aus. Schon vor dem ersten Weltkriege begann das Rotwild auch den westlichen Teil des Kreises Labiau, besonders die Oberförsterei Greiben, zu besiedeln.

Südlich des Elchwaldes, und von ihm durch Pregel und Pregeltal geschieden, lagen die Frischingforsten, die Oberförstereien Tapiau und Gauleden. Am Südostrande dieser Staatsforsten hatten die Gutsbesitzer von Boddien-Leißienen, Graf Schlieben-Georgenberg und von Weiß-Plauen mit Unterstützung des Allgemeinen Deutschen Jagdschutz-Verbandes, Landesgruppe Ostpreußen, im Jahre 1890 einen Hirsch und fünf Stück weiblichen Rotwildes aus dem Wildpark Potsdam in einem 5 ha großen Eingewöhnungsgatter in Georgenberg ausgesetzt. 1892 entließ man das Wild in die freie Wildbahn. Es gedieh gut und breitete sich bald auch in den Frischingforsten, dem Staatswalde und den umliegenden Privatwäldern, aus[1]. In dem etwa 4000 ha großen Hauptrevier der Oberförsterei Tapiau konnte das erste Rotwild um 1900 beobachtet werden. 1908 kam der erste Hirsch zur Strecke, ein starker Vierzehnender mit einem Wildpretgewicht von 174 kg. Vor dem ersten Weltkriege hat der Bestand in Tapiau 150 bis 200 Stück betragen. Die Wildpretgewichte lagen etwa 60% über denen des Wildes in Potsdam. Auch die Geweihbildung war gut. Nach vorübergehenden Rückschlägen während der Revolutionsjahre nahm der Bestand stetig zu und wurde 1932/33 mit 320, also acht Stück je 100 ha, angegeben. Im Gegensatz zu einem übermäßigen Abschuß von Kronenhirschen war Kahlwild fast gar nicht geschossen worden. Das Geschlechterverhältnis war überaus ungünstig. Die überhöhte Wilddichte brachte schwere Schäden im Walde und

[1] Auch der Hospitalforst Klein-Nuhr und die Oberförstereien Astrawischken und Kranichbruch im Osten des Frisching wurden von hier besiedelt.

einen erheblichen Rückgang der Wildpretstärke. Das Gewicht von Hirschen und Kahlwild ging im Durchschnitt um etwa 10 kg zurück. Starke Geweihe wurden nicht mehr erbeutet, zumal die Hirsche nicht ausreiften. Nach Erlaß des Reichsjagdgesetzes verbesserte dann die richtige Handhabung des Abschusses die Verhältnisse erheblich.

Die Einbürgerung des Rotwildes im Elchwald

In den südlichen Oberförstereien des späteren Elchwaldes hatte man schon vor 1910 jeweils im Herbst einzelne Rothirsche, nie aber Kahlwild beobachtet. So tauchten im Frühwinter 1910 in Papuschienen zwei starke Hirsche auf; sie wurden sogleich auf Drückjagden – erfreulicherweise erfolglos! – bejagt, bis die Regierung dies untersagte. Die Revierverwalter nahmen an, daß es sich um Hirsche aus dem Frisching oder aus Astrawischken handelte, die nordwärts gewechselt waren, im Laufe des Jahres aber wieder abwanderten. Diese Annahme hat viel für sich. Die genannten Rotwildreviere hatten schon damals einen Bestand, der durch seine Höhe die Abwanderung begünstigte. In der Luftlinie betrug die Entfernung vom Nordrande der Oberförstereien Tapiau und Astrawischken bis zum Südrande von Leipen und Papuschienen nur 12 km. Privatwälder bildeten eine nur an wenigen Stellen unterbrochene »Brücke«, und der Pregel dürfte kein unüberwindliches Hindernis gewesen sein.

Als der am 1. Oktober 1910 nach Gertlauken versetzte Oberförster Keck sowohl im September 1911 wie auch im Herbst des folgenden Jahres im Süden seines Revieres nahe der Leipener Grenze je einen jungen Rothirsch sah, reifte in ihm der Entschluß, nicht die mögliche Zuwanderung von Kahlwild abzuwarten, sondern durch Einführung von Mutterwild die »Wanderhirsche« festzuhalten und einen neuen Bestand zu begründen. Die über 40 000 ha große, zusammenhängende Fläche des Großen Baumwaldes[1] schien nach Verbesserung der Vorflutverhältnisse ausgezeichnete Vorbedingungen für das Gedeihen eines Rotwildstandes zu bieten. – Auf Betreiben und unter Führung von Keck schlossen sich 1913 zwölf benachbarte Oberförster und Gutsbesitzer zusammen, brachten die Mittel für den Ankauf von Rotwild auf und verpflichteten sich zu einer fünfjährigen Schonung. Nach mehreren vergeblichen Versuchen, geeignetes Wild (möglichst aus freier Wild-

[1] Die 7 Lehmreviere des späteren Elchwaldes.

bahn oder aus einem großen Gatterrevier) zu erhalten, fand K. in der Fa. Karl Hagenbeck-Stellingen einen geeigneten Lieferanten. Ende Oktober 1913 bot die Tierhandlung die Lieferung einiger Stücke aus der Gräflich Franckenbergschen Fideikommißherrschaft Tillowitz an. Es wurden darauf sogleich ein Spießer und drei Tiere bestellt. Um das Wild einzugewöhnen, durfte es nach der Lieferung nicht sogleich in die freie Wildbahn entlassen werden. Es wurde ein standörtlich geeignetes und möglichst störungsfreies Gebiet in der Oberförsterei Gertlauken gesucht und im Jagen 50 der Försterei Kallweningken, nicht fern von der Druskener und Neu-Sternberger Grenze, gefunden. Mitte Dezember war ein 7,5 ha großes Gatter fertiggestellt. Am 21. Januar 1914 traf das Wild in bester Verfassung ein und wurde in das Gehege entlassen. Neben der natürlichen Äsung wurden dem, übrigens keineswegs besonders vertrauten, Wilde Aspenreisig, Heu, Kartoffeln und Rüben gereicht. Das Wild nahm die Fütterung gut an, blieb aber recht heimlich. Schälschaden entstand trotz der Gatterhaltung erfreulicherweise nicht. Im Frühjahr setzten zwei Tiere je ein Kalb; das dritte war anscheinend ein Schmaltier und ging über. In der zweiten Hälfte des Juli 1914 wurde der Zaun auf der Südseite des Geheges niedergelegt und das Rudel in die freie Wildbahn entlassen. Die Hoffnung des Oberförsters, daß das Wild in den gute Deckung bietenden Jagen 7 und 24 nahe den großen Kirschnawiesen Einstand nehmen würde, ging in Erfüllung. In der Folgezeit wurde das Rudel mehrfach beobachtet und im September bereits eine lebhafte Brunft festgestellt. — Offensichtlich fesselte das ausgesetzte Kahlwild auch in zunehmendem Maße zugewanderte Hirsche an das Revier. Ob diese von Süden aus dem Frisching zuwechselten oder von Westen aus der Oberförsterei Greiben, wo sich bereits seit einigen Jahren ein geringer Bestand besonders starken Rotwildes gebildet hatte (der am 1. 1. 1914 nach Greiben versetzte Oberförster Zühlke beobachtete Ende Juli ein Rudel von acht Stück Kahlwild), wird schwer zu entscheiden sein.

Den Krieg hat das Rotwild trotz des Vordringens der Russen bis zur Deime gut überstanden. Der Bestand war schnell angewachsen; das Wild hatte aber seine Einstände mehr in die ruhigere Oberförsterei Drusken verlegt. Auch in den Gutswäldern von Kuglacken und Parnehnen, die der Oberförsterei Drusken südlich vorgelagert waren, stand zeitweise Rotwild. In einem Brief teilte der Oberförster Jacobi von Wangelin-Drusken am 6. September 1917 seinem im Felde stehenden Nachbarn Keck mit, daß die Hirsche am Vortage zu schreien begonnen hätten, und daß im Kuglacker Forst drei Abwürfe gefunden worden seien: die eines kapitalen Vierzehnenders und zweier sehr guter Zwölf-

146

7 Monate altes Wisentkalb im Winter

147

Wisentstier im Eingewöhnungsgatter, Forstamt Pfeil

148 Wisentherde in freier Wildbahn des Elchwaldes, Forstamt Pfeil

149 Oberförster Jacobi v. Wangelin mit am 1. 9. 1918 erlegtem Sechzehnender. Erster im Elchwald erlegter Rothirsch (200,3 P.)

150 Oberförster Geißel mit Sechzehnender, erlegt 8. 9. 1928 in Alt-Sternberg (203 P.)

151 *Verfasser mit altem Abschußhirsch: dünnstangig, links tiefgeteilte doppelte Stiefelknecht-Krone*

152 *Hirsch des Tillowitzer Schlages: kein Kragen, Fächerkrone*
153 *Starker Abschußhirsch: enggestelltes Geweih mit doppelter Stiefelknecht-Krone*

154

Hirschfütterung in Alt-Sternberg, im Vordergrund rechts Schwarzbruchhirsch

155

Rotwildfütterung in Pfeil, rechts »Kälberstall«

156

Wildjagdstrecke im Forst-amt Neu-Sternberg

157

Trophäen- und Abwurf-stangen-Schau in Pfeil. Im Hintergrund Oberst-jägermeister Scherping u. Oberlandforstmeister Nü

158 Feldmarschall Frhr. v. Mannerheim (Finnland) mit starkem, 1935 in Gertlauken erlegtem ungeradem Vierzehnender

159 Der »Schwarze Hirsch«; von Reichsjägermeister Göring am 17. 9. 1937 in Neu-Sternberg erlegter ungerader Achtzehnender (202,4 P.)

160 Abwurfstangen des »Propheten«, Gewicht 4 und 4,25 kg, gehalten von Oberforstmeister Scharffetter

161 Das Haupt des »Propheten«. Ungerader Zwanzigender mit rund 9,5 kg Geweihgewicht

162

Abwurfstangen des Schwarzbruchhirsches, Gewicht über 9 kg. Dahinter Forstmeister Geißel

163

Der Schwarzbruchhirsch auf der Strecke

ender. Diese Hirsche konnten unmöglich dem Tillowitzer Rudel entstammen: der Spießer von 1914 war jetzt vierjährig, hier gesetzte Hirschkälber drei-, zwei- und einjährig. 1918 spielte sich die Brunft in Drusken und dem an dieses Revier angrenzenden Teile von Gertlauken ab. Am 1. September schoß der Oberförster von Wangelin im Jagen 28 der Oberförsterei Drusken den ersten Hirsch. (Das war ein Jahr vor dem Ende der fünfjährigen Schonfrist. Die unsicheren Verhältnisse der damaligen Zeit mögen diese »Sünde« in milderem Lichte erscheinen lassen.) Der Hirsch wog aufgebrochen 196 kg und das Geweih 8,9 kg. Das konnte nicht der fünfjährige Tillowitzer Hirsch sein (Abb. 149). Das Rudel wurde nach Mitteilung Wangelins sofort von einem anderen Sechzehnender übernommen; außerdem wurden mehrere geringere Beihirsche beobachtet. Der Begründer des Rotwildbestandes, Oberförster Keck, schoß dann im folgenden Jahre einen Zwölfender, von dem er meint, daß es der Spießer von 1914 gewesen sein könnte. Bis 1925 sind dann nach meinen Feststellungen nur noch ein oder zwei Hirsche geschossen worden. Erst von diesem Jahre an setzte ein sehr vorsichtiger Abschuß ein.

Der Rotwildbestand betrug damals annähernd 150 Stück; er verteilte sich auf die Oberförstereien Drusken, Gertlauken, Neu-Sternberg, Alt-Sternberg und Leipen. An weiblichem Wild allein errechne ich bei Zugrundelegung eines (sehr vorsichtig eingeschätzten!) Zuwachses von 80% der Alt- und Schmaltiere und eines gewissen Abganges an weiblichem Wilde einen Sommerstand von ungefähr 70 Stück (Alttiere, Schmaltiere und Wildkälber).

Im Winter 1925/26 führte der Oberförster Graf Finck von Finckenstein in der damaligen Oberförsterei Mehlauken (Försterei Escherwald) fünf Stücke Rominter Wild (einen geringen Hirsch, ein Alttier, ein Schmaltier und zwei Kälber) ein. Sie wurden bis zum Frühjahr in einem Eingewöhnungsgatter gehalten und dann freigegeben. Im nächsten Winter folgte Oberförster Bansi in Klein-Naujock dem Beispiel Finckensteins. Zwei Hirsche und drei Tiere aus Rominten wurden in ein Gehege im Jagen 95 der Försterei Groß-Naujock gebracht. Obgleich der Zaun bereits nach drei Wochen von dummen Jungen an einer Stelle eingerissen und, da zwei Stücke schon ausgebrochen waren, bald darauf ganz niedergelegt wurde, hielt sich das Wild in der Nähe der gut beschickten Fütterung. Zu der Zeit der Einbürgerung des Romintener Wildes hatte das Rotwild der südlichen Baumwaldreviere sich schon auf die Oberförstereien Neu- und Alt-Sternberg ausgebreitet, hatte aber die Landstraße Labiau—Mehlauken noch kaum überschritten. Erst mehrere Jahre später, wohl kaum vor 1930, traf das Romintener Wild mit dem der südlichen Reviere zusammen. In Neu-Sternberg erlegte Oberförster Samwer 1928 den ersten Hirsch. Im selben Jahre schoß Oberförster Geißel den kapitalen Sechzehnender, der, auf der Internationalen Jagdausstellung 1930 in Leipzig mit der Goldmedaille ausgezeichnet, später den ersten Anlaß zur Bildung des Staatsjagdreviers Elchwald geben sollte (Abb. 150).

In Pfeil fährtete ich das erste Rotwild im Spätsommer 1927, und zwar gleich mitten im Revier, 10 km nördlich der vorher erwähnten Chaussee. 1931 hatten wir schon etwas Brunft, und ich konnte den ersten Hirsch strecken. In Papuschienen schrien die Hirsche 1929 bereits in den meisten Förstereien; drei Jahre darauf wurden die ersten erlegt. In Klein-Naujock schoß Oberförster Bansi 1931 einen an Wildpret besonders starken alten Hirsch von über 210 kg Bahngewicht, nach Geweih und Alter kein Romintener Hirsch. Auch in den »Stammrevieren« des Rotwildes, in Gertlauken, Drusken und Leipen, und an ihren Grenzen waren in dem Jahrzehnt von 1925 bis 1934 einige Hirsche erlegt worden. Nach meinen Unterlagen dürften bis 1934 in sämtlichen Oberförstereien des Elchwaldes und in den angrenzenden Privatrevieren noch nicht 50 Hirsche und 25 Stück Kahlwild zur Strecke gekommen sein.

Rassische Zusammensetzung, äußere Erscheinung und Verhaltensweise des Elchwald-Rotwildes

In der rassenmäßigen Zusammensetzung unseres Rotwildes hatte der Tillowitzer Stamm (mit den zugewanderten Hirschen) gegenüber dem Romintener Blut ein starkes Übergewicht. Das Verhältnis mag 15:1 betragen haben. Die Herkunft der zugewanderten Hirsche war einwandfrei nicht zu klären. Vorherrschend war die Meinung, daß sie aus dem Frisching kamen. Mir erscheint die Möglichkeit der Zuwanderung aus der nur 10 km vom Westrande Leipens entfernten Oberförsterei Greiben ebenso groß. Vielleicht wanderten aus beiden Gebieten Hirsche zu. Aber auch das Tillowitzer Wild vereinte in sich mehrere Rassen. Seine Abstammung ist bekannt: Im Jahre 1891 hatte die Gräfl. Franckenbergsche Verwaltung einen Wapitihirsch mit drei einheimischen (schlesischen) Tieren in einem Zuchtgatter vereinigt; 1895 wurden der Wapiti und sein Nachwuchs, zwei männliche und fünf weibliche Kreuzungsstücke, in den Wildpark entlassen. 1896 wurden diesem Bestande noch zwei Ungarhirsche (angeblich aus Tôtis) und 1897 40 Stück Rotwild (darunter sieben Hirsche) aus Spala[1] zugeführt. Das Tillowitzer Wild vereinigte also schlesisches, ungarisches, Spala- und Wapiti-Blut.

Der Mischung so vieler Rotwildschläge entsprach das recht uneinheitliche Bild, das unser Wild noch bis in die dreißiger Jahre hinein aufwies. Stärke, Körperbau, Haarfarbe, Kragen, Geweih und Stimme variierten noch stark, und immer wieder »spalteten« die Ursprungstypen heraus. Aus der Vielfalt hoben sich zwei Schläge besonders augenfällig hervor: Den dunkel-rotbraunen, kurzläufigeren und ebenmäßig-gedrungenen möchte ich vereinfachend den »Romintener Schlag« nennen. Er vereinte Romintener und Potsdamer, vielleicht auch Schlesier- und Spalaer-Blutanteile. Die Hirsche zeichneten sich durch starken Kragen aus und trugen besonders endenreiche Geweihe mit weiter Auslage und guten Kronen, oft von Becherform. Die Stangen waren dunkel, gut geperlt, stark, aber verhältnismäßig kurz (90 bis 100 cm) (Abb. 161). Die Stimme war im allgemeinen tiefer. Die Wildpretgewichte blieben hinter der zweiten Gruppe zurück.

Sie sei als »Tillowitzer Schlag« bezeichnet und entsprach in etwa dem Typ des Auewildes. Das Wild war großrahmiger und hochläufiger, seine Haarfarbe mehr grau. Die Hirsche hatten wenig oder gar keinen Kragen. Ihre edel geformten Geweihe waren endenärmer, die Krone oft auseinandergezogen; Stiefelknechtkronen waren häufig; auch an Wapiti erinnernde Fächerform kam vor (Abb. 152). Die wenig geperlten, starken Stangen waren meistens recht lang. Das längste, 1944 in Pfeil erbeutete, Geweih hatte eine mittlere Stangenlänge von 126 cm. Die Farbe der Stangen war mehr grau, die Stimme des schreienden Hirsches war heller. Im Kampf waren die »Grauen« mit ihren »Kampfgeweihen« den Romintener Hirschen überlegen. Uns sind oft kapitale Hirsche mit besonders endenreichen Geweihen (»Blumenkohl-Geweihe«!) geforkelt worden.

Die unvergleichlichen Äsungsverhältnisse ließen unser Rotwild sehr schwer werden. Auch das später eingebürgerte, zunächst fast zierlich wirkende, Romintener Wild, das in der ersten Zeit an Wildpretgewicht um etwa 20% hinter den Tillowitzern zurückblieb, wurde zusehends stärker und hatte zehn Jahre nach der Einführung im allgemeinen den Gewichtsunterschied auf 5 bis 10% vermindert.

Nach den mir von zahlreichen einstigen Forstbeamten des Elchwaldes gemachten Angaben und meiner eigenen Erinnerung hatten wir folgende Durchschnittsgewichte (Bahngewicht, Hirsche ohne Haupt):

[1] Russisches Hofjagdrevier in Polen zwischen Warschau und Lodz.

Jagdbarer Hirsch des grauen Schlages	185 kg[1]
Jagdbarer Hirsch des roten Schlages	170 kg
Geringer Hirsch (darunter auch schwachwüchsige ältere Hirsche)	150 kg
Alttier	100 kg
Schmaltier	70 kg
Kalb	50 kg

Diese Gewichte lagen beim Kahlwild um rund 60% (bei den Hirschen 30%) über denen des Tillowitzer Parkwildes, 70% über denen im Potsdamer Wildpark und noch immer rund 20% über den Durchschnittsgewichten des doch schon recht starken Frischingwildes.

Die hervorragenden Äsungsverhältnisse waren sicherlich auch der Grund für die auffallende Frühreife unserer Hirsche. Zumindest beim Romintener Typ war das Kronengeweih als dritter Kopf[2] die Regel. In einem benachbarten Privatrevier kam ein Zwanzigender vom vierten Kopf zur Strecke. Der Höhepunkt der Geweihentwicklung lag oft schon vor dem zehnten Lebensjahr.

Auffallend früh (und, sehr zu meinem Leidwesen, die Elchbrunft überschneidend) spielte sich in den Elchwaldrevieren die Brunft ab. Sehr pünktlich und regelmäßig hörte ich am 21. August den ersten Hirsch »anstoßen«. Die Hirsche begannen unruhig zu werden und in die, oft recht weit abgelegenen, Kahlwildreviere zu ziehen. Gegen Ende der ersten Septemberwoche schrien die Hirsche schon lebhaft. Die besten Brunfttage lagen zwischen dem 12. und 18. September. Um den 20. pflegte die Brunft in den meisten Revieren bereits abzuklingen; sie schwoll dann um den 1. Oktober durch einzelne nachbrunftende Stücke noch einmal kurz an. Dann wanderten die älteren Hirsche wieder in ihre Einstände, am Rande der Forstämter und fern der »Kinderstuben«, ab. In den an Kahlwild reichen Revierteilen standen außerhalb der Brunft im allgemeinen nur geringere Hirsche. Das traf auf ganze Förstereien, ja sogar auf das gesamte Forstamt Drusken zu, das mit einem besonders hohen Kahlwildbestand »gesegnet« war. Auch Neu-Sternberg war vorwiegend Kahlwildrevier.

So vielgestaltig unser Rotwildbestand zunächst auch war: Im Verlaufe der drei Jahrzehnte seines Werdens und Bestehens machte sich

[1] Hirsche mit einem Gewicht von über 200 kg kamen alljährlich zur Strecke; Spitzengewicht: 214 kg. Das hohe Durchschnittsgewicht erklärt sich z. T. auch daraus, daß das Mindest-Geweihgewicht des Jagdbaren im Elchwald bei 6 kg lag, der Durchschnitt also aus einer geringeren Zahl stärkerer Hirsche hergeleitet ist.

[2] »dritter Kopf« = Hirsch mit drittem Geweih oder 3 Jahre alt.

doch, infolge der Eingewöhnung in die neue Umwelt und der Anpassung der einzelnen Schläge an das gemeinsame Revier, mehr und mehr eine Vereinheitlichung des Rassebildes bemerkbar. Die prägende Kraft des Lebensraumes wirkte sich erkennbar aus, so daß in Anpassung an die »Scholle«[1] ein im Habitus einheitlicherer Rotwildschlag im Entstehen war (Abb. 166).

Der Einfluß des Lebensraumes auf die Heranbildung von Standortrassen durch natürliche Auslese und »naturgewollte« Kombination schollenentsprechender Gene ist sicherlich bedeutungsvoll, im Extremfall wohl sogar ausschlaggebend[2].

Bezeichnend für diese Art der Auffassung von »Schollen«-Einwirkung und »Schollen«-Gebundenheit ist beispielsweise die Erfahrung, daß in Mooren gefundene, Jahrtausende alte Geweihe gleiche bzw. im Typus ähnliche Formen zeigen, wie sie die gegenwärtigen Hirsche der Fundgegend aufweisen, selbst wenn hier die Einführung fremdrassigen Wildes nachweisbar ist.

Auch das Trakehner Pferd konnte in seinen charakteristischen Erscheinungsformen nur unter den besonderen Umweltgegebenheiten, den Boden- und Klimaverhältnissen Ostpreußens, herangezüchtet und durch die speziellen zielbewußten Bemühungen in Zucht, Aufzucht und Gebrauch auf der Heimatscholle zu der bekannten Typfestigkeit und Vererbungssicherheit entwickelt werden. Der auf Rassenkonsolidierung gerichteten konsequenten Auslesearbeit des Züchters auf kultivierter Zuchtstätte entspricht in der freien Wildbahn (allerdings mit geringerer Einwirkungsmöglichkeit) der auslesende Wahlabschuß und die planmäßige Bestandsregelung durch den hegenden Jäger.

Von Natur aus waren alle Vorbedingungen für die Entwicklung eines besonders starken Rotwildschlages im Elchwalde gegeben. Die Hege hätte letztlich darüber entschieden, ob die Entwicklung unseres Rotwildes weiter aufwärts gegangen wäre.

[1] »Scholle« als komplexer Begriff von Klima, Boden, Bodenbewuchs, Bodenbewirtschaftung, Fruchtartenanbau, natürlichen und künstlichen Äsungsverhältnissen und »züchterischem« Einfluß.

[2] Keineswegs gleichzusetzen mit der ominösen »Vererbung erworbener Eigenschaften«!

Grundlage für Gedeihen und Stärke eines Wildbestandes ist die Ernährung, also die dem Wilde zur Verfügung stehende natürliche und die durch Wildäcker, Meliorationswiesen usw. gebotene künstliche Äsung sowie eine ergänzende Fütterung.

Die Äsungsverhältnisse in den Lehmrevieren mit ihren guten, kalkreichen Böden waren hervorragend. Die durch menschlichen Einfluß noch nicht verarmte Vegetation war von großer Üppigkeit. Weichhölzer, Sträucher, Beerkraut- und Heidegewächse sowie die zahlreichen Laubholzschläge boten auch im Winter gute Äsung. Gepflegte Kunstwiesen und Wildäcker verbesserten die Ernährungsgrundlage noch wesentlich. Im Winter wurde durch planvolle Führung des Laubholzeinschlages, Fällung von Aspen und reichliches Schneepflügen dem Wilde geholfen. Darüber hinaus wurde auch gefüttert. Neben kleineren Futterstellen war für jede Försterei mit nennenswertem Standwild eine große Fütterung vorgesehen. Wir hatten für das Rauhfutter eine etwa 50 Zentner Heu fassende Scheune mit überstehendem Schilfdach entwickelt, bei der das Futtergut selbsttätig in die große Raufe nachrutschte (Abb. 155). Um das Abdrängen der Kälber zu verhindern, war ein Teil der Raufenanlage mit senkrechten Stangen so abgegattert, daß er nur Kälbern Durchlaß gewährte (sogenannter »Kälberstall«). Eicheln, Kastanien, Hafer, Trockenschnitzel und sonstiges Kraftfutter (auch Rüben) wurden in kurzen, auf Pfählen angebrachten Holzkrippen gereicht, die in großer Anzahl und nicht zu eng beieinander um die Raufenanlage aufgestellt waren (Abb. 154). Es wurde nur im Winter gefüttert; die natürliche Äsung bildete aber auch zu dieser Jahreszeit die Grundlage der Ernährung. Daß sie auch im Winter auskömmlich und vielseitig war, wurde am besten dadurch bewiesen, daß Schälschäden kaum vorkamen; und das, obgleich gefällte Aspen in ihrem Kronenteil weiß geschält wurden.

Zu der außerordentlichen Stärke und Gesundheit unseres Rotwildes trug besonders wohl auch der Umstand bei, daß der Elchwald kein altes Rotwildgebiet war. Die Erfahrung hat gezeigt, daß neubesiedelte Räume bei günstigen Umweltbedingungen, die »jungfräuliche Scholle«, besonders starkes, lebenstüchtiges Wild hervorbringen. Das mag seinen Grund sowohl in dem Fehlen von Krankheitserregern wie in der noch nicht verarmten Pflanzenwelt haben. Auch die in der ersten Zeit der Besiedelung noch geringe Wilddichte wirkte sich günstig aus.

Die bodenwirtschaftlichen Maßnahmen des Menschen hatten im Elchwalde den Lebensraum für das Rotwild nicht verschlechtert. Im

Gegenteil: Die durch Rodung und Kultivierung der Randgebiete verbesserten Abflußverhältnisse hatten die Wälder von der schlimmsten Versumpfung befreit. Der Ausbau der Vorflut zu unserer Zeit hatte die Äsungsverhältnisse erheblich verbessert, die Böden wärmer werden lassen und reichlich Deckung geschaffen. Die Flora war nicht verarmt, sondern hatte sich nur in der Zusammensetzung zugunsten anspruchsvollerer Gewächse verschoben. Die Anlage zahlreicher Kunstwiesen für den Bedarf der Landwirtschaft wirkte sich gleichfalls günstig aus. Vor der Neuansaat von Wiesen bauten wir auch vielfach Hülsenfruchtgemenge als Vorfrucht an.

Da war es kein Wunder, daß das Rotwild nicht nur an Stärke zunahm, sondern auch einen besonders hohen Zuwachs hatte und sich so schnell über den ganzen Baumwald ausbreitete. Bestandsregelnde Einflüsse der Natur waren kaum vorhanden. Die harten Winter fügten dem starken Wilde keinen Schaden zu. Das große Raubwild als Regulator war schon lange aus unserer Wildbahn verschwunden. So blieb es die Aufgabe des Jägers, durch Höhe und Art des Abschusses eine Übervermehrung zu verhindern und »Zuchtwahl« zu treiben.

Abgesehen von unerträglichen Schäden für die Landeskultur bringt eine überhöhte Wilddichte immer einen Rückgang der Stärke und der Gesundheit des Wildes mit sich. Das hat Beninde an zahlreichen Beispielen nachweisen können. In der Nachbarschaft des Elchwaldes schreckte der Musterfall der Frischingreviere.

Die Gefahr einer Übervermehrung des Rotwildes ist erst spät erkannt worden. Die älteren Herren unter den leitenden Forstbeamten waren gute Jäger und Heger; ihrem Wirken war ja schließlich unser Rotwildbestand zu verdanken. Sie waren aber zum großen Teil von überholten Anschauungen über Sinn und Ziel der Hege beeinflußt. Hege war für sie Schützen und Schonen. Der Abschuß wurde außerordentlich vorsichtig gehandhabt; Kahlwild zu schießen, galt als äußerst bedenklich und wurde bis Mitte der dreißiger Jahre unzureichend und vielfach nur widerwillig getan. Das war solange nicht allzu gefährlich, wie das Wild sich noch über bisher rotwildfreie Gebiete ausbreiten konnte. 1935 war es damit vorbei. Zu dieser Zeit hatten die Baumwaldreviere nach den Angaben der Forstämter einen Bestand von über 800 Stück Rotwild, also annähernd zwei Stück je 100 ha (rechnerisch mußte der Bestand damals schon wesentlich höher sein!). Nun begann endlich ein vermehrter Abschuß, auch von Kahlwild. Er blieb aber sicherlich noch hinter dem wesentlich unterschätzten Zuwachs zurück. Erst Ende der dreißiger Jahre gelang es Scherpings Autorität, einen starken Kahlwildabschuß durchzusetzen. Vielfach wurde er für zu hoch angesehen; auch Auswirkungen auf die Jagdmöglichkeiten für Jagdgäste wurden befürchtet. Eines Jahres – ich glaube, es war 1941 – sperrte Göring, dem diese Ansicht vorgetragen war, den gesamten Kahlwildabschuß. Nur mit Mühe konnte ich den Abschuß des schwachen Kahlwildes durchsetzen, und was als schwach zu gelten hatte, bestimmten wir. Wir haben in den letzten Jahren im Elchwalde jährlich mehr als 400 Stück Rotwild, davon gut $^2/_3$ Kahlwild, geschossen. Das waren über 25% des Bestandes, wie dieser von den Forstämtern gemeldet war. Auch wenn man den nicht unerheblichen Abschuß in den an den Elchwald grenzenden Privatjagdbezirken hinzurechnete, so wurde m. E. bestenfalls ein weiteres Anwachsen des Bestandes verhindert. Die Erfüllung des Abschusses, in unseren Wäldern an sich schon recht schwierig, wurde durch die Kriegsverhältnisse sehr erschwert. Sie wurde zwar im allgemeinen erreicht, ein Verminderungsabschuß aber wäre undurchführbar gewesen. Bei Unterstellung eines Bestandes von 1600 Stück betrug die Wilddichte 3,5 (Stück je 100 ha). Das war auch für die hervorragenden Äsungsverhältnisse des Elchwaldes schon reichlich hoch. Eine unangenehme Folgeerscheinung des hohen Bestandes war es, daß das Kahlwild auch in solche Revierteile drängte, die bisher bevorzugte Hirscheinstände waren. Das hätte auf die Dauer sicherlich zur Abwanderung von älteren Hirschen geführt. Das Kriegsende machte alle unsere Sorgen und Überlegungen überflüssig.

Neben der Regelung der Bestandshöhe war der Wahlabschuß von besonderer Bedeutung. Wenn sich im Erscheinungsbild unseres Rotwildes in den letzten Jahren auch schon eine weitgehende Vermischung und Vereinheitlichung bemerkbar machte, die Geweihe zeigten in Form und Farbe, in Stangenlänge und -stärke, in Endenfreudigkeit, Perlung und Kronenform noch immer große Verschiedenartigkeit. Eine gewisse Vielfalt war durchaus erwünscht; nur häßliche und nach Masse und Form nicht befriedigende Geweihe sollten ausgemerzt werden (Abb. 151 u. 153). Bei Trophäenschauen und örtlichen Besichtigungen wurden die Abschußziele erläutert (Abb. 157). Merkblätter sorgten für allgemeine Kenntnis der Richtlinien. Forstmeister Graumann, der noch 1944 nach Westfalen versetzt wurde, hat ein Exemplar der »Abschußrichtlinien für den Elchwald« gerettet und mir freundlicherweise zur Verfügung gestellt. Der dem Rotwild gewidmete Abschnitt möge hier folgen. Er sagt eigentlich alles, worauf wir damals beim Abschuß Wert legten:

Schreiender Rothirsch beim Rudel. Ölgemälde von D. v. Prokofieff

Abschussrichtlinien Rotwild (Merkblatt)

A. *Hegeziel* ist die Erhaltung bzw. Schaffung eines zahlenmäßig mit den landwirtschaftlichen Erfordernissen in Einklang stehenden Rotwildbestandes im Geschlechterverhältnis 1:1 mit stark- und langstangigen, endenfreudigen und edelgeformten Kronenhirschen.

B. *Einteilung der Hirsche nach den Gesichtspunkten des Hegeziels und der Geweihstärke.*

I. *Jagdbare Hirsche* (über 12 Pfund Geweihgewicht).

a) Hirsche, die dem Hegeziel entsprechen, und zwar:

1. noch nicht auf der Höhe der Entwicklung stehende starke Zukunftshirsche,
2. auf der Höhe der Kraft stehende,
3. zurücksetzende Hirsche nach Überschreiten der Kulmination.

b) Starke Abschußhirsche, die wegen irgendwelcher Fehler und Mängel im Geweihaufbau dem Hegeziel nicht entsprechen. Solche Fehler sind bei starken Abschußhirschen hauptsächlich:
Fehlende oder einseitige Kronenbildung, kurze Enden im Verhältnis zum Geweih, *enge und steile* Stangenstellung, *schlechte Kronenbildung* oder *abnorme* Geweihbildung.

II. *Geringe Hirsche* (bis zu 12 Pfund Geweihgewicht).

a) Zukunftshirsche: junge, dem Hegeziel entsprechende Hirsche.

b) Abschußnotwendige Hirsche, die hinsichtlich der Geweih- oder Körperbildung unter Berücksichtigung des Alters dem Hegeziel nicht entsprechen. Diese sind bis zur 10-Pfund-Grenze unbeschränkt zum Abschuß freigegeben. Fehler der Geweihbildung sind vor allem:

1. fehlende Kronenbildung im Alter von mindestens fünf Jahren (ältere Achter und Eissprossenzehner),
2. einseitige Kronenbildung im Alter von mindestens fünf Jahren,
3. mittelalte und alte Hirsche (über fünf Jahre) mit kurzen Enden im Verhältnis zum Geweih,
4. enge oder steile Stangenstellung,
5. schlechte Kronenbildung,
6. Leitergeweihbildung (z. B. Reihenzwölfer),
7. Kümmern und Krankheit,
8. abnorme Geweihbildung, soweit sie nicht auf Geweihverletzung in der Bastzeit beruht,
9. Spießer mit kurzen (allgemein weniger als handlangen) Spießen,
10. Spießer, Gabler und spitzendige Sechser vom zweiten Kopf an,
11. Mönche und andere Artverderber.

III. Der Abschuß von jagdbaren Hirschen in der Gruppe Ia 3 unterliegt besonderer Regelung. Die Erlegung von Hirschen in der Gruppe Ia, 1, 2 und IIa ist allen Beamten grundsätzlich untersagt. Abschußhirsche der

Klasse IIb bis zu 10 Pfund Geweihgewicht sind den Beamten unbegrenzt freizugeben. Bei offensichtlich falschem Abschuß steht auch hier dem Jagdleiter frei, den Erlegern den weiteren Abschuß zu sperren. Der Abschuß von Hirschen der Klasse Ib und IIb über *10 Pfund* wird jagdlich besonders tüchtigen und beim Hegeabschuß sonst erfolgreichen Beamten von Fall zu Fall vom Jagdleiter freigegeben.

Falls der Abschuß an Geweihten aus den unter Ib, IIb und Ia 3 aufgeführten Hirschen nicht erfüllt werden kann, muß in die in der Einteilung nicht aufgeführten Junghirsche eingegriffen werden. Unter Junghirschen sind solche bis zu vier Jahren alte Hirsche zu verstehen, deren weitere Entwicklung des Geweihaufbaues noch nicht endgültig beurteilt werden kann, d. h. die nicht die unter IIb 4, 7, 8, 9, 10 und 11 aufgeführten Fehler zeigen.

IV. *Kahlwildabschuß.* Die für den Abschuß des weiblichen Rehwildes aufgestellten Grundsätze gelten sinngemäß in dem für das Rotwild zutreffenden Maße. Der Kahlwildabschuß muß unter allen Umständen zu 100 Prozent erfüllt werden. Sollten ausnahmsweise zur Durchführung *Drückjagden* erforderlich werden, so ist immer auf das schwächste Stück des Rudels zu schießen. (Siehe Abschußrichtlinien für Rehwild, III, Seite 328.)

Im allgemeinen wurde der Wahlabschuß gut durchgeführt. Ein Teil der Beamten war aber in der Besorgnis, einen »falschen« Hirsch zu schießen, allzu vorsichtig. Wir »predigten« bei Trophäenschauen immer wieder: »Mut bei allen Dienstobliegenheiten!« Was nützte es, wenn ein Beamter stets nur »richtige« Geweihe vorlegte, aber zahlenmäßig den notwendigen Abschuß nicht im entferntesten erfüllte?! Da war mir 'mal ein Fehlabschuß unter vielen richtigen lieber. Ein hervorragender und passionierter Jäger war der Oberförster Kaiser in Schargillen. Er hatte eines Jahres bis Ende September sechs »Abschuß«-Hirsche geschossen, einer wie der andere »goldrichtig«. Ich bat den Oberstjägermeister, sich die Geweihe anzusehen und K. seine Anerkennung auszusprechen. Als wir am Forsthause anklopften, öffnete uns die Hausfrau. Sie schien nicht gerade rosiger Laune und gab auf die Frage nach ihrem Manne zur Antwort, er sei im Revier. Als wir dann den Wunsch aussprachen, die Geweihe zu sehen, und Scherping sich anerkennend über den »jagdlichen Fleiß« ihres Mannes aussprach, kam recht böse die Antwort der durch die Jagdpassion ihres Mannes leicht verbitterten »Oberförsterin«: »Na, er ist ja auch nur auf der Jagd!« Scherping war doch sehr »beeindruckt«. — Bald darauf waren wir nach der Abfahrt der letzten Gäste, wie meistens, zum Vogelzug auf der Nehrung. Wir besuchten die Vogelwarte. Das Uhuweib in der Voliere hatte zwei Junge. Ich wollte sie fotografieren, und man öffnete die Käfigtür. Hanne plusterte sich zu einer wütenden Abwehrpose auf. Da brach Scherping spontan in die Worte aus: »Kramer, die Frau Kaiser!«

Wichtiger noch als der Wahlabschuß der Hirsche war die »Hege mit der Büchse« beim Kahlwild. Es galt, den Bestand nicht anwachsen zu lassen und durch den Abschuß schwacher, kranker und überalterter Stücke sowie spätsetzender und nachbrunftender Tiere mit ihren Kälbern Körperstärke und Gesundheit unseres Wildes zu erhalten. Dieser Hegeabschuß wurde größtenteils auf der Pirsch — zu Fuß, im Wagen oder Schlitten — und beim Ansitz durchgeführt. Wenn sich übersehen ließ, daß er auf der Einzeljagd nicht voll zu erfüllen war, so mußten auch Drückjagden zu Hilfe genommen werden. Bei richtiger Anlage und Durchführung dieser Wildjagden waren auch auf ihnen Fehlabschüsse zu vermeiden oder doch in Grenzen zu halten (Abb. 156).

Als ein gutes Mittel, schwache Stücke auszumerzen, erwies sich der Frühjahrsabschuß von Schmaltieren (und geringen Spießern), den wir unter Aufhebung der Schonzeit durchführten. Durch ihr spätes Verfärben waren diese Kümmerer, die als Kalb der Kugel entgangen waren, leicht anzusprechen.

Die verminderte Zahl und das höhere Alter der Forstbeamten in den Kriegsjahren forderte von den noch rüstigen Herren einen erheblich verstärkten jagdlichen Einsatz. Ich weiß von Jahresstrecken einiger tüchtiger Jäger von 50 bis 100 Stück Schalenwild, in der Hauptsache Rotwild.

Jagd

Die Jagd in unseren unterholzreichen, schier dschungelartigen Wäldern war schwierig. Lediglich die großen Wiesenflächen boten, namentlich als der Wildbestand höher wurde, leichtere Beobachtungs- und Bejagungsmöglichkeiten. Als gute Brunftplätze waren unter anderen bekannt die annähernd 70 ha großen Kirschnawiesen in Gertlauken, die Mauerwiese am »Dreiländereck« Drusken, Gertlauken, Neu-Sternberg, die Schwentoje-Wiesen an der Westgrenze von Alt-Sternberg, die Schwarzbruchwiese in Drusken. Hier wurden denn auch die meisten Hirsche von den Gästen erlegt, bei denen eine Pirsch im Bestande wenig Erfolg verhieß. Als der Baumwald zum Staatsjagdrevier »avanciert« war und ausreichende Jagdbetriebsmittel zur Verfügung standen, wurden die jagdlichen Einrichtungen wesentlich verbessert. Pirschsteige und Kanzeln erleichterten das Jagen auch da, wo es an Wiesen fehlte oder diese — bei örtlich geringerer Wilddichte — nicht oder nur nachts angenommen wurden. Das schönste Erleben, das Anpirschen des schreienden Hirsches im Bestand, mit oder ohne Ruf und mit dem Eichenheister, konnte man sich im allgemeinen nur allein leisten. Die Pirschkunst der meisten Gäste reichte dafür nicht aus. Ich habe manchen Hirsch im Bestand vor Glas und Büchse bekommen, auch manchen erbitterten Kampf erlebt. Mit Scherping waren solche Pirschgänge eine Freude. Ich entsinne mich noch an ein Erlebnis, als wir in Neu-Sternberg nahe der Pfeiler Grenze zwei röhrende Hirsche angingen. Sie zogen zu beiden Seiten einer starken Windwurffichte hin und her und schrien sich in höchster Wut an. Die Fichte aber blieb die Scheide, zum Kampf der gleich starken Rivalen kam es nicht. Wir waren von dem Bild heißer Leidenschaft gepackt, und nur schwer entschloß der Oberstjägermeister sich auf meine Bitte zum Schuß auf den starken Achtzehnender, den älteren der beiden Hirsche.

Die Hirschbrunft war für die Jägerei eine schöne, aber auch eine schwere Zeit; viel Schlaf gab es da nicht. Man sagte scherzhaft, daß der Hirsch während der Brunft 80, der Jäger 20 Pfund an Gewicht verliere. Erschwert wurde die Bestätigung der Hirsche dadurch, daß sie erst bei Brunftbeginn in die Kahlwildreviere einwechselten, sich auch in deren Verlauf mehrfach umstellten. Fehlte es dann noch an freien Flächen und Wiesen, wie etwa in Alt- und Neu-Sternberg, so war es äußerst schwierig, Hirsche der »gewünschten Preislage« zu bestätigen, und noch schwerer, die Gäste zu Schuß zu bringen. Daß es eigentlich immer geklappt und wohl kaum ein Gast den Elchwald ohne Trophäe verlassen hat, stellt der Jägerei ein gutes Zeugnis aus. Die geringsten Sorgen bereiteten uns die Jagdgäste, die frühzeitig vom Reichsjagdamt zugewiesen waren. Sie wurden einem Forstamt zugeteilt, und der Jagdleiter konnte ihnen die passenden Tage für ihr Kommen nennen. — Unangenehmer und schwerer zufriedenzustellen waren die hohen Jagdgäste, die, an bestimmte Tage gebunden, meistens nur wenig Zeit hatten, wie ausländische Staatsoberhäupter oder führende Staatsmänner. — Kritisch aber wurde es, wenn der Reichsjägermeister mit seinem Sonderzug auf dem Abstellgleis in Alt-Sternberg einrollte und womöglich noch ein »Bukett« anspruchsvoller Jagdgäste mitbrachte. — Dann erforderte es regelrechte Generalstabsarbeit, nach den am frühen Vormittag und am Abend einlaufenden telefonischen Meldungen der Forstämter die Gäste so einzuteilen, daß sie alle zu ihrem Recht und die Pirschenden einander nicht in die Quere kamen. Vor allen Dingen Göring nahm Störungen übel. Im Sonderzug hielt es der Reichsjägermeister aber nie länger als wenige Tage aus. Von einem Jägerhof, wie er ihn sich auch im Elchwalde wünschte, blieben wir dank Scherpings Hilfeleistung und durch den Ausbruch des Krieges verschont. Und das war gut, denn der hohe und so notwendige Hegeabschuß litt natürlich unter allzulangen Jagdaufenthalten anspruchsvoller Gäste.

Starke Hirsche

Aus der großen Zahl Hochjagdbarer und Kapitaler, die im Elchwald zur Strecke kamen, seien nur einige Spitzenhirsche herausgegriffen.

Der erste im Baumwald erlegte Hirsch war der Sechzehnender des Oberförsters Jacobi von Wangelin, der in einer Zeit, da der Rothirsch nur ganz selten ausreifen konnte, durch seine Stärke Aufsehen erregte. Nach Keck betrug der mittlere Rosenumfang des Geweihes 26,5 cm, der Stangenumfang unten durchschnittlich 18, oben 17 cm. Die gemessene Sehnenhöhe von 97 cm dürfte nach der Form des Geweihes einer Stangenlänge zwischen 105 und 110 cm entsprochen haben. Das Geweihgewicht betrug 8,9 kg. Auf der Internationalen Jagdausstellung 1937 wurde das Geweih mit 200,3 Punkten[1] bewertet. Mit seiner großen Stangenlänge und der auseinandergezogenen Stiefelknechtkrone entsprach dieser Hirsch eigentlich nicht dem Typ der Frischinghirsche (Abb. 149). Sollte er ein Zuwanderer aus dem Samlande gewesen sein?

Der zweite Kapitalhirsch, der »Geschichte machte«, die Geschichte des Elchwaldes, war der auch an Wildpret sehr starke, 207,5 kg schwere Sechzehnender des Oberförsters Geißel. Er kam am 8. 9. 1928 in Alt-Sternberg zur Strecke. Auf der Internationalen Jagdausstellung 1930 in Leipzig erhielt das Geweih als bestes des Jahres aus freier Wildbahn mit 203 Punkten (nach Nadler 192 P.) die Goldmedaille (Abb. 150).

Einen weiteren sehr starken Hirsch erlegte in der Feistzeit 1933 der Gutsbesitzer Lemke in Wilkendorfshof, einem Privatrevier, das südlich an die Oberförsterei Leipen angrenzte. Das Geweih hatte 202 Punkte. – Die stärksten Hirsche aber wurden nach 1935 erlegt, als die Baumwaldreviere jagdlich schon dem Reichsjagdamt unterstanden.

Göring war im September 1935 nach Alt-Sternberg gekommen und brachte gleich den ersten Jagdgast mit: den finnischen Staatspräsidenten Feldmarschall Frhr. von Mannerheim. Dieser pirschte unter der Führung von Forstmeister Scharffetter in Gertlauken und erlegte am fünften Tage einen starken Vierzehnender von über 8,5 kg Geweihgewicht (Abb. 158).

[1] Punktzahlen nach der internationalen Bewertungsformel.

Im Jahre 1936 schoß Göring seinen ersten Hirsch in Gertlauken, einen starken Achtzehnender auf den großen Kirschnawiesen.

1937 war der Reichsjägermeister nicht mehr in Pait, da Elchschaufler mindestens drei Jahre geschont werden sollten. Dafür rollte sein Sonderzug Mitte September auf dem neu geschaffenen Abstellgleis in Alt-Sternberg ein. Mit dem in diesem Revier von Oberstjägermeister Scherping und Forstmeister Geißel bestätigten Kapitalhirsch klappte es nicht. Forstmeister Dr. Ulrich in Neu-Sternberg hatte in der Revierförsterei Schwentoje einen sehr starken Hirsch gemeldet, der schon seit dem 4. des Monats beim Rudel stand und den Einstand mehrfach gewechselt hatte. Der »Schwarze Hirsch«, auffallend dunkel und mit starkem Kragen, war ein »Unglückshirsch«! Am ersten Tage schoß Göring ihn vorbei. Der Hirsch hatte das nicht sonderlich übelgenommen und erhielt am übernächsten Vormittag, leise angerührt, beim Überqueren des Gestells die Kugel tiefblatt und durch den Vorderlauf. U. suchte den Hirsch mit Erfolg nach. Der Forstmeister war aber durch die unglücklichen Begleitumstände in »Ungnade gefallen« und wurde im nächsten Jahre versetzt. Der »Schwarze« war mit 202,4 Punkten der bis dahin stärkste Hirsch des Reichsjägermeisters im Elchwalde (Abb. 159).

Die Brunft 1938 brachte dem Elchwald zahlreiche hohe Jagdgäste. Die Jagd stand aber unter einem ungünstigen Stern. Reichsverweser von Horthy sollte nach Erlegung seines Elchhirsches noch einen Rothirsch strecken. Wir begleiteten H. nach Gertlauken, wo Forstmeister Scharffetter ihn führte. An den Kirschnawiesen stießen sie ausgerechnet auf den Kapitalhirsch, der für Göring vorgesehen war. Nur mit Mühe konnte der Forstmeister dem hohen Gast begreiflich machen, daß es sich um einen »noch nicht reifen Zukunftshirsch« handele. Sichtlich verärgert erschien »Seine Durchlaucht« wieder bei uns. Inzwischen hatten wir auf der gegenüberliegenden Seite, dort, wo im Jagen 39 die Kirschnawiese sich weit nach Osten ausbuchtete, einen starken Hirsch beobachtet, der »geeignet« erschien. Leider waren die Möglichkeiten des Anpirschens an dieser Stelle nicht sehr günstig. Der Hirsch stand etwa 200 m vom Waldrand entfernt. Eine Kanzel oder ein Schirm war nicht in der Nähe. Forstmeister Sch., der durch das vorhergehende Erlebnis etwas erregt war, bat mich, mitzukommen, da ich den Reichsverweser schon besser kenne. Auf unsere Frage, wie weit Horthy wohl schieße, erhielten wir die Antwort: »Bis 300 Meter!« Nun, wir kamen tatsächlich nicht näher als auf knapp 200 m an den bei seinem Rudel stehenden Hirsch heran. Eine Aspe bot Gelegenheit zum Anstreichen. Der Reichsverweser schoß, offensichtlich ganz ruhig, auf den breit stehenden Hirsch. Deutlich zeichnend flüchtete dieser zum gegenüberliegenden Bestandesrande. Wir vermuteten Tiefblattschuß und versicherten Horthy, daß der Hirsch bei der Nachsuche gefunden werden würde. Trotzdem schien der Gast mißgestimmt und in seiner »Jägerehre« gekränkt. Wir begleiteten ihn zum Sonderzug zurück. Bald darauf kam Scherping zu mir und fragte mich im Auftrage von Göring nach den näheren Umständen beim Anpirschen des Hirsches. H. hatte dem Reichsjägermeister gesagt, er wäre schlecht geführt und gezwungen worden, auf eine viel zu weite Entfernung *freihändig* zu schießen. Nun, ich konnte das, zum Glück für den führenden Forstmeister, richtigstellen. Da Horthy und Göring sich politisch – die Politik spielte bei solchen Jagdbesuchen immer eine große Rolle! – stark veruneinigt hatten, fuhr der Reichsverweser mit seinem Sonderzug bald ab, und es gab für Sch. weiter keine Vorwürfe. Den Hirsch fanden wir übrigens am folgenden Tage mit tiefem Blattschuß verendet nach etwa 600 m.

Auch Zar Boris von Bulgarien war in dieser Brunft der Einladung des Reichsjägermeisters auf einen Rothirsch gefolgt und pirschte einige Tage in verschiedenen Revieren des Elchwaldes. Der König machte menschlich einen vorzüglichen Eindruck, war aber wohl kein großer Jäger. Vor allem hatte er – 1938 spitzte sich die politische Lage bereits erheblich zu, und es wurde wohl viel »politisiert« – offensichtlich große Sorgen und war sehr nervös. Nach mehreren Fehlpirschen und auch Fehlschüssen führte ihn Scherping auf einen im Jagen 6 des Forstamtes Neu-Sternberg anhaltend schreienden Hirsch. Es pirschte sich in dem jungen Eichenstangenholz recht gut, und die Jäger kamen auf Schußentfernung an den Hirsch heran. Sch. bat den König, zu schießen, und machte sich auch fertig, fest entschlossen zu einem »Fangschuß«. Der Zar konnte sich aber nicht zum Schuß entschließen; der Hirsch war für ihn wohl teilweise verdeckt gewesen. Ohne die Jäger »wegbekommen« zu haben, zog das Rudel, bei dem auch einige Beihirsche standen, in Richtung auf das östliche Nachbarjagen weiter. Der Wind stand günstig; Scherping führte den hohen Gast parallel zum Rudel und dem lebhaft schreienden Platzhirsch eilig zum nahen Gestell. Und es gelang: Als der Bestandsrand erreicht war, zogen gerade die letzten Stücke Kahlwild über das Gestell, und auf etwa 150 m trat der starke Hirsch heraus und verhoffte. Scherping bat, auf seiner Schulter aufzulegen und zu schießen. Gesagt, getan. Der hohe Gast schien etwas Jagdfieber zu haben, und es dauerte ziemlich lange, bis der Schuß fiel. Inzwischen war der Büchsenlauf immer weiter nach hinten gewandert, und als die Mündung nicht mehr allzu weit vor dem Ohr der »menschlichen Auflage« war, donnerte der Schuß. (Sch. war noch zwei Tage auf dem rechten Ohr taub!) Der Hirsch aber zog nur einige Schritte weiter, verhoffte breit und äugte zu den Jägern. Sch. bat, nochmals zu schießen. Darauf Boris: »Er ist doch fort!« Sch.: »Aber, Majestät, der Hirsch steht doch noch mitten auf dem Gestell.« »Ach der?! Der ist doch so weit. Hier am linken Gestellrand stand doch ein Hirsch viel näher. Ich sah zwar nur ›das Popo‹, aber ich habe getroffen.« Etwas betreten kehrte der Oberstjägermeister mit dem Zaren zu uns, die wir bei den Wagen warteten, zurück. Später schilderte Scherping mir sehr humorvoll diese Pirsch. Übrigens: Der Hirsch hatte diesmal wirklich die Kugel, zwar schlecht, aber er kam auf der Nachsuche zur Strecke: ein Mittelhirsch. So konnte der Monarch den Elchwald doch mit einer Trophäe verlassen.

Auch bei anderen Jagdgästen, die 1938 sehr zahlreich mit dem Reichsjägermeister erschienen waren, gab es Fehlschüsse und unangenehme Nachsuchen. – G. schoß noch am letzten Tage an den Kirschnawiesen einen starken Zwölfender. Wir aber atmeten erleichtert auf, als der Sonderzug nach Rominten davonrollte.

1939 war dann das eingetreten, was schon 1938 befürchtet wurde: der Ausbruch des Krieges. Ich stand bei meinem Artillerie-Regiment in Polen. Das Aufteilungsübereinkommen mit Rußland hatte den Polen-Feldzug beendet. Wir lagen ziemlich friedlich in Quartieren nahe der Demarkationslinie. Da erreichte mich ein Brief meiner Frau mit der Mitteilung, Scherping komme, um einen kurzen Jagdbesuch Görings vorzubereiten; ob ich nicht kommen könne. Der Regimentskommandeur bewilligte mir einen einwöchigen Urlaub, und ich fuhr im Pkw in recht abenteuerlicher Fahrt durch das nördliche Polen zur nächst erreichbaren Bahnstation im südlichen Ostpreußen. Einen Tag vor Göring war ich zu Hause, besprach mit dem schon anwesenden Oberstjägermeister die notwendigen Anordnungen. Die jüngeren Beamten waren natürlich alle im Feld. Aber es mußte auch so gehen. An den Schwentojewiesen, einen Kilometer südlich der Chaussee Labiau–Mehlauken, war ein starker Sechzehnender bestätigt. Sch. hatte ihn bereits zu Gesicht bekommen, hielt ihn aber noch für etwas jung. Forstmeister Geißel glaubte, an anderer Stelle Göring mit Erfolg auf einen von ihm bestätigten »gewaltigen« Hirsch führen zu können. Scherping bat mich, derweil auf dem Hochsitz an der Schwentojewiese (Jagen 107) zu beobachten, auf die der Sechzehnender mit seinem Rudel auszutreten pflegte. Ich brauchte auch nicht lange zu warten, bis der im benachbarten Jagen 40 des Forstamtes Neu-Sternberg gut schreiende Hirsch mit seinem Rudel auswechselte. Ein starker Hirsch mit edlem Geweih, langen, dicken Stangen und guter Krone, aber noch nicht auf der Höhe seiner Entwicklung; vielleicht siebenter, höchstens achter Kopf. Nach etwa einer halben Stunde zog der Hirsch mit seinem Rudel wieder in

164

Der »Kronleuchter« im Morgennebel hinter seinem Rudel

165

Der »Kronleuchter« auf der Strecke

166

Das Geweih des »Fleischermeisters« Gewicht 11,4 kg (237 P.)

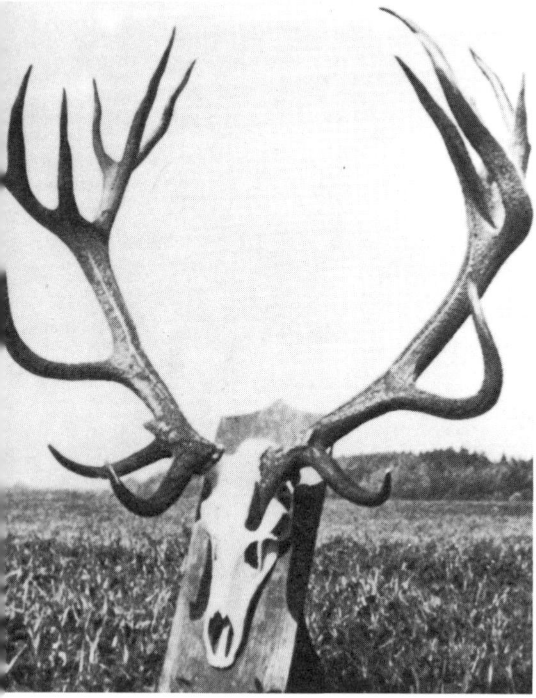

167 *Die Abwurfstangen des »Fleischermeisters«, gehalten von Revierförster Splettstößer. Gewicht 7,5 kg*

168 *Die Abwurfstangen des stärksten Rothirsches des Elchwaldes (Forstamt Klein-Naujock). Gewicht der Stangen 11,8 kg!*

169 *Ungerader Sechzehnender, erlegt Nov. 1944 im Forstamt Klein-Naujock (218 P.)*

170 *Oberst i. G. v. d. Groeben mit dem Haupt des im September 1944 in Pfeil gestreckten Vierzehnenders. Längstes Geweih des Elchwaldes; durchschnittliche Stangenlänge 126 cm*

171 *Kapitaler Damschaufler, erlegt in Marienbruch, Forstamt Tawellningken*

172

Hauptschwein aus dem Forstamt Pfeil

173

Die stärksten Keilerwaffen aus dem Elchwalde, Forstamt Gertlauken, 125,5 P. (Zum Größenvergleich: das weiße Plättchen ist 20 mm lang und 5 mm breit)

174

Siebenjähriger Sechserbock (Forstamt Pfeil), abnorme Auslage 22 cm, Stangenlänge 22 cm, langschädeliger Typ

175

Sechserbock mit edlem Gehörn (Forstamt Klein-Naujock) Typ mit kurzem Schädel Gehörngewicht 350 g

176 *Junge Haselhühner*

177

Brütende Haselhenne im Forstamt Papuschienen

178

Nach dem Gänsestrich. Verfasser mit drei Saatgänsen

179

Heimkehr von der Entenjagd am Kurischen Haff. Forstmeister Krause und Frau

den Bestand und schrie dort anhaltend. In der Gegend, wo Göring pirschte, war kein Schuß gefallen. Ein Geräusch ließ mich auf den zum Hochsitz führenden Pirschsteig blicken: Da kamen sie im Gänsemarsch an: Göring, Geißel, Scherping und der jagdliche Begleiter G.s, Forstmeister Schade. Die Pirsch war erfolglos gewesen. Nun wollte—das Ende des Büchsenlichtes war nicht mehr fern — G. sich den Sechzehnender ansehen. Er kam zu mir auf den Hochsitz, während das »Jagdgefolge« sich absetzte. Ich schilderte G. den Hirsch, sagte ihm aber auch, daß ich ihn für zu jung halte. — Das »Konzert« um uns war gewaltig. Aus den vielen Stimmen rings um uns am nächsten der »Tenor« des Sechzehnenders drüben im Bestande, und, vielleicht 300 m nördlich, noch ein ganz tiefer, heiserer »Baß«. Ich machte G. auf die verschiedene Stimmhöhe aufmerksam und sprach die Ansicht aus, daß dieser Hirsch im Gegensatz zu dem vor uns schreienden Sechzehnender sicherlich sehr alt sei. Nach einer Weile flüchtete ein junger Hirsch auf die Wiese, der Platzhirsch hinter ihm her. Sie verschwanden diesseits im Bestande. Nun würde uns der Sechzehnender auf dem Rückwechsel zum Rudel ja kommen! Er kam auch, aber am äußersten Wiesenrand in scharfem Troll. Der Reichsjägermeister war von dem starken, edlen Geweih sehr beeindruckt und schien den Hirsch schießen zu wollen. Der verschwand aber schnell wieder im Bestande, ohne nur einmal zu verhalten. Da holte G. seinen Ruf aus der Tasche und begann zu schreien. Es war wirklich nicht »sehr schön«. Aber der Hirsch in seiner Brunfterregung stand tatsächlich zu und zog auf die Wiese heraus. Nun gab es doch kein Halten: Sowie er breit stand, fiel der Schuß, den der Hirsch mit rasender Flucht quittierte. G. wollte nochmals durch die andere Schießluke der sehr unpraktischen, geschlossenen Kanzel schießen. Ich bat ihn, das zu lassen, da der Hirsch die Kugel gut Blatt habe. Er zögerte, und da brach der Hirsch auch schon etwa 60 Schritt vor uns auf der Wiese verendet zusammen. Bald standen wir vor ihm, und Göring umfaßte voller Freude immer wieder die Stangen und war begeistert von der Stärke des Geweihes. Ich war still. Der Hirsch hätte mindestens zwei Jahre älter werden müssen. Scherping, Geißel und Schade waren in wenigen Minuten bei uns. Inzwischen war das Büchsenlicht im Schwinden, der Mond stand am Himmel. Der Hirsch mit der tiefen Stimme schrie noch immer. Da sagte Göring zu Geißel, er wolle sich noch den Hirsch mit der Baßstimme ansehen. Die beiden pirschten den Steig hinauf, während wir anderen zu den Wagen gingen. Ich bemerkte zu Scherping, bei diesem schlechten Licht sei das Unternehmen sinnlos; der Hirsch sei doch nicht mehr anzusprechen. »Warten Sie nur ab, den schießt er auch noch!« Ich lachte nur; aber wir hatten noch nicht die Wagen auf dem Gestell erreicht, da fiel tatsächlich ein Schuß! Was war geschehen? Die zwei waren eiligst zur nächsten kleinen Wiese gepirscht, auf deren gegenüberliegender Seite der Hirsch im Bestande schrie. G. hatte sein Horn hervorgeholt und den Hirsch angeschrien, und der war tatsächlich auf die Wiese herausgezogen. Anzusprechen war er natürlich nicht mehr; doch das störte den Reichsjägermeister nicht: Sein lichtstarkes Zielfernrohr erlaubte den Schuß, also wurde geschossen. Bald waren die Jäger am Wagen und erzählten, der Hirsch sei nach dem Schuß hochflüchtig geworden und ihren Blicken entschwunden. Zum Anschuß waren sie — vernünftigerweise! — nicht gegangen. Göring äußerte zu mir: »Sie haben gesagt, das sei ein alter Hirsch; nun habe ich ihn geschossen.« »Daß der Hirsch alt ist, dafür glaube ich mich verbürgen zu können. Was er aber auf dem Kopf hat, weiß ich nicht!« erwiderte ich. Der Hirsch wurde am frühen Morgen, noch auf der Wiese verendet, gefunden. Er hatte ein mäßiges Geweih, war aber ein ganz alter, zurückgesetzter Hirsch.

Am nächsten Morgen führte zunächst Oberförster Kaiser, der den im Felde stehenden Forstmeister Flechtner vertrat, den Reichsjägermeister auf einen starken Hirsch in der Nähe der Gertlaukener Grenze. Der Hirsch war dem Forstmeister Scharffetter genau bekannt und hatte von ihm den Namen »Prophet« erhalten. Die Abwürfe der letzten beiden Jahre waren in Gertlauken: kurze, sehr starke Stangen mit einer schaufelförmig verbreiterten Krone; sie hatten das Gewicht von 4 und 4,25 kg (Abb. 160). Der Hirsch stand im Winter in der westlich vom Forstamt Gertlauken gelegenen Revierförsterei Klein-Fließ, nahm die Fütterung im Jagen 126 an und war dort recht vertraut. 1938 hatte er im Jagen 18 der Revierförsterei Groß-Gertlauken gebrunftet, und der Forstmeister hatte ihn dem Oberstjägermeister »vorführen« können. 1939 stand er mit seinem Rudel in den Jagen 12 und 13 des Forstamtes Neu-Sternberg. Ich hatte den kapitalen Hirsch noch am Vortage frühmorgens auf der Jagdwiese im Jagen 12 bestätigen können, ja ihn sogar — allerdings auf recht weite Entfernung — fotografiert.

Während der Reichsjägermeister mit Kaiser zur Revierförsterei Ottergrund fuhr, blieben wir auf der Chausee östlich Groß-Baum zurück, um nach Möglichkeit noch einen von Scherping an einem der vorhergehenden Tage gesehenen Hirsch zu bestätigen. Der »Oberst« bekam ihn auch noch zu Gesicht. Als Göring aber nach ziemlich langer Zeit zurückkam, blieb die Pirsch auf ihn erfolglos. Inzwischen hatten wir aus der Gegend der Jagdwiese hintereinander mehrere Schüsse fallen hören und waren einigermaßen gespannt, was sich zugetragen hatte. Wir erfuhren es dann, als Göring mit dem Bruch wiederkehrte, Genaueres allerdings erst später: Es war kühl, auf den Wiesen stand der Bodennebel. Die Hirsche schrien gut, auch der »Prophet«. Er stand mit 7 Stück Kahlwild auf der Jagdwiese; näher als 200 m war nicht an ihn heranzukommen. Als der Hirsch einwandfrei angesprochen war, bat Kaiser zu schießen. Die Kugel verfehlte ihr Ziel. Wohl durch das Echo getäuscht, flüchteten von dem gegenüberliegenden Waldrand einige Beihirsche am Rudel vorbei in Richtung auf die Jäger. Das Rudel trat unschlüssig durcheinander, und der Platzhirsch, der wohl Rivalen vermutete, drehte sich mit gesenktem Haupt auf der Stelle. Auf Kaisers »Vorbei, nochmals schießen!« fragte Göring: »Wo ist der Hirsch?« Kaiser: »Noch an der gleichen Stelle; nur ein Tier steht vor ihm. Bitte schießen!« Nun fiel der zweite Schuß. Der Hirsch wurde flüchtig; das Tier brach im Feuer zusammen, ohne daß G. es merkte. Kaiser: »Wieder vorbei! Noch einmal schießen!« Auf über 250 m, kurz bevor der Hirsch den Waldrand erreichte, fiel der dritte Schuß auf den Flüchtenden und ließ ihn im Feuer zusammenbrechen. Der Hirsch hatte übrigens auch die zweite Kugel hochblatt (ohne Ausschuß). Das Geweih des ungeraden Zwanzigenders hatte trotz seiner kurzen Stangen ein Gewicht von rund 9,5 kg (Abb. 161).

An weiteren Besuchen Görings im Elchwald stehen noch zwei sehr lebhaft vor meinem geistigen Auge: Februar 1941 und September 1942. Forstmeister Geißel hatte an seiner sehr bekannten und von bis zu 20 Hirschen besuchten Fütterung in Grotfeld schon im Winter 1939/40 einen hochkapitalen Achtzehnender beobachtet und sogar fotografiert. Die letzten Abwürfe des Hirsches sandte er persönlich an Göring. Dieser rief Scherping zu sich, zeigte ihm die Stangen und machte ihm Vorwürfe, daß dieser Hochkapitale — die *Stangen* wogen zusammen etwas über 9 kg (Abb. 162) — nicht gemeldet sei. Wir kannten den Hirsch überhaupt nicht. In Alt-Sternberg stand er nur im Winter an der Fütterung. Wo er brunftete, bekamen wir erst 1940 heraus: im Schwarzbruch in Drusken. Nach seinem Brunftrevier erhielt er den Namen »Schwarzbruchhirsch«. Der Hirsch war während der Brunft sehr heimlich und trotz aller Mühe, die wir uns gaben, in seinem Einstand nicht zu bekommen. Nach der Brunft erschien er wieder an der Fütterung. Das Geweih, wieder hochkapital, war gegen das Vorjahr doch etwas geringer geworden. Ich habe den Hirsch oft an der Fütterung beobachtet und viele Aufnahmen von ihm gemacht. Ich schätzte, daß das Geweih gegenüber 1939 etwa zehn Punkte eingebüßt hatte. Das war sicher noch kein Zurücksetzen; nach seinem Alter (wahrscheinlich 8. Kopf) stand der Hirsch noch nicht auf der Höhe und hätte in den folgenden Jahren an Geweih noch zugenommen. Auch Scherping beobachtete den Hirsch mehrfach, war aber von meiner Ansicht nicht völlig überzeugt. Die Abwürfe wurden in der Nähe der Fütterung aufgestellt, um Vergleiche beim Beobachten zu haben. Die Meinungen blieben geteilt. Göring war auf diesen Hirsch, der seine bisherigen an Geweihstärke weit übertraf, wie versessen. Wenn ich mich nicht irre, war die nach den Abwürfen errechnete Punktzahl annähernd 230. Ich versuchte mein Möglichstes, den Hirsch durch den Winter zu bekommen. Es war nichts zu machen. Die Begehrlichkeit siegte! Der Hirsch wurde im Winter geschossen. Das Geweih war hochkapital, aber schwächer als im Vorjahre (Abb. 163).

Im September 1942 hatte Göring die beiden kapitalen Elchschaufler in Tawellningken und Ibenhorst geschossen. Anschließend ging es noch zur Hirschbrunft nach Alt-Sternberg. In Gertlauken war auf den Kirschnawiesen ein Hochkapitaler bestätigt, der »Kronleuchter«. Ich hatte ihn mir auf die Meldung von Oberforstmeister Scharffetter hin bereits vor Görings Eintreffen angesehen. Das starke, ebenmäßige Geweih wirkte mit seinen langen weißen Enden wirklich wie ein Kronleuchter. Auch an Wildpret war der Hirsch sehr stark. Im Morgennebel machte ich auf weite Entfernung sogar noch eine Aufnahme von ihm, ohne Teleobjektiv, da das Licht dafür noch nicht ausreichte. Auf der Vergrößerung wirkt das Wild in den Konturen unscharf; trotzdem erkennt man die gewaltige Figur des hinter seinem Rudel herziehenden Sechzehnenders (Abb. 164). Nun, diesem Hirsch sollte die erste Abendpirsch gelten. Mit Oberforstmeister Scharffetter war der Treffpunkt auf 17 Uhr am Hüttenweg östlich der Kirschnawiesen verabredet. Vorher wollte der Marschall noch auf einen von Revierförster Mann in Wasgien, Forstamt Neu-Sternberg, gemeldeten Hirsch pirschen. Noch bevor G. seinen Pirschgang begann, erinnerte ich an die Zeit des Treffens in Gertlauken. Trotzdem kehrte der Reichsjägermeister mehr als eine Viertelstunde zu spät zum Wagen zurück. Am Treffpunkt erwartete uns Oberforstmeister Scharffetter in größter Aufregung: Der Hirsch war früher als gewöhnlich auf die Wiesen ausgetreten und hatte mit einem alten Zwölfender gekämpft. Ununterbrochen schallten zornige Schreie zu uns herüber. Leider standen die Hirsche jenseits auf der Westseite der Wiese (Jagen 24). Es blieb nichts anderes übrig, als im Kraftwagen auf dem Hüttenweg die dort nur 150 m breite Wiese zu überqueren. Ohne daß das Konzert abbrach, gelangte der Wagen in die Deckung des westlichen Bestandes. Scherping und ich waren zurückgeblieben und harrten der Dinge, die da kommen sollten. Zunächst noch schallten die groben Stimmen der Hirsche zu uns herüber; dann schienen sie sich zu entfernen und wurden seltener und gedämpfter. Nach einiger Zeit fiel ein Schuß. Bald hörten wir lautes Sprechen: Göring schien Scharffetter auf den Anschuß einzuweisen. Nach einer Weile jedoch — noch eben ertönten die Stimmen der Jäger — dröhnte wieder der Kampfruf von Hirschen herüber. Dann vernahmen wir das Aufeinanderschlagen der Geweihe kämpfender Hirsche. Wieder fiel ein Schuß. Da verstummten die Schreie, und wir hörten Menschenstimmen. Wir, die wir bereits nach dem ersten Schuß hatten hinübergehen wollen und nur durch das erneut auflebende Schreien zurückgehalten worden waren, sahen vom östlichen Waldrand aus die Jäger auf der Wiese und eilten hin. Zuerst stießen wir auf Göring, der uns, ziemlich erregt, kurz den Hergang schilderte. Später ergänzte der Oberforstmeister diesen Bericht: Als Göring und Scharffetter den Schirm am Wiesenrand erreicht hatten, war »die Bühne leer«. Aus dem Bestand hörte man noch Schreie, die sich auch näherten. Bald darauf zog, ein Schmaltier treibend, ein Hirsch mit langem Geweih auf die Wiese. G., der vor dem Oberforstmeister im Schirm stehend die Sicht stark behinderte, fragte ungeduldig: »Ist er es?« Als Sch., etwas unschlüssig, dies bejahte, fiel auch schon der Schuß. Der Hirsch zeichnete gut und verschwand hochflüchtig im Walde. Nun ging der Oberforstmeister auf die Wiese und ließ sich einweisen. Noch während er auf allen Vieren den Anschuß untersuchte, trollte ein kapitaler Hirsch heraus, einem von der anderen Seite anziehenden Rivalen entgegen. Wütendes Schreien, und schon krachten die Geweihe zusammen. Auf Görings Ruf »Scharffetter, was ist denn das für ein Hirsch?« hatte der Oberforstmeister aufgeblickt, den »richtigen« Kronleuchter erkannt, »das ist er ja« geantwortet und sich platt auf den Boden gedrückt. Inzwischen tobte der Kampf. »Welcher ist es?« rief Göring, »der Rechte!« Scharffetter. Im selben Augenblick verschob sich das Bild: Der »Kronleuchter« war links; und da fiel der Schuß. Doch Göring hatte achtgegeben: Seine Kugel traf den Kapitalen ins Leben! Noch auf der Wiese brach er zusammen. — Die Erregung über das aufwühlende Erleben war groß. »Direkt über den A .... von Scharffetter hab' ich geschossen!« übertrieb der Reichsjägermeister. Daß der Platzhirsch trotz Schuß und Menschenstimmen doch wieder auf die Wiese wechselte und geschossen werden konnte, war ein unwahrscheinlicher Glücksfall. Den noch jungen Sechzehnender, den G.s erste Kugel getroffen hatte, fanden wir nach kurzer Suche im Bestand.

Der Reichsjägermeister machte aus seinem Unwillen über die nach seiner Meinung schlechte Führung kein Hehl. Am nächsten Tage hatte er sich beruhigt; die Freude über den guten Ausgang und die kapitale Trophäe des »Kronleuchters« hatten ihn versöhnt. Es war noch einmal gutgegangen (Abb. 165). Am folgenden Tage schoß G. meiner Erinnerung nach noch einen starken Achtzehnender in Neu-Sternberg. Dann fuhr er nach Rominten. In den Elchwald ist er nicht wieder gekommen. 1943 waren im nördlichen Ostpreußen bereits Partisanen festgestellt, und seine Sicherheit schien nicht gewährleistet. — Scherping, der bei mir war, um bei etwaigem Kommen des Reichsjägermeisters zur Hand zu sein, und ich wurden aber Ende September noch nach Rominten befohlen, um uns dort eine ganz »dicke Zigarre« abzuholen. Es ging natürlich um einen Hirsch, nun aber um den stärksten bisher gestreckten: Am 3. August, in der Neumondnacht, hatte der Fleischermeister Goerke auf dem Felde der an Papuschienen angrenzenden Feldmark Dachsrode als »schwächsten von dreien« einen Hirsch geschossen. Ihm war vom Jagdpächter ein IIb-Hirsch freigegeben. Was da vor ihm lag, war für einen geringen Hirsch doch wohl etwas zu stark! Der Kreisjägermeister sah sich das Geweih an und — ihm blieb die Luft weg. Er beschlagnahmte das Geweih sofort und rief mich an. Der stärkste ostpreußische Hirsch aus freier Wildbahn hatte auf so unrühmliche Weise geendet. Posthum erhielt er den Namen »Fleischermeister«. Der Zwanzigender war dem Revierförster Splettstößer in Laubhorst seit drei Jahren wohlbekannt. Er nahm regelmäßig im Winter die Fütterung an der Försterei an und war besonders vertraut. Zum Dank für die gute »Versorgung« ließ der Hirsch seine Abwürfe stets in der Nähe des Forsthauses. Die letzten Stangen wies Sp. auf der Geweihschau im Frühsommer 1943 vor; sie zeigten sechzehn Enden und hatten das Gewicht von 7,5 kg (Abb. 167). 1943 hatte das Geweih dann ganz ungewöhnlich zugenommen. Die Krone hatte gleichsam ein »zweites Stockwerk« bekommen. Die Endenzahl war auf 20 gestiegen. Das Geweihgewicht betrug 11,4 kg; es hatte also etwa 2,5 kg in einem Jahr zugenommen. Schon diese enorme Gewichtszunahme beweist, daß der Hirsch jung war und noch nicht auf der Höhe seiner Geweihentwicklung stand. Soweit ich mich entsinne, war der »Fleischermeister« nach dem Gebiß acht Jahre alt. — Besser als jede Beschreibung zeigen die Bilder die außerordentliche Stärke des Geweihes (Abb. 166). Auch seine Maße und seine formelmäßige Bewertung seien hier wiedergegeben (siehe Tabelle Seite 303).

Natürlich hatte die Erlegung dieses »Sagenhirsches« sich schnell herumgesprochen — auch bis zu Göring. Er ließ das Geweih nach Rominten kommen und kurz darauf auch uns, den Oberstjägermeister und mich. Nun, die Vorwürfe, die er uns machte, waren nicht gerade sanft. Die Szene im Jägerhof Rominten, als er uns mürrisch in talarähnlichem Hausanzug empfing, steht noch deutlich vor mir. Sie entbehrte trotz seines zur Schau getragenen Unwillens nicht der Komik. Das half mir recht gut »über die Runden«. Innerlich lachend blieb ich völlig ruhig,

	Maße (cm)		Summe	mal	Punkte
Stangenlänge	rechts	114,0	233,0	1/4	58,32
	links	119,0			
Augsprosse	rechts	33,5	66,3	1/8	8,29
	links	32,8			
Mittelsprosse	rechts	40,0	80,5	1/8	10,06
	links	40,5			
Rosenumfang	rechts	27,0	53,8	1/2	26,90
	links	26,8			
Stangenumfang unten	rechts	18,8	71,6	1	71,60
	links	18,8			
Stangenumfang oben	rechts	17,0			
	links	17,0			
Gewicht (kg)	11,4			2	22,80
Endenzahl	10+10		20	1	20
Auslage (cm)	79,0 = 68% der durchschnittlichen Stangenlänge				1,00
»Schönheitspunkte«:	Eissprosse 2, Farbe 2, Perlung 2, Krone 10, Endenspitzen 2				18,00
				Gesamtpunktzahl	236,97

und es fiel mir nicht schwer, seine Vorwürfe, die uns die Schuld für die unrechtmäßige Erlegung des Kapitalen gaben, zu entkräften. Es war mein letztes Zusammentreffen mit Göring.

Noch zwei starker Hirsche, die im Jahre 1944 im Elchwald zur Strecke kamen, sei gedacht:

Ende September bat mich der Oberbefehlshaber der Heeresgruppe Mitte, Generaloberst Reinhardt, seinem Ia, dem Oberst von der Groeben, einen Hirsch freizugeben. Die Hirsche schrien schon nicht mehr gut. Nur ein Hirsch in meinem eigenen Forstamt stand noch in voller Brunft. Ihn hatte ich wegen seines zwar starken und langen, aber etwas leer wirkenden Geweihes selber schießen wollen, war aber, schon im Vorjahre, nie näher als etwa 300 m an den Hirsch herangekommen. Nun führte ich von der Groeben auf ihn. Wir hatten schon bei Dunkelheit die dem Einstand des Hirsches, den Jagen 224 und 225 der Revierförsterei Lucknojen, nächste Kanzel bezogen. Der Hirsch schrie gut, verließ aber nicht den Bestand. Endlich, es war schon heller Tag, zog er mit seinem schwachen Rudel auf einige 100 m über das Gestell in das Jagen 225. Nur ab und an noch tönte ein müder Schrei zu uns herüber. Der Oberst hatte nur diesen einen Morgen Zeit. So entschloß ich mich, den Hirsch mit ihm anzugehen. Auf einem Pirschsteig tasteten wir uns

Schritt für Schritt in dem mittelalten, mit etwas Unterholz und Vorwuchshorsten durchstellten Erlen-Eschen-Bestand vorwärts. Plötzlich stand wie hingezaubert ein Schmaltier vor uns auf dem Pirschsteig. Es sicherte zu uns hin und trollte, ohne zu schrecken, verhältnismäßig vertraut nach rechts. Ich bat den Oberst, sich fertig zu machen, und da schob sich auch schon auf knapp 100 Schritt der Hirsch, der wohl gesessen hatte, hinter einem Vorwuchshorst hervor. Zum ersten Mal hatte ich ihn so nahe, und mir verschlug es den Atem: ein alter Kapitalhirsch, dessen Geweih nur durch seine außerordentliche Länge so leer wirkte, zog da schwer, mit gesenktem Haupt aus der Deckung. Den Hirsch hätte ich mir als letzten im eigenen Revier gewünscht! Der Kampf mit dem »inneren Schweinehund« (wie Scherping zu sagen pflegte) war kurz. Ich bat G., zu schießen. Im Feuer brach der Kapitale zusammen. 124 und und 128 cm lang waren die starken Stangen des Vierzehnenders. Das Geweih wog trotz seiner gewaltigen Ausmaße nur etwas über 8,5 kg (Abb. 170).

Den letzten Kapitalhirsch erlegte ein junger Forstassessor, der als Fliegerhauptmann auf einem Flugplatz im Bereich des Forstamtes Klein-Naujock eingesetzt war. Der Forstmeister hatte ihm mit meiner Zustimmung einen Abschußhirsch freigegeben. Bei nebligem Wetter schoß er, angeblich einem Versehen zum Opfer fallend, statt dessen einen ungeraden Sechzehnender mit einem Geweihgewicht von 11 kg und einer Bewertungsziffer von 218 Punkten (Abb. 169). Ich schickte ihn mit dem Geweih zu Scherping, der es ihm in Anbetracht der Kriegslage beließ.

Der vielleicht stärkste Hirsch des Elchwaldes wurde nicht mehr von einem deutschen Jäger erlegt. Er brunftete südlich des Lenkhügeler Moosbruches im Forstamt Klein-Naujock. Nach Angabe des Revierförsters Scheffler wogen seine Abwurfstangen 11,8 kg! (Abb. 168).

In den letzten Monaten meines Wirkens im Elchwalde sah ich noch manchen Kapitalhirsch. Zum Schuß konnte ich mich nie entschließen, wenngleich das Ende dieses Jagdparadieses schon abzusehen war. Seit Jahren darauf abgestellt, nur notwendige Abschüsse vorzunehmen, mochte ich meinen Grundsatz auch zuletzt nicht durchbrechen.

Die kapitalen Rothirschgeweihe aus dem Elchwalde sind größtenteils vernichtet oder verschollen. Die Trophäe des »Kronleuchters«, die sich als einzige im Ostpreußischen Jagdmuseum zu Lüneburg befand, ist dem Brande von 1959 zum Opfer gefallen. Es wäre eine glückliche Fügung, wenn doch noch das eine oder andere dieser Kapitalgeweihe aus dem Dunkel auftauchte und im Ostpreußischen Jagdmuseum von dem Jagdrevier Zeugnis ablegen könnte, in dem wohl das stärkste deutsche Rotwild in freier Wildbahn seine Fährte zog.

Gestellt! Temperaskizze von D. v. Prokofieff

Austretendes Rehwild. Temperaskizze von D. v. Prokofieff

Das Damwild

Zur Geschichte

Wohl die meisten ostpreußischen Damwildbestände gingen auf einen Stamm, den Dönhoffstädter, zurück. Wahrscheinlich im Jahre 1664 hat Graf Reinhard zu Stolberg-Wernigerode auf seinem Dönhoffstädter Besitz (in einem 70 Morgen großen Gatter des Gutsparkes Groß-Wolfsdorf) das erste Damwild, zwei Hirsche und vier Stück Kahlwild – ein Geschenk des polnischen Königs Johann Kasimir – ausgesetzt. Aus diesem Tiergarten ist im 19. Jahrhundert mehrfach lebendes Damwild abgegeben worden, zum ersten Mal angeblich im Jahre 1831 an den Grafen Schlieben in Sanditten[1]. Nach 1848 wurde der Sanditter Bestand teils versprengt, teils vernichtet. In den Jahren 1857 bis 1863 führte man daher nochmals insgesamt 16 Stück Damwild aus Dönhoffstädt in Sanditten ein. Das Wild gedieh gut und vermehrte sich stark. Es breitete sich auch auf die Umgegend aus, vor allem nach Nordosten in die Oberförsterei Leipen und auch nach Süden in die Frischingforsten. In v. Hagen-Donners statistischem Werk »Die forstlichen Verhältnisse Preußens« ist in einer Wildbestandsnachweisung von 1865 für Leipen bereits ein Bestand von 6 Stück Damwild aufgeführt. Von Leipen aus besiedelte das Damwild, nach Norden und Osten vordringend, die Lehmreviere des Elchwaldes. 1925 hatten die Oberförstereien Gertlauken, Drusken, Neu-Sternberg, Alt-Sternberg sowie Papuschienen Damwildbestände, deren Höhe von Südwesten nach Nordosten abnahm. Leipen hatte damals mit über 400 Stück den höchsten Bestand. In Pfeil wurde um 1930 das erste Damwild (zunächst Hirsche) beobachtet; wenige Jahre später hatte es Klein-Naujock erreicht. Bei Gründung des Elchwaldes im Jahre 1938 betrug der Bestand in den Baumwaldrevieren nach den Meldungen der Forstämter etwa 600 Stück.

Eine ganz andere Herkunft hatte das Damwildvorkommen in den

[1] Der Sanditter Wald lag im nach Nordosten geöffneten Winkel, den Pregel und Deime bei Tapiau bilden, nur 5 km vom Südrand Leipens, vom Bezirk Köthen sogar nur 2 km entfernt.

Revierförstereien Nemonien und Marienbruch. Hier, in dem rund 2000 ha umfassenden Teil des eingedeichten und entwässerten Tawellningker Polders, der zur Oberförsterei Nemonien gehörte[1], hatte der Oberförster Schirmacher von 1924 bis 1927 Damwild verschiedener Herkunft eingebürgert. Insgesamt wurden eingeführt: 1924: 1 zweijähriger Spießer aus Ulm (Württemberg) und 1 einjähriges Kalb aus dem Baumwald; 1925: 1 beschlagenes Alttier aus einem Tierpark bei Leipzig und 1 »isabellenfarbiges« Schmaltier aus dem Leipziger Zoologischen Garten; 1926: 1 beschlagenes Alttier aus der Gegend von Guhrau in Schlesien; 1927: 2 beschlagene Tiere aus Mecklenburg. – Der Nemoniener Damwildbestand ging also – ähnlich wie das Rotwild des Elchwaldes – auf 5 bis 6 verschiedene Blutlinien zurück. – Bei den üppigen Äsungsverhältnissen (große, ertragreiche Kunstwiesen, eine reiche Strauch- und Krautflora sowie umfangreiche Weidenanpflanzungen) entwickelte sich das Wild sehr gut. 1938 betrug der Bestand annähernd 150 Stück. – Das Damwild scheint ungern zu rinnen, und im allgemeinen auch das Eis zu meiden. Jedenfalls breitete sich dieses von Flüssen und Kanälen begrenzte Inselvorkommen zunächst nicht aus. Erst in den letzten Jahren wurden einige Stücke auch außerhalb des Polders, ja sogar beim Durchrinnen des Seckenburger Kanals beobachtet.

Erscheinung und Verhalten

Das Damwild des Baumwaldes war, wie nach seiner Herkunft nicht anders zu erwarten, in Farbe, Stärke und Geweihbildung sehr einheitlich. Schwarze und, seltener, weiße Stücke kamen vor. Die Wildpretgewichte waren gut. Ein jagdbarer Schaufler wog 70, in der Feistzeit bis 80 kg; Alttiere hatten ein durchschnittliches Gewicht von 40, Schmaltiere von 30 und Kälber von 20 kg. Die Geweihe waren im allgemeinen schwach. In der Stärke der Stangen unbefriedigend, oft mit nach innen gekrümmten, schwachen Augsprossen und von mäßiger Schaufelbreite, erreichten die Trophäen auch alter Schaufler nur ganz selten ein Gewicht von 3 kg. Die Geweihe waren meistens recht porös; in der Brunft gab es oft Geweihbrüche.

Einen ganz anderen Eindruck machte das Nemoniener Damwild. Die Haarfarbe wechselte auffallend. Besonders hoch war der Anteil der

[1] Die Oberförsterei wurde 1927 aufgelöst; die genannten beiden Förstereien wurden Tawellningken zugelegt.

»schwarzen« (eigentlich schokoladenbraunen) Stücke; er mag etwa 20% betragen haben. Dieses einfarbig dunkle Wild paßte nach meinem Empfinden besser in unseren Wald als das braunrote mit seinen unruhig wirkenden weißen Tupfen. Ich hegte den Plan, in Nemonien das gefleckte Wild durch Abschuß zu Gunsten des dunklen zurückzudrängen. Auch weiße Stücke traten trotz konsequenten Abschusses immer wieder auf. Entsprechend seiner Abstammung bot das Nemoniener Wild also ein recht »buntes« Bild. Auch die Geweihe waren in ihrem Typ verschieden. Sie wurden aber fast durchweg sehr viel stärker als in den Lehmrevieren und zeichneten sich besonders durch starke Stangen und dicke Schaufeln aus; Geweih- und Schaufellänge waren gut, die Schaufelbreite nicht überragend. Auch die nach oben geschwungenen Augsprossen waren lang und stark. — Die Geweihe der in den letzten Jahren in Nemonien erlegten drei stärksten Schaufler hatten folgende Maße und Gewichte:

Durchschnittl. Stangenlänge	64,5 bis 65,5 cm
Durchschnittl. Augsprossenlänge	17,0 bis 17,5 cm
Durchschnittl. Schaufellänge	39,0 bis 43,0 cm
Durchschnittl. Schaufelbreite	14,4 bis 16,7 cm
Durchschnittl. Rosenumfang	19,4 bis 20,0 cm
Durchschnittl. Stangenumfang u.	10,9 bis 11,5 cm
Durchschnittl. Stangenumfang o.	11,7 bis 12,2 cm
Geweihgewicht	3,0 bis 3,5 kg

Gute Enden und weite Auslage.
Die Wertziffern betrugen nach Abzug der Fehlerpunkte: 174,2, 180,2 und 180,6.

Im Wildpretgewicht bestand zwischen den beiden Schlägen kein wesentlicher Unterschied. — Die Brunft begann Mitte Oktober. Dann bezogen die Schaufler ihre Brunftplätze, schlugen die Brunftkuhlen und begannen zu schreien. Feste, immer wieder bezogene Groß-Brunftplätze, auf denen mehrere Platzhirsche brunfteten und sich das Kahlwild der Umgebung zusammenzog, gab es im Elchwalde nur in Leipen. In den übrigen Revieren, auch in Tawellningken, wechselten die Brunftplätze häufiger, wenn auch gewisse Forstorte und Bestandespartien bevorzugt wurden. — Mit dem Elch- und Rotwild vertrug sich das Damwild gut. Bemerkenswert war seine Gesundheit und Härte; Winterverluste traten kaum ein.

Für die Äsungsverhältnisse gilt das bereits beim Rotwild Gesagte. Sie waren vorzüglich. Im Winter nahm das Damwild gern die Kronen gefällter Aspen an, äste Weiden und andere Weichhölzer, sowie Knospen und Zweige in den Laubholzschlägen. In Nemonien und Marienbruch wurde das Damwild im Winter gefüttert; in den Lehmrevieren suchte es regelmäßig die Rotwildfütterungen auf. Selbst zu den hohen Krippen mit Kraftfutter wußte es durch Aufrichten auf den Hinterläufen zu gelangen. Sogar zu den gegen Rotwild abgegatterten Schwarzwildkörnungen verschaffte es sich, auf der Seite liegend und sich mit den Läufen fortschnellend, durch den unten freigelassenen Raum Zugang.

Der Abschuß regelte die Bestandshöhe und entsprach im allgemeinen dem Zuwachs; nur in Gertlauken und besonders in Leipen mußte der Bestand vermindert werden. 1940 wurde der Abschuß des gesamten Damwildes der Lehmreviere angeordnet.

Der Nemoniener Bestand war mit 150 Stück trotz der hervorragenden Äsungsverhältnisse schon reichlich hoch; in den letzten Jahren betrug die Jahresstrecke hier über 40 Stück.

Die Abschußrichtlinien des Oberforstamtes lauteten:

»Für den Damwildabschuß, insbesondere für die Erlegung des Dam-Kahlwildes, gelten sinngemäß die für die Rotwildbejagung aufgestellten Regeln. Der Abschuß von Vollschauflern ist in Übereinstimmung mit den Richtlinien des Gaujägermeisters völlig untersagt. Von stärkeren Hirschen sind lediglich Schaufler mit ungleichem Schaufelpaar oder mit stark eingebuchteten Schaufeln, verkümmerter oder verbogener Augsprosse usw. zu schießen. Im übrigen verweise ich auf die Beachtung des Graf Kalnein'schen Merkblattes.«

Der Vergleich der beiden getrennten Damwildvorkommen bestärkte uns in der Meinung, daß die erheblichen Unterschiede in Stärke und Form der Geweihe erblich bedingt sein mußten. Die Äsungsverhältnisse in den Lehmrevieren waren denen im Tawellningker Polder gleichwertig. Für gute Winterfütterung war hier wie dort gesorgt. Der Abschuß wurde nach den gleichen Richtlinien durchgeführt. Aber nie erreichten die Geweihe der Baumwald-Schaufler die Nemoniener an Stärke und edler Form. Das legte den Gedanken einer Blutauffrischung in den Lehmrevieren nahe. Die Erfahrung lehrt, daß eine Zuführung von Wild zum Zwecke der Aufartung nur dann Erfolg verspricht, wenn sie in ausreichender Höhe vorgenommen wird. Es wurde beschlossen, in zwei Forstämtern, Gertlauken und Pfeil, Damwild aus Liebenberg und aus Holstein einzuführen und solange in großen Eingewöhnungsgattern zu halten, bis es den heimischen Bestand, dessen Gesamtabschuß betrieben wurde, an Zahl erreichte oder womöglich übertraf. (Ein Abschuß des bodenständigen Wildes bis auf das letzte Stück war bei unseren Revierverhältnissen fast unmöglich!) Das Liebenberger Wild (1 Spießer, 4 Alttiere, 2 Schmaltiere, 2 Kälber) war bereits im Februar 1941 in ein 40 ha großes Gatter in den Jagen 141, 142 des Forstamtes Gertlauken ausgesetzt und hatte sich bis 1944 auf 33 Stück vermehrt[1]. Kurz vor dem Einmarsch der Russen wurde das Gatter geöffnet. Das für Pfeil bestimmte Holsteiner Wild konnte aus kriegsbedingten Gründen nicht mehr geliefert werden.

Ich bin überzeugt, daß dieser großangelegte Aufartungsversuch Erfolg gehabt hätte, wenn es möglich gewesen wäre, ihn zu Ende zu führen.

Jagd

Wenn man das Damwild nur als halbzahmes Parkwild kennt, ist man geneigt, etwas verächtlich von ihm und seiner Bejagung zu denken. Auch ich neigte zunächst zu diesem Standpunkt; aber ich habe schnell umgelernt. In freier Wildbahn, namentlich in so großen zusammenhängenden Waldgebieten wie dem Elchwald, ist das Damwild heimlich, scheu und sehr unstet, die »Zigeuner« unter dem Schalenwilde. Die Brunft spielte sich bei uns fast nur im dichten Bestande ab, und es war meist schwieriger, den von seinem Rudel gedeckten Platzschaufler anzugehen, als den brunftenden Rothirsch. Nur einmal gelang es mir, ein Brunftrudel bei Büchsenlicht noch auf der Wiese abzufassen. Meist zog das Damwild noch vor Tage in den Bestand und brunftete dort weiter. In den undurchsichtigen Erlenstangenhölzern von Marienbruch und Nemonien, deren Boden mit trockenem Geäst übersät war, in denen Buschwerk und mannshoher Krautwuchs die Sicht nahmen und Brennesseln das Pirschen erschwerten, war es schon eine Leistung, sich an das Rudel heranzuarbeiten.

Meinen stärksten Schaufler erlegte ich 1941 in Marienbruch. Die langen Schaufeln des kapitalen Geweihs waren verhältnismäßig schmal, aber dick und kantig wie ein Brett, die Stangen und Rosen so stark wie die eines geringen Rothirsches: eine wahrhaft knuffige Trophäe! — Mein nächstbester Schaufler (Abb. 171) wäre in der Geweihbewertung

[1] 9 Hirsche, 13 Alttiere, 4 Schmaltiere, 7 Kälber. Das Liebenberger Wild war an Wildpret übrigens wesentlich schwächer als das einheimische.

noch höher gekommen. Seine Schaufeln waren wesentlich breiter. Ihm fehlte aber rechts die Augsprosse (nicht abgebrochen!). Ich erlegte ihn, als er mit seinem Rudel im ersten Büchsenlicht von der Wiese am Jungfernwerder zu Holze zog. Beim Aufbrechen kreiste ein Kolkrabenpaar über mir. Ich zog den Hirsch in einen Busch und verblendete ihn gut. Als er nach etwa einer Stunde vom Wagen geholt wurde, hatten die Schwarzen sich dennoch schon ihren Anteil aus einer Keule geholt.

Auch im Bestande bin ich manchen Schaufler angegangen: Es waren die schwierigsten Pirschen.

Der Kahlwildabschuß im Winter war einfacher, zumal die Rudel sich gut anfahren ließen. Auch auf Drückjagden wurde Damwild geschossen — oft auch vorbei: Der Schuß auf das flüchtige Wild mit seiner wellenförmigen Fortbewegung, seinen unvermuteten »Bocksprüngen« und dem unberechenbaren Tempowechsel ist schwierig.

Trotz seiner etwas »eckigen« Bewegungen, seiner Unruhe und des dauernd schlagenden Wedels paßte das Damwild recht gut in unsere Reviere.

Zwei Vorzüge zeichneten es besonders aus: Das Damwild lieferte ein vorzügliches Wildpret und — hohe Jagdgäste schossen ihre Damschaufler lieber unter einfacheren Verhältnissen.

Das Schwarzwild

Geschichtliches

Solange Ostpreußens Wälder noch natürliche Verhältnisse und einen großen Reichtum an masttragenden Eichen aufwiesen, war das Schwarzwild, besonders in der Großen Wildnis, noch reichlich vertreten. Das beweist am besten die gewaltige Strecke von 4935 Sauen des Kurfürsten Johann Sigismund in den sieben Jahren von 1612 bis 1618. Mit der fortschreitenden Rodung des Waldes und der Ausplünderung der Eichenbestände durch das »Budenwerk« ging der Schwarzwildbestand im 17. Jahrhundert zurück. Die Sauen wurden unstet und wechselten die Reviere je nach Einstandsverhältnissen und Fraß. Der Ausfall der Mast war für ihr Gedeihen ausschlaggebend: »Wilde Schweine, nach deme die Mast gerät«, heißt es in einer Waldbeschreibung von 1651. In günstigen Jahren vermehrte sich das Schwarzwild so stark, daß es schwere Schäden auf den Feldern anrichtete und Bauern und Gutsbesitzer Klage bei der Regierung führten. Dann wurden die Forstbeamten zur Bekämpfung der Sauen angehalten. So heißt es im Ragniter Protokoll vom 4. August 1723, in dem Entscheidungen Friedrich Wilhelms I. niedergelegt waren: »Die Sauen sollen allenthalben in denen Wäldern von denen Forst-Bedienten geschossen und nicht geschonet werden, weil selbige in dem Getreyde denen Unterthanen, sonderlich in denen Lithauischen Ämbtern, viel Schaden thun.« — Morgenländer gibt in seinen Forstbeschreibungen von 1780 Schwarzwild in den meisten Forstberitten lediglich als Wechselwild an. Standwild sei es nur in 16 Beritten, darunter Pöppeln, Sternberg und Schnecken. Trotzdem hörten die Klagen über Schäden des Schwarzwildes auf den Feldern nicht auf. Es wurde rücksichtslos verfolgt und ging in der zweiten Hälfte des 19. Jahrhunderts so zurück, daß es außer in der Rominter Heide in ganz Ostpreußen schließlich nur noch seltenes Wechselwild war. 1885/86 betrug die gesamte Jahresstrecke an Schwarzwild in Ostpreußen nur noch 118 Stück[1].

[1] 1936/37 wurden in der Provinz 1522 Stück erlegt.

Auch in den Elchwaldrevieren waren von Anfang des 19. Jahrhunderts an die Sauen nur noch Wechselwild. In den siebziger Jahren, also etwa 15 Jahre nach dem großen Nonnenfraß von 1857, sollen nach Erzählungen eines mir bekannten alten Herrn in der »Pöppelnschen Forst« Sauen einige Jahre Standwild gewesen sein. Wahrscheinlich hatten die großen Dickungen, die durch Aufforstung entstanden waren, sie angelockt. Danach gab es 50 Jahre lang kein Schwarzwild im Baumwalde.

Erst 1921 wurde in Gertlauken eine durchwechselnde einzelne Sau gefährtet. Ich selbst sah im Sommer 1927 bei einer Revierfahrt am frühen Morgen auf dem Mäffert-Gestell in Juwendt das erste Stück Schwarzwild. Als ich das meinem Nachbarn Bansi in Klein-Naujock erzählte, bemerkte er spitz, ich hätte wohl vorher etwas über den Durst getrunken. Aber im Herbst des gleichen Jahres wurden auch in seinem Revier zwei Überläufer, wahrscheinlich Bachen, beobachtet. Dann nahmen die Sauen sehr schnell von unsern, nach der Nonnenkalamität von 1910 an Fichtendickungen reichen, Revieren Besitz. Wir beschlossen, sie »freundlich zu behandeln«. So konnte sich das Schwarzwild ungestört entwickeln. 1929/30 fanden die ersten kleinen Saujagden statt, und ich schoß — mit 39° Fieber dem Bette entflohen — 1½ km vom Hause entfernt die erste Sau.

Inzwischen hatte Oberförster Geißel in Alt-Sternberg von seinem nach Lichtefleck (Neumark) versetzten Vorgänger, Oberförster Müller, im Jahre 1928 zwei Frischlinge (Keiler und Bache) zum Geschenk erhalten. Sie wurden bis zum nächsten Frühjahr in einem kleinen Gatter auf dem Hofe der Oberförsterei gehalten und dann in die Freiheit entlassen. Geißel fütterte seine handzahmen Lieblinge noch lange Zeit im Walde. 1930 führte die Bache acht Frischlinge.

Von Westen (Pfeil und Klein-Naujock) und Osten (Alt-Sternberg) besiedelten nun die Sauen in wenigen Jahren den gesamten Baumwald. Anfängliche Schonung (und zunächst wohl auch mangelhafte Schießkunst!) ließen den Bestand schnell anwachsen. Er mag in den letzten Jahren die Höhe von etwa 500 Stück gehabt haben. Der Jahresabschuß in den Staatsrevieren betrug 300 bis 400 Stück; auch auf den angrenzenden Feldmarken wurden beachtliche Strecken erzielt.

Heimfahrt
nach der Jagd

Ölgemälde von
D. v. Prokofieff

Hege, Schadensverhütung und Abschußregelung

Die Sauen, unser letztes wehrhaftes Wild, waren uns Jägern im Elchwalde eine hochwillkommene Bereicherung der Wildbahn. Im Walde sind sie ja auch, ganz abgesehen von den jagdlichen Freuden, die sie bereiten, durch Vertilgung von schädlichen Insekten und Mäusen, durch gründliche »Bodenbearbeitung« und Unterstützung der Naturverjüngung fast nur von Nutzen. Unsere Reviere grenzten aber an Feldmarken mit fast ausschließlich bäuerlichem Besitz, und hier waren Schäden und Beschwerden zu erwarten.

Nun waren die zusammenhängenden Waldflächen ja recht groß, und Pflanzen- und Tierwelt boten reichen Fraß. Trotzdem drängten die Sauen zu Zeiten auf die Felder. Da war es unser Bestreben, den Schwarzkitteln im Walde den Tisch zu decken. Wir legten Wildäcker an und körnten auch in den Gefahrenzeiten. Auf den — meistens, zunächst persönlich, später als Schutzjagden vom Staat angepachteten — Nachbarfeldjagden wurde auch allerlei zur Abwehr getan; insbesondere schossen wir hin und wieder einen Frischling aus den zu Schaden gehenden Rotten. Die Schäden wurden großzügig, jedoch unter Zurückweisung überhöhter Forderungen, ersetzt. Ich habe in den ersten Jahren meines Dienstes in Pfeil, als ich die Nachbarjagden noch selbst gepachtet hatte, immer einen erheblichen Teil meiner Kartoffelernte und manchen Zentner Getreide in natura an die Geschädigten abgeliefert. Im allgemeinen blieben die Schäden aber doch in erträglichen Grenzen. Außer der Anlage von festen Wildäckern wurde vor Neuansaat von Wiesen häufig Hülsenfruchtgemenge als Vorfrucht angebaut. Nicht zur Holzabfuhr benötigte Gestelle und Randstreifen von Wiesen bestellten wir mit Kartoffeln und Topinambur. Alle Wildackerflächen, manchmal auch der Vorfruchtanbau, wurden, gewöhnlich mit Hordenzaun, eingegattert. In »Gefahrenzeiten« gaben wir dann die Wildäcker nacheinander frei. Topinambur wurde übrigens zunächst verschmäht; nur die Blätter wurden von Rot- und Rehwild angenommen. Erst als ich die Knollen vermischt mit Kartoffeln auf die Körnungen schütten und ihren Anteil allmählich steigern ließ, kamen die Sauen »auf den Geschmack«. Später konnten wir Topinambur nur im Zaun zur Knollenreife bringen. Im Winter wurden Kartoffeln, Rüben und Mais gefüttert. Freunde und getreue Nachbarn aus der Landwirtschaft halfen mit angefaulten Kartoffeln und sonstigen Abfällen. Auch die Abdecker der Umgegend waren hilfreich: Wir konnten manchen ausgedienten Gaul für wenig Geld und gegen Ablieferung des Felles erwerben. Die Pferde wurden dann im Walde erschossen, und die Sauen machten schnell

»reinen Tisch«; es blieben nur Laufknochen, Wirbelsäule und Schädel zurück. Auch Fallwild und Aufbrüche bedeuteten eine Aufbesserung ihrer »Speisekarte«. In den Brüchen konnten die Sauen meist auch im Winter nach Bodenmast brechen. Not haben sie selten gelitten.

Unter diesen Verhältnissen war es kein Wunder, daß unser Schwarzwild stark war und hohe Gewichte erreichte. Frühe Frischlinge wogen bei Beginn des Winters 40 bis 55, Überläufer 60 bis 80, alte Bachen 70 bis 120 kg. Keiler von 100 bis 150 kg[1] waren nicht selten. Der meines Wissens schwerste Basse wurde in der an das Forstamt Papuschienen angrenzenden Feldmark Weidlacken geschossen; er wog 219,5 kg. Im Forstamt selbst kam 1939 ein 175 kg schwerer Keiler zur Strecke[2].

Dem Ziele, unser Schwarzwild stark zu erhalten und grobe Sauen und hauende Schweine heranwachsen zu lassen, diente die Art des im Elchwald durchgeführten Abschusses. Die vom Oberforstamt hierfür gegebenen Richtlinien lauteten:

»Der Abschuß von Schwarzwild ist zur Verminderung des Wildschadens in der Landwirtschaft in dem erforderlichen Maße durchzuführen und soll sich vorwiegend auf Frischlinge, Überläufer und nicht führende Bachen erstrecken. Hierbei ist grundsätzlich auf das schwächste Stück der Rotte zu schießen. Der Abschuß von mittelstarken Keilern ist untersagt. Besonderer Wert ist auf die Ausmerzung spät frischender Bachen und der spät gefrischten oder früh verwaisten Frischlinge zu legen.«

Darüber hinaus bewährte sich in Pfeil die Regelung, daß für die Einzeljagd jährlich nur drei starke Keiler freigegeben wurden. Meiner Erinnerung nach wurde dieser Abschuß aber fast nie voll erfüllt. Die geschilderte Abschußregelung hatte den Erfolg, daß die Keiler alt wurden und zu »hauenden Schweinen« heranwuchsen (Abb. 172).

Jagd

Bejagt wurden die Schwarzkittel auf der Pirsch, auf Ansitz und auf Treibjagden.

Die Pirsch war im Sommer besonders frühmorgens oder abends an den Feldrändern und im Winter zur Rauschzeit erfolgversprechend. Ansitz am Waldrande oder an gefährdeten Feldern diente der Ver-

[1] Vor der Rauschzeit.

[2] Gewicht und Alter der Sauen entsprechen einander übrigens durchaus nicht immer. Es gibt stark- und geringwüchsige Stücke und »Familien«. Mein ältester Keiler wog (am Ende der Rauschzeit) 90 kg, der schwerste Überläuferkeiler hatte dasselbe Gewicht.

hütung von Wildschaden und der Beruhigung aufgebrachter »Gemüter«. Auch zur Rauschzeit war das Passen in der Nähe der Saudickungen aussichtsreich. Am Luder und an abgeernteten Kartoffeläckern konnte man im Herbst und Winter gleichfalls zu Schuß kommen. Auf Revierfahrten und Pirschgängen traf man oft mit Sauen zusammen. Ja sogar beim Blatten stand mir einmal ein Überläuferkeiler zu. Meinen stärksten Keiler schoß ich bei einer Revierfahrt mit Oberforstmeister Scharffetter in Gertlauken. Sein starkes Gewaff ist die einzige gerettete Trophäe aus der alten Heimat. Mit 125,5 Punkten wurden seine Waffen auf der Internationalen Jagdausstellung in Düsseldorf 1954 bewertet; sie erhielten die Goldmedaille und als stärkste ostdeutsche Keilerwaffen den Silberschild (Abb. 173).

Die meisten Sauen aber wurden nicht auf der Einzeljagd, sondern im Winter bei Gesellschaftsjagden erlegt. Nach einer Neuen wurde in allen Revieren gekreist, und oft fielen die Jagden mehrerer Forstämter auf einen Tag. Über Mangel an Einladungen hatte ich mich — auch vor der Gründung des Elchwaldes — nicht zu beklagen. Das hatte ich meinem »Lump« zu verdanken, einem Foxterrier, der hervorragend an Sauen jagte und wegen seiner Leistungen überall bekannt und begehrt war.

Auf den ersten Saujagden wurde erbärmlich schlecht geschossen; der Kugelschuß auf flüchtiges Wild war zu ungewohnt. Ich entsinne mich der ersten größeren Saujagd in Pfeil. Im Dickungsjagen 97 der Försterei Szerszantinnen waren zwei starke Rotten fest. Außer den Forstbeamten erschienen auf meine Einladung zahlreiche Jäger der Umgegend. Das Treiben klappte vorzüglich, Treibergeschrei und Hundeball sprengten schnell die Rotten. Die Sauen, die die Bejagung ja noch nicht kannten, verließen flüchtig und meist einzeln den »Ort des Schreckens«. Dann knallte es auf allen Fronten; der Anzahl der Schüsse erinnere ich mich nicht, sie war aber sehr hoch. Und das Ergebnis dieser Kanonade: keine Borste! Gottlob war auch kein Stück krankgeschossen. Dann haben wir bei unsern 14tägigen Scheibenschießen fleißig auf die Keiler-Laufscheibe geübt, und allmählich wurden die Ergebnisse besser. Geladenen Gästen, hauptsächlich Gutsbesitzern, die oft gute Schrotschützen waren, den Kugelschuß auf flüchtiges Wild aber nicht beherrschten (sie hielten meist zu stark vor!), riet ich mehrfach, ihr gewohntes Schrotgewehr zur Saujagd mitzubringen und mit Flintenlaufgeschossen zu schießen. Dann klappte es auch wesentlich besser. Natürlich waren die Einladungen sehr begehrt. Was konnte es auch Herrlicheres geben als eine Saujagd im tiefverschneiten Wald, wenn das Geläute aufklang, die aufgeregten Rufe der Treiber und der sich nähernde Ball der Hunde die Spannung fieberhaft hochschnellen ließen?!

Nach 1938 wurden jährlich auch einige große Gästejagden veranstaltet, in Pfeil vornehmlich auf Sauen, in anderen Revieren, wie Alt-Sternberg, Neu-Sternberg und Drusken, auch auf Rot- und Damwild.

Neben Körnungen in und an den Dickungen der für große Jagden vorgesehenen Treiben bewährte sich zum Heimischmachen des Schwarzwildes die Anlage von »Sauställen«, Schutzhütten in Dachreuterform, die mit Gras oder Fichtenreisig eingedeckt und am Boden mit Einstreu versehen wurden.

Die großen Jagden[1] mußten gut vorbereitet werden. Um ein vorheriges Kreisen zu ermöglichen, ließen wir, wenn nicht zufällig eine Neue fiel, am Tage vorher die Fährten ausfegen. Mit einer an den Revierschlitten quer zur Fahrtrichtung befestigten Fichte war das einfach und schnell zu bewerkstelligen. Bei sehr hoher Schneelage ließen wir über die die Treiben begrenzenden Gestelle auch den Schneepflug gehen. Bei der Jagd wurden Jäger und Treiber mit Schlitten zu den Treiben, meistens auch an die Stände gefahren und von dort wieder abgeholt. Wir machten nur wenige große, zwei bis sechs Jagen mit einer Fläche von 50 bis 160 ha umfassende, Treiben. Die Schützenstände waren gut vorbereitet; wo erforderlich, waren schmale Sichtschneisen, sogenannte »Krähenfüße«, angelegt. In Pfeil ließ ich über den Jagdverlauf genaue Aufzeichnungen machen; auf Kartenskizzen wurden die Stände, der Ablauf des Treibens, die Wechsel des Wildes und die gestreckten Stücke eingezeichnet. So bekam man bald einen guten Überblick und sammelte Erfahrungen für die Anlage späterer Jagden.

Laut und mit Meute wurde natürlich nur auf Sauen gejagt. Hierbei mußte manche Dickung innerhalb des Treibens hin und zurück getrieben oder auch »gekämmt«[2] werden, bis es gelang, die sich beharrlich drückenden Schwarzkittel vor die Jäger zu bringen.

Zu diesen Gästejagden im Januar kamen Scherping und Nüßlein aus Berlin, und es wurden die Spitzen von Verwaltung und Wehrmacht geladen.

Im allgemeinen liefen die Jagden »wie am Schnürchen« ab, und es gab keine unnötigen Aufenthalte. Für Nachsuchen standen Forstbeamte mit guten Hunden bereit. Die beste Tagesstrecke in Pfeil, der ich mich entsinne, betrug 26 Stück: 16 Sauen, 2 Damknieper, 2 Stück Damkahlwild, 3 Stück Rotwild und 3 Füchse. Dieses Ergebnis wurde aber durch eine von den Forstämtern Drusken und Neu-Sternberg gemeinsam ver-

[1] Sie fanden meist im Januar statt, zu einer Zeit, da fast immer eine Schneedecke lag.

[2] Beim »Kämmen« wird die Treiberwehr geteilt und geht die Dickung gegeneinander durch.

anstaltete Jagd weit in den Schatten gestellt, bei der in fünf Treiben 49 Stück, zum größeren Teil Rotwild, erlegt wurden.

Man kann gegen solche Gesellschaftsjagden, wenn sie auch Rot- und Damwild gelten, allerlei einwenden. Ihr Erfolg, auch für die Erfüllung des Hegeabschusses, hängt eben von der Art der Durchführung und von dem Können der Jagdteilnehmer ab. Ein herrliches Erlebnis waren sie in unseren tiefverschneiten, urwüchsigen Wäldern wohl immer.

Das Rehwild

Seit die Elchwaldreviere reich mit Hochwild besetzt waren, spielte das Rehwild keine so bedeutende Rolle mehr, wie etwa bis zum ersten Weltkriege, da es außer einem verhältnismäßig geringen Elchbestand in den nördlichen Revieren und dem Damwild in Leipen und Gertlauken das einzige Schalenwild war.

Geschichtliches und Bestandsentwicklung

Das Rehwild, das in großen zusammenhängenden Waldgebieten mit erheblichen Hoch- und Raubwildbeständen im allgemeinen nur in geringer Zahl vertreten ist, war zur Ordenszeit im Großen Baumwalde und in den Niederungsrevieren sicherlich ausgesprochen selten. Im 17. und 18. Jahrhundert gingen die Bestände durch Wilderei, Kriege und Wolfsplage in ganz Ostpreußen dauernd zurück; erst mit den Reformen der Land- und Forstwirtschaft im 19. Jahrhundert hob sich der Rehwildbestand. In den statistischen Übersichten der Preußischen Staatsforstverwaltung aus der zweiten Hälfte des vorigen Jahrhunderts sind Wildbestandsangaben der Oberförstereien enthalten. Danach betrug der Rehwildbestand in den Revieren des späteren Elchwaldes ohne Rossitten und den südlichen Teil Papuschienens:

1865	rund	1150	Stück
1881	rund	1300	Stück
1893	rund	3100	Stück.

Vor dem ersten Weltkriege dürfte er nach den wenigstens für einige Reviere vorliegenden Zahlen annähernd 6000 Stück betragen haben.

Mit der Ausbreitung des Rotwildes nach 1918 nahm das Rehwild, besonders in den südlichen Revieren des Baumwaldes, an Zahl bedeutend ab. So hatten die Oberförstereien Drusken, Papuschienen und Leipen 1913/14 noch einen Rehwildbestand von zusammen über 2000 Stück; vor dem zweiten Weltkriege war er auf 660 Stück, also $^1/_3$, zurückgegangen. Auch in Gertlauken, Neu-Sternberg und Alt-Sternberg war ein wesentlicher Rückgang festzustellen. Lediglich in den nördlichen Revieren, Pfeil, Klein-Naujock, Tawellningken, Ibenhorst und auch Rossitten, die entweder keinen oder doch einen geringeren Rotwildbestand hatten, stand noch viel Rehwild. Zum Teil hatte es sich hier infolge von Vorflutverbesserungen, Eindeichungen und Anlagen von großen Wiesenflächen sogar erheblich vermehrt. Im ganzen Elchwald betrug der Bestand in den letzten Jahren nach den Meldungen der Forstämter rund 5000, der Abschuß etwa 1000 Stück Rehwild. Den höchsten Bestand mit etwa 10 Stück auf 100 ha hatte das Forstamt Pfeil, das mit seinen vielen Wiesen, Äckern und Hochmooren sowie mit rund 6000 ha angepachteten Feldjagden dem Rehwild günstigste Lebensbedingungen bot.

Erscheinung, Verhalten, Gefahren und Krankheiten

Wenn das Rehwild Ostpreußens infolge des Fehlens des starken Raubwildes und der darauf zurückzuführenden hohen Wilddichte im Laufe der Jahrhunderte auch erheblich schwächer geworden war, so übertraf es das westdeutsche Rehwild doch an Stärke. Das Durchschnittsgewicht des jagdbaren Bockes mag bei 18 kg gelegen haben, während es für das vergangene Jahrhundert von K. v. Hippel mit 20 kg angegeben wird. Böcke mit einem Gewicht von über 25 kg kamen jedoch, auch im Elchwalde, immer noch vor.

Der Gewichtsrückgang wäre sicherlich noch schneller vor sich gegangen, wenn nicht die harten Winter unerbittliche Auslese gehalten hätten. Der Jäger war, gerade in unseren an Deckung überreichen Revieren, nicht in der Lage, auch nur annähernd alles schwache und lebensuntüchtige Rehwild abzuschießen. Da waren die strengen Winter, denen 30, 50, ja 70% des Rehwildbestandes zum Opfer fielen, zwar grausam, aber der Erhaltung seiner Stärke und Gesundheit dienlich. Die höchsten Durchschnittsgewichte und auch die stärksten Trophäen hatten wir fast immer im zweiten oder dritten Jahre nach Wintern mit hohen Fallwildzahlen.

Die Gehörne unserer Böcke waren gut, wenn sie auch nicht zur ostpreußischen Spitzenklasse gehörten. Trophäen mit 300 bis 400 g Gewicht waren im Elchwalde schon als stark zu bezeichnen. In den Revieren mit hohem Rotwildbestand ging übrigens das Rehwild nicht nur zahlenmäßig zurück, auch die Trophäenstärke ließ nach.

Im Erscheinungsbild unseres Rehwildes hoben sich zwei Schläge deutlich voneinander ab: ein etwas »zierlicherer« mit verhältnismäßig kurzem Schädel, auffallend kurzen und schmalen Nasenbeinen (»Näschen«), dunklen, stark geperlten, gut vereckten und edelgeformten Gehörnen, die aber kein hohes spezifisches Gewicht hatten (Abb. 175); daneben kam ein »schwerer« Schlag vor mit langem Schädel, langen und breiten Nasenbeinen und mit meist helleren, starken aber wenig geperlten und mäßig vereckten Stangen; sie hatten oft eine besonders große Auslage (Abb. 174). Zwischen diesen beiden Extremen gab es natürlich viele Übergänge.

So standortstreu das Rehwild im Sommer war — der Bock verließ seinen »Herrschaftsbereich« selbst in der Brunft nur gegen ihr Ende —, im Winter stellte es sich auf der Suche nach Äsung und geschütztem Einstand um und tat sich an günstigen Orten, so auf den besonders beliebten Hochmooren, zu Sprüngen zusammen. In den Bruchwaldrevieren fanden, ähnlich wie beim Elchwild, alljährlich richtige Wanderungen statt: im Herbst verließ das Rehwild die der Überschwemmung ausgesetzten Revierteile, um im Frühjahr nach Ablaufen des Hochwassers wieder dorthin zurückzuwechseln. Unzeitige Überschwemmungen brachten in den Niederwaldungen aber immer Verluste, wenn sie auch infolge der zum Schutz des Elchwildes getroffenen Vorkehrungen längst nicht mehr so hoch waren wie etwa im vorigen Jahrhundert, da bei Hochwasserkatastrophen der größte Teil des Rehwildes vernichtet wurde. Strenge Winter brachten dem Rehwild trotz aller menschlichen Hilfe, wie Schneepflügen und Füttern, große Verluste; ihre auslesende Wirkung war aber unverkennbar; nur starkes Wild konnte überleben. Gesundheitliche Schäden, vor allem ein starker Parasitenbefall, traten in nassen Jahren ein; vornehmlich Lungenwurmerkrankungen waren dann häufig. Die Natur glich solche Schädigungen aber immer wieder aus.

Der Schaden, den das Rehwild im Wald verursachte, war bei den günstigen Äsungsverhältnissen trotz des in einigen Revieren sehr starken Besatzes unbedeutend. Lediglich bei Naturverjüngungen, vor allen Dingen der Eiche, konnte der Verbiß, bei Pflanzungen der Fegeschaden unangenehm werden.

Rotwild im Treiben. Temperaskizze von D. v. Prokofieff

Was die Äsungsverhältnisse anlangt, so gilt das bei den anderen Schalenwildarten Gesagte. Sie waren sehr günstig, und vorgenommene Verbesserungen kamen auch dem Rehwilde zugute. Im Winter war bei der oft sehr hohen Schneelage besonders das Schneepflügen zum Freilegen von Äsungspflanzen und zur Erleichterung des Umherziehens von großer Wichtigkeit.

Wesentliche Bedeutung für die Erhaltung von Gesundheit und Stärke unseres Rehwildes hatte der Wahlabschuß.

Über die »Aufartung« des Rehwildes ist in den letzten Jahren so viel und soviel Gegensätzliches geschrieben worden, daß ich mich kurz fassen möchte. Das stärkste Rehwild und die besten Gehörne hatten wir in Ostpreußen, als die Wilddichte noch wesentlich geringer war, als das große Raubwild rücksichtslos alles Schwache ausmerzte und — als es noch keine Überbewertung der Trophäe gab. Sehr viele Träger kapitalster Kronen sind im vorigen Jahrhundert, aber auch noch in den beiden ersten Jahrzehnten des unsrigen, auf Treibjagden mit Schrot erlegt worden. Gewiß nicht schön für unser heutiges Empfinden! Allmählich setzte sich der Kugelschuß durch, und es begann die »Trophäenjagd«. Es galt lange Jahrzehnte als unwaidmännisch, einen Bock zu schießen, der nicht ein Sechsergehörn trug. Noch spukte wohl immer die Altumsche Theorie in den Köpfen der Jäger, daß der Bock mit einem Jahre Spießer, mit zwei Jahren Gabler und mit drei Jahren Sechser sei — danach machte der Rehbock mit der »Zunahme um ein Ende je Jahr« allerdings nicht mehr mit. So blieben die, angeblich jungen, Böcke mit schwachen Gehörnen am Leben; und diese durch Jahrzehnte betriebene Gegenauslese hat sicherlich ebensowenig zur Verbesserung der Gehörnbildung beigetragen wie die Vernachlässigung oder Unterlassung des verpönten Rickenabschusses und das damit verbundene Anwachsen der Bestände.

Hätte das harte ostpreußische Klima nicht für die Regulierung der Bestandeshöhe und für die Ausmerzung des Schwachen gesorgt, so hätte auch bei uns das Rehwild schon sehr viel mehr von seiner Stärke eingebüßt.

Wir haben im Elchwald durch strengen Wahlabschuß versucht, die Stärke unseres Rehwildes und die Güte der Trophäen zu verbessern. Mehr als vielleicht eine Anhebung des Durchschnitts ist uns nicht gelungen. Die im Oberforstamt für das Rehwild geltenden Abschußrichtlinien lauteten:

A. *Hegeziel* ist ein Rehwildbestand im Geschlechterverhältnis 1:1 bis 1:1½ mit Böcken, deren Kronen starke, hohe, breitausgelegte, möglichst geschweifte Stangen mit langen Enden, guten Rosen und starken, hinaufgehenden Perlen haben.

B. *Einteilung der Böcke nach dem Hegeziel und der Stärke der Kronen*

I. Starke (jagdbare) Böcke

a) gute Böcke, die dem Hegeziel entsprechen, und zwar

1. noch nicht auf der Höhe der Entwicklung stehende (starke) Zukunftsböcke,
2. auf der Höhe der Kraft stehende,
3. zurücksetzende Böcke mit noch guter Gehörnbildung,

b) starke Abschußböcke, d. h. Böcke, die wegen irgend eines Fehlers oder Mangels im Kronenbau dem Hegeziel nicht entsprechen.

II. Geringe Böcke

a) fehlerfreie junge Zukunftsböcke,

b) abschußnotwendige Böcke sind vor allem: einjährige und ältere Knopfböcke, Korkenzieher, zweijährige und ältere Spießer, zweijährige Gabelböcke (wenn sie nicht besonders stark sind oder gute Formveranlagung haben) und alle älteren Gabelböcke, alle dreijährigen und älteren schwachen Sechser, alle besonders stark enggestellten oder sonst nach der Gehörnform nicht vererbungswürdigen Böcke, zumal wenn sie vom 2. Kopf an ungeperlt sind.

Die Abgrenzung zwischen jagdbaren und geringen Böcken bleibt den Jagdleitern überlassen.

Geringe Abschußböcke sind im allgemeinen den Beamten unbegrenzt freizugeben; bei offensichtlich falschem Abschuß bleibt es den Jagdleitern unbenommen, den Erlegern den weiteren Abschuß zu sperren. Die erbeuteten Trophäen sind bei der nächsten sich bietenden Gelegenheit den Jagdleitern vorzulegen. Besondere Vorsicht ist bei dem Abschuß der im Juni bis Mitte Juli noch nicht gefegten normalen Spießböcke, Gabelböcke und Sechser vom 1. Kopf geboten (Jährlinge!). Hiervon dürfen nur die kranken Stücke geschossen werden.

An starken Böcken sind unter Ia, 1 und an geringen Böcken die unter IIa genannten unbedingt zu schonen. Die unter Ia, 2 und 3 genannten starken Böcke sind erst gegen Ende der Blattzeit (1. August) nach dem Abschußplan an die Beamten zu verteilen und zum Abschuß vom Jagdleiter freizugeben.

III. Rickenabschuß

Der Abschuß an weiblichem Rehwild ist vor allem durch die Erlegung aller an Wildpret schwachen und aller kranken Stücke durchzuführen. Hierbei kommen in erster Linie schwache führende Ricken mit schwachen, unter Umständen auch noch spät gesetzten Kitzen in Frage, wobei selbstverständlich die Kitze zuerst zu erlegen sind. An Schmalrehen und

Kitzen sind nur die wirklich schwachen Stücke zu schießen. Der bisher mancherorts vorwiegend auf die Schmalrehe gelegte Abschuß ist falsch. Er führt zur Überalterung des Mutterwildes und zerstört bei der Erlegung stärkerer Stücke den durch den bereits längere Zeit durchgeführten Hegeabschuß an Böcken jetzt auch beim weiblichen Wild vererbungsmäßig auftretenden Hegeerfolg. So nimmt uns dieser Falschabschuß die Grundlage zur weiteren Aufartung des Rehbestandes in den späteren Generationen.

Werden zwei Kitze von einer Ricke geführt, so ist die Erlegung des Rehkitzes ratsam, wenn es wesentlich schwächer als das Bockkitz ist.

Der Abschuß an weiblichem Rehwild ist vorwiegend in die Revierteile zu verlegen, in denen überwiegend und dauernd schlechte Gehörnträger stehen. Die in jedem Revier vorkommenden »Inseln« mit dauerndem Vorkommen durchweg guter bis stärkster Böcke sind mit dem Abschuß des weiblichen Rehwildes zu verschonen. Hier dürfen *nur* wirklich schwache oder kranke Stücke geschossen werden.

Allgemein muß das Geschlechterverhältnis 1:1 bis 1:1½ beim Rehwild unbedingt erreicht oder dort, wo es schon besteht, erhalten werden. Eine vorübergehende, durch besonders starken Abschuß von Abschußböcken auftretende Verschiebung des Geschlechterverhältnisses für kürzere Zeit ist unbedenklich.

Sehr wichtig erscheint mir für die Verbesserung eines Rehwildbestandes der in den vorstehenden Richtlinien unter III, Abs. 3 aufgeführte Weg, den Forstmeister Cramer in Schmolsien mit gutem Erfolg gegangen ist: den Abschuß in Revierteile, die auffallend schwaches und schlechtes Wild haben, zu verlegen, sie möglichst »leer zu schießen«, und Inseln mit starkem Rehwild möglichst mit dem Abschuß zu verschonen. Das läßt sich natürlich nur in großen Revieren durchführen.

Diese Abschußrichtlinien entsprachen unserem damaligen Wissen. Viel weiter sind wir auch heute noch nicht gekommen.

Der Mensch allein schafft es mit den besten Abschußrichtlinien und ihrer strikten Durchführung kaum, insbesondere da, wo das Gleichgewicht der Natur gestört ist, wo man überhaupt nicht mehr von einer natürlichen Landschaft sprechen kann. Wichtiger als der beste Wahlabschuß erscheint mir – namentlich in milden Klimaten – die zahlenmäßig starke »Durchforstung« unserer Rehbestände, die Verminderung auf eine dem Lebensraum angepaßte Bestandshöhe und die Herstellung des Geschlechterverhältnisses von 1:1! Daß man dem Wild auch mehr Ruhe in seinen Einständen verschaffen müßte, erübrigt sich fast zu sagen: Das dürfte in dieser Zeit, bei unserer Bevölkerungsdichte und bei der gewaltigen Zunahme des Verkehrs fast überall undurchführbar sein. – Doch nun von der grauen Theorie zur grünen Praxis!

Der Abschuß war in unseren Revieren nicht einfach durchzuführen: In die Bestände hatte man allenfalls noch im Frühjahr etwas weiteren Einblick; nach voller Entfaltung des Laubes und der hohen, üppigen Bodenflora sah man vom Boden aus vielleicht gerade noch das Haupt eines Bockes und das natürlich auch nur in der Nähe des Gestelles oder Weges. Vom Wagen, besonders wenn er recht hoch war, sah man schon mehr – wenn man oben blieb! Auf die Grasgestelle und die Wiesen trat das Wild, solange Gräser und Kräuter noch jung waren, zwar aus; infolge der tiefen Gräben, die sie vom Bestande trennten, und bei fehlenden Pirschsteigen war aber ein Anpirschen fast unmöglich. Da mußten erst systematisch Stege über die Gräben und Pirschsteige geschaffen sowie an geeigneten Stellen Hochsitze gebaut werden. Um den so notwendigen Abschuß von schlechtveranlagten Böcken möglichst vor der Blattzeit zu erfüllen, mußten wir uns sehr heranhalten. Da, wo es keine Wiesen gab, konnten wir auch nicht immer auf das Verfärben warten. Wenn der Bock rot war, sah man ihn nicht mehr. Am günstigsten war im Frühjahr das Pirschenfahren mit einem besonders hochräderigen Wagen. Oft mußte man auch vom Wagen aus, ja auf dem Sitz stehend schießen, um überhaupt das Blatt frei zu haben. Das taten wir natürlich nur bei dringend abschußnotwendigen Böcken. Die Pferde mußten an das Schießen gewöhnt sein und völlig ruhig stehen. Man mußte ihnen »zwischen den Köpfen hindurchschießen« können. (Das hat sogar einmal einer meiner Herren getan, ohne daß die Pferde durchgingen!) Dieses Schießen vom Wagen aus war gewiß nicht schön, und man hatte immer einige Hemmungen. Aber anders wäre der so notwendige, hohe Hegeabschuß einfach nicht durchzuführen gewesen. An den – erfreulich zahlreichen – Wiesen war das Jagen einfacher, namentlich, nachdem die erforderlichen Pirschsteige angelegt worden waren. Was wir an »Abschußböcken« – greuliches Wort, aber schwer zu ersetzen! – im Frühjahr nicht bekamen, versuchten wir in der ersten Hälfte der Blattzeit zur Strecke zu bringen. Auch beim Blatten war ein Hochsitz – er brauchte nur 1–2 m hoch zu sein – von großem Vorteil, um den Jäger aus dem Bodenbewuchs herauszuheben. Sonst wurde man den zustehenden Bock oft erst gewahr, wenn er plötzlich in nächster Nähe auftauchte und schreckend wieder im Dschungel der Kräuter und Sträucher verschwand. – »Ernteböcke« schossen wir erst vom 1. August ab. Dann hatten sie sich schon »genügend vererbt«. Hoch war die Zahl der freigegebenen Jagdbaren gemessen an der Zahl des Gesamtabschusses nicht. In normalen Jahren hatte in Pfeil jeder Beamte ein bis zwei gute Böcke zu erlegen. Geringe Abschußböcke waren unbegrenzt frei. Der Rickenabschuß wurde nötigenfalls, d. h. wenn der Bockabschuß die veranschlagte Höhe wesentlich überstieg, entsprechend erhöht. Nur nach strengen Wintern wurde »kurz getreten«, auch beim Abschuß von Böcken mit »schlechten« Gehörnen (die ja meist eine Folge des Notwinters waren!). In guten Jahren war die Gefahr, den Abschuß in der notwendigen Höhe nicht zu erfüllen, meist größer als die, zu viel zu schießen. Das galt besonders für die guten Rehwildreviere, also Pfeil, Klein-Naujock und Rossitten. Der letzte Jagdbetriebsplan sah für Pfeil einen Abschuß von über 300 Stück Rehwild vor. Erfüllt worden ist er durch die Kriegsereignisse wahrscheinlich nicht mehr in voller Höhe.

Die Jagd auf den Bock war bei uns zwar recht schwierig, aber darum nur um so schöner. Namentlich die Blattzeit brachte eine Fülle von interessanten Beobachtungen und unvergeßlichen Erlebnissen. Das Fliederblatt zauberte auch die »ältesten und heimlichsten Herren« herbei; man sah immer wieder bis dahin völlig unbekannte Böcke und lernte den Bestand so gut kennen, wie es sonst in unserem »Busch« gar nicht möglich gewesen wäre.

Der Ricken- und Kitzabschuß, wichtiger noch als der der Böcke, war etwas einfacher: Wenn erst die Blätter fielen und die Bodenflora allmählich abstarb, bekam man mehr Einblick in die Bestände. Die Wiesen wurden nach dem zweiten Schnitt gern angenommen, und das Rehwild begann sich zusammenzuziehen und seine Einstände zu wechseln. Dann bekam man, besonders an den Hochmoorrändern, viel zu sehen und konnte, vom weiterfahrenden Wagen oder Schlitten steigend, seine Wahl treffen. – Abgesehen von den letzten Kriegsjahren ist es uns fast immer gelungen, den Abschuß in voller Höhe zu erfüllen.

Das sonstige Wild

Der Niederwildbesatz des Elchwaldes war mit Ausnahme einiger Federwildarten infolge des rauhen Klimas und der meist feuchten, kaltgründigen Böden nicht hoch, aber sehr artenreich.

Das Haarwild

Bei im allgemeinen mäßigem Hasenbesatz gab es doch in einigen Randrevieren mit leichterem Boden, in den Poldern und auf den angepachteten Feldmarken recht gute Treibjagdergebnisse. Der Hase wurde in Ostpreußen ziemlich schwer; ein Strecken-Durchschnittsgewicht von über 4 kg war die Regel.

In Pfeil nahm der Hase nach der Vorflutverbesserung erheblich zu; während vorher die gesamte Jahresstrecke des Forstamts nur selten 25 Hasen überstieg, schossen wir später in guten Jahren auf zwei bis drei Jagden 150.

Auch der Wechselhase (Schneehase) kam als Seltenheit vor. In der Sammlung der Vogelwarte Rossitten befand sich das Präparat eines auf der Nehrung erlegten Schneehasen. Auch in Ibenhorst und Pfeil ist er beobachtet worden.

Das Kaninchen kam im Südteil der Kurischen Nehrung vor. Strenge Winter ließen aber eine starke Vermehrung nicht zu.

Das Federwild

Die Waldhühner waren in unseren Revieren in den letzten 100 Jahren immer mehr zurückgegangen.

Auerwild, das 1865 noch von acht staatlichen Oberförstereien Ostpreußens mit einem Bestande von annähernd 100 Stück gemeldet worden war, gab es zu dieser Zeit im Elchwalde schon nicht mehr. Die nächsten Vorkommen waren damals das Kranichbruch[1] und der Frisching. Zwischen den Weltkriegen gab es nur noch in den Wäldern nördlich und südlich der Memel, hauptsächlich in den Juraforsten, einen kleinen Auerwildbestand.

Auch das Birkwild, das 1881 noch in den Revieren des späteren Elchwaldes (mit Ausnahme Tawellningkens und der Nehrung) und auf den angrenzenden großen Hochmooren zahlreich vertreten war[2], kam in der Mehrzahl der Reviere nicht mehr vor. Leidliche Bestände hatten noch Ibenhorst, Pfeil und Klein-Naujock. In Pfeil war das Birkwild durch die Entwässerung und Kultivierung des Moosbruches im Nordosten des Reviers und die Beunruhigung bei der Durchführung der Arbeiten sehr zurückgegangen. Als ich 1925 hinkam, balzten sicher noch 50 Hähne allein auf den großen Transvaalwiesen am Moor, und im Herbst und Winter sah ich noch manches Gesperr mitten im Walde. Unter der landwirtschaftlichen Verwaltung ging der Bestand immer mehr zurück. Es balzten nur wenige Hähne im noch unberührten Moor. Als in den dreißiger Jahren ein großer Teil des Pfeiler Moosbruches von der Kultivierung zurückgestellt wurde und wieder an die Forstverwaltung fiel, erreichten wir durch mehrjährige Schonung und Fernhaltung jeder Beunruhigung wieder eine Zunahme des Birkwildes.

Recht gut hatte sich das Haselwild in den Lehmrevieren des Elchwaldes gehalten. Wenn es auch nicht ganz die Höhe des im Jahre 1881 gemeldeten Bestandes[3] erreichte, den von 1893 überstieg es jedoch bei weitem.

Auch das Auftreten des Schwarzwildes führte entgegen unseren Befürchtungen nicht zu einer merklichen Verminderung unseres kleinsten Waldhuhnes (Abb. 176 u. 177). — Das Haselhuhn gewährte nicht nur jagdliche Freuden, sondern war auch ein erlesener Leckerbissen. In den alten Akten der Elchwaldreviere fanden sich noch Aufzeichnungen über Lieferung von Haselwild für die königliche Tafel.

Das Moorschneehuhn, das bis in die zweite Hälfte des 19. Jahrhunderts noch die großen Moore des Memeldeltas besiedelte, war hier verschwunden.

Die eingedeichten Revierförstereien Nemonien und Marienbruch des Forstamtes Tawellningken hatten zeitweise einen recht guten Fasanenbesatz. Sonst kam der Fasan nur selten in feldnahen Revierteilen vor.

[1] Oberförstereien Kranichbruch und Astrawischken.

[2] Die acht damals bestehenden Oberförstereien gaben einen Bestand von 365 Stück an.

[3] 1881 wurden von acht Oberförstereien über 400, 1893 rund 60 Stück Haselwild als Bestand angegeben.

Die angepachteten Feldjagden hatten z. T. einen recht guten Rebhuhnbesatz. Auch den Schlag der Wachtel konnte man dort noch hören.

An Wildtauben waren die Ringeltaube und die reizende Turteltaube verbreitet, die Hohltaube nicht gerade selten.

Groß war die Zahl der Schnepfenvögel, die bei uns brüteten: die Waldschnepfe und verschiedene Wasserläufer im Baumwalde, sehr viele Arten, wie Bekassine, Brachvogel, Uferschnepfen und andere, in den Bruchwaldrevieren. — Hervorragend war der Zug der Waldschnepfe, besonders in den haffnahen Lehmrevieren Klein-Naujock, Pfeil und Mehlauken. Oft sah und hörte ich an einem Abend zwanzig und mehr Schnepfen, und meine Jahresstrecke betrug im Durchschnitt etwa 20 Stück. Meine Nachbarn, Graf Finck von Finckenstein in Mehlauken und Bansi in Klein-Naujock, die, solange es erlaubt war, auch noch die Suche im Frühjahr ausübten, brachten es mehrfach auf 50 bis 80 Schnepfen im Jahre. Im Herbst habe ich auch gesucht und recht gute Erfolge gehabt. Als wir aber erst Rotwild hatten, hörte diese interessante und schöne Jagd hinter dem mit einem Glöckchen an der Halsung ausgerüsteten Vorstehhunde auf, da sie zeitlich mit der Brunft zusammenfiel. — Die größten Strecken wurden auf der Kurischen Nehrung gemacht, wenn die südwärts ziehenden Langschnäbel durch Gegenwinde zur Rast in den Kusselbeständen gezwungen wurden.

Im Frühjahr rasteten auf ihrem Fluge nach Norden zahlreiche Singschwäne auf den überschwemmten Wiesen und dem Haff.

Gewaltig waren die Scharen der Wildgänse, die auf dem Zuge in ihre nördlichen Brutgebiete besonders in Ibenhorst und seiner Umgebung oft wochenlang Rast machten. Auf dem Bredzuller Moor, auf den Werdern und Wiesen der Strommündungen und der Haffufer, vor allem aber auf dem über 35 qkm großen Rußdelta zwischen Atmath und Skierwieth warteten die Gänse zu Zehntausenden auf den Einzug des Frühlings. Zunächst stellte die Saatgans den Hauptanteil der wandernden Heere; mit ihrem allmählichen Abzuge nahm die Bleßgans ihren Platz ein; auch die Zwerggans war nicht selten. Die, meist auf dem Frühstrich ausgeübte, Gänsejagd gehörte zum schönsten jagdlichen Erleben; große Strecken waren bei der Scheu der hervorragend äugenden Vögel selten zu erzielen (Abb. 178).

Gute Entenbestände hatten, trotz aller Meliorationsarbeiten und Flußbegradigungen, noch die Forstämter Klein-Naujock, Pfeil, Tawellningken und Ibenhorst. Auf etwa 50 km Länge gehörte die Jagd des Haffufers mit seinem Schilfgürtel zum Elchwalde. Diese Rohrbreiten waren ebenso wie die Wasserläufe und Teiche ein wahres Dorado des Wasserwildes. Außer der Stock- und der Knäkente kamen die Krick-,

180 Der erste Wolf des Verfassers (außerhalb des Elchwaldes erlegt)
181 Beim Quäken erlegter starker Fuchs

182 Am 1. Dezember 1934 im Forstamt Klein-Naujock (Revierförsterei Schönbruch) von Revierförster Wende erlegter Luchs

183

Kranich auf der Nahrungssuche

184

Kranich »Ibikus« auf dem Hofe des Forstamtes Pfeil

185

Schwarzstorchpaar auf dem Horst

186

Schwarzstorch über den Wipfeln des Waldes

87

Der Krähenfänger verblendet das Schlagnetz. Um ihn gefesselte Lock-Krähen aus früherem Fang

188

Krähenfang auf der Kurischen Nehrung. Krähenhütte, Netzleinenspur, Lock-Krähen

89

Der »Krajebieter«. Die gefangenen Krähen wurden durch einen Biß in die Schädeldecke getötet

190

Das Möwenbruch in Rossitten mit Beobachtungshütte

191

Uhuweib der Vogelwarte Rossitten mit Jungem

92

ungstörche auf dem Nest
ler Vogelwarte.
Zugstraßen-Versuche!)

93 Das Haus der Vogelwarte Rossitten

194 *Der Seeadler der Vogelwarte Rossitten*

die Löffel- und die Mittelente[1] sowie Tafel- und Reiherente vor. Überwältigend war der Zug der nordischen Enten im Frühjahr, wenn die Erpel im farbenprächtigen Hochzeitskleid prangten, und im Herbst, wenn man beim Abendstrich am Haff oft zehn verschiedene Arten beobachten und erlegen konnte.

Die Entenjagd wurde bei uns hauptsächlich mit Kahn auf der Suche, auf Ansitz und, selten, als Treibjagd ausgeübt. Herrlich war es, wenn man im Boot fast lautlos durch die Wildnis von Röhricht, Binsen und Wasserkräutern dahinglitt und nur das vielstimmige Konzert der Wasservögel und das Glucksen der Wellen ans Ohr schlug. Das Schießen vom schwankenden Kahn wollte gelernt sein. Unsere Ruderer, meist alte Fischer, verstanden es hervorragend, das Boot zu führen und beim Aufstehen der Enten ruhig zu halten. Sie fanden auch mit unfehlbarem Ortssinn die gefallene Ente im dichtesten Schilf- und Krautgewirr, in das der Hund kaum eindringen konnte. Bei starkem Wind war die Suchjagd besonders ergiebig. Wenn man mit mehreren Kähnen jagte, so war es auch am Tage lohnend, sich an bestimmten Ecken ins Rohr einzuschieben und auf die von den anderen Jagdteilnehmern hochgemachten und die bei Wind ohnehin schon viel hin und her streichenden Enten zu passen. Große Strecken brachte auch der Ansitz zur Zugzeit, abends am Haff oder morgens bei stürmischem Wetter auf den Teichen in Tawellningken. 20, ja 50 Enten konnte man an günstigen Tagen von einem Ansitz nach Hause bringen. Selbstverständlich brauchte man bei dieser Jagd einen mit der Wasserarbeit vertrauten Hund. Lebhaft tauchen viele wundervolle Jagdtage in der Erinnerung auf, mit Scherping, mit dem passionierten Forstmeister Krause aus Ibenhorst (Abb. 179), mit Freunden oder auch allein verlebt. Die prächtigen Gestalten der Kahnschieber, den alten Deiwik aus Karkeln und viele andere, sehe ich vor mir. Für sie mußte ich immer auch einige »Klabanen«[2] schießen. (Abgezogen und mit Kohl gekocht schmeckten die Wasserhühner übrigens auch recht gut.) Das Schönste an diesen Wasserjagden aber war für mich der Zauber der Landschaft, die unendliche Weite und Stille und die Abgeschiedenheit von Lärm und Unrast der Menschen.

[1] Schnatterente.
[2] Kurischer Name für Bleßhühner.

Das Raubwild

In unseren gesegneten Jagdgründen fehlte auch das Raubwild nicht. Die großen Räuber, Bär, Wolf und Luchs, freilich waren als Standwild bereits im 18. und 19. Jahrhundert ausgestorben; sie waren mit Kulturlandschaft und intensiver Bodennutzung auch kaum zu vereinbaren. An den Bären erinnerten noch Ortschaften und die Namen einzelner Forstorte, Wege und Gestelle[1].

Der Beritt Leipen hatte 1713 noch Bären als Standwild. In einem Kammerbericht vom 18. August 1732 an den König heißt es: »Da in dem Baumwald, so im Labiauschen gelegen, anjetzo die Stellstätte geschlagen werden, so merket man, daß sich verschiedene Bären herauß und ins Land begeben, so denen Einsaaßen großen Schaden zufügen...« Der letzte Bär des Elchwaldes wurde 1768 in Drusken erlegt. Er soll in einer einzigen Nacht neun Stück Vieh gerissen haben. Dieser Hauptbär war ungewöhnlich stark; er maß nach der Überlieferung 9 Fuß (über 2,60 m) in der Länge und 4 Fuß, 2 Zoll (über 1,30 m) in der Höhe. – Die meisten Bären wurden übrigens in sogenannten Bärenkästen lebend gefangen und in die Hetzgärten zu Königsberg und Berlin gebracht. In den Wildnisberitten Laukischken, Leipen und Drusken befanden sich derartige Fangvorrichtungen, deren eine F. E. Jester noch um 1820 in Drusken vorfand. Nach der Schilderung J.s war diese Falle von 7 m Länge, 1,75 m Breite und 3,50 m Höhe aus 4 Zoll starken Eichenbohlen gefertigt und mit Falltüren versehen; sie wurde mit Luder oder Honig beködert.

Der Wolf trat noch bis weit ins 19. Jahrhundert in unserer Provinz, in der sich ja bekanntlich »die Wölfe gute Nacht sagten«, auf. In früheren Jahrhunderten wurden diese Räuber, besonders nach Seuchen und Kriegen, zu einer wahren Landplage und mußten mit allen Mitteln bekämpft werden. Durch hohe Prämien förderte die Verwaltung die Ausrottung der Grauhunde, die mit Fallen und Wolfsgruben, durch Legen von Gift, Ausnehmen von Nestwölfen und durch Ansitz am Luder

[1] So Gr. und Kl. Bärwalde und Imbärwalde südlich der Revierförsterei Pöppeln (Forstamt Klein-Naujock); Bärenkastengestell im Forstamt Leipen.

Damwild an der Fütterung. Temperaskizze von D. v. Prokofieff

betrieben wurde. Es gab eigens zur Bekämpfung der Plage angestellte Wolfsjäger. Wie im ganzen Lande, so wurden damals auch im Baumwalde Wolfsgruben[1] und Wolfsgärten unterhalten. Im Amte Labiau befand sich nach der Jahresrechnung von 1671 ein solcher »Garten« im Pöppelnschen Walde zwischen Groß-Pöppeln und Stellienen. In diesen von hohen Palisadenzäunen umgebenen Gehegen wurden die Wölfe angekirrt. Von einer Kanzel aus wurde der Luderplatz beobachtet. Wenn eine Rotte einwechselte und am Luder erschien, gab der Beobachter den in einem Wachthäuschen harrenden Männern mit einer Zugleine das Zeichen. Diese hatten dann mit bereitgehaltenen Netzen die Zaunlücke zu schließen und die Sperre mit Hilfe von Feuern bis zum Beginn der Jagd zu bewachen. Auch Fallgruben an der der Eingangslücke gegenüberliegenden Schmalseite und außerhalb des, hier niedriger gehaltenen, Zaunes wurden angelegt. Bei der anschließenden Jagd wurden die Wölfe dann durch Treiber und Hunde vor die am Netz postierten Jäger oder in die Wolfsgrube getrieben. Nachdem noch im Jahre 1664 durch kurfürstlichen Befehl die Vermehrung der Wolfsgärten angeordnet worden war, ging diese Art der Bejagung doch allmählich zurück. In einem Bericht der Preußischen Kammer von 1723 werden nur noch 13 Wolfsgärten aufgeführt, darunter je einer in den Ämtern Labiau und Tapiau. Einige Wolfsgärten sind aber noch im 19. Jahrhundert in Betrieb gewesen, wie aus einem Bericht des Oberforstmeisters Jester aus dem Jahre 1823 hervorgeht. – Die verbreitetste Art der Bejagung waren Treibjagden mit dem großen Zeuge, später auch mit Lappen, hauptsächlich nach Einkreisen der Wölfe bei Schnee, aber auch aufs Geratewohl in sogenannten »Hasard-Jagden«. – Mitte des vorigen Jahrhunderts war der Wolf nur noch in Revieren nahe der polnischen und litauischen Grenze Standwild. Im Elchwalde gab er höchstens seltene »Gastrollen« (Abb. 180).

Der Luchs war bis zum Ende des 18. Jahrhunderts noch Standwild in Ostpreußen; von da ab kam er nur als Wechselwild zur Strecke. In unserem Jahrhundert wurde 1924 in Bednarken ein Luchs erlegt. Den nächsten, einen 20 kg schweren Kuder, schoß am 1. Dezember 1934 der Revierförster Wende in der Försterei Schönbruch des Forstamtes Klein-Naujock (Abb. 182). Er war im dichten Unterwuchs vor W. flüchtig geworden, wurde als Hund angesprochen und mit Schrot beschossen. Vor dem angehetzten Drahthaar baumte der vermeintliche »Hund« auf und erhielt den Fangschuß. Die seltene Beute sandte man dem Reichsjägermeister. Bald darauf wurde der Luchs unter Naturschutz gestellt.

[1] Das Wolfskaulen-Gestell im Forstamt Pfeil erinnerte an diese Fallgruben.

Wir hielten das für ein nutzloses Beginnen, da die letzten in Ostpreußen erlegten Luchse Kuder gewesen waren[1]. Aber das Unwahrscheinliche trat ein: der Luchs wurde im Baumwald Standwild. Es muß eben doch bald darauf auch eine Kätzin zugewechselt sein; 1937 wurden zum ersten Mal Jungluchse beobachtet. Seither spürte sich der Luchs nicht gerade häufig aber doch ständig in allen Lehmrevieren des Elchwaldes. Wir fanden nicht nur seine Spur, sondern auch manches von ihm gerissene Reh. Auch bei der Pirsch und bei Jagden wurden Luchse beobachtet. Ich bekam nur einmal bei einer Pirschfahrt auf weite Entfernung ein Tier zu Gesicht, das ich als Luchs ansprach. Eine Neue am folgenden Morgen bestätigte meine Annahme: Wir fanden in der Nähe seine frische Spur.

An sonstigem Haarraubwild kamen im Elchwalde noch einige seltene Arten vor. Der Fischotter war noch in vielen Flüssen und Gräben vertreten: In der Mauer, der Schwentoje, dem Zapaun-Graben und anderen Wasserläufen des Baumwaldes, sowie in den Flüssen der Bruchwaldreviere wurden noch öfters Otter erlegt. Die Försterei Schwentoje erhielt bei der Verdeutschung der Ortsnamen im Hinblick auf das Vorkommen des anmutigen Fischers den Namen Ottergrund. – Auch der Nerz kam noch, allerdings sehr selten, am Haffufer und in Wasserläufen vor.

Häufig waren der Edelmarder, der Iltis und die Wieselarten; auch der Dachs war zahlreich vertreten.

Viele jagdliche Freuden gewährte uns der starke ostpreußische Fuchs. Bei Treib- und Drückjagden zierten fast immer einige Füchse die Strecke. Sehr reizvoll war das Anfahren im Schlitten, sowie die Jagd mit der Hasenquäke (Abb. 181). Ich hätte den roten Freibeuter, eifrigen Mäusevertilger und »Gesundheitspolizisten« nicht missen mögen. –

Zahlreich waren die Greifvogelarten, die im Elchwalde horsteten oder auf dem Durchzuge verweilten.

Stein- und Seeadler konnte man alljährlich bei uns beobachten. Der kleine Schreiadler war häufiger Brutvogel; ein Schelladlerpaar hatte seinen Horst in Tawellningken. – Falken, die beiden Milane, die Rohr- und die Wiesenweihe, Bussard, Habicht und Sperber waren verbreitet.

Unter den Eulen ragte der Uhu hervor, der noch in zahlreichen Paaren bei uns horstete, besonders in den Bruchbeständen Tawellningkens. Im Geist höre ich noch seinen dunklen Ruf erklingen, beim abendlichen Schnepfenstrich oder bei früher Kahnfahrt zur Zeit der Elchbrunft. Bei

[1] Nach K. v. Hippel wurden in der 2. Hälfte des vorigen Jahrhunderts allerdings auch drei weibliche Stücke geschossen.

einer Treibjagd in Nemonien und Marienbruch beobachtete ich einst nicht weniger als 13 Uhus, wahrscheinlich allerdings einige davon wiederholt. – Eine Besonderheit in unseren Revieren war der dem Uhu an Größe nicht viel nachstehende Ural- oder Habichtskauz. Bereits vor Beginn der Dämmerung seine Beuteflüge beginnend, war er der am häufigsten zu beobachtende Nachtgreif. Zur Zeit des Frühjahrsschnepfenstriches hörte man oft seine Stimme, ein rauhes »kauweck« oder dem Geblaff eines jagenden Hundes ähnliche Laute. – Auch mehrere andere Kauzarten, die Wald- und die Sumpfohreule kamen häufig vor.

Die übrige Tierwelt

Es würde zu weit führen, von allen bei uns vorkommenden, z. T. recht seltenen, nichtjagdbaren oder doch nicht bejagten Tieren zu berichten. — Erwähnt sei, daß der Biber, der noch bis in die zweite Hälfte des 18. Jahrhunderts hinein in den Gewässern des Memeldeltas, in Ibenhorst und Nemonien seine Burgen baute, um 1800 hier ausgestorben war. Der letzte soll 1806 erschlagen worden sein.

Der reichen Vogelwelt des Elchwaldes aber mag schon deshalb gedacht sein, weil ja in seinem Bereich, auf der Kurischen Nehrung, die weithin bekannte Vogelwarte Rossitten beheimatet war[1].

Der Kranich brütete im Baumwald und in den Bruchwaldrevieren noch recht zahlreich. Auf Wiesen und Moosbrüchen konnte man den stolzen Vogel oft bei der Nahrungssuche beobachten (Abb. 183) oder sich an seinen Trompetenrufen und grotesken Balztänzen erfreuen. Eigenartig war der Anblick großer Flüge noch nicht geschlechtsreifer Jungvögel, die wie eine Herde von Schafen auf dem Hochmoore »weideten«. — Ich hatte lange Jahre einen von einer Hühnerglucke aus dem Ei erbrüteten Kranich als Wächter des Hofes (Abb. 184). »Ibikus« hielt strenge Ordnung unter dem Geflügel, schlichtete manchen Kampf und meldete Besucher an. Er machte auch mehrfach größere Ausflüge, und ich mußte ihn dann zurückholen. Auf meinen Ruf kam er herbei und führte, wenn er gut gelaunt war, einige Tanzschritte vor und ließ seinen Trompetenruf erschallen. Leider hat ihn, als er im hohen Getreide Nahrung suchte, zum Schluß doch noch ein Fuchs gerissen. Wir fanden seine Überreste bei der Getreideernte.

Der Schwarzstorch war in vielen Paaren im Baumwalde Brutvogel, und es bedeutete immer wieder ein Erlebnis, ihn in seinem metallisch schimmernden, schwarzen Federkleid daherstolzieren oder über die Baumwipfel schweben zu sehen (Abb. 185, 186). — Auch der in unseren Dörfern besonders zahlreich brütende Weiße Storch dehnte seine Beutezüge bis in die Randpartien des Waldes aus (Abb. 13). Einmal konnte

[1] Nachfolgerin der Vogelwarte Rossitten wurde die Vogelwarte Radolfzell am Bodensee, wo Tradition und Forschungsaufgaben Rossittens weitergeführt werden.

ich ihn dicht beim Forstamt im Kampf mit einer der dort sehr zahlreichen Kreuzottern beobachten. Ein großer Flug von (noch nicht fortpflanzungsreifen) Junggesellen-Störchen pflegte südlich des Juwendter Hochmoores Waldbäume als Schlafplatz zu benutzen.

Der Fischreiher horstete noch recht häufig in den haffnahen Revieren. Bekannt war die große Reiherkolonie auf dem Reiherberg in Schwarzort (Abb. 65).

Die Große und die Zwerg-Rohrdommel brüteten im Schilfgürtel des Kurischen Haffs. Bei Nordwind konnte man im Frühjahr den Balzlaut der Rohrdommel, ein dumpfes tiefes »prump«, bis tief ins Pfeiler Revier hinein hören. – Ibenhorst war Brutrevier des Kolkraben. Die Blauracke kam selten vor; der Wiedehopf war ziemlich verbreitet. Der Wendehals und sechs verschiedene Spechtarten waren bei uns heimisch, und das Heer der Singvögel war groß.

Der schönsten und eindrucksvollsten Erlebnisse und Beobachtungen mit den Gefiederten konnte man sich im Herbst auf der Kurischen Nehrung erfreuen, die als einzigartige Vogelzugstraße besonders durch das Wirken der 1900 von Thienemann begründeten Vogelwarte weltbekannt wurde.

Es war ein überwältigender Eindruck, im Herbst die unzählbaren Scharen der Zugvögel dem drohenden Winter entfliehen und dem Süden zustreben zu sehen. In großen Flügen zogen Krähen und Tauben dahin. Greifvögel, wie zahlreiche Sperber und die verschiedenen Falken, begleiteten die Vogelschwärme, und nicht selten sah man sie auf Tauben- oder Singvögelflüge herabstoßen. Rauhfuß- und Wespenbussard, Weihen, Kolkraben und andere seltene Durchzügler erfreuten das Auge. Eichel- und Tannenhäher strichen vorbei, und dicht über den niedrigen Bergkieferbeständen, Erlen- und Birkengehölzen floß teils zügig, teils von Busch zu Busch flatternd der unendliche Strom der Kleinvögel dahin. Das Wetter beeinflußte den Umfang des Zuges und die Flughöhe der größeren Vögel erheblich; an stürmischen, regnerischen Tagen war oft fast gar kein Zug. Bei klarem, schönem Wetter flogen die größeren Arten in Höhen von 30 bis 60 m, bei diesigem Wetter dicht über dem Boden. Beste Zugzeit der Tagvögel waren die Vormittagsstunden. Auch Seeadler konnte man beobachten. Vereinzelt wurden sie leider von Krähenfängern im Schlagnetz gefangen; waren sie unbeschädigt, so wurden sie von der Vogelwarte beringt und freigelassen. – Der Krähenfang gab den sich damit abgebenden Nehrungsfischern eine willkommene Bereicherung ihres Speisezettels und beim Verkauf dieser sogenannten »Nehrungstauben« auf dem Königsberger Markt eine beachtliche Einnahme. Für den Winter wurden die Krähen in Tonnen eingepökelt. Der Fang, der an einem guten Zugtage 60 und mehr Krähen erbringen konnte, war hochinteressant. Gefesselte zahme oder auch frisch gefangene Vögel und ausgeworfene Fischabfälle (Abb. 187) lockten die Krähenzüge an. Das im Sande sorgfältig getarnte Schlagnetz wurde von einer kleinen Reisighütte aus bedient (Abb. 188). Unappetitlich, aber wegen ihrer schlagartigen Wirkung sehr human, war die Tötungsart: Durch einen Biß drückte der Fänger der Krähe den Schädel ein. »Krajebieter« war daher ihr Spottname (Abb. 189).

Um eine Vorstellung von den Vogelmassen zu vermitteln, die die Kurische Nehrung entlang zogen, seien einige Zahlenangaben Professor Thienemanns wiedergegeben: So zählte und schätzte er in 10 Minuten 1000 Krähen (das entspricht 6000 in der Stunde und etwa 60 000 am Tage). Bei Kleinvögeln schätzte er während einer guten Zugstunde 42 000 Durchzügler. Innerhalb zweier Tage konnte er einmal über eine halbe Million Vögel 34 verschiedener Arten notieren.

Sehr lohnend war ein Besuch der Vogelwarte, ihres Museums und ihrer Freianlage (Abb. 190, 192, 193). Unter den in Volieren gehaltenen Vögeln ragten zwei besonders hervor: der Uhu (Abb. 191) und der stolzeste Vertreter unserer Vogelwelt, der mächtige Seeadler (Abb. 194).

Wir Ostpreußen wurden auch Zugvögel, wie die wandernden Scharen, die im Herbst den schmalen Landstreifen zwischen Haff und See entlang eilen. Sie kehren Jahr für Jahr in ihre angestammten Brutreviere zurück. Uns blieb die Heimat nun schon fast zwei Jahrzehnte verschlossen. Wenn im Frühjahr die Kraniche nordostwärts ziehen, dann begleiten sie unsere Gedanken und unser Heimweh ins ferne, unvergessene Land der Wälder, Ströme und Seen . . .

Die Erinnerung an ein besonderes Kleinod Ostpreußens, die Heimat des Elches, wachzuhalten, war meine Aufgabe. Möge dies Buch sie in bescheidenem Maße erfüllen.

Nachwort

Es hat Jahre gedauert, bis ich den Wunsch vieler ostpreußischer Jäger, Forstleute und Heimatfreunde erfüllen konnte, ein Buch über den Elch und sein Reich zu schreiben.

Während der Arbeit sprangen viele schon verschüttet geglaubte Quellen der Erinnerung wieder auf. Dazu haben zahlreiche Kollegen und Mitarbeiter ausgeholfen, wo mein Gedächtnis mich im Stich ließ. Der große Abstand vom Wirken und Erleben im Elchwalde hat auch sein Gutes gehabt: viel Unwesentliches und manches Unerfreuliche ist vergessen, das Wesentliche und das Schöne blieb in der Erinnerung erhalten.

Dank schulde ich meinen einstigen Mitarbeitern, die mich durch Auskünfte, Unterlagen und Bildmaterial unterstützt haben. Besonders sei dabei der beiden »Elchväter« Quednau und Weber gedacht, die auf meine Bitte bald nach Kriegsende das Wesentliche aus dem reichen Schatz ihrer Erfahrung aufzeichneten. Sie deckt schon viele Jahre der Rasen. Aus der großen Zahl der Lebenden, die mir wichtige Angaben aus ihrem einstigen Wirkungskreis machten, seien stellvertretend für alle nur einige genannt: die Oberforstmeister a. D. Keck und Scharffetter, die Forstmeister a. D. Richard Müller und Graumann, der Forstmeister Dr. Ulrich und die Oberförster und Revierförster a. D. Augustin, Heym, Kowalewski, Kuhrke, Neumann, Ringhardt, Scheffler, Splettstösser und Ziemer. Ihnen sei hier ebenso herzlich gedankt wie dem großen Kreise von Landsleuten, Jägern und Freunden Ostpreußens, die mir wertvolle Unterlagen und Bilder zu Verfügung stellten, an ihrer Spitze Herr Ernst Jürgen Meyer, der Sohn des Begründers der modernen Elchhege.

Große Förderung erfuhr meine Arbeit durch den Vorstand des Ostpreußischen Jagdmuseums in Lüneburg, insbesondere seinen rührigen Begründer und Leiter, den Forstmeister a. D. Loeffke. Die reichhaltige Bücherei, die umfangreiche Sammlung von Karten und statistischen Darstellungen, die Trophäen und die Elch-Lehrsammlung waren mir von großem Nutzen.

Dem Bayerischen Landwirtschaftsverlage danke ich für die reiche

Ausstattung des Buches mit Bildern, Karten und Darstellungen sowie für die Unterstützung bei der Arbeit.

Ohne die Hilfe, die mir von so vielen Seiten zuteil wurde, hätte ich das Buch nicht schreiben können. Möge der »Elchwald« ein bescheidener Dank für allen mir gewährten Beistand sein.

Schrifttumsverzeichnis

ALBERTUS MAGNUS: De animalibus libri XXVI

AUGUSTIN, ADOLF: Aufzeichnungen über Beobachtungen und Erlebnisse beim Elchwilde. Nicht veröffentlicht

BENINDE, JOACHIM: Zur Naturgeschichte des Rotwildes. Dr. Paul Schöps, Leipzig 1937

– Die Einbürgerung märkischen Rotwildes im südlichen Ostpreußen. Wild und Hund 1937, S. 249

– Die Fremdblutkreuzung (sogen. Blutauffrischung) beim deutschen Rotwild. Z. f. Jagdkunde, Neumann-Neudamm 1940

BIEGER, W.: Beiträge zur Wild- und Jagdkunde. Parey 1931

BIEHL, KARL: Die Einbürgerung des Damwildes in Ostpreußen. Wild und Hund 1940/41, S. 268

BLEY, FRITZ: Das Erstlingsgeweih des Elches. Neue Baltische Weidmannsblätter 1909

– Die Geweihbildung des Elches. Deutsche Jäger-Zeitung 1910, Nr. 35

– Das Elch. In Meerwarth und Soffel. Lebensbilder aus der Tierwelt. R. Voigtländer, Leipzig 1910

BOBACK, A. W.: Einbürgerungsversuche mit Elchen. Deutsche Jäger-Zeitung 1960/61, S. 562

BOCK, F. S.: Versuch einer wirtschaftlichen Naturgeschichte von dem Königreich Ost- und Westpreußen. Dessau 1782/85

BÖHM: Bericht über den Nachausflug des Deutschen Forstvereins in die Oberförsterei Nemonien. August 1911

– Das Große Moosbruch in Ostpreußen. Silva, Sonderdruck 1929

BUJACK, J. G.: Naturgeschichte des Elchwildes oder Elends in Rücksicht auf die neueren Beobachtungen in den Forsten Ostpreußens. Pr. Provinz-Bl. XVIII, 1837

BREHM: Tierleben

BROMÉE, FOLKE (Skuncke): Das Elchwild. J. Neumann-Neudamm 1940

– Älgen. P. A. Nörstedt & Söners, Stockholm

DOHNA, LOTHAR, GRAF ZU: Ostpreußens Elche und ihre Geweihformen. Wild und Hund 1937, S. 33

FLOERICKE, KURT: Wisent und Elch. Kosmos. 1930

FRANZ ,V.: Zur Elchgeweihforschung. Wild und Hund 1937, S. 274

– Der gegenwärtige Stand der Stangenelchfrage. Zool. Anzeiger, Bd. 125, 1939

FRICKEWIRTH-AXT, KÄTE: Ibenhorst. Verlag Deutsche Treue

GOLDITZ, RICHARD: Beobachtungen und Erlebnisse aus Elchrevieren. Nicht veröffentl.

GRAUMANN, KARL: Wald und Wild im Kreise Wehlau. Kreischronik Wehlau

v. HAGEN-DONNER: Die forstlichen Verhältnisse Preußens. 2 Bde. Berlin 1867 u. 1894

HAHN, FRITZ: Der Elch der Kurischen Nehrung im Vergleich zum Festlandselch in Ostpreußen und andere Aufzeichnungen. Nicht veröffentlicht

HECK, LUTZ: Neues vom Elch. Deutsche Jäger-Zeitung, Bd. 99, Nr. 44

– Ein Lebensbild der stärksten Hirschart. Die Pirsch 1949, S. 609

HERRMANN, G.: XVII. Deutsche Geweihausstellung 1911. Wild und Hund 1911

v. HIPPEL, KARL: Die früheren und die heutigen Wildbestände der Provinz Ostpreußen. Neumann-Neudamm 1897

– Über den ostpreußischen Elch. Deutsche Jäger-Ztg., Bd. 22, S. 391

Jahrbücher der Deutschen Jägerschaft
KAKIES, MARTIN: Der Elchbestand im Memelgebiet. Wild und Hund 1933
– Das Buch vom Elch. Gerh. Rautenberg. Leer/Ostfr.
– Die Kurische Nehrung in Bildern. Gerh. Rautenberg, Leer/Ostfr.
KALNEIN, GRAF: Die Einbürgerung des Damwildes in Ostpreußen. Wild und Hund 1940/41, S. 437
KAPHERR, E.: Das Elchwild. Aus dem Sammelwerk für die deutschen Jäger, Bd. 8. Berlin-Schöneberg 1911
KECK, OTTO: Das Aussetzen von Rotwild in der Oberförsterei Gertlauken. Aus dem Hauptmerkbuch des Forstamts Gertlauken
v. KOBYLINSKI, MANFRED: Auf Pirsch im Osten. Gräfe & Unzer, Königsberg 1938
– Ostpreußens Stolz. Deutsches Weidwerk 1927, S. 485
– Ist die jetzt in Ostpreußen zur Verbesserung des Elchstandes angewandte Abschußtheorie richtig oder nicht? Deutsche Jäger-Ztg. 1930, S. 362
– Ostpreußische Elchhege im 20. Jahrhundert. Deutsches Weidwerk 1931
– Kurze Darstellung der Maßnahmen, die in Ostpreußen von staatlicher und privater Seite seit etwa 30 Jahren zur Erhaltung und Verbesserung des Elchwildes bis 1932 getroffen sind. Broschüre 1933
– Die Elchwildbestände Europas. Der Deutsche Jäger 1937/38, S. 488
– Der Elch auf der Internationalen Jagdausstellung. Der Deutsche Jäger 1937
– Zur Elchgeweihforschung. Wild und Hund 1937, S. 380
KÖNIG: Elchjagd in Ibenhorst. Österr. Jagd-Zeitung 1884
KÖNIG, Dr.: Besonderheiten des ostpreußischen Waldes in Bezug auf Standort, Bestockung und forstliches Verhalten einzelner Holzarten. Tagungsbericht des Deutschen Forstvereins 1911
KOLK, DER RABE (Schregel): Der Reichsjägermeister zur Hirschbrunft 1937 in Ostpreußen. Wild und Hund vom 19. 10. 1937
KOSTROŇ, KAREL: Los evropský (Alces alces. L.) v. Polsku, Východních Prusích a Pobaltí
KRAMER, HANS: Das Elchwild. Weidwerk der Welt. Berlin 1938
– Vom Deutschen Elchwilde. Wild und Hund 1949, S. 212
– Wisente in freier Wildbahn. Wild und Hund 1948/49, S. 222
– Wisente im Deutschen Elchwalde. Wald und Wild 1949, S. 75
– Der deutsche Elch. Jagd und Hege in aller Welt. H. Kölzig, Düsseldorf 1955
– Rotwildhege. Vortrag. Nicht veröffentlicht
KRÜDENER, A., BARON: Altersbestimmung beim Elch. Wild und Hund 1931, S. 245
– Über die Brunft des Elches. Deutsche Jäger-Ztg. 1922/23
– Altes und Neues vom Elchwilde. Deutsche Jäger-Ztg. 1923/24
KUHRKE, PAUL: Aufzeichnungen über Beobachtungen und Erlebnisse beim Elchwilde. Nicht veröffentlicht
LEVERKUS-LEVERKUSEN: Der Elch. Bonn 1902
LOEFFKE, H. L.: Auerochs und Wisent in Ostpreußen. Nicht veröffentlicht
MAGER, FRIEDRICH: Wildbahn und Jagd Altpreußens im Wandel der geschichtlichen Jahrhunderte. J. Neumann-Neudamm 1941
– Der Wald in Altpreußen als Wirtschaftsraum. Böhlau-Verlag, Köln-Graz 1960
MARTENSON: Der Elch. Riga 1903. J. Deubner
MEYER, ERNST: Vortrag über die Hege des Elchwildes. Tagung des Preuß. Forstvereins in Braunsberg, Juni 1913
MEYER, ERNST-JÜRGEN: Der Kaiser 1910 in Pait. Nicht veröffentlicht
MEYERINCK v.: Eine Jagd auf Elchhirsche in der Kgl. Oberförsterei Ibenhorst im September 1862. Wild und Hund 1911
MÜLLER, HERMANN: Aus der Geschichte des ostpreußischen Wildes. Wild und Hund 1929, S. 609
– Aus Ostpreußens Forstgeschichte. Silva. Sonderdruck 1929
– Die gemischten Bestände Ostpreußens, Silva.

MÜLLER/OLBERG: Beiträge zur Geschichte des Wildes und der Jagd in Ostpreußen. Z. f. Forst- und Jagdwesen 1934

MOOR, ERNA: Der Wisent. Akad. Verl.-Ges. Geest u. Portig, Leipzig 1952

NEUMANN, FRITZ: Aufzeichnungen über Beobachtungen und Erlebnisse beim Elchwilde. Nicht veröffentlicht

OBGARTEL, W.: Der Regierungsbezirk Gumbinnen. Insterburg, Selbstverlag

OFFERMANN: Tragödien aus dem deutschen Elchleben. Z. f. Forst- und Jagdwesen 1895

OLBERG: Durch welche Mittel ist die Erhaltung des Elchwildes im Vereinsgebiet zu sichern? Vortrag, gehalten auf der Versammlung des Preuß. Forstvereins zu Tilsit am 17. 6. 1895

ORLOWSKI, BRUNO: Elchabschuß und Hege in der Oberförsterei Tawellningken. Wild und Hund 1934, S. 193

PRELL, HEINRICH: Die Verbreitung des Elches in Deutschland zu geschichtlicher Zeit. Dr. Paul Schöps, Leipzig 1941

QUEDNAU, Johann: Aufzeichnungen über Beobachtungen und Erlebnisse beim Elchwilde in Tawellningken. Nicht veröffentlicht

v. RAESFELD/VORREYER: Das Rotwild. Paul Parey. Hamburg und Berlin 1957

RÖHRIG, FRITZ: Das Weidwerk in Geschichte und Gegenwart. Akad. Verl. Ges. Athenaion, Potsdam 1933

RÖRIG, G.: Das Stangengeweih des Elches, Mutation oder Atavismus. Z. f. Forst- und Jagdwesen 1939

SCHRAG: Bericht über den Hauptausflug des Deutschen Forstvereins in die Oberförstereien Alt- und Neu-Sternberg am 24. 8. 1911

SIEHR, ERNST: Aufzeichnungen. Kapitel Ostpr. Elche. Nicht veröffentlicht

SZALAY, A. B.: Süddeutsche Elche. Der Naturforscher, November 1930

SCHAREIN, EDMUND: Elchhege. Wild und Hund 1930, S. 850

– Zur Frage des Elchbarts. Wild und Hund 1932, S. 759

SCHARFFETTER, FR.-K.: Das Damwild unter Berücksichtigung seines Vorkommens in Ostpreußen. Seminararbeit, nicht veröffentlicht

SCHERPING, ULRICH: Hirschbrunft 1938. Wild und Hund 1938, H. 39

– Weidwerk zwischen den Zeiten. Paul Parey, Hamburg und Berlin 1950

SCHIRRMACHER, G.: Aus litauischen Elchrevieren. Der Heger 3/1924 und 4/1925

– Die Hege des Elchwildes nach den Erfahrungen in den ostpreußischen Elchschonrevieren. Wild und Hund 1927, S. 57 f.

– Elchabschuß in Ostpreußen 1927 und seine Bewertung für die Besserung der Geweihbildung. Wild und Hund 1928, S. 62

– Die Elche in der Jagdausstellung auf der Deutschen Ostmesse in Königsberg 18. bis 21. August 1929. Wild und Hund 1929, S. 743

– Das Elchwild in Ostpreußen. Silva 1929, S. 193

– Die Einbürgerung des Damwildes in Ostpreußen. Wild und Hund 1940/41, S. 327

SCHLICHT, OSCAR: Die Kurische Nehrung in Wort und Bild. Gräfe & Unzer, Königsberg 1927

SCHULZ, H.: Vom ostpreußischen Elch. Wild und Hund 1929, S. 846

THIENEMANN, I.: Rossitten, Drei Jahrzehnte auf der Kurischen Nehrung. Neumann-Neudamm 1927

– Vom Vogelzuge in Rossitten. Neumann-Neudamm 1931

UECKERMANN: Das Damwild. Paul Parey, Hamburg und Berlin 1956

ULLRICH, HERBERT: Der Elch. Unveröffentlichte Monographie

– Die Elchkrankheiten und ihre Bekämpfung. Z. f. Forst- und Jagdwesen 1939

ULMER, ERNST: Von ostpreußischen Elchen. Wild und Hund 1949

ULRICH: Beiträge zur Naturgeschichte des Elchwildes. Z. f. Forst- und Jagdwesen 1872, S. 69

ULRICH, A.: Besinnliches Jagdjahr im Großen Baumwald. Wild und Hund 1955, H. 4 u. 5

v. UNGERN-STERNBERG, WALTHER, FRHR.: Etwas vom Elch. Jahrbuch der Albertus-Universität zu Königsberg 1954
– Vom deutschen Elch in Ostpreußen. Hartungsche Verlagsdruckerei, Königsberg
– Führer durch Ostpreußens Elchgebiete. Königsberg 1933/34
VIGANDUS, J.: Historia Alcis. Regismonte Borussiae 1582
WEBER, HEINRICH: Aufzeichnungen über Beobachtungen und Erlebnisse beim Elchwilde in Tawellningken. Nicht veröffentlicht
ZÜHLKE, SIEGFRIED: Die Bewirtschaftung der Mischbestände in den sogenannten litauischen Lehmrevieren des Regierungsbezirks Königsberg. Bericht über die Hauptversammlung des Deutschen Forstvereins 1929
– Unsere großen Wälder. Ostpreußenblatt vom 16. Oktober 1954
– Das Rotwild im nördlichen Ostpreußen zwischen Pregel, dem Kurischen Haff und der Ostsee. Nicht veröffentlicht

Bildnachweis

Graumann, Karl	18, 166, 177
Haubensack	20 bis 24, 26, 30, 31, 33 bis 36, 41, 44, 46, 134
Hueck	4, 9, 11, 12, 16, 43
Kakies, Martin	117
Kramer, Hans	2, 3, 5, 6 bis 8, 10, 13 bis 15, 17, 27, 28, 32, 47, 48, 50, 52, 53, 61 bis 65, 82 bis 84, 96, 103, 105, 115, 122, 125, 129, 141 bis 148, 151 bis 155, 157, 160 bis 165, 167, 170 bis 175, 178 bis 181, 184, 190 bis 192
Krauskopf, Fritz	118, 120, 121
Ließmann, Otto	Titelbild, 49, 54 bis 60, 81, 110, 112 bis 114, 119, 124, 187 bis 189
Loebenberg, Gerhard	95, 97, 98
Meyer, Ernst	39, 136
Oczeret	86
v. Sanden-Guja, Walter	123
Scharffetter, Fritz	158
Schüz, Ernst	194
Seidenstücker, F.	87, 94, 101, 102, 104, 106 bis 109, 128, 138, 139
Siewert, Horst	40, 85, 92, 93, 111, 131, 176, 183, 185, 186
Strohmeyer, Curt	156
Tratz, Paul	130
Unruh, Hans	168.

Die Elchwaldkarte am Schluß des Buches entwarf Dr. Franz E. Schacht, Düsseldorf. Die Wiedergabe ist verkleinert auf den Maßstab 1:200 000 (1 cm = 2 Km).

DIE JAGDPRAXIS

Bibliothek für Jäger und Jagdliebhaber.
Hervorragende Fach- und Erlebnisbücher von anerkannten Fachleuten
AUS DER PRAXIS - FÜR DIE PRAXIS

Georg Graf zu Münster – DER HIRSCHRUF

Erfahrungen und Erlebnisse auf der Rufjagd (Alpen, Karpaten und Ungarn); 141 Seiten, 17 Abb. und 4 Kunstblätter in Kupfertiefdruck, mit einem musikalisch-phonetischen Anhang über Brunftlaute von Prof. Dr. Martin Seydel, 23 x 16 cm
Neue Originalausgabe 1984 **DM 29.80**
Kein anderer wäre prädestinierter gewesen, die Rufjagd monographisch nach eigenen Studien und Erfahrungen abzuhandeln, da er sich diesem Thema mit Vorliebe widmete und seine 50jährige Erfahrung wiedergibt. Ein Schatz von Erfahrungen, zu dessen Erwerb ein halbes Menschenalter kaum ausgereicht haben würde.
Graf Münster zählt zu den wenigen, aber ganz großen Hirsch-Jägern zu Anfang des 20. Jahrhunderts, er wurde deshalb mit dem Beinamen „DER HIRSCHVATER" benannt.

Georg Graf zu Münster - DIE GEHEIMNISSE DER BLATTKUNST

Erfahrungen und Erlebnisse auf der Rehjagd; 54 Seiten, 1 Tafel mit Abbildungen, 23 x 16 cm
Neue Originalausgabe 1984 **DM 12.80**
Schon zur damaligen Zeit hatten die Bücher die beste Pressekritik. So schreibt „Der Deutsche Jäger": „Ein Jäger hat hier für Jäger geschrieben. In dem ganzen Buch pulsiert echtes Waidmannsblut, das wohl das Beste ist, das über dieses Thema verfaßt worden ist."
Als bestes Buch zum Thema „Rufjagd" ist es wohl heute noch anzusehen. Am Anfang geht der Autor ausführlich auf die verschiedenen Rufinstrumente ein. Gleichzeitig schildert er in spannender Weise seine Erlebnisse auf der Rufjagd aus den großen Revieren Österreichs, Ungarns und den Karpaten.

E.v.d. Bosch (Premier-Lieutnant a.D.) **- FANG DES EINHEIMISCHEN RAUBZEUGS**

und Naturgeschichte des Haarraubwildes, X, 275 Seiten, 100 Holzschnitte (zeigen Fallen), 23 x 15 cm, kartoniert, 1879;
Neue Originalausgabe 1984 **DM 39,80**
Umfangreiche, wertvolle Monographie - KLASSIKER
Behandelt ausführlich: Die waidmännischen Ausdrücke, Naturgeschichte, Fang, Fallen, Witterung, Fangplatz, Fährten, Brocken, Vorwürfe, Schleppen, Totschlagen und Streifen von Fuchs, Dachs, Fischotter, Steinmarder, Baummarder, Iltis, große und kleine Wiesel, Wolf, wilde Katze, Luchs, Bär und Raubvögel.

Rudolf Frieß (Oberforstmeister) **- SÜNDEN RINGS UM DIE SCHWEISSARBEIT**

Winke für die Ausbildung und Führung von Hunden auf der Rotfährte und bei der Hatz. 36 Seiten, 21 x 15 cm, kartoniert
Neue Originalausgabe 1985 **DM 9,80**
Der Autor ist besonders bekannt als Führer der auf schroffeste Leistungsauslese beruhenden Zucht des „Deutschen Wachtelhundes". Auch erwarb er sich große Verdienste bei der Herauszüchtung des „Deutschen Jagdterriers" und er gilt als international anerkannter Hundefachmann mit schon fast legendärem Ruf.
Er legte mit „Sünden rings um die Schweißarbeit" eine in dieser Form einzigartige, wertvolle Schrift vor, die lehrreiche Informationen aus der Praxis für jeden Hundehalter liefert.

Georg Friedrich - GEDICHTE FÜR JÄGER UND JAGDLIEBHABER

XII, 96 Seiten, 13 x 9 cm, kartoniert, um 1840 (Lindner 11.0641.02); kein Standort nachweisbar. Ein Exemplar befand sich in der Sammlung SCHWERDT.
Faksimiledruck 1982 **DM 14,80**

JAGD– UND KULTURVERLAG

D-8961 Sulzberg/Allgäu – Postfach 9 – Telefon 08376/611